Massimo Listri HÄUSER ZUM VERLIEBEN

Christian Brandstätter Verlag

MASSIMO LISTRI
Interieur: Marianna Gagliardi

Das florentinische Haus Massimo Listris, Bildautor dieses Buches, scheint sich in einer Dimension außerhalb der Zeit zu befinden. Das Nebengebäude einer majestätischen Renaissance-Residenz wurde von Massimo Listri und Marianna Gagliardi neu gestaltet, indem die einst beengenden Räume in eine fast klösterlich-puristische Geometrie und Großzügigkeit verwandelt wurden, ohne auf barocke Extravaganzen und neoklassizistische Stilelemente zu verzichten. Über einen Flur mit zahlreichen archäologischen Artefakten, hinauf über eine schöne Treppe aus Sandstein und durch zwei »Kunstkabinette« gelangt man auf die Galerie und die gartenseitig gelegene Terrasse. In dem in zarten Farben – blassblau, perlgrau und strohgelb – gehaltenen Raum dreht sich alles um die schöne gewölbte Decke und die neogotischen Bücherschränke. Auf einem Podest vor dem Fenster auf der linken Seite steht eine aus dem Jahr 1841 stammende Büste Luigi Pampalonis, die Peter Leopold, Großherzog der Toskana, darstellt. Die Stühle sind von Agostino Fantastici (1782-1845), die 1870 entstandenen vergoldeten Bronzelampen russischer Provenienz. Auf dem Tisch befindet sich ein russischer Samowar (1890) sowie ein ägyptisches Porphyrgefäß. Ein afrikanischer Bronzekopf aus Benin ziert neben zwei Fo-Hunden (Ming-Dynastie) den neoklassizistischen Kamin. Die Fotografie *Versailles* stammt von Massimo Listri.

Vorhergehende Seiten und rechts: Eine ozeanische Maske in der Bibliothek. Die beiden großzügigen Récamièren wurden mit einem violett und lila gestreiften Samtstoff, ein Entwurf Marianna Gagliardis, bezogen. Eine Finte sind die Buchrücken: Was scheinbar Pergament ist, stellt sich bei näherer Betrachtung als Bildarchiv Massimo Listris heraus. Im Zentrum: Listris *Walhalla*, links eine Skulptur von Vitaliano De Angelis.

Florenz > Italien

Im Kuriositätenkabinett: Unter der von Stefano Sieni und Maurizio Palma opulent geschmückten Decke stehen unzählige Sammelstücke: Bronzen, Muscheln, Korallenstöcke, die man auf kostbare vergoldete Bronzesockel montiert hat. Kein Opfer ist Listri zu groß, um an ein sehnsüchtig begehrtes Stück zu gelangen, das seinen verfeinerten Sinn für Ästhetik befriedigt und sich perfekt in diese spektakuläre Wunderkammer fügt. Dies entspricht auch der Philosophie Marianna Gagliardis, die jedes Haus als ein Gefäß betrachtet, das gefüllt ist mit den Gefühlen, den Erfahrungen, den Gedanken und der Kreativität ihrer Bewohner. Splitter eines Lebens, die sich in den Räumen zu einer ganz neuen Existenzform verknüpfen.

Folgende Seiten: Bibliothek, Wohnzimmer und Salon. Links und rechts vom Kamin zwei Basreliefs, welche die Päpste Innozenz XI. und Urban VIII. darstellen. Vorne der Terracotta-Kopf eines Gonzaga-Herzogs; die steinerne Konsole links hinten stammt aus dem sechzehnten Jahrhundert.

Seite 14: Den Gang, über den man in die Bibliothek gelangt, dominieren die großen Fotografien Listris, die er von den Porträts des italienischen Bildhauers Adolfo Wildt machte. An den Wänden antike Marmormedaillons, auf dem Konsoltisch die Nashörner eines thailändischen Künstlers. Ganz hinten auf einer neogotischen Wandkonsole eine Bronze der Halbgöttin Helena.

4 Massimo Listri	184 Charles Cowles	334 Villa Van de Velde
15 Kosmos Wohnen	192 Roberto Cavalli	342 Villa Lion in the Sun
16 David Flint Wood	204 Chalet in Cortina d'Ampezzo	348 Casa Murano
20 Ella Cisneros	214 Villa Tigre Del Mar	356 Emilio »Milo« Migliavacca
32 Ralf W. Ohlez	224 Gianluca Lelli	362 Lina Botero
38 Izhar Patkin	230 Domenico Dolce	368 Gérard Tremolet
46 Haus Casey	238 Palast von Rodolphe d'Erlanger	374 Benjamin Liebmann
52 Residenz Zitzewitz	244 Yien-East	380 Klause des Mönchs Thondaras
60 Residenz Clark	254 K-House	386 Dawnridge, Residenz Tony Dunquette
68 Begavan Giri	262 Peter Inwood	
78 Haus Indigo	270 Hugo Tolentino Dipp	394 Villa Frigerio
84 Florence Pucci	276 Villa Weinberg	402 Appartement Kugel
94 Anhar Setjadibrata	282 Orsola Gazzoni	408 Villa Felix Dennis
106 Villa d'Auwere	290 Laura Sartori Rimini	418 Villa Getride
112 Champs de Bataille	296 Alda Fendi	422 Lucio Brissolese
122 Ernesto Mendoza	300 Landgut Bjuraker in Hälsingland	428 Loft Lastic
130 Haus Voena	304 Thierry Despont	434 Rémy Le Fur
140 Stefano Contini	312 Lars Sjöberg	440 Rustico Julia Scartozzoni
150 Chalet Ella Cisneros	318 Villa Breuil	446 Philip Hewat-Jaboor
158 Judith Greer	324 Koh Samui Residence	452 Villa Chow
168 Palast von Jaouad Kadiri		462 Villa Goldstein
178 Kirios Criton		

Massimo Listri

HÄUSER ZUM VERLIEBEN

Texte von Nicoletta del Buono

Aus dem Italienischen
übertragen von Barbara Sternthal

Christian Brandstätter Verlag

KOSMOS WOHNEN

Imago Mundi – das Bild der Welt: seit allen erdenklichen Zeiten steht es im Mittelpunkt philosophischer Überlegungen und menschlichen Strebens nach dem Absoluten – das Unteilbare, das Unbeugsame, das Definitive. Denkt man dies in einer Art alltäglichem Rahmen weiter, so stellt sich die Frage nach dem Wohnen: Gibt es so etwas wie das ideale, das absolute Wohnen schlechthin? Wohl kaum, denn jedes Individuum hat seine Parameter aus Sehnsüchten, Symbolen und Mythen, die die jeweilige Vorstellungswelt und damit auch das Wohnambiente definieren. Was man in diesem Buch folglich nicht finden kann, ist das einzig Wahre, auch wenn alles Gezeigte großartig ist, wenn hier einige der schönsten Häuser und Wohnungen dieser Welt präsentiert werden.

  Es ist eine Reise der Emotionen und des Wissens zu allem, was wunderbares Wohnen bedeuten kann – alte Paläste und moderne Villen, romantische Cottages und Lofts in Hochhäusern –, und das findet sich überall auf dieser Welt. Besucht, dokumentiert und genial gesehen durch ein so neugieriges wie kultiviertes und sensibles Objektiv hat all dies Massimo Listri, einer der besten zeitgenössischen Architektur- und Interieur-Fotografen. Beginnend mit dem Haus Listris öffnet sich ein Kosmos unendlicher Varianten ästhetischen Anspruchs: urban und ländlich, in den Bergen und am Meer, klassisch und modern, exotisch und bodenständig, eklektisch und puristisch-rational, durchgestylt und spielerisch, fast klösterlich minimalistisch und expressiv-vielfältig.

  Jedes einzelne Haus, jede einzelne Wohnung, die Listri ausgewählt hat, ist ein Beispiel für einen ganz bestimmten Lebensstil, eine Erzählung davon, wie die Menschen, die da wohnen, denken, fühlen, sich entwickeln. Dieses Buch ist nichts weniger als eine paradigmatische Enzyklopädie. Doch eines ist sicher: In diesem außergewöhnlichen Panoptikum der menschlichen (Wohn-)Kultur mag auch der Leser seinen Traum vom Wohnen wiederfinden.

Bahamas

DAVID FLINT WOOD

Coconut Grove ist eine seestern-förmige Villa in Hisbiscus Hill auf Harbour Island, Bahamas. Entworfen hat sie David Flint Wood, dem das Anwesen gemeinsam mit seiner Partnerin India Hicks auch gehört.

Oben und rechts: Den großen Wohnraum dominiert strahlendes Weiß im Kolonialstil des neunzehnten Jahrhunderts. Die dunklen Mahagonimöbel setzen vor den schneeweißen Wänden und auf dem weiß lackierten Holzboden ausdrucksvolle Farbakzente.

Selbst die Fensterläden sind weiß lackiert. In dem ansonsten ganz dem Kolonialstil verpflichteten Interieur sticht Philippe Starcks transparenter Acrylstuhl *Louis Ghost* (für Kartell) ins Auge.

Miami > Florida, USA

Interieur: Luis Bustamante

ELLA CISNEROS

Mit Blick auf die Biscayne Bay von Miami lebt Ella Cisneros, Geschäftsfrau und Besitzerin einer beeindruckenden Sammlung zeitgenössischer Kunst. Das Penthouse, gestaltet vom spanischen Innenarchitekten Luis Bustamante, erstreckt sich über zwei Ebenen.

Rechts: Das Obergeschoß ist ein außergewöhnlicher offener Salon, der ganz von einem Pool und der Terrasse eingenommen wird. Die charakteristische Architektur aus Steinplatten und blauem Mosaik von Raymond Jungles wird nur noch von dem spektakulären Panoramablick auf die Biscayne Bay übertroffen.

Links oben: Im Wohnzimmer im ersten Geschoß. Ganz vorne im Bild: ein Werk aus Lucio Fontanas Serie *Concetto spaziale* (1960). Die beiden Lampen stammen von Romeo Sozzi (für Promemoria).

Links unten: Im Vorraum zum Wohnzimmer, an der rechten Wand: *Mouvement à trois vitesses* (Mischtechnik auf Holz) von Jesús Rafael Soto aus dem Jahr 1965. Den Sessel *Grand Repos* hat Jean Prouvé entworfen, heute wird er von Tecta produziert.

Gegenüberliegende Seite: Sowohl Wände als auch Böden und Decken sind im ganzen Haus mit Holz verkleidet. Die Stühle aus Metall und Leder stammen von Sawaya & Moroni.

Oben: Teilansicht des kleinen Wohnzimmers mit dem integrierten Arbeitszimmer.

Links: Das Wohnzimmer wird von einer großen Regalwand, in der sich eine veritable Kuriositätensammlung befindet, dominiert. Außergewöhnlich ist hier auch die Beleuchtung: Neben den verborgenen Lampen in der Holzdecke setzen zahlreiche Spots die Kunstwerke ins rechte Licht.

Oben: Über dem Esstisch im Speisezimmer, das sich durch die großzügige Verwendung von Glas auszeichnet, hängt die Lampe *Pierre ou Paul* von Ingo Maurer.

Rechts: Auch in der Küche eine Lampe von Ingo Maurer, in diesem Fall *Zettel'z*. Der Tisch ist ein Entwurf von Nadine Charteret.

Oben und gegenüberliegende Seite: Die Schlafzimmer des Penthouses verfügen alle über französische Fenster und Zugang zum Balkon. Die Einrichtungen zeichnen sich durch Klarheit aus und sind maßgefertigt. Die Griffe der Kommoden sind Entwürfe des renommierten Architekten Riccardo Bofill (für Valli & Valli).

Folgende Doppelseite: Die überbreiten Fensterrahmen geben dem Blick auf die nächtliche Biscayne Bay – die wie ein Diamant-Kollier vor dem Betrachter liegt – eine faszinierende Rhythmik.

VILLA RALF W. OHLEZ

Architektur: Yasuhiro Koichi
Interieur: Goh Swee Kiat

Bangkok > Thailand

Er gilt als meisterlicher Kreateur in sich geschlossener Mikrokosmen: Der große japanische Architekt Yasuhiro Koichi hat dieses Appartement in der obersten Etage eines Bürohauses in Bangkoks Stadtteil Soi Lang Suan entworfen. Der gekonnte Mix aus natürlichem und künstlichem Licht akzentuiert die verschiedenen Blickpunkte, womit Koichi das Konzept auch bereits festlegt: ein architektonisches Juwel zu schaffen, das auf Kontrasten – inspiriert von thailändischen Palästen – basiert. Die Materialien sind edel, das Interieur in jeder Hinsicht pure Eleganz und das gesamte Erscheinungsbild eine aufregende Allianz aus orientalischen und abendländischen (Koichi wurde in Deutschland geboren) Elementen.

Oben: Im Wohnzimmer befindet sich diese Sammlung steinerner Löwen aus der Ming-Dynastie. Die Wand dahinter ist mit Bronze verkleidet.

Rechts: Der Eingangsbereich. Vor einer Granitwand reflektiert ein Spiegel die weiße Pferdeskulptur aus der Han-Dynastie; darunter, auf altem Reisegepäck aus Krokodilleder, eine kambodschanische Vase aus dem achtzehnten Jahrhundert. Im Vordergrund thront eine ausdrucksvolle Buddha-Skulptur aus der Ming-Dynastie.

Oben: Das Wohnzimmer wird von einem sechs Meter langen Sofa dominiert. Davor steht ein aus mehreren Teilen zusammengesetzter niedriger Steintisch; rechts an der Wand ein flämisches Gemälde. Die diversen Gefäße und einige Steinskulpturen stammen aus Kambodscha. Der tibetanische Teppich ist eine Arbeit aus dem achtzehnten Jahrhundert.

Gegenüberliegende Seite: Auf dem Diwan ein traditionelles hölzernes Teetablett, dahinter in der Nische eine eiserne thailändische Buddha-Statuette aus dem achtzehnten Jahrhundert. Der Boden präsentiert sich in einem alternierenden Mix aus Teakpaneelen und Granitplatten.

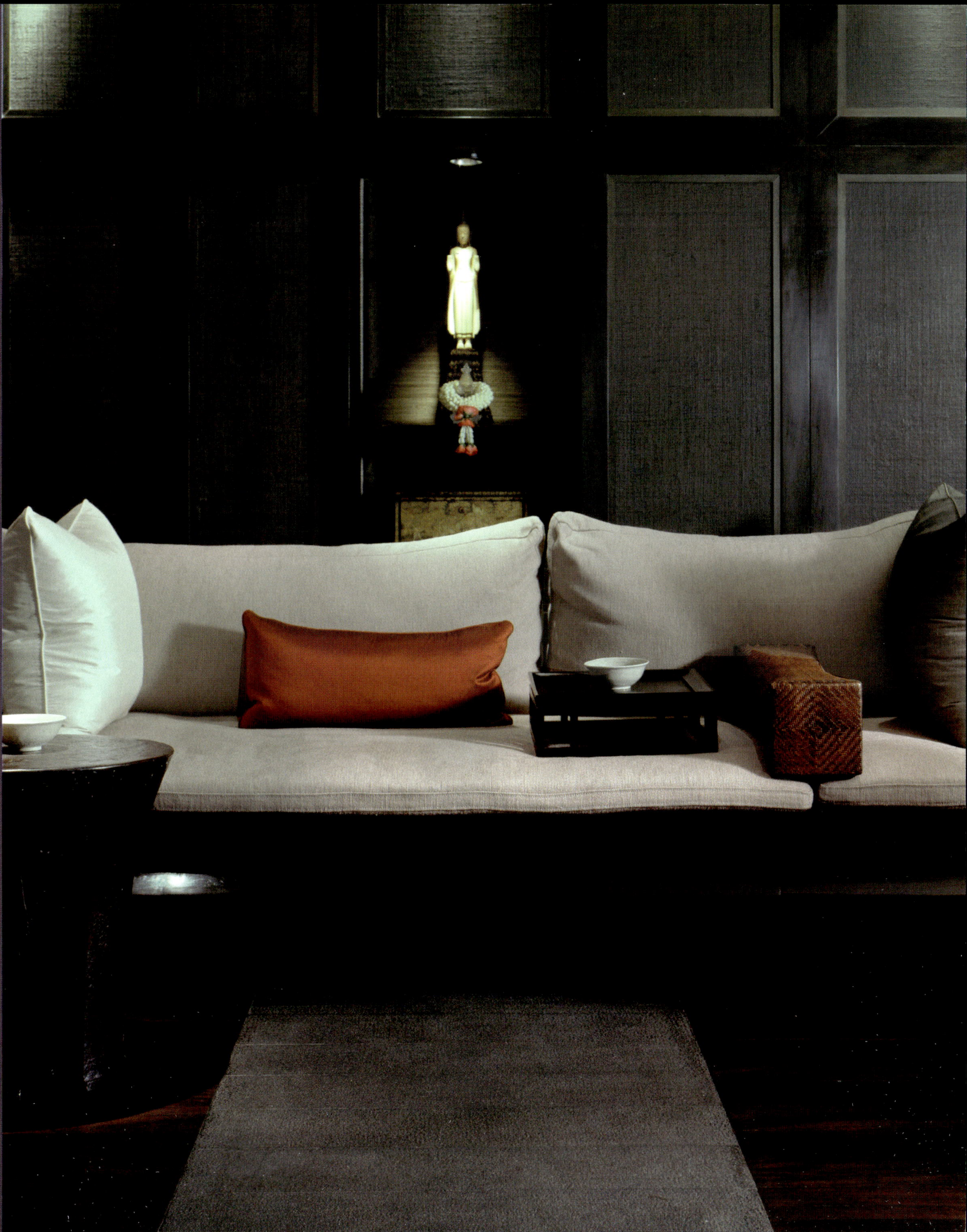

Selbst die Wände des Schlafzimmers sind mit Bronzepaneelen verkleidet. Über dem Kopfende des Bettes hängt ein österreichisches Gemälde aus dem achtzehnten Jahrhundert; auf dem Bett ein Tablett mit einer feinen Sammlung von Pinselköchern aus der Ming-Dynastie.

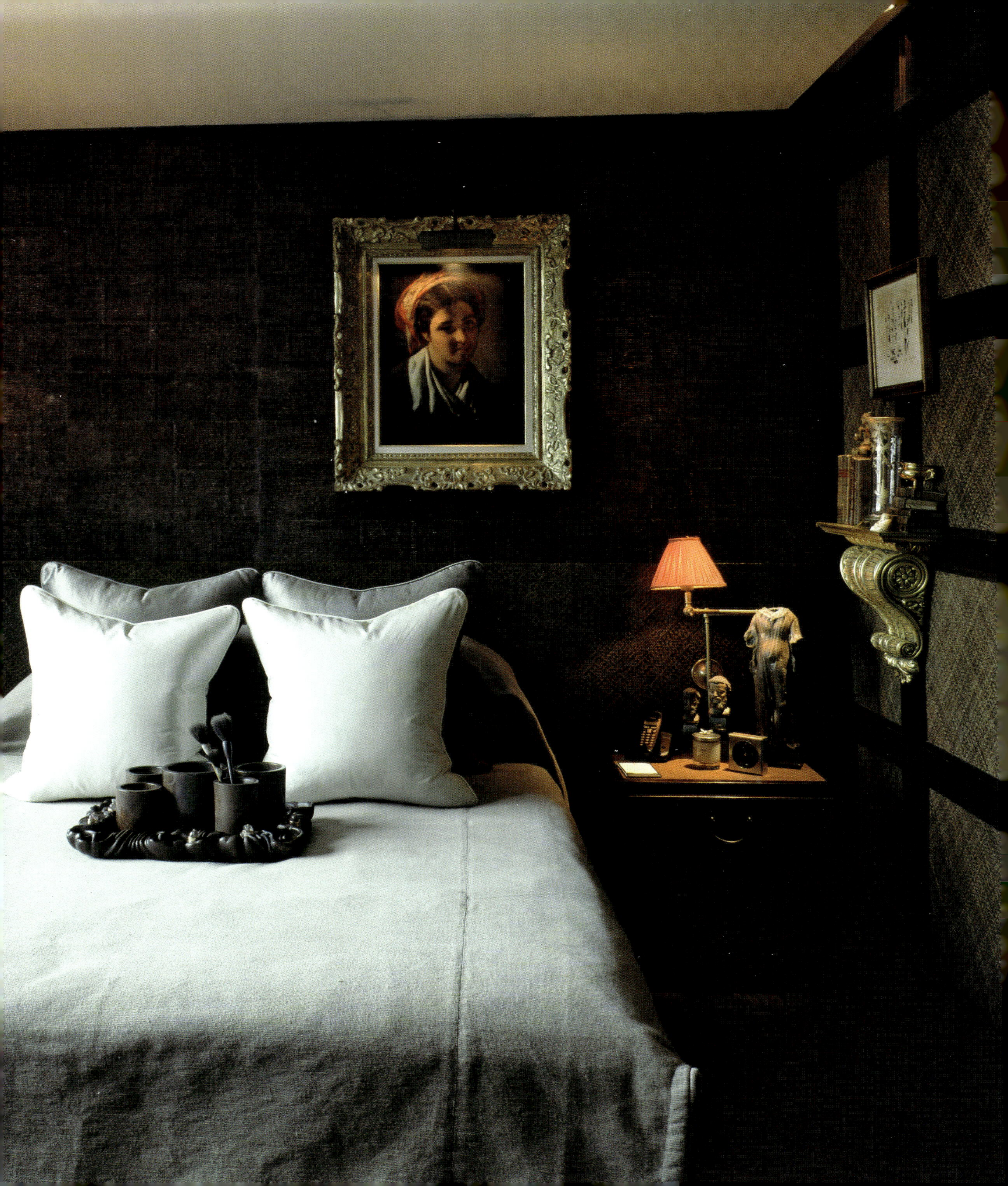

IZHAR PATKIN

Es ist eine Phantasmagorie, ein knallbuntes Kaleidoskop aus recycelten Materialien und Objekten aller nur erdenklichen arabischen und mediterranen Provenienzen, die das New Yorker Appartement des höchst produktiven israelischen Malers, Bildhauers und Keramikers Izhar Patkin so lebendig machen. Jedes Detail dieser Wohnung, in der er auch arbeitet, stammt von Patkin selbst, der sich sein Interieur wie eine fantastisch-bunte Erzählung gestaltet hat.

Rechts: Keramikteller von Patkin, auf denen die berühmten Porträts des zwanzigsten Jahrhunderts zu sehen sind.

Gegenüberliegende Seite: Das Esszimmer mit dem Ölgemälde *Host Culture*; sowohl die Deckenleuchte als auch die Stehlampe hat Patkin aus recyceltem Glas angefertigt. Die Cellophan-Skulptur rechts hinten vor dem Fenster stammt von Thomas Lanigan-Schmidt (1987), die Sessel sind handbemalt und ein Werk von Kim MacConnel.

New York > New York City, USA

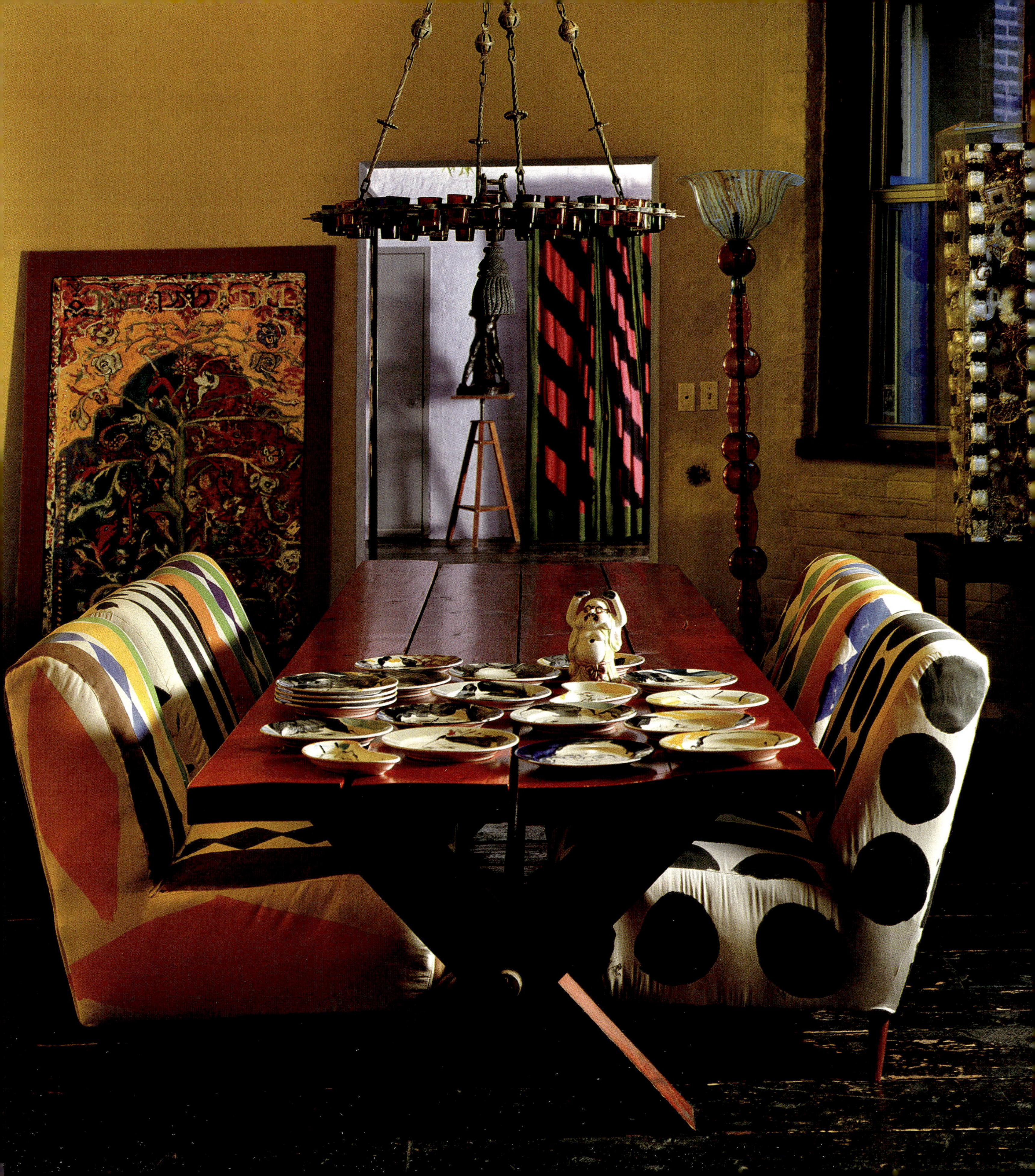

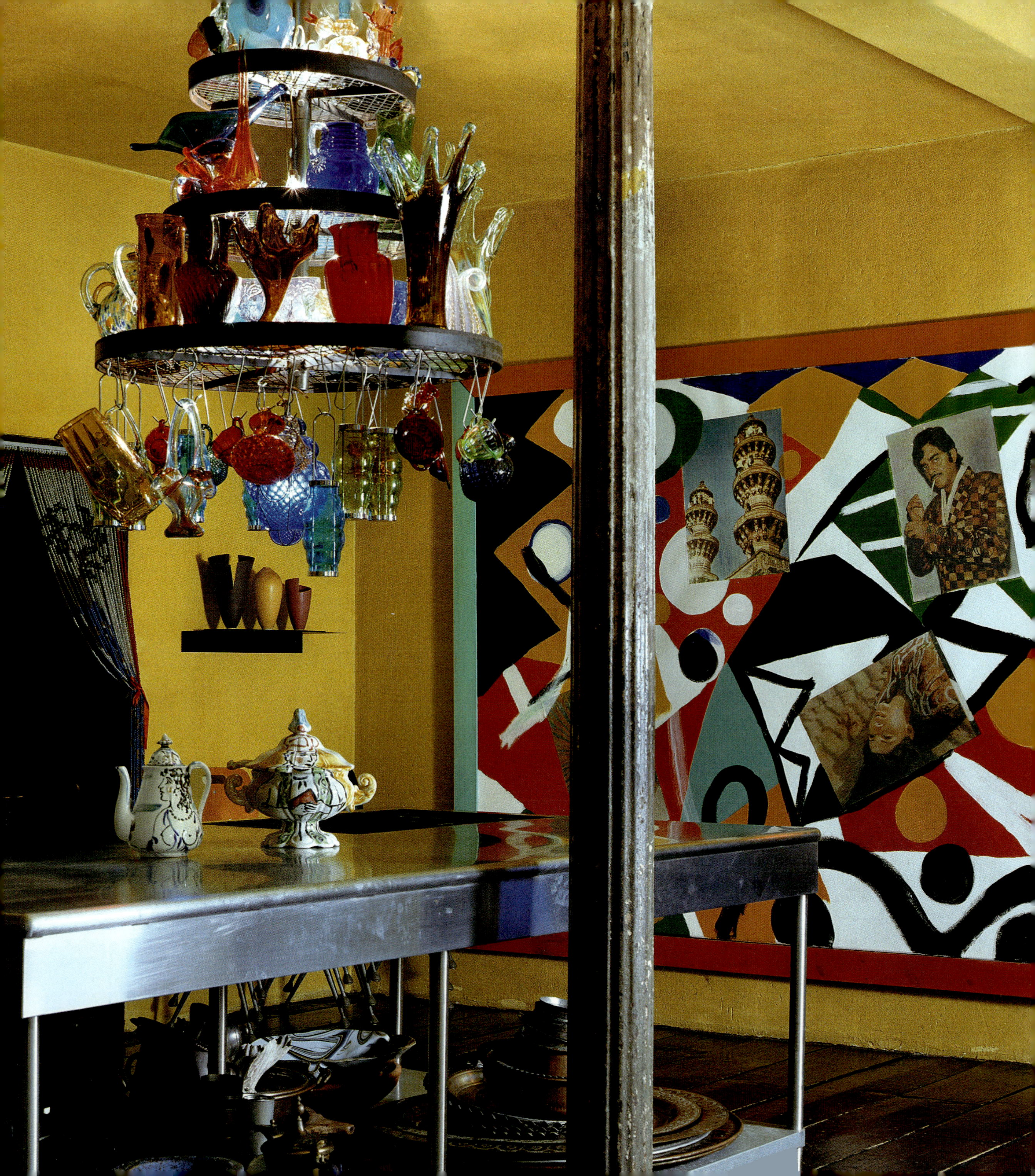

Gegenüberliegende Seite: Das große Gemälde in der Küche stammt wiederum von Kim MacConnel, die Keramikvasen auf der Konsole im Hintergrund von Elsa Rady. Von der Decke hängt eine weitere Leuchte aus recyceltem Glas von Patkin.

Oben links: Der Kater des Hauses.

Oben rechts: Auch diese Stehlampe – diesmal aus bunten Plastikelementen – ist ein Werk Patkins. Kim MacConnel hat den Sessel entworfen, der Teppich wurde nach einem Entwurf Patkins realisiert.

Oben links: Ganz hinten im Eingangsbereich eine Collage aus alten Fotografien und kleinen Lampen von Izhar Patkin, der sich auch die leuchtende Wand – sie besteht aus unzähligen bunten Glaselementen – einfallen ließ.

Oben rechts: Wie ein Aquarium wirkt dieses ganz in türkisblau gehaltene Badezimmer.

Gegenüberliegende Seite: Das Schlafzimmer ist unter anderem mit bunten Kästen im Ethno-Look eingerichtet.

Folgende Doppelseite: Das Studio Izhar Patkins, in dem einige seiner Werke zu sehen sind, darunter *Dulcinea* (1991) aus Holz und Blattsilber, *Don Quichotte Teil 2* (1987) aus eloxiertem Aluminium sowie *Palagonia* (1989) aus Wachs und Blattgold. Die Lampe im Vordergrund ist ein Entwurf Vivienne Westwoods.

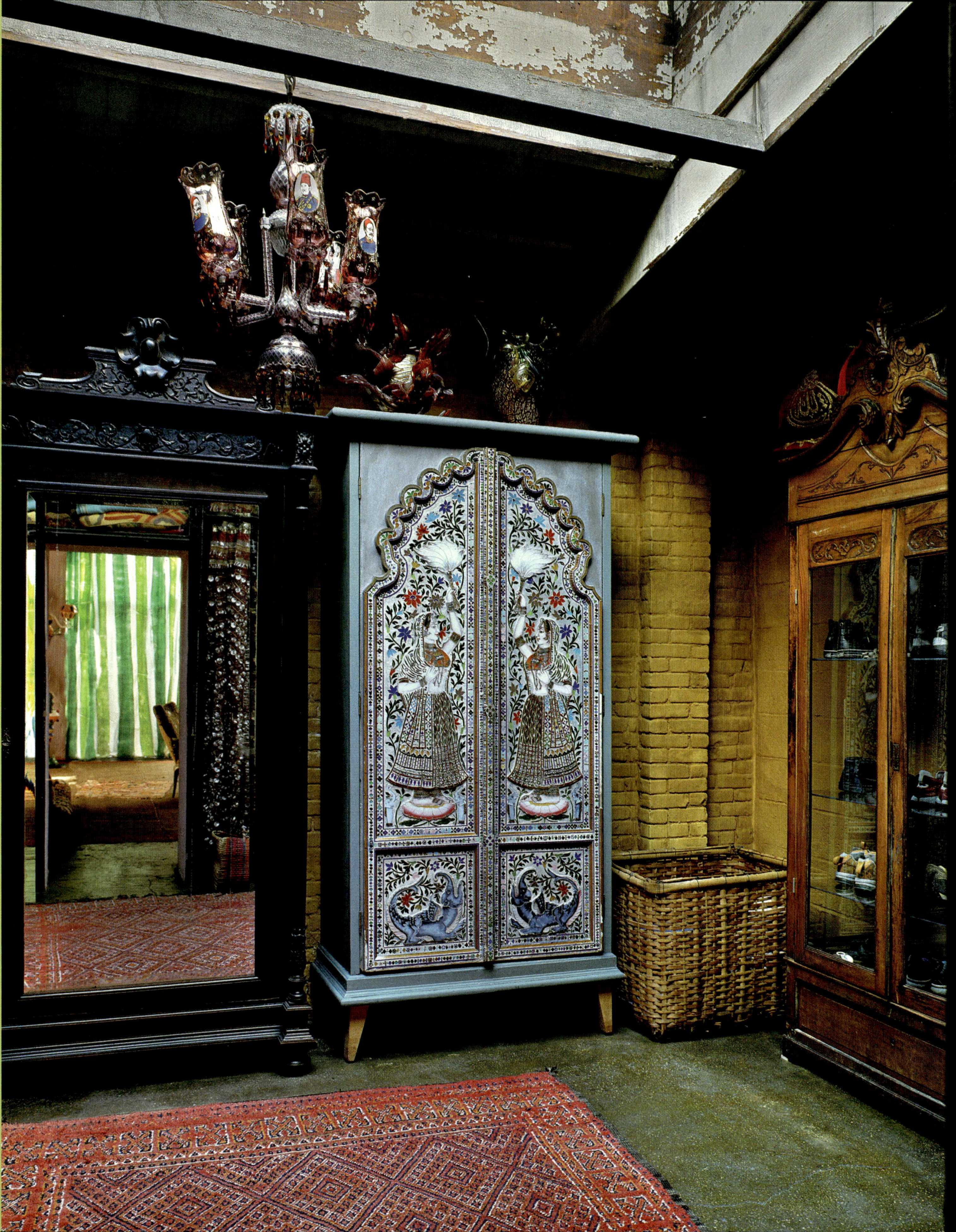

BLACKPAINTINGS
SHIVA
PORTRAITS
PROJECTS
INTERIORS
SLIDES

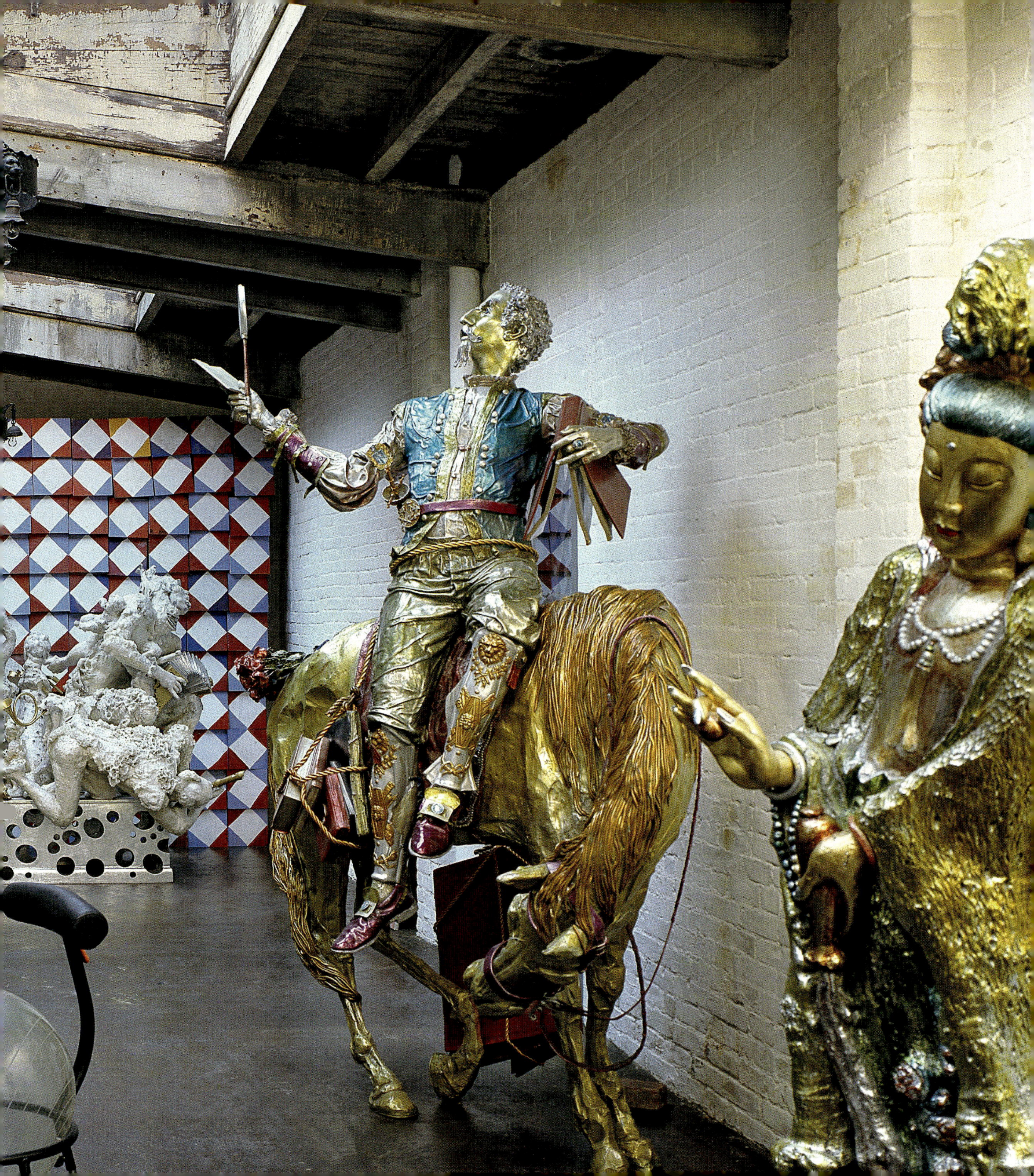

HAUS CASEY

Henrietta House ist eine kleine aristokratische Villa aus dem achtzehnten Jahrhundert mit einem typischen neoklassizistischen Portal. Der Baustil entspricht dem alten Irland: Spät-georgianische Einflüsse verbinden sich mit einer roten Ziegel-Fassade. Friese, Stuckarbeiten, großzügige Räume, Balustraden und marmorverkleidete Kamine in den Ecken sind weitere Blickfänge der Villa, die das Ehepaar Casey, beide Schauspieler, 1975 in verlassenem und vollkommen heruntergekommenem Zustand erworben hat. Unter Zuhilfenahme alten Quellenmaterials starteten sie unverzüglich mit der ungeheuer aufwändigen Revitalisierung, die die Caseys sowohl finanziell als auch physisch an ihre Grenzen brachte. Heute leben die Caseys in einem Status »ambitionierter Armut« ohne Elektrizität – beleuchtet werden die Zimmer ausschließlich mit Kerzen – und ohne warmes Wasser. Die stuckierten Wände erhielten ihre ursprünglichen Farben zurück und bilden den Hintergrund für die Porträts der hugenottischen Ahnen der Besitzer. Überall nostalgisches Flair – ganz als würde man sich in einem Roman von Henry Fielding oder Lawrence Sterne befinden.

Rechts: Die Bibliothek; über dem Kamin aus schwarzem Marmor das Porträt eines Bischofs. Auf dem Tisch befindet sich eine bibliophile Sammlung zu den Themen Architektur, Militär und Religion.

Dublin > Irland

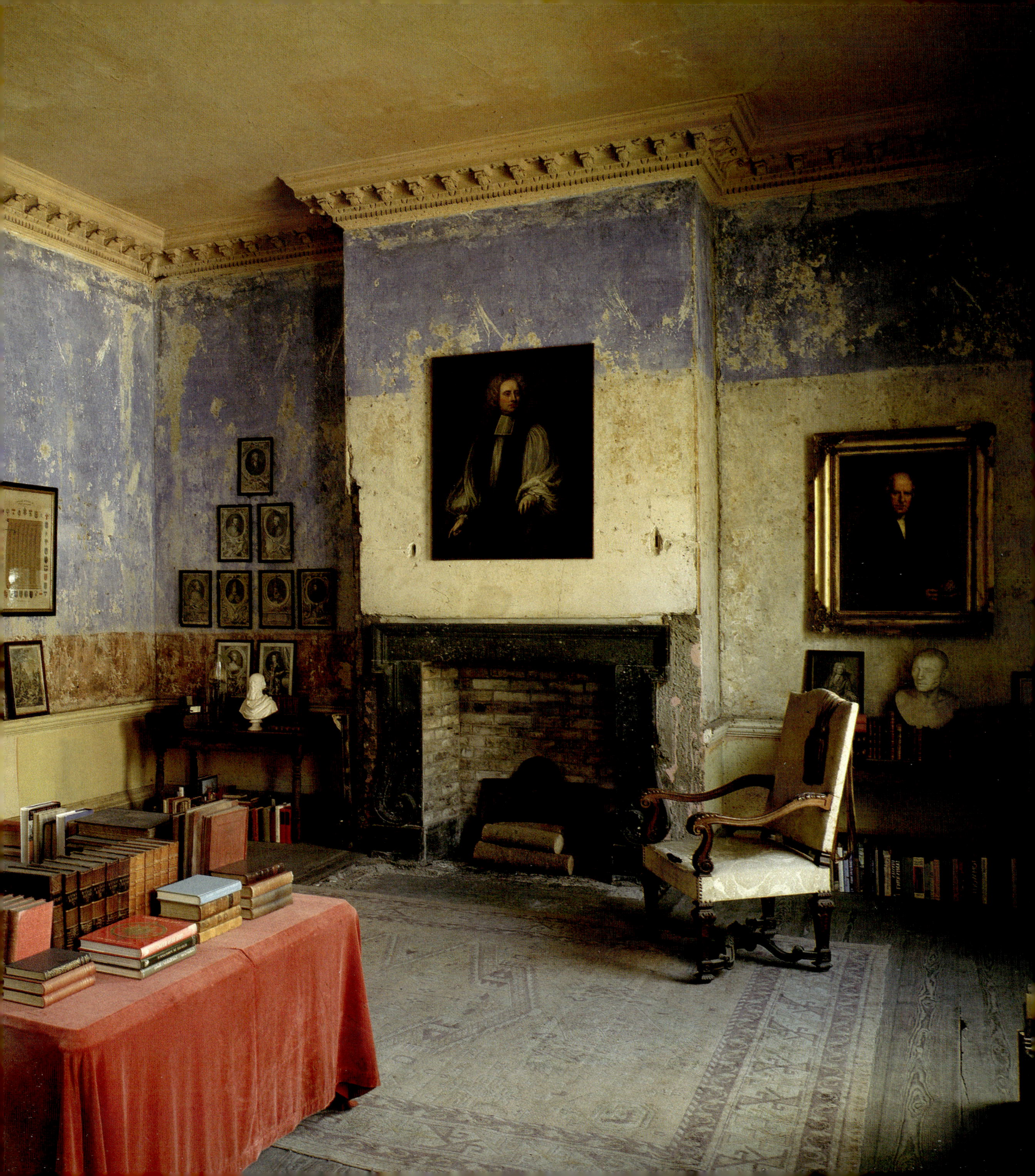

Oben: Selbst im Schlafzimmer zeigt sich die Leidenschaft des Besitzers für alles Militärische: Orden auf dem Tisch vor dem Bett, darunter eine Tamburtrommel, an den Wänden Drucke, die Regimenter zeigen.

Gegenüberliegende Seite: An der Wohnzimmerwand ein großes Porträt der Gräfin Ormond, daneben ein kleiner Stich, auf dem Königin Charlotte, die Ehefrau König Georgs III., abgebildet ist; die Marmorbüste ist ein Werk aus dem neunzehnten Jahrhundert.

Folgende Doppelseite: Details aus dem Wohnzimmer.

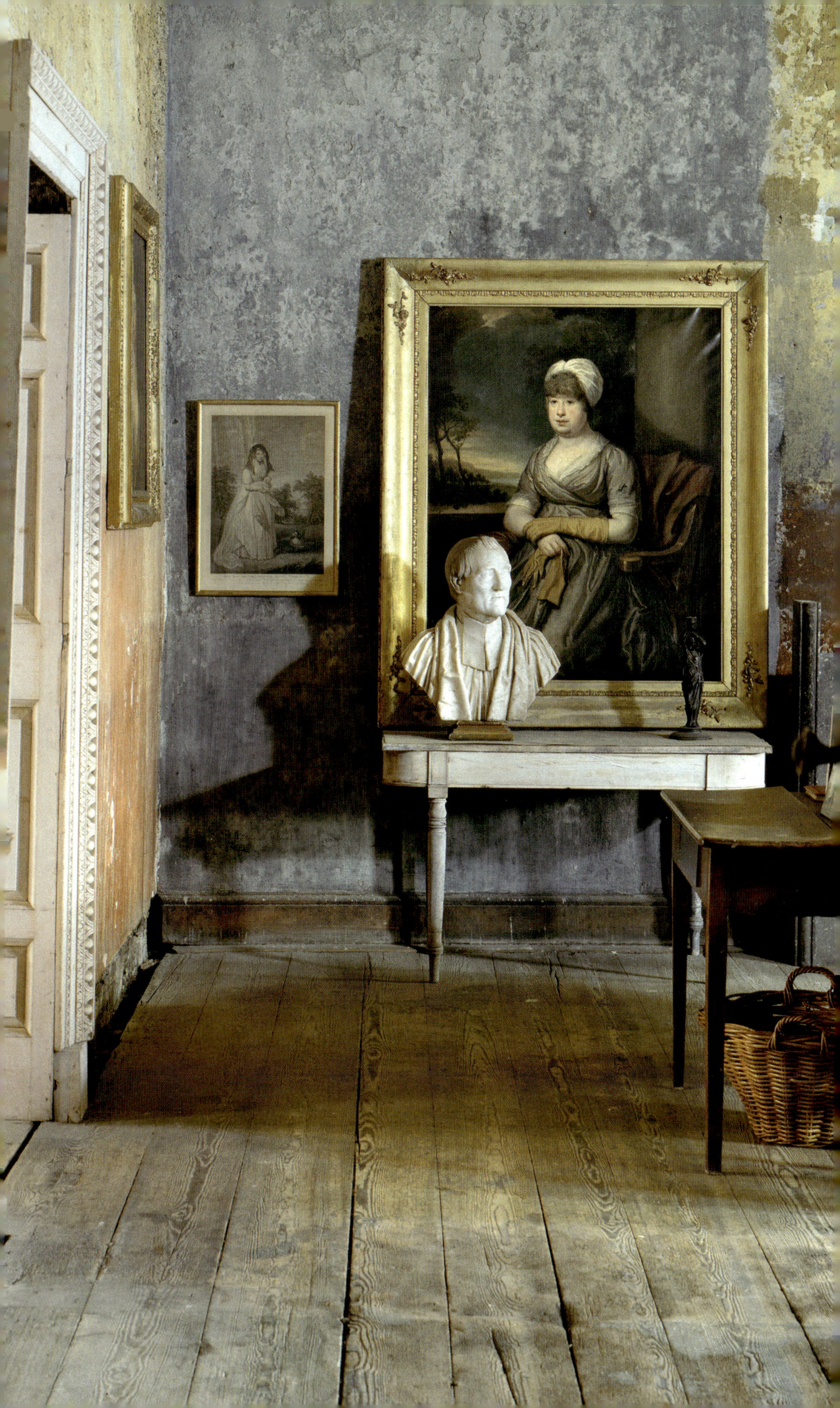

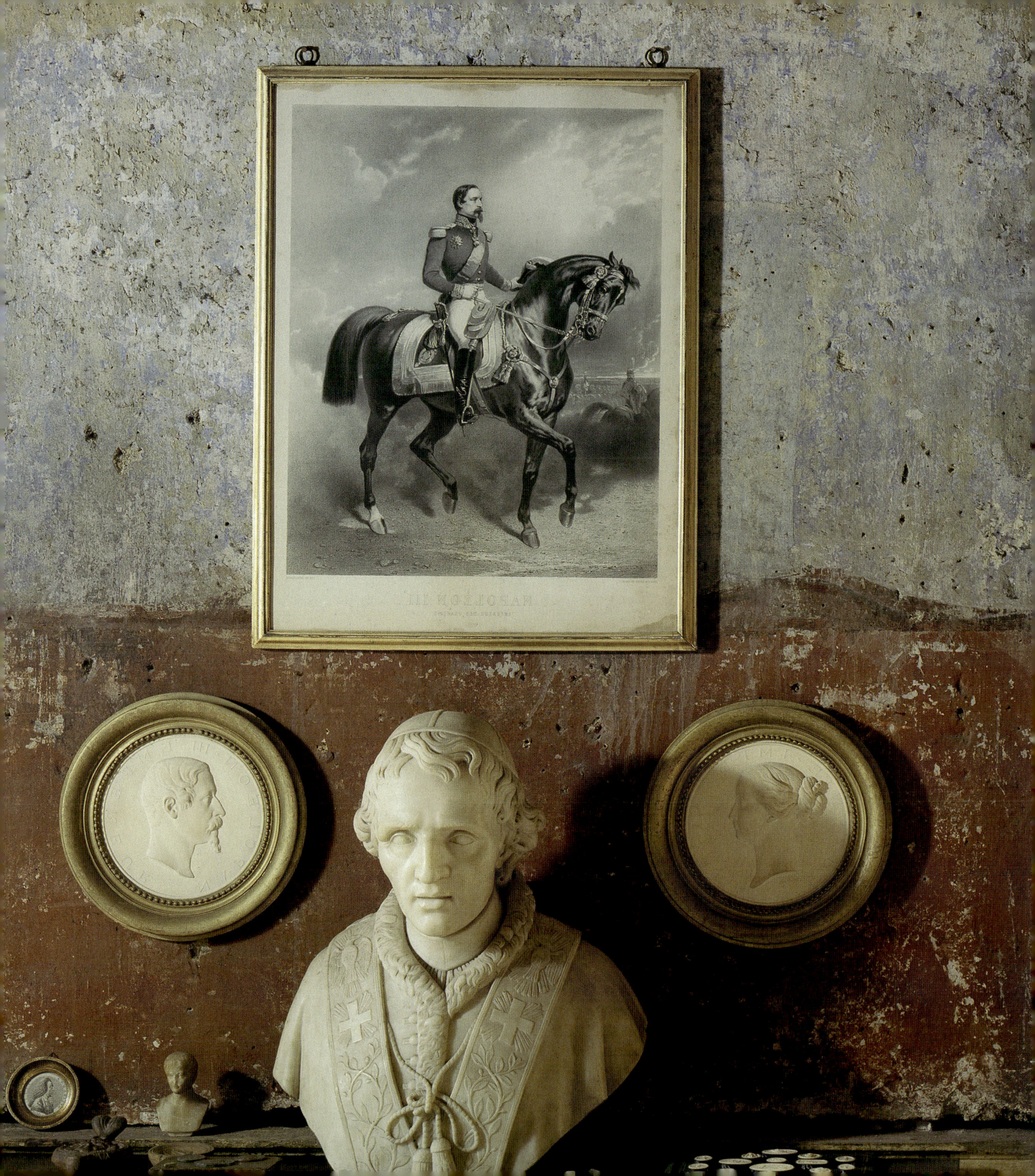
NAPOLEON III

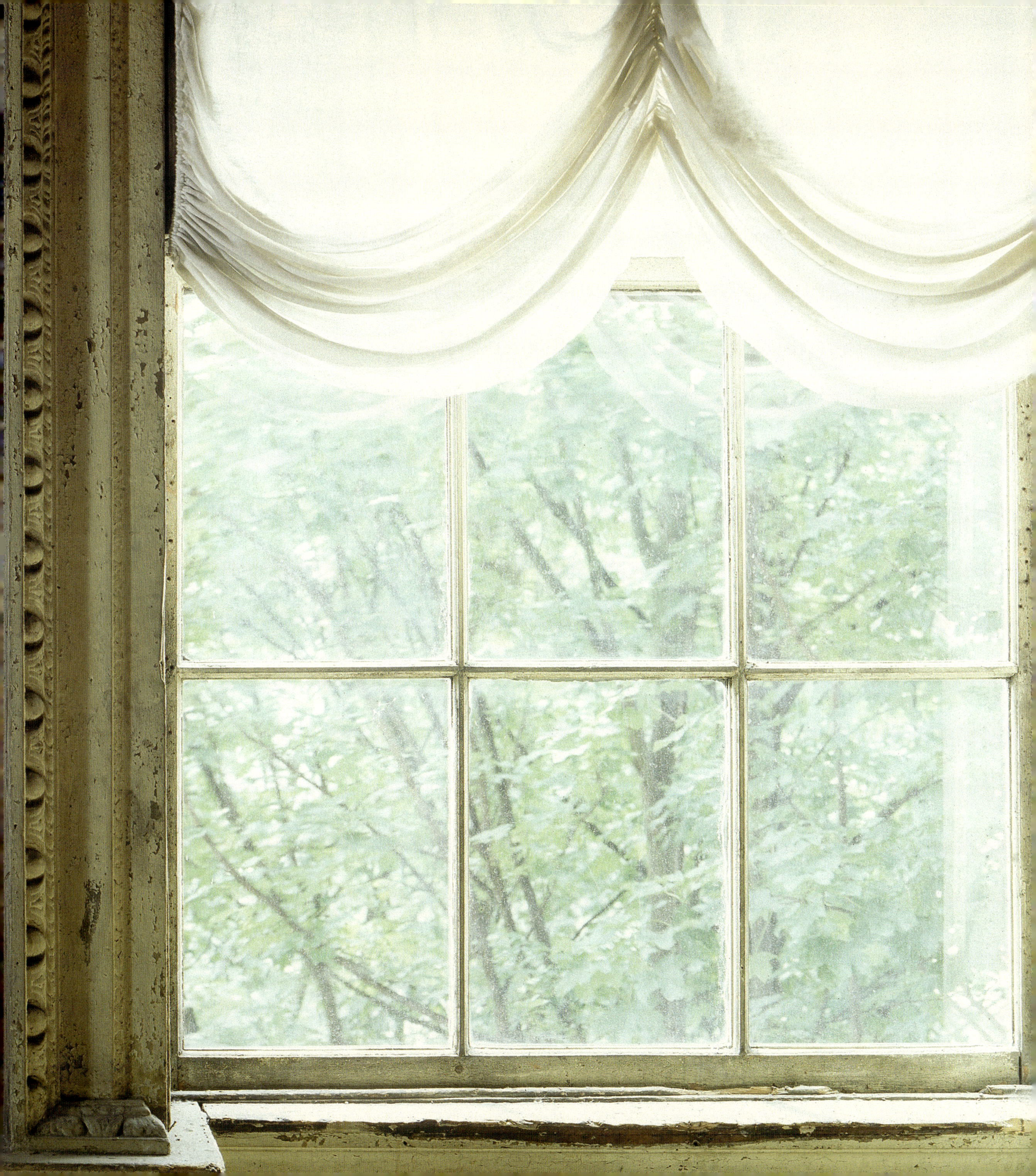

RESIDENZ ZITZEWITZ

Bangkok > Thailand

Am besten ist, man stellt sich eine majestätische Kristallkrone ganz oben auf dem höchsten der hundert Wolkenkratzer Bangkoks vor. Tagsüber strahlt sie in den dunstigen Himmel über Bangkok, und nachts leuchtet sie in mysteriösem Licht: Dies ist die Wohnung eines Geschäftsmanns, dessen Passion den Traditionen Thailands gehört. Innerhalb der gläsernen, fast acht Meter hohen Hülle, unter den Decken und zwischen den Wänden erzählt alles von der Geschichte und der Kultur Thailands – eine anthropologische Abenteuerreise aus historischen und mythologischen Elementen. Und doch finden sich hier auch – harmonisch in die geschichtlichen Spuren gefügt – zeitgenössische Möbel, oft mit Blattgold überzogen. Sie sind Zeichen einer besonderen Neigung des Besitzers, der sich gerne als »moderner Antiquar« bezeichnet. Und schließlich ist es auch die schwindelerregende Höhe der Räume, die dem Besitzer Majestät verleiht.

Rechts: Detail eines Wandpaneels, auf dem Szenen aus der thailändischen Kultur dargestellt sind.

Gegenüberliegende Seite: Ein Teil des Salons mit Blick auf die Skyline von Bangkok. Nahezu acht Meter hoch ist dieser Raum, der von reich dekorierten Säulen gesäumt wird.

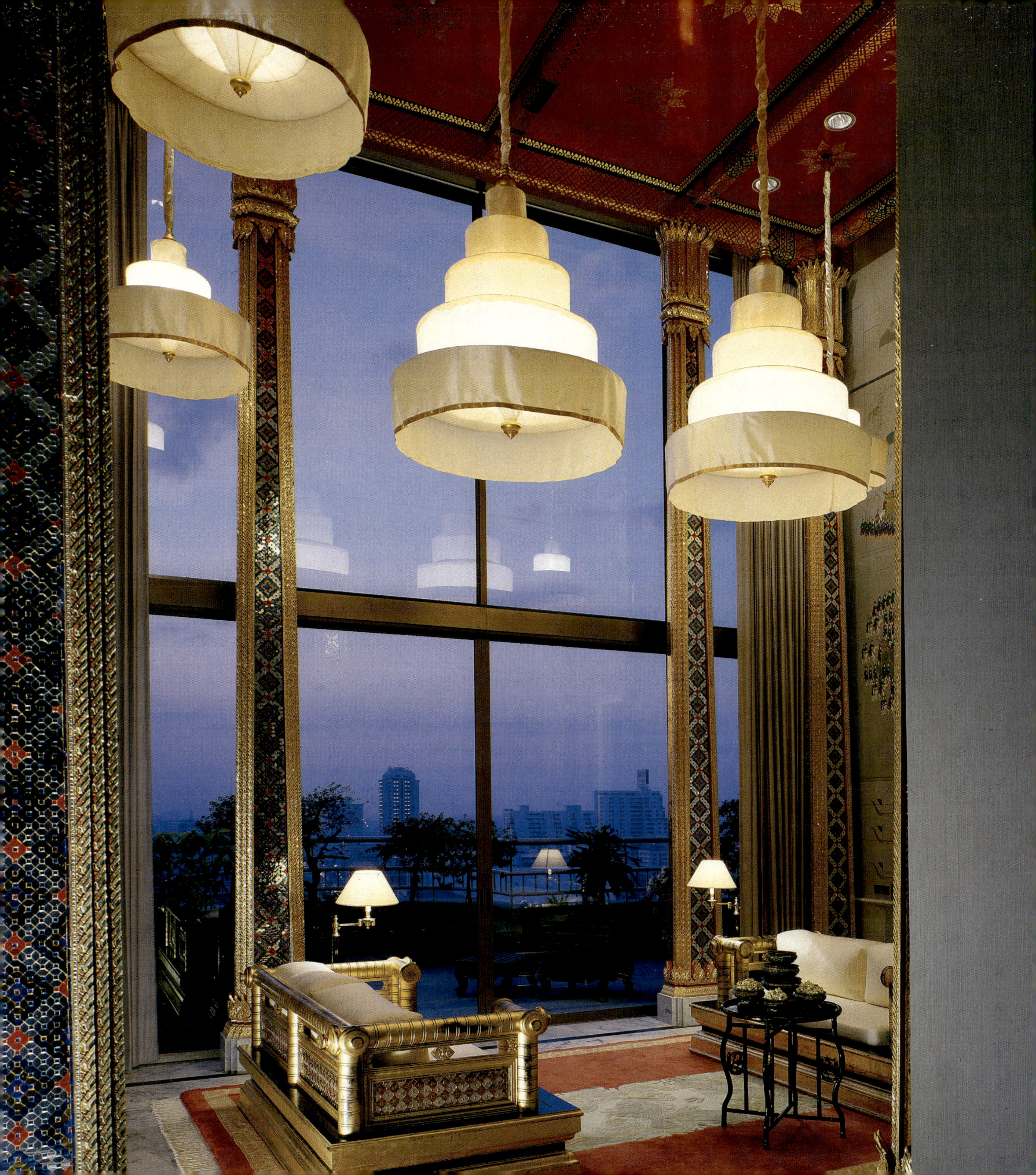

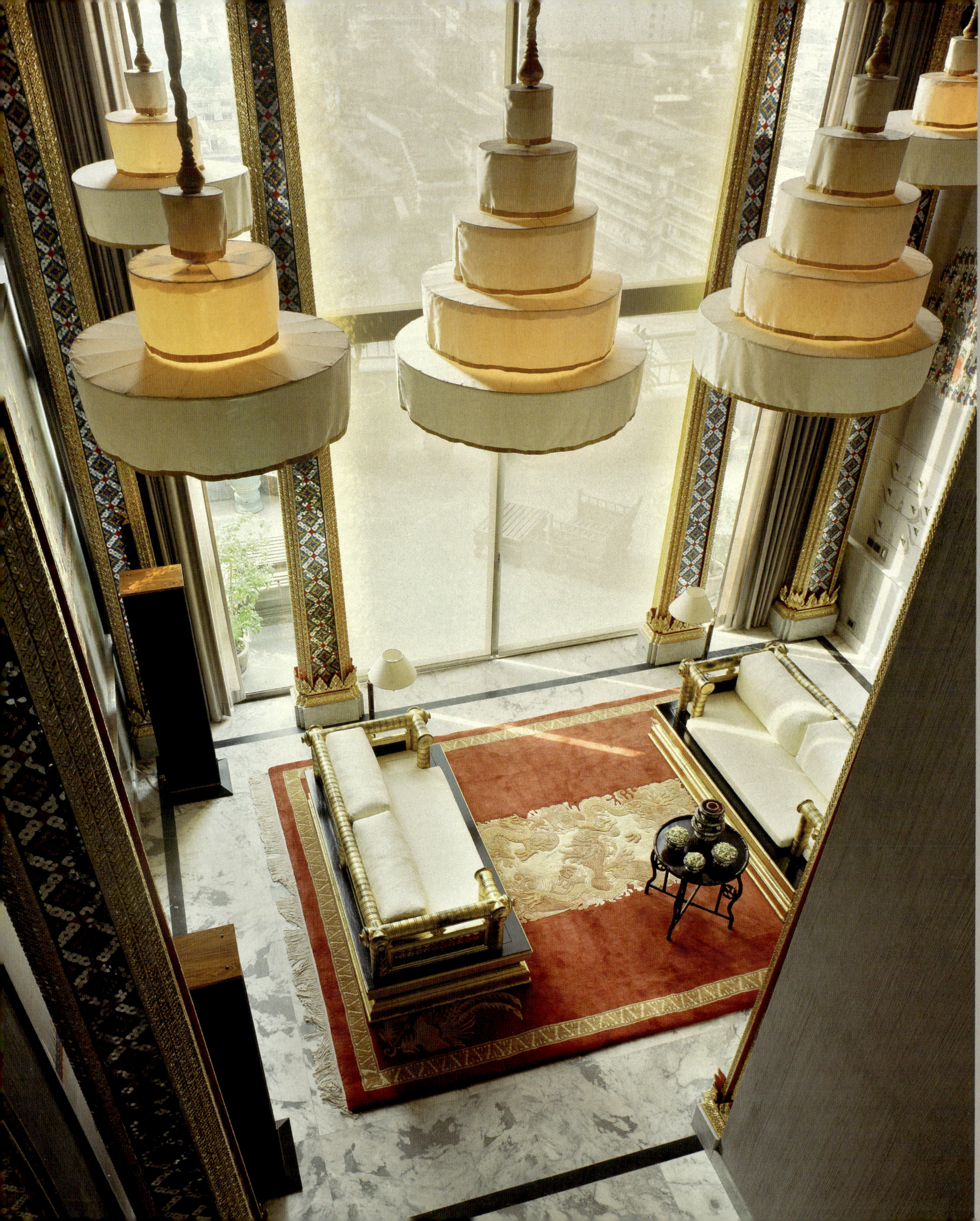

Gegenüberliegende Seite: Nochmals der Salon, diesmal von oben gesehen, und zwar von der Galerie aus, von der aus man in die Zimmer gelangt. Der Boden des Salons besteht aus Carrara-Marmor, die Lüster erinnern entfernt an Pagodendächer.

Rechts: Eine weitere Detailansicht des Salons. Das Sofa ist der Nachbau eines traditionellen Möbelstücks, das in diesem Fall jedoch mit purem Blattgold überzogen ist. An den Wänden Bildpaneele mit Szenen aus der Mythologie und aus der Geschichte Thailands.

Das große Schlafzimmer: Die Verwendung dunkler Farben und die schmucklosen Möbel lassen das Ambiente maskulin wirken. Unterstrichen wird dieser Eindruck durch das vielfach verwendete Blattgold. Auf den Medaillons an der Decke sind göttliche Tiere aus der thailändischen Mythologie dargestellt.

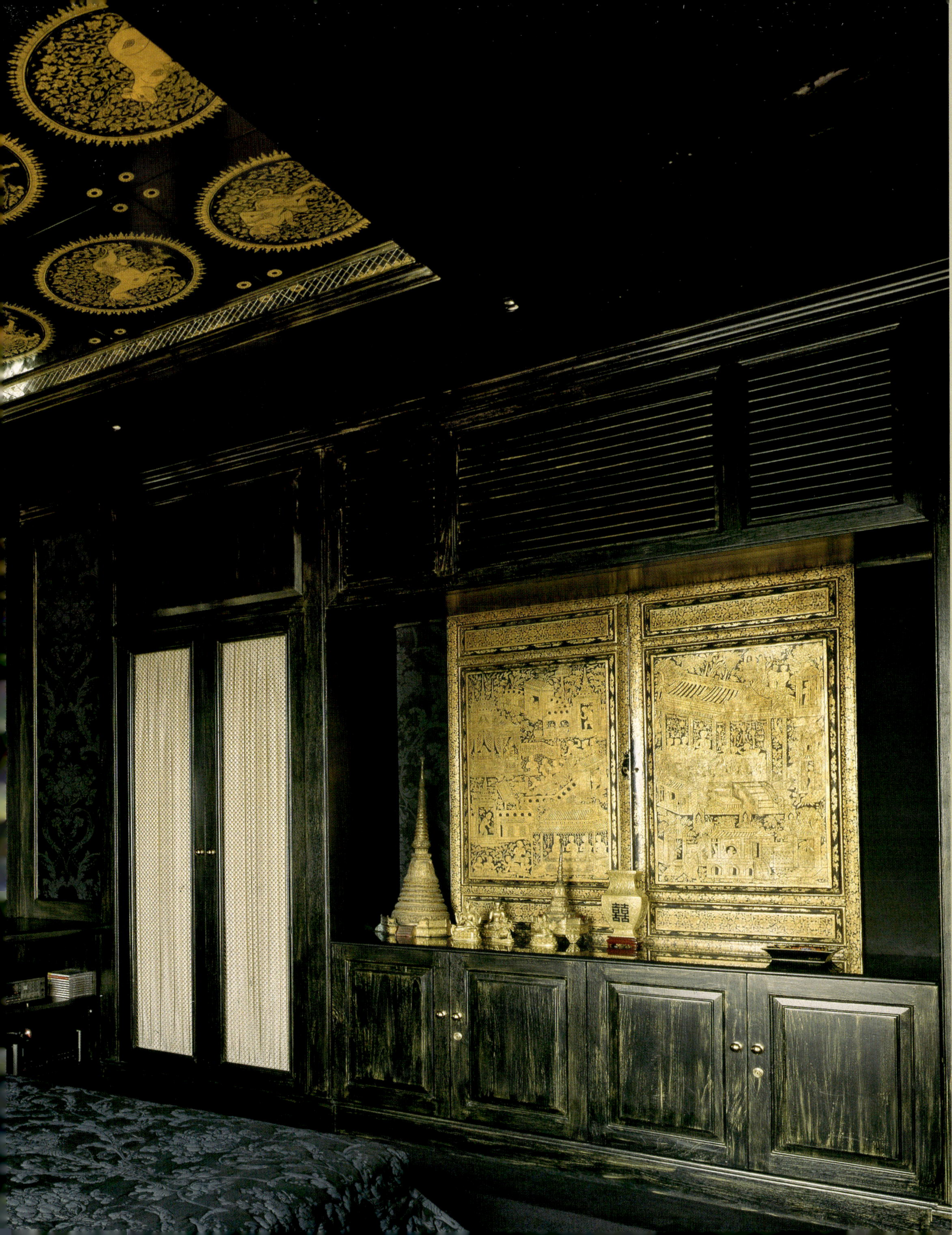

Die Wände des großen Badezimmers, in dessen Mitte zwei Badewannen einander gegenüberstehen, sind mit tropischem Holz verkleidet.

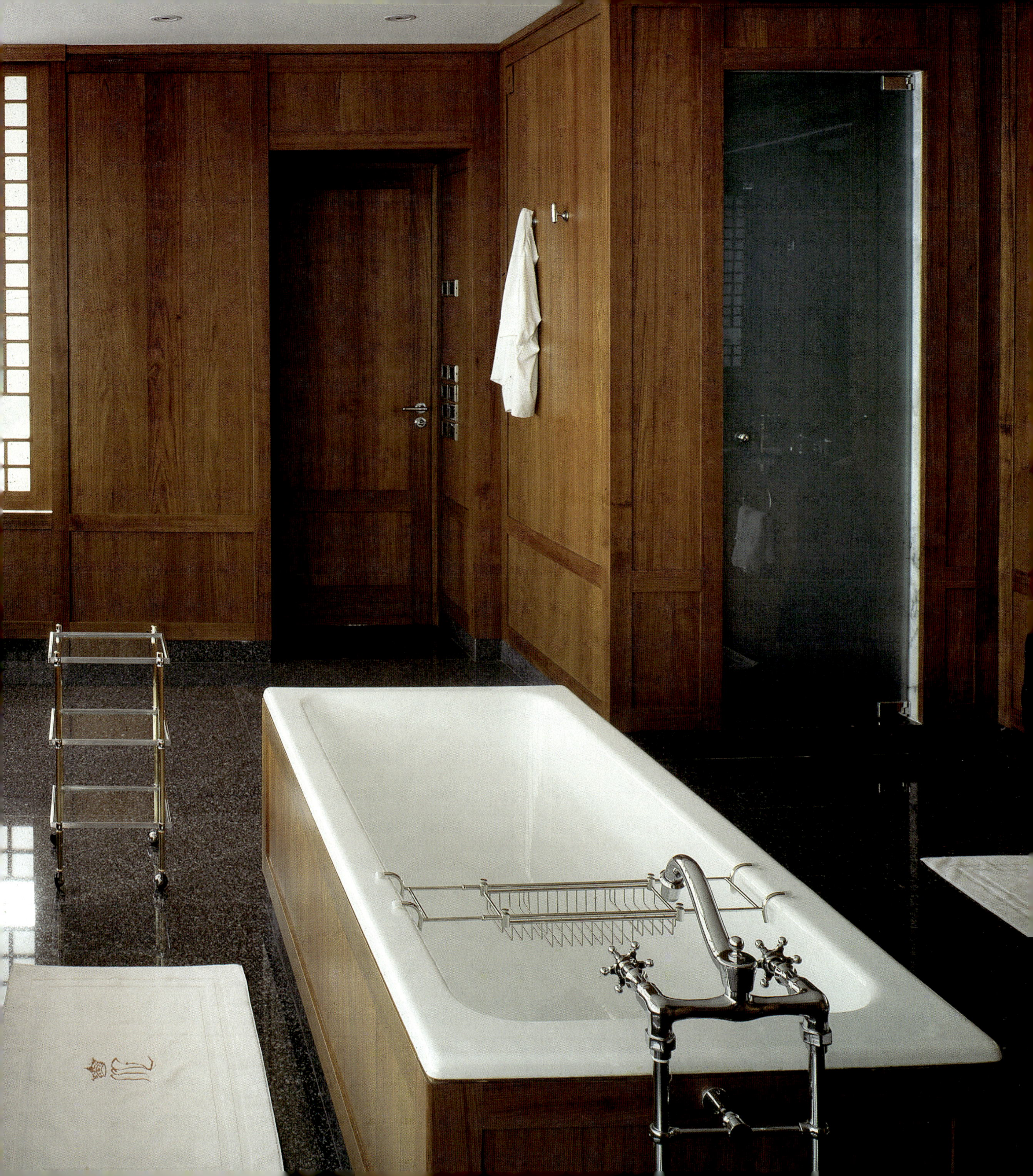

RESIDENZ CLARK Gestaltung: René Gonzales

Miami > Florida, USA

Draußen und drinnen korrespondieren nicht nur, sie durchdringen einander in diesem Appartement mit großer Terrasse, das sich auf Allison Island, Miami, in einem von Alexander Gorlin entworfenen Gebäude befindet. Für den aktuellen Besitzer hat René Gonzales das Appartement neu gestaltet. Dabei muss man eigentlich nur eines wissen: Der Blick ist spektakulär und reicht über die Biscayne Bay und Miami Beach bis zu den Wolkenkratzern downtown.
Die Räume sind konsequent linear, von nahezu zen-buddhistischer Reduziertheit und die Einrichtung ist so neutral gehalten, damit nichts vom Panorama, das man auch von drinnen durch schlicht, aber mehrfach gegliederte Glaswände hat, ablenkt. Selbst die zeitgenössischen Kunstwerke – der Besitzer ist Sammler – scheinen sich diesem Programm unterzuordnen.

Rechts: Ein Detail aus dem Speisezimmer.

Gegenüberliegende Seite: Die große Terrasse mit Ausblick auf Miami Beach. Die Stühle und Hocker stammen von Paola Lenti.

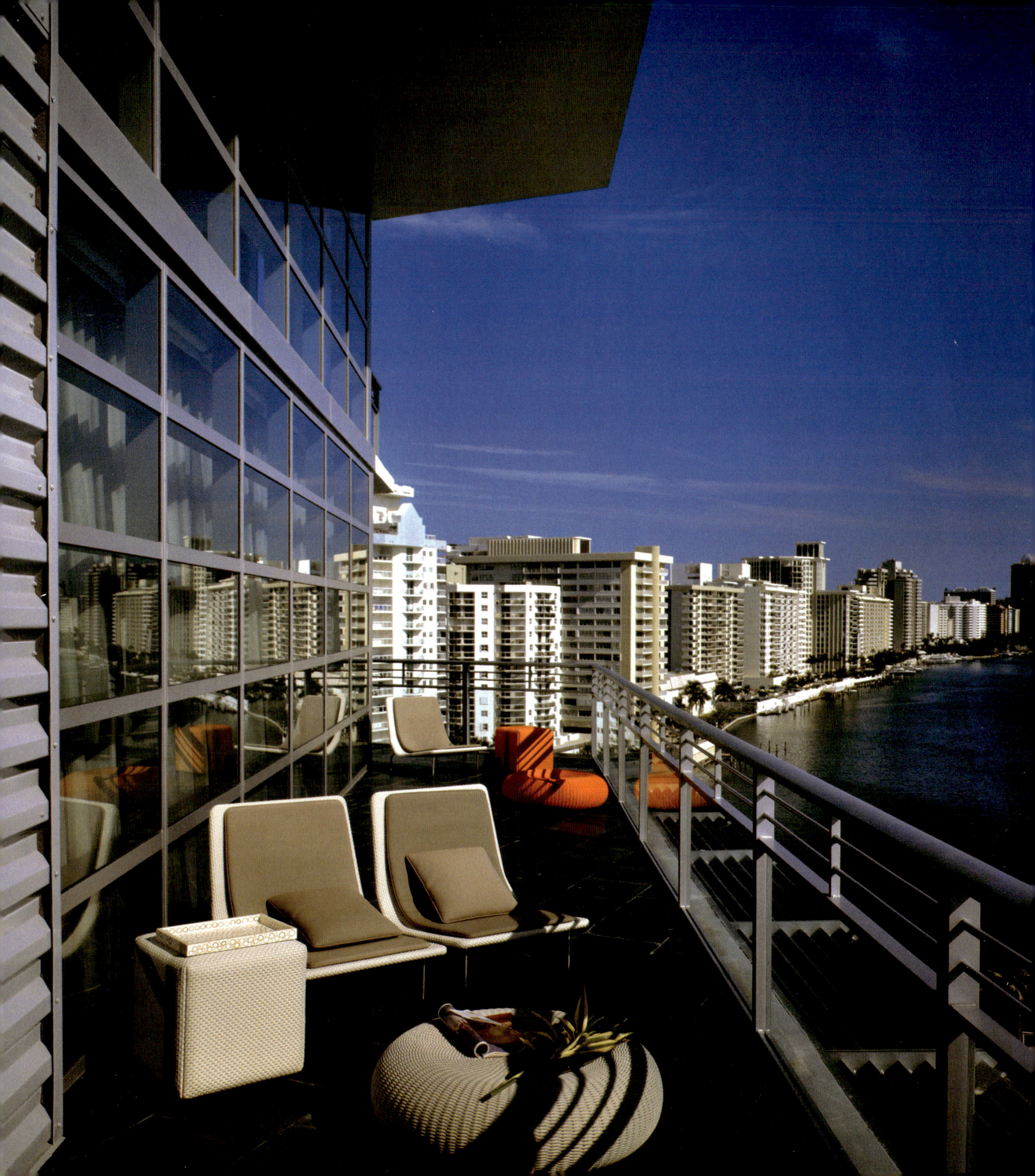

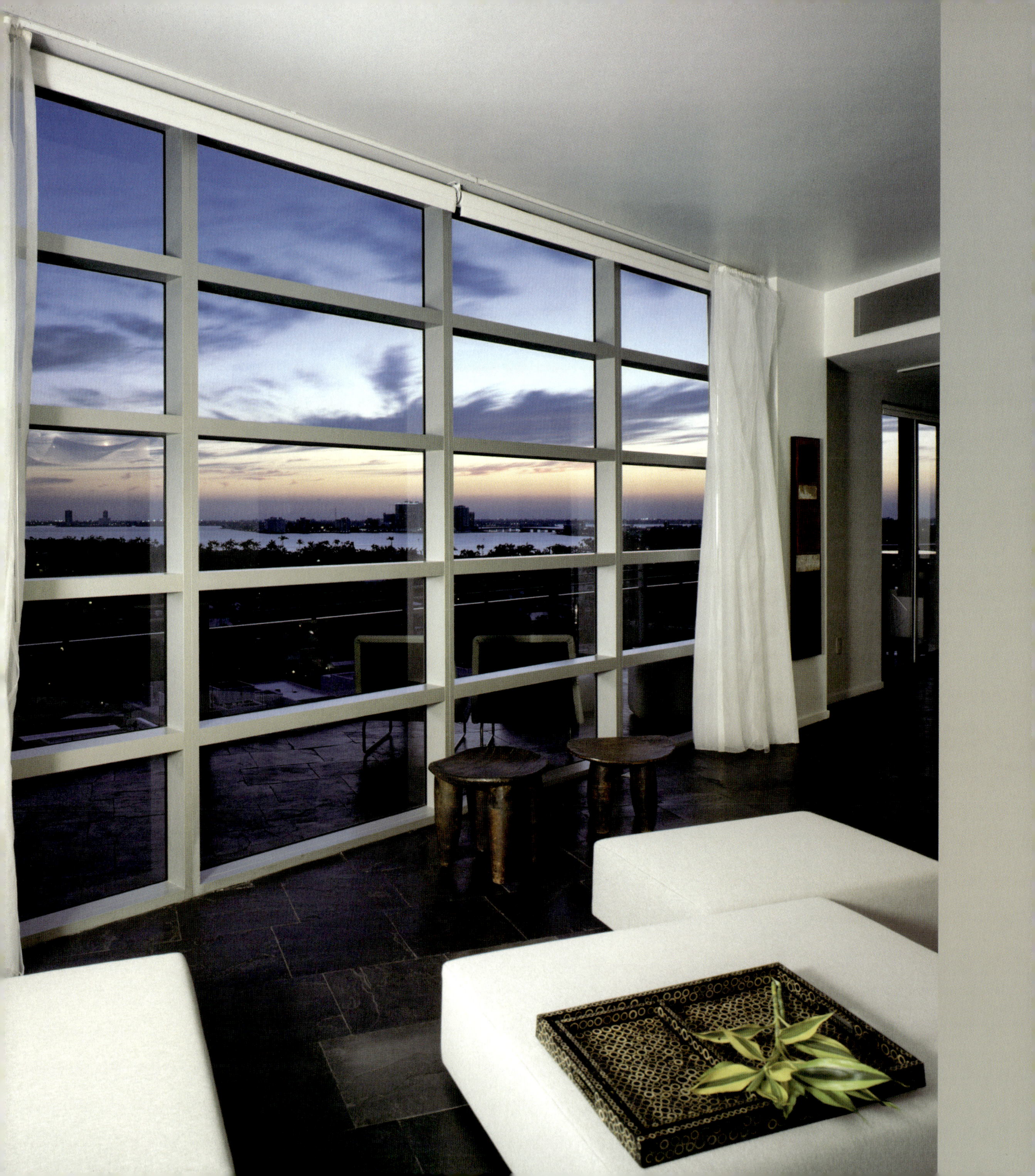

Oben: Ein Blick in das Wohnzimmer, das ganz in Weiß gehalten ist. An der hinteren Wand *Grey 1* und *Grey 2* von Lynn Gelfman. Die Polstermöbel stammen von Living Divani, die hölzernen Schemel aus Afrika.

Gegenüberliegende Seite: Auch vom Wohnzimmer aus gesehen liegen dem Betrachter die Biscayne Bay und Miami Beach vor Augen.

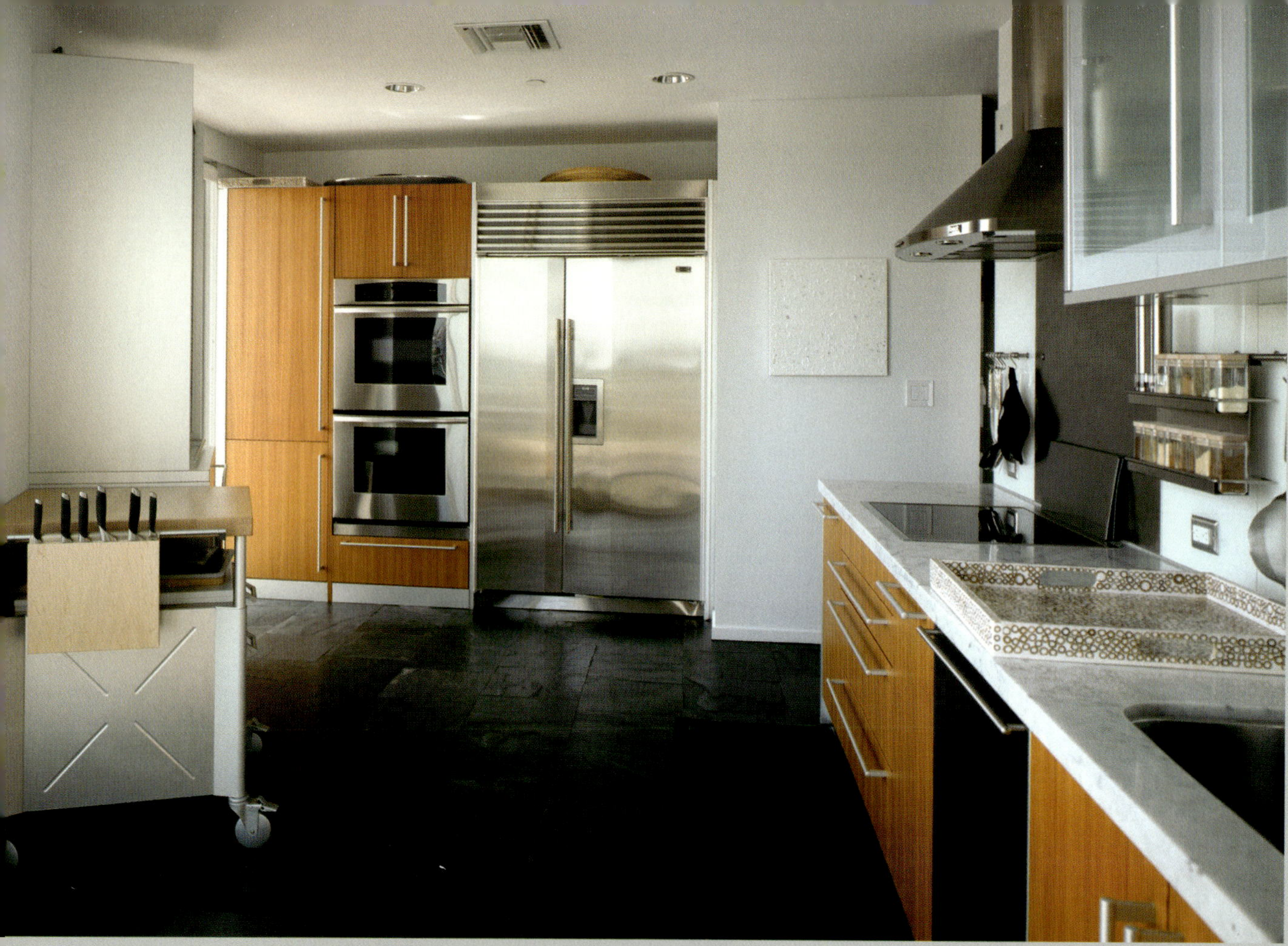

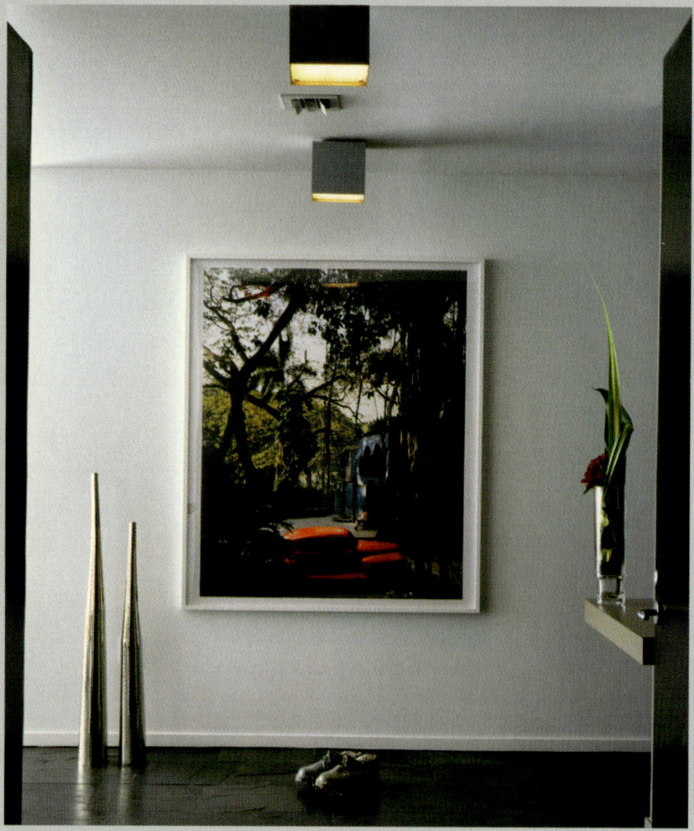

Gegenüberliegende Seite: Die Küche wird – so wie der Rest des Appartements – durch Funktionalität und eine gewisse Strenge charakterisiert. Darunter ein Detail aus dem Eingangsbereich, der als kleine Kunstgalerie angelegt ist. An der Wand *Rosa en la tropical*, eine Fotografie von Andrew Moore, davor auf dem Boden zwei Flaschenskulpturen aus rostfreiem Stahl.

Oben: Einblick in das Speisezimmer. Links an der Wand *A Gleam of Knowledge*, ein Werk von José Alvarez, an der hinteren Wand *Manifold* von Peter Barrett. Der Tisch stammt von Porro, die Stühle *Lea* sind ein Entwurf Roberto Barbieris für Zanotta, die Lampe entwarf Robert Lewis.

Oben: Über dem Bett im Gästezimmer ein Bild aus der Serie *Reflective Mimicry* von Alyson Shotz.

Rechts: Ein Blick in das Schlafzimmer der Besitzer. Am Fußende des Bettes von Porro befindet sich eine traditionelle Liegestatt der Senufo, einer afrikanischen Volksgruppe.

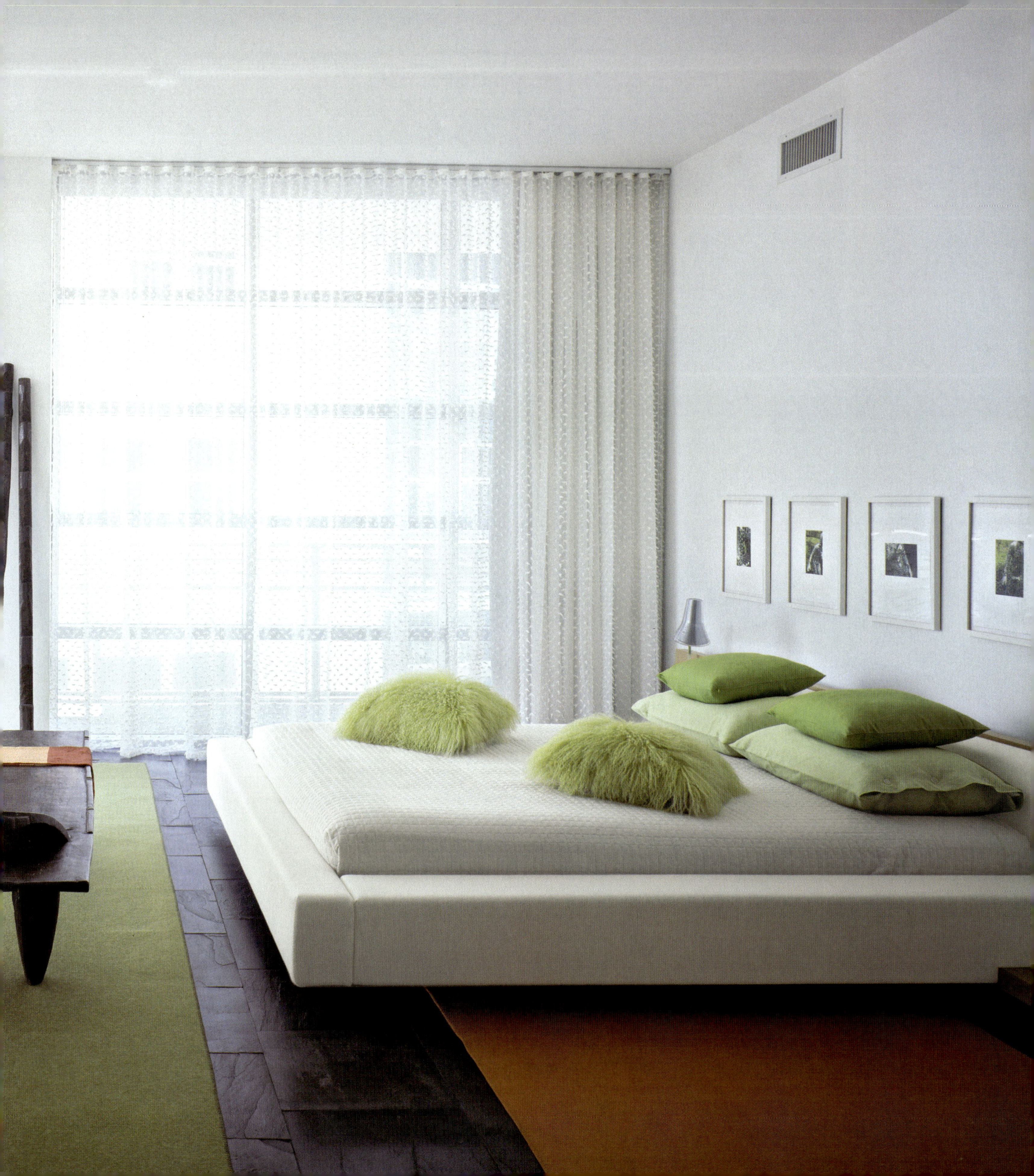

Bali > Indonesien

BEGAVAN GIRI   Architektur: Cheong Yew Kuan

Auf Bali befindet sich dieser Wohnkomplex, dessen Name Begavan Giri wörtlich übersetzt »Der Berg des weisen Mannes« bedeutet. Der Komplex in der Nähe des gleichnamigen Dorfes erstreckt sich inmitten üppiger Pflanzen, darunter Ingwerbäume, verfügt über eine Süßwasserquelle und wurde von dem Architekten Cheong Yew Kuan für Bradley Gardner, Inhaber eines internationalen Unternehmens, das mit Schmuck und Immobilien handelt, errichtet. Bradley Gardner hat sich ein Mittelding aus Privathaus und Gästeresidenz gewünscht. Heute zählt Begavan Giri mit seinen fünf Villen zu den elegantesten Residenzen Balis.

Jede Villa verfügt über einen eigenen Pool und private Gärten, die die Landschaftsplaner John Pettigrew und Thorsten d'Heureuse in Harmonie mit der Natur der Umgebung angelegt haben und die sich in Stil und Atmosphäre durchaus voneinander unterscheiden.

Oben: Eine Fackel beleuchtet den Lattenrostboden der Terrasse.

Rechts: Eines der Pools, das so gestaltet ist, dass es mit der Vegetation des Gartens verschmilzt. Der Terrassenboden ist mit Holzpaneelen ausgelegt.

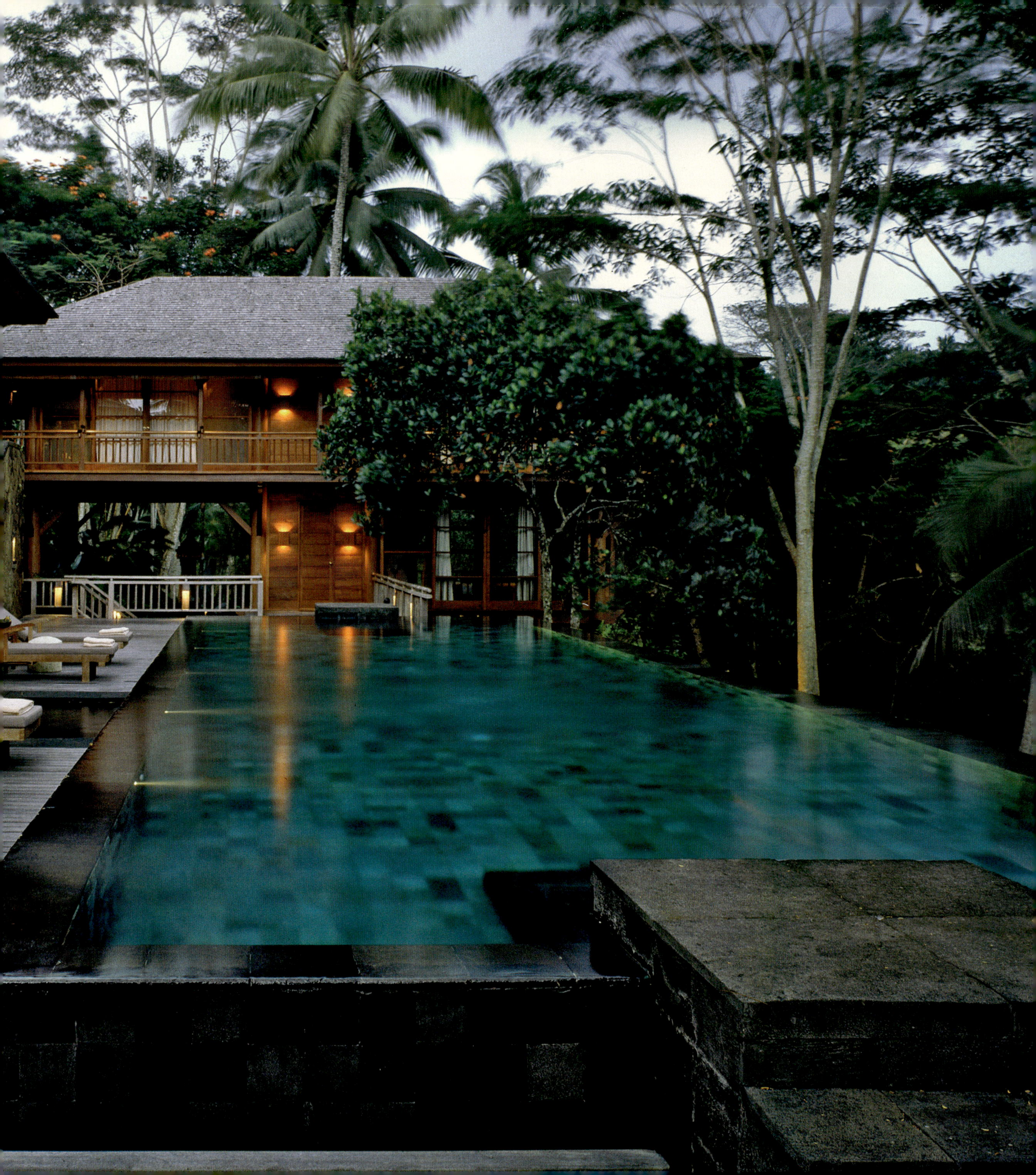

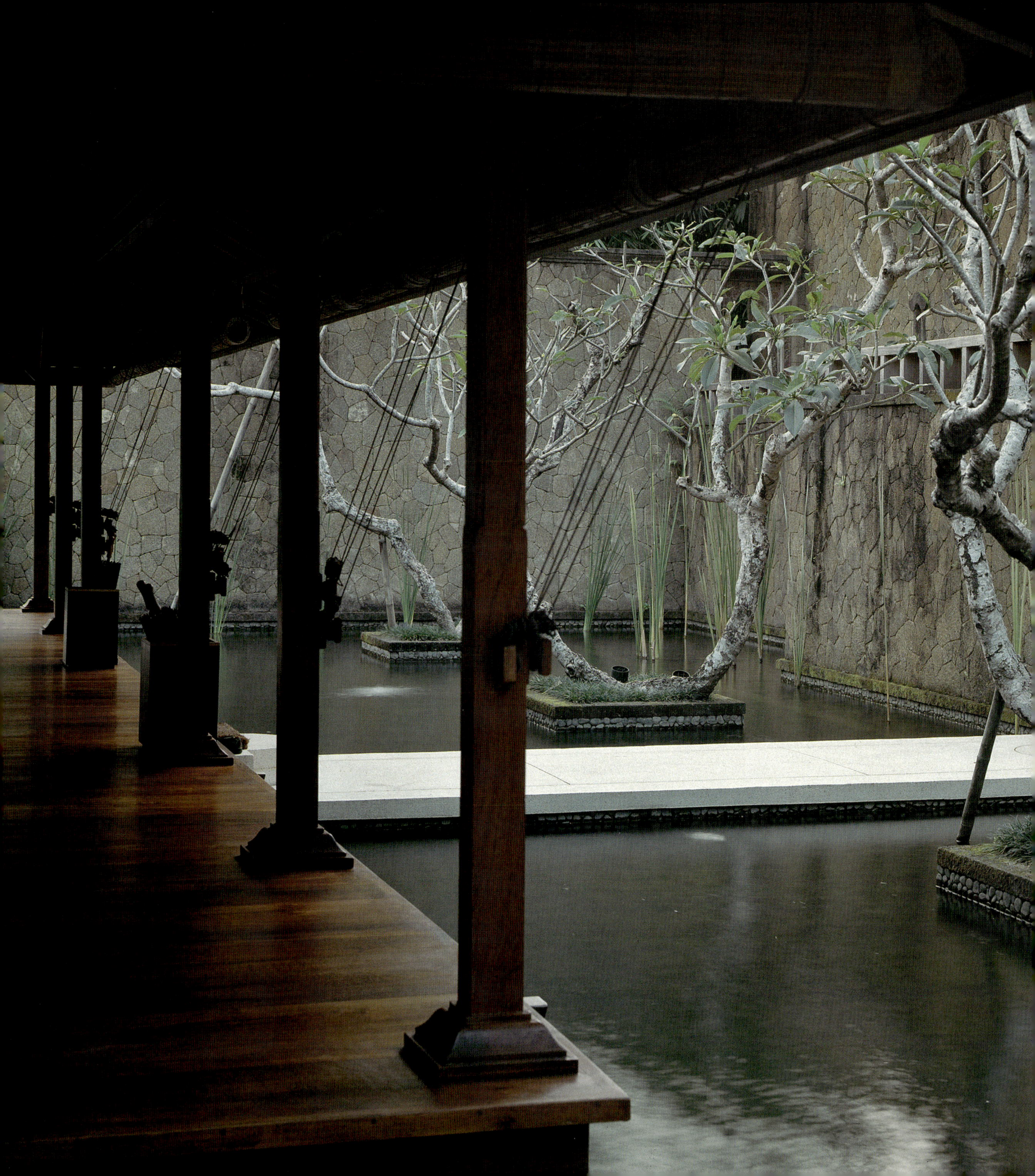

Links: Zwischen den Pavillons erstrecken sich Wassergärten.

Rechts: Wie in einer exotischen Landschaft gelangt man über große Steine, die sich aus den angelegten Wasserläufen erheben, in die Suite. Die geschnitzte Tür ist eine Arbeit lokaler Handwerker, und in den Nischen brennen abends Öllampen.

Links: Ausschnitt aus einem der Badezimmer, in dem die Badewanne von einem kunstvollen, hölzernen Gazebo bekrönt wird.

Gegenüberliegende Seite: Eines der Schlafzimmer mit Himmelbett und obligatorischem Moskitonetz.

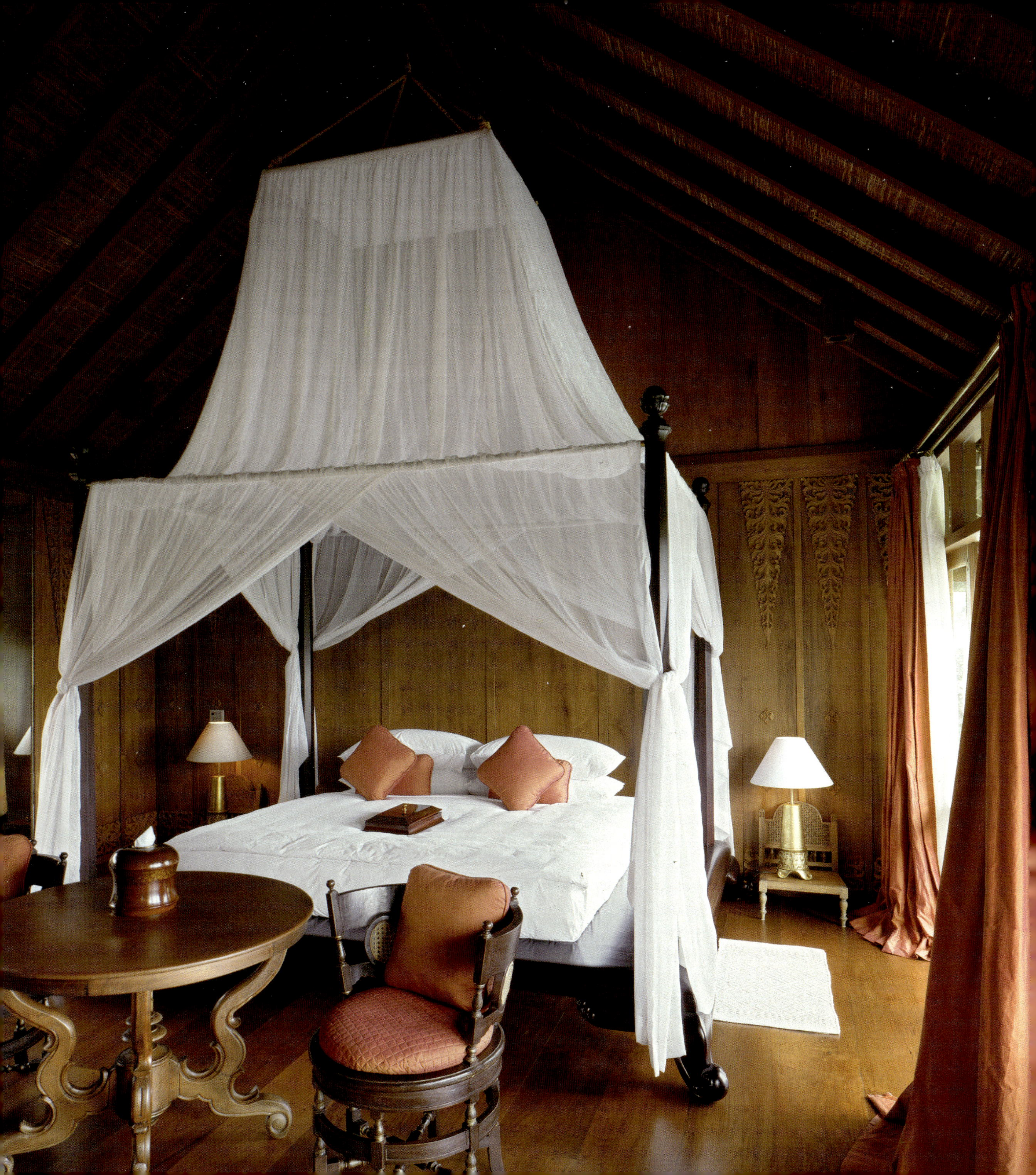

Blick in einen Teil des Gartens, wo sich Wasser und Vegetation harmonisch verbinden.

Rechts und unten: Die Badewanne und das Ruhebett auf der Terrasse ermöglichen Entspannung pur unter freiem Himmel.

Folgende Doppelseite: Auch dieser Infinity-Pool auf einer der Terrassen verschmilzt perfekt mit der ihn umgebenden üppigen Vegetation.

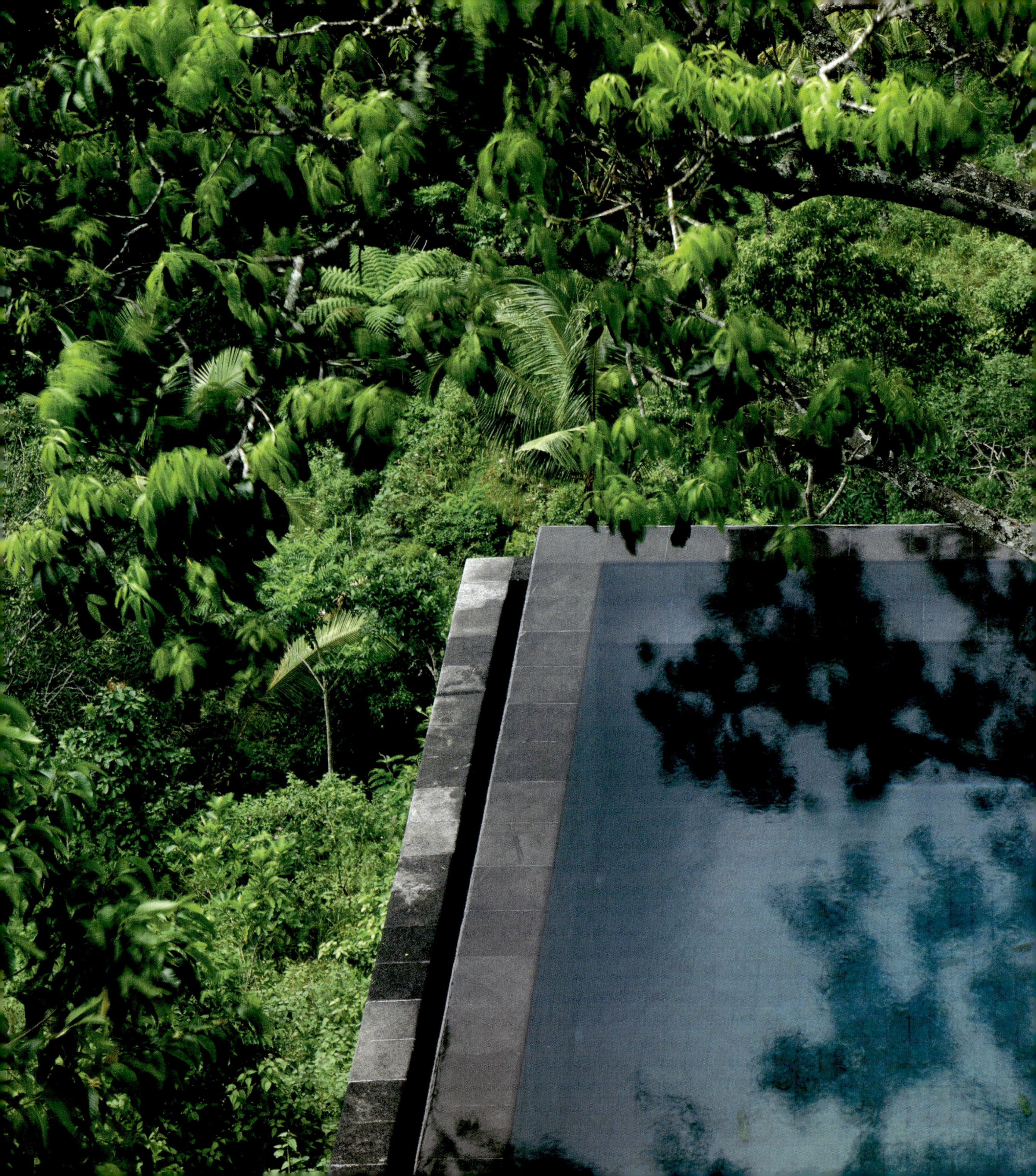

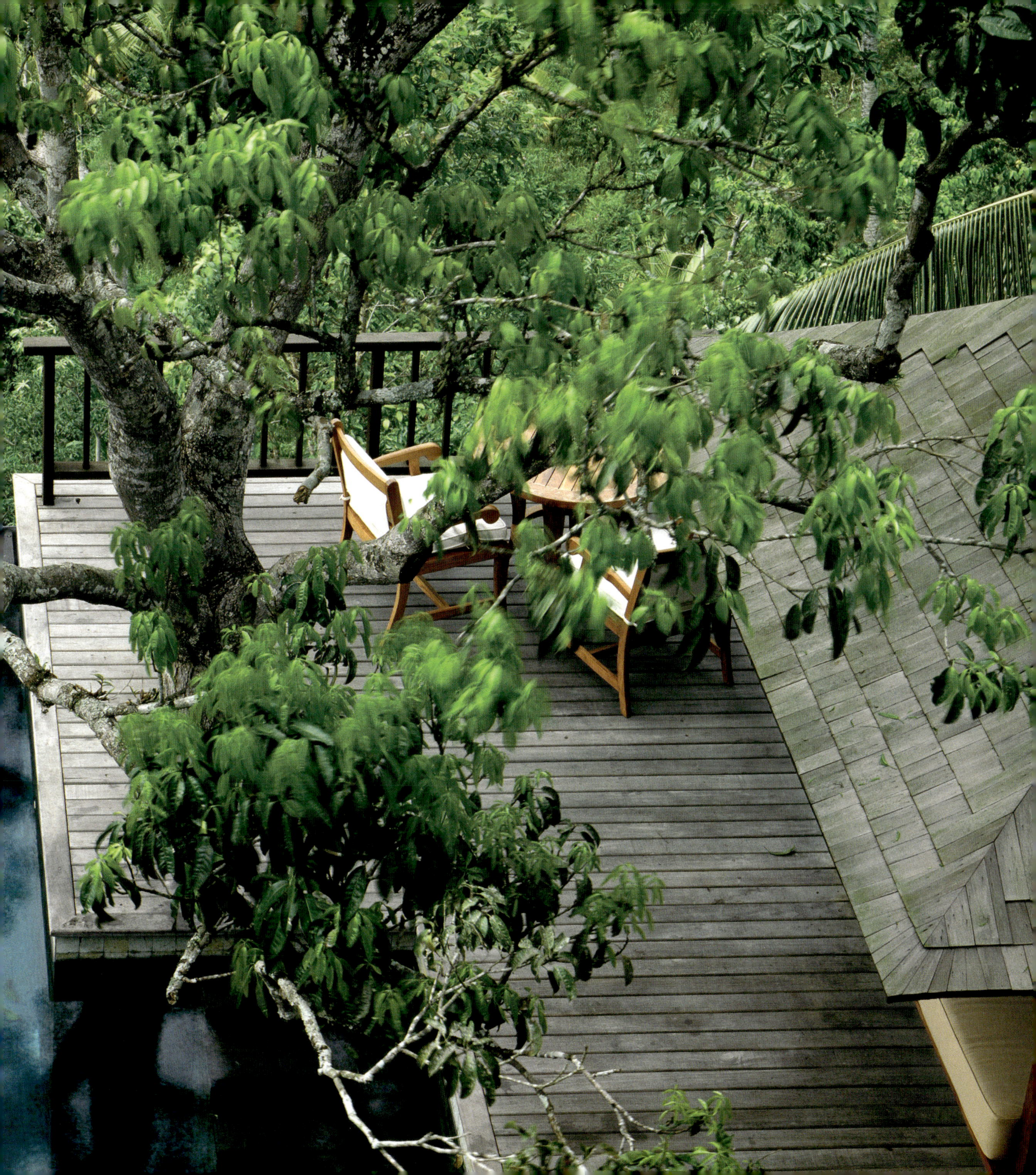

HAUS INDIGO Architektur: Jack Diamond

Mustique > Karibik

Auf der karibischen Insel Mustique, Ferienparadies der Reichen und Schönen dieser Welt, hat der kanadische Architekt Jack Diamond eine Villa mit Blick auf die vielgerühmte Pasture Bay geschaffen. Wasser und Sand, Azurblau und Weiß – das sind die dominierenden Themen dieser Villa, die sich rund um ein »Wasseratrium« erhebt.

Oben: Die überdachte Terrasse der Villa.

Gegenüberliegende Seite: Als Speisezimmer im Freien dient die Veranda, von der man auf den mit Wasser befüllten Patio blickt.

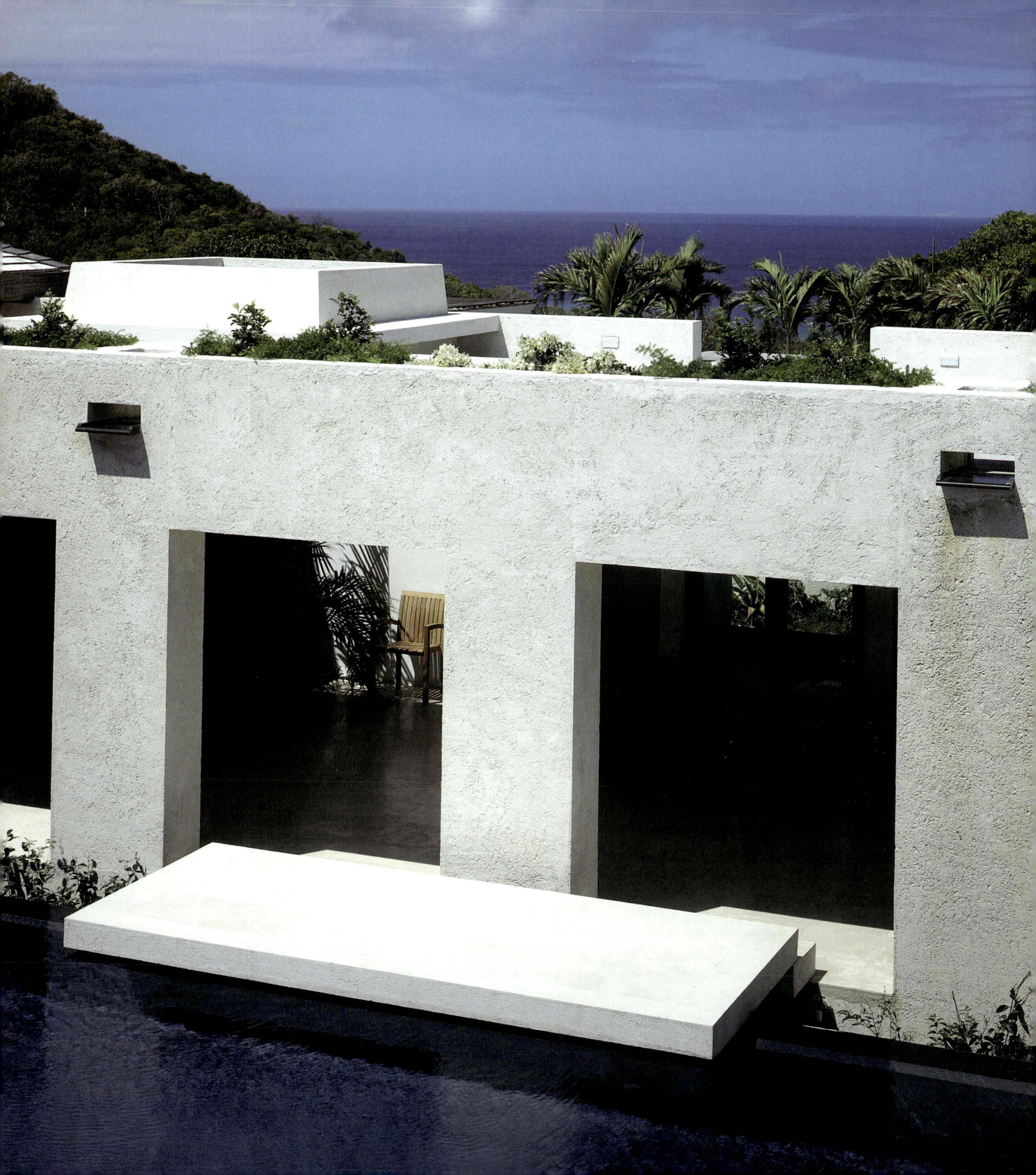

Oben: Ein weiterer Blick auf den Innenhof, über dessen Wasserfläche Steinstufen einzelne Bereiche verbinden.

Gegenüberliegende Seite: Das dreieckige, spitz zulaufende Dach bringt eine skulpturale Note in dieses Ambiente. Hier dominiert die Farbe Weiß – Wände und Steinfußboden –, deren Härte jedoch von den Möbeln in warmen Farben besänftigt wird.

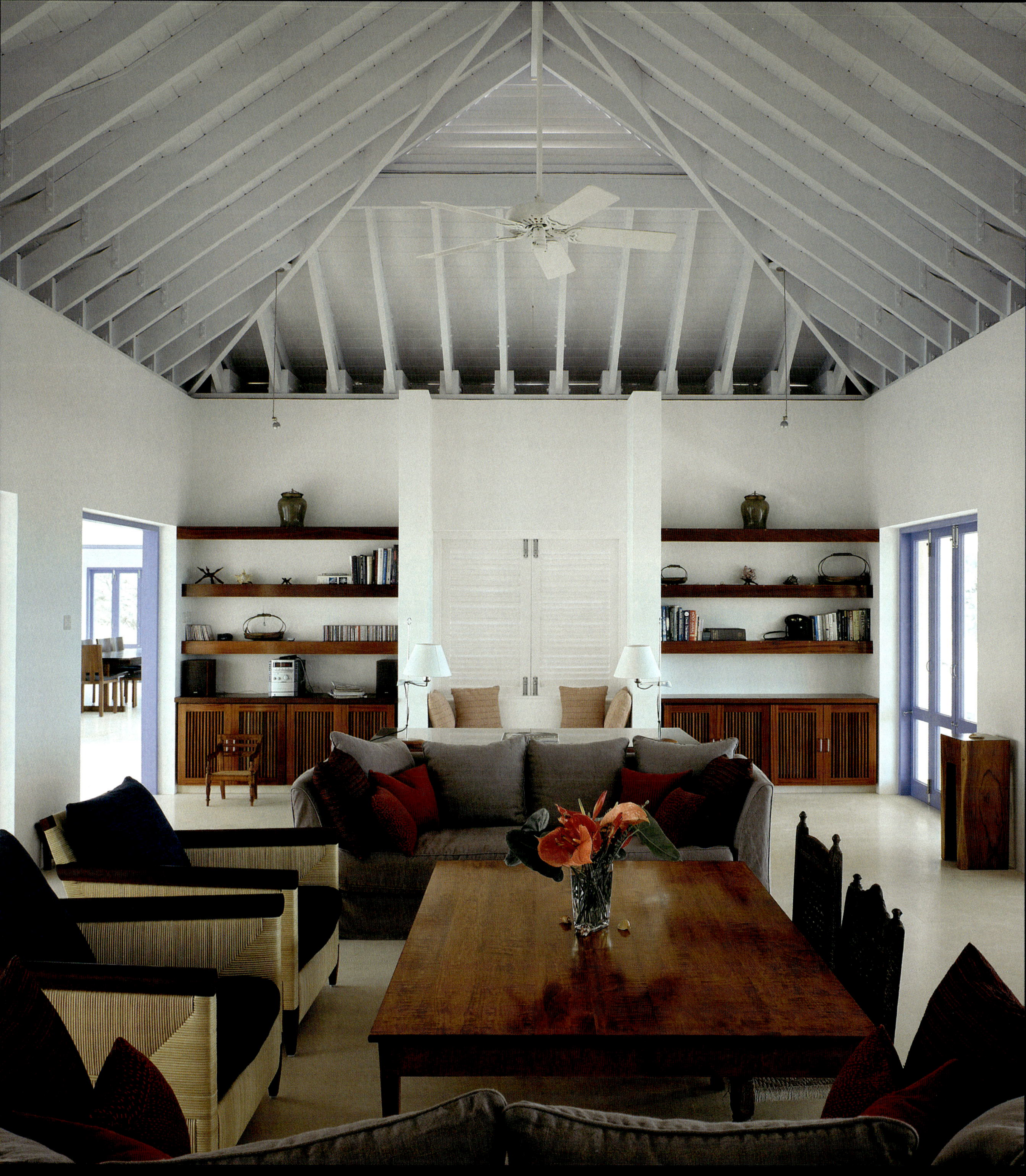

Oben und gegenüberliegende Seite: Rund um die Wasserfläche des Innenhofs entstehen durch die Anordnung der Säulen lichtdurchflutete Nischen. Oben kann der Blick ungehindert von der einen Seite des Patios über die Wasserfläche und den großzügigen Salon bis zum Meer schweifen.

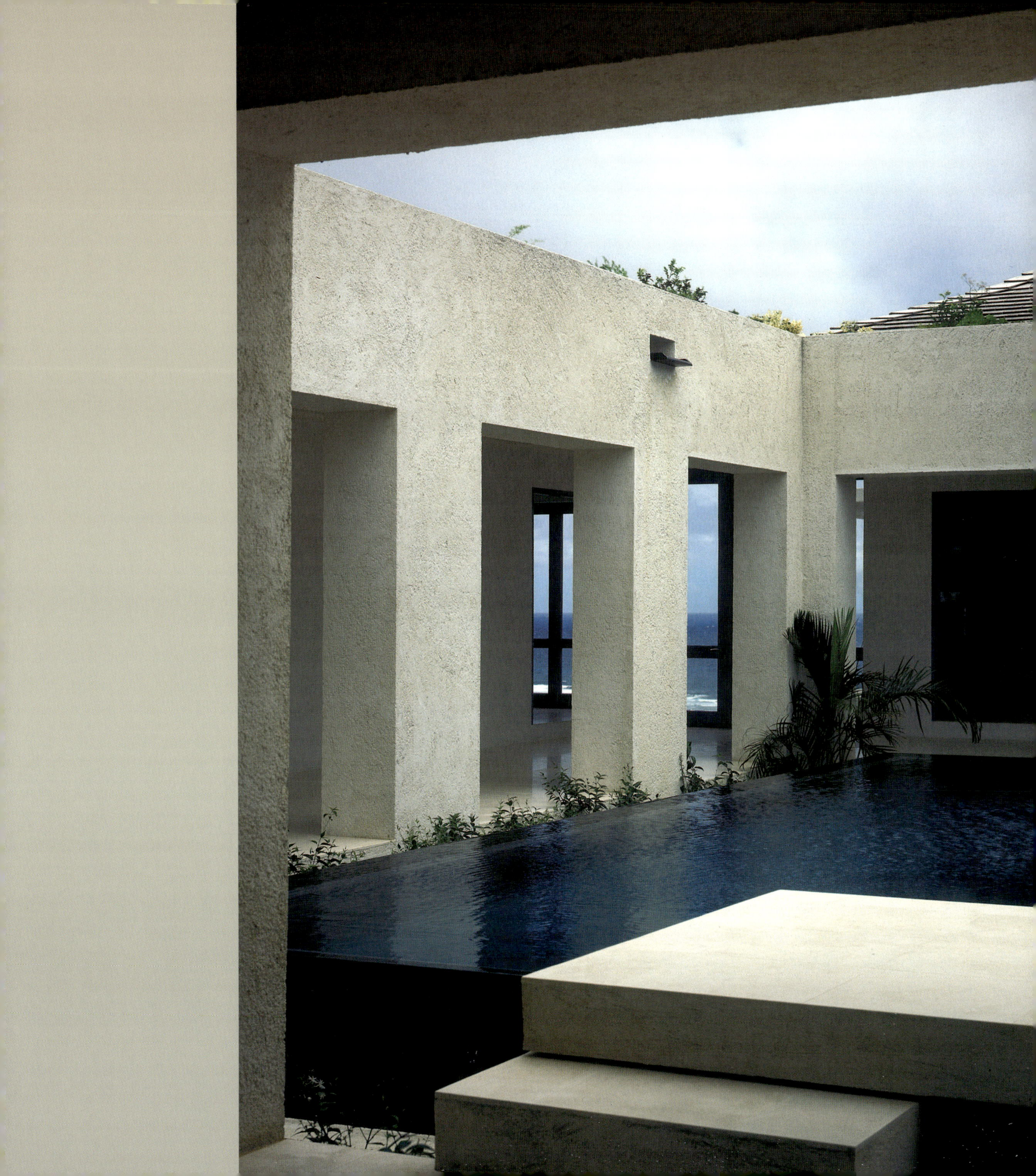

Paris > Frankreich

Interieur: Florence Pucci

FLORENCE PUCCI

In einem wunderschönen Haussmann-Gebäude mitten in Paris hat sich der Innenarchitekt Florence Pucci ein Appartement der besonderen Art geschaffen: Aus den einst vielen kleinen Zimmern wurde eine Flucht aus miteinander korrespondierenden großzügigen Räumen, die man mit Paravants, Schiebe- und Glastüren je nach Lust und Laune voneinander abgrenzen oder zueinander öffnen kann.
Erweitert werden die Räume zudem durch Spiegel und verspiegelte Oberflächen, die den vorhandenen Raum in scheinbar unendliche Dimensionen multiplizieren. Die Spiegel reflektieren auch die zahlreichen Kunstwerke vorwiegend chinesischer Provenienz sowie die Designerstücke, deren Prägnanz vom neutralen weißen Boden und ebensolchen Wänden noch unterstrichen wird.

Rechts: Blick in einen der Wohnräume. Das vier Meter lange Sofa mit den Kissen ist aus Leinen und Schaffellen angefertigt. Die »Sitzsäcke« aus weißem Lackleder sind Entwürfe von Marie Leblon, die Stehlampe links hinten stammt von Ingo Maurer und trägt den Namen *Samurai*. Die Sofatische sind Werke Florence Puccis, die schwarzen Stühle von Verner Panton werden bei Vitra produziert.

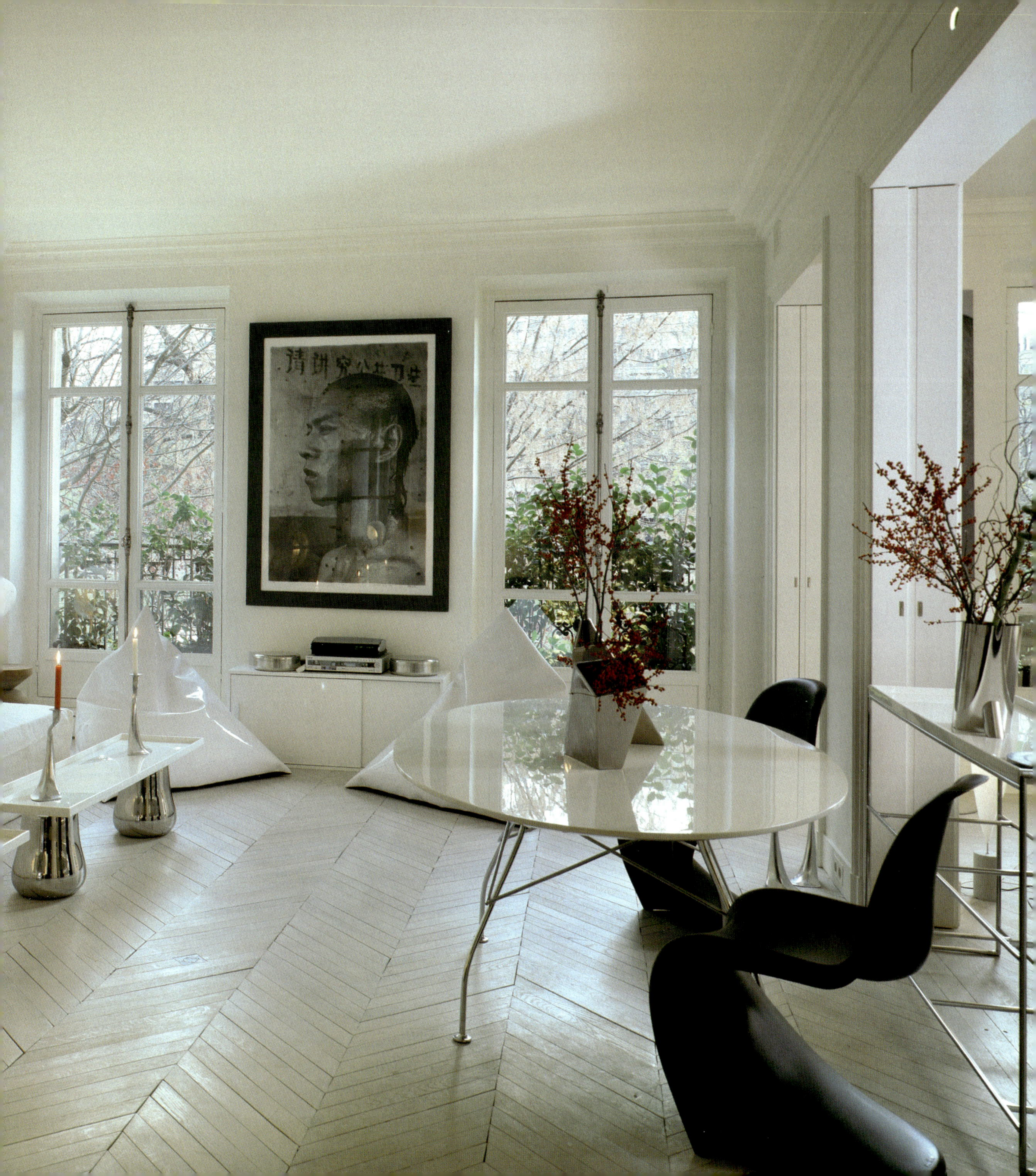

Links: Detail aus einem anderen Wohnraum mit dem Sofa *LC2* von Le Corbusier, Pierre Jeanneret und Charlotte Perriand, das bei Cassina hergestellt wird. Im Hintergrund hat man einen kleinen Blick in den großen Salon, das Zentrum des Appartements, an dessen Wänden die Fotoserie *Montagna celeste* von Lui Wei dominiert. Unten ein Blick zurück in den auf der vorhergehenden Seite beschriebenen Wohnraum mit dem langen Sofa.

Rechts: Eine andere Perspektive des zentralen Salons, in dem man das Raumvolumen besonders komplex definiert hat. Die bunten chinesischen Dinosaurierskulpturen stammen von Sui Jiango. Das Sofa *Arne* und den Hocker *Harry* entwarf Antonio Citterio für B&B, für die auch Patricia Urquiola den Sessel *Lazy* und die niedrigen Tischchen entwarf.

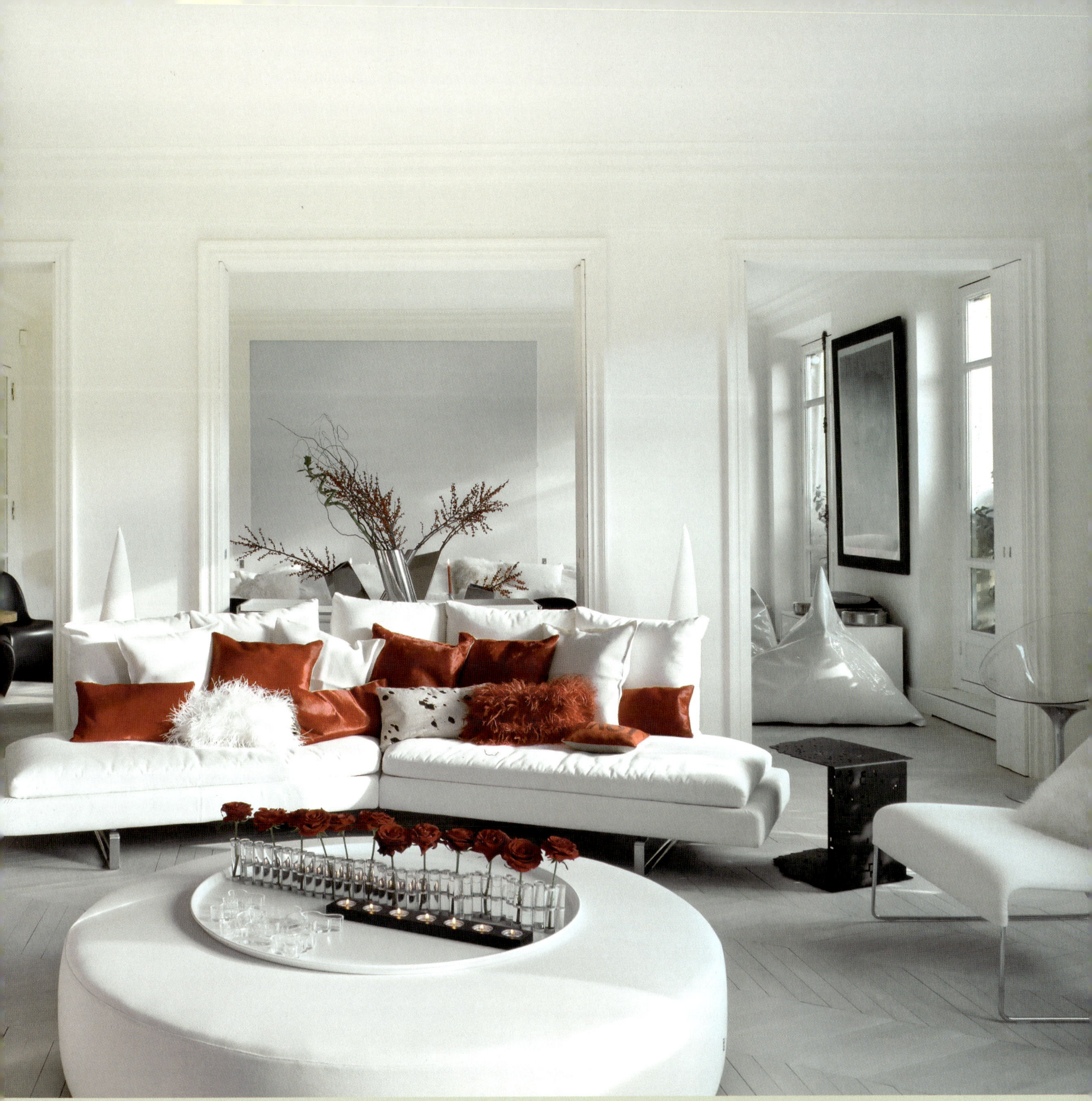

Links: Das Badezimmer: Schieferplatten wurden hier als Bodenbelag verwendet und über der beleuchteten Badewanne sind Armaturen von Philippe Starck für Axor-Hansgrohe installiert. Die provokante Fotografie ist eine Arbeit von Qiu Zhijie.

Gegenüberliegende Seite: Das Himmelbett ist ebenso wie die Kästchen an den Kopfenden ein Entwurf von Florence Pucci. Die Lampen *Air can* von Christophe Pillet (für Mazzega) und die Stühle *Louis Ghost* von Philippe Starck (für Kartell) komplettieren das beruhigende Flair des Schlafzimmers.

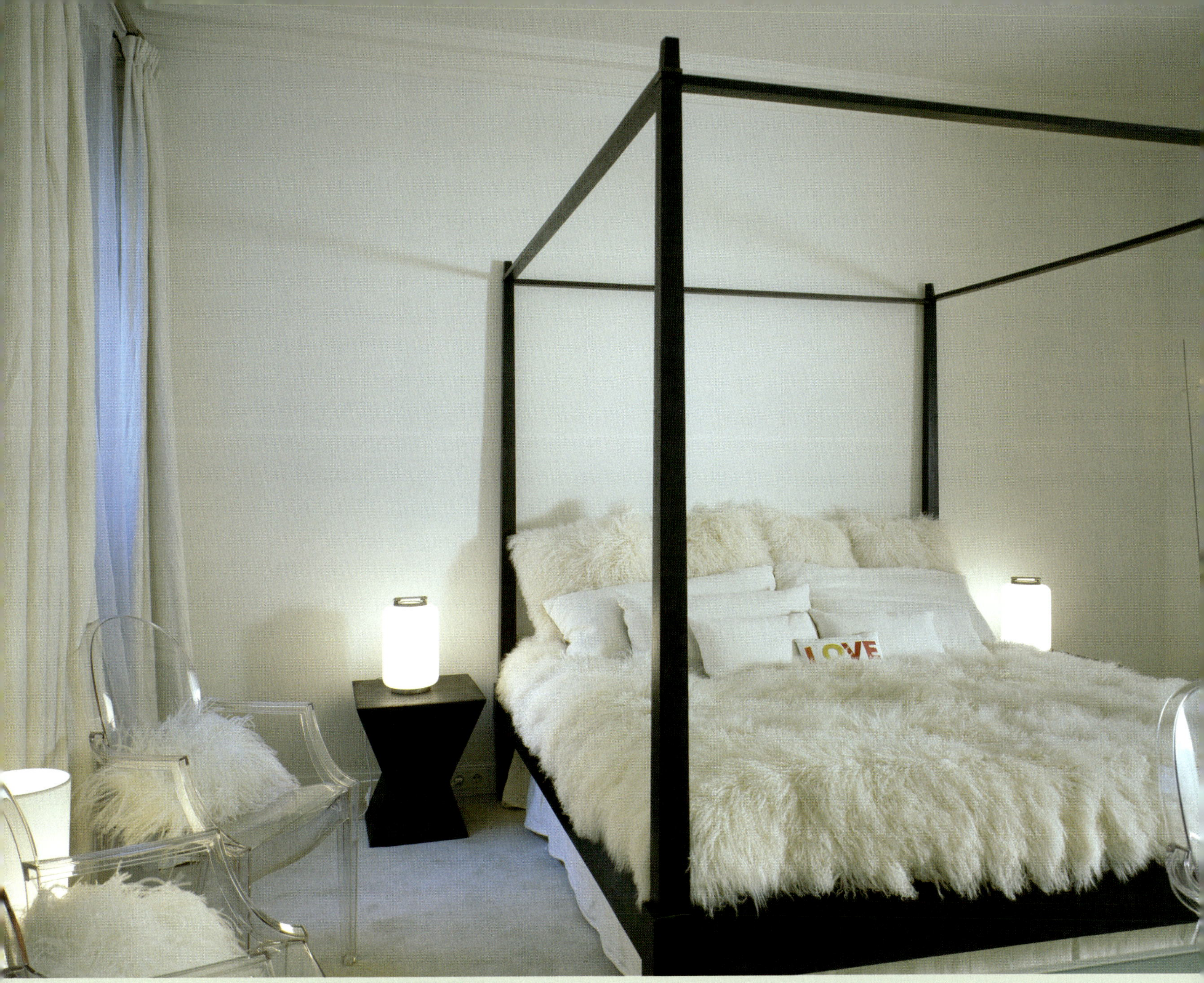
LOVE

Oben und rechts: Zwei Veduten eines »künstlerischen Badezimmers« mit Waschtisch und zentral platzierter Badewanne aus schwarzem Marmor. An der Wand *Chinese landscape* (1999) von Haung Yan. Von Charles und Ray Eames stammt der Schaukelstuhl *RAR*, der, 1950 entworfen, heute noch bei Vitra hergestellt wird. Dahinter blickt man in das große Schlafzimmer Puccis.

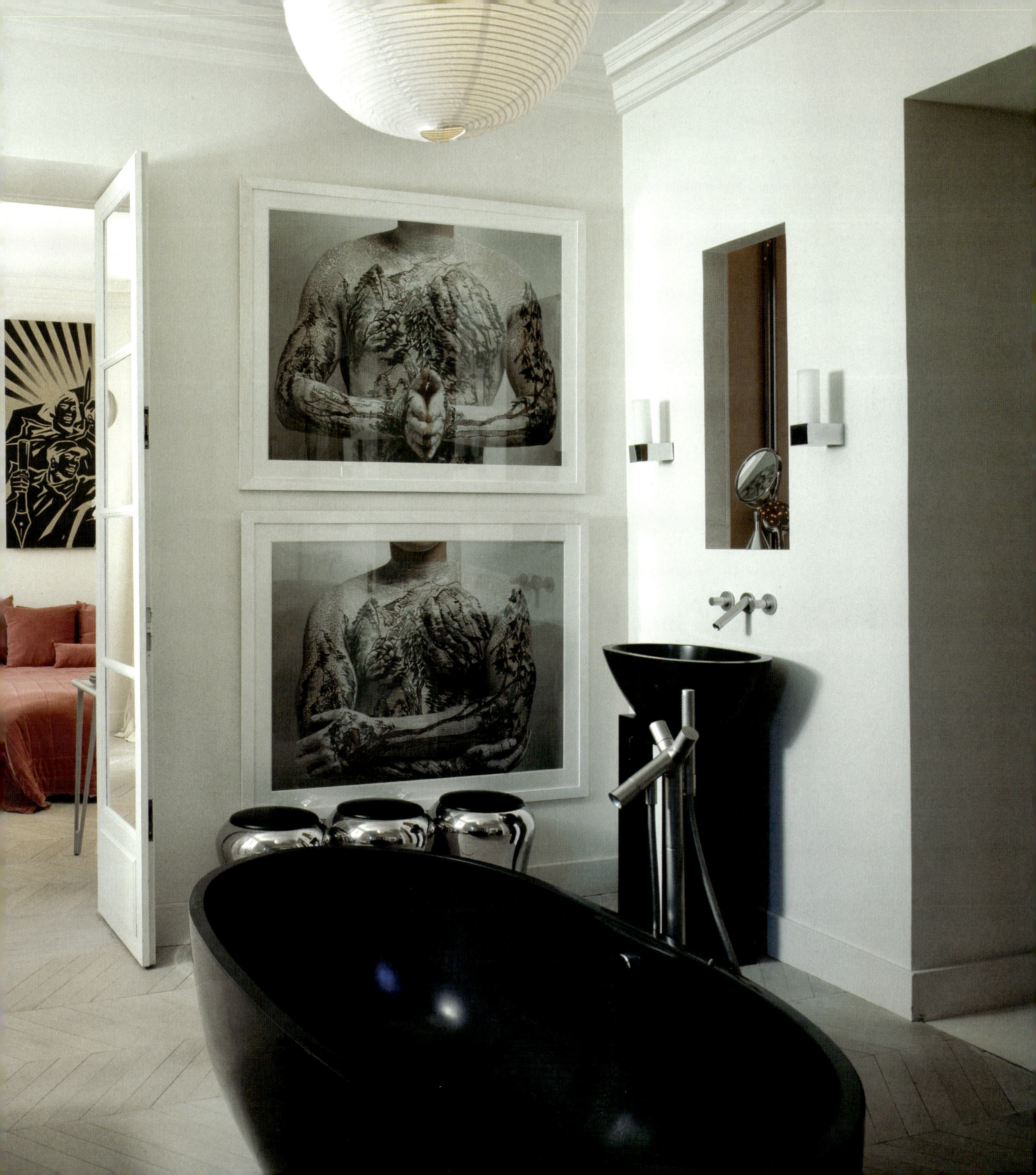

Links: Wiederum der zentrale Salon, allerdings aus einem anderen Blickwinkel. *Tattoo*, ein Digitaldruck auf Leinwand (1994), ist das Werk Qiu Zhijies.

Gegenüberliegende Seite: In der Wohnküche befindet sich dieser Esstisch. Die Einbauten mit grau lackierten Oberflächen sind ein Design von Florence Pucci, die Hängeleuchte ist eine Lichtskulptur von Daniel Baumann und trägt den Namen *Vaisseau céleste* und die Stühle sind wiederum von Verner Panton und werden von Vitra produziert.

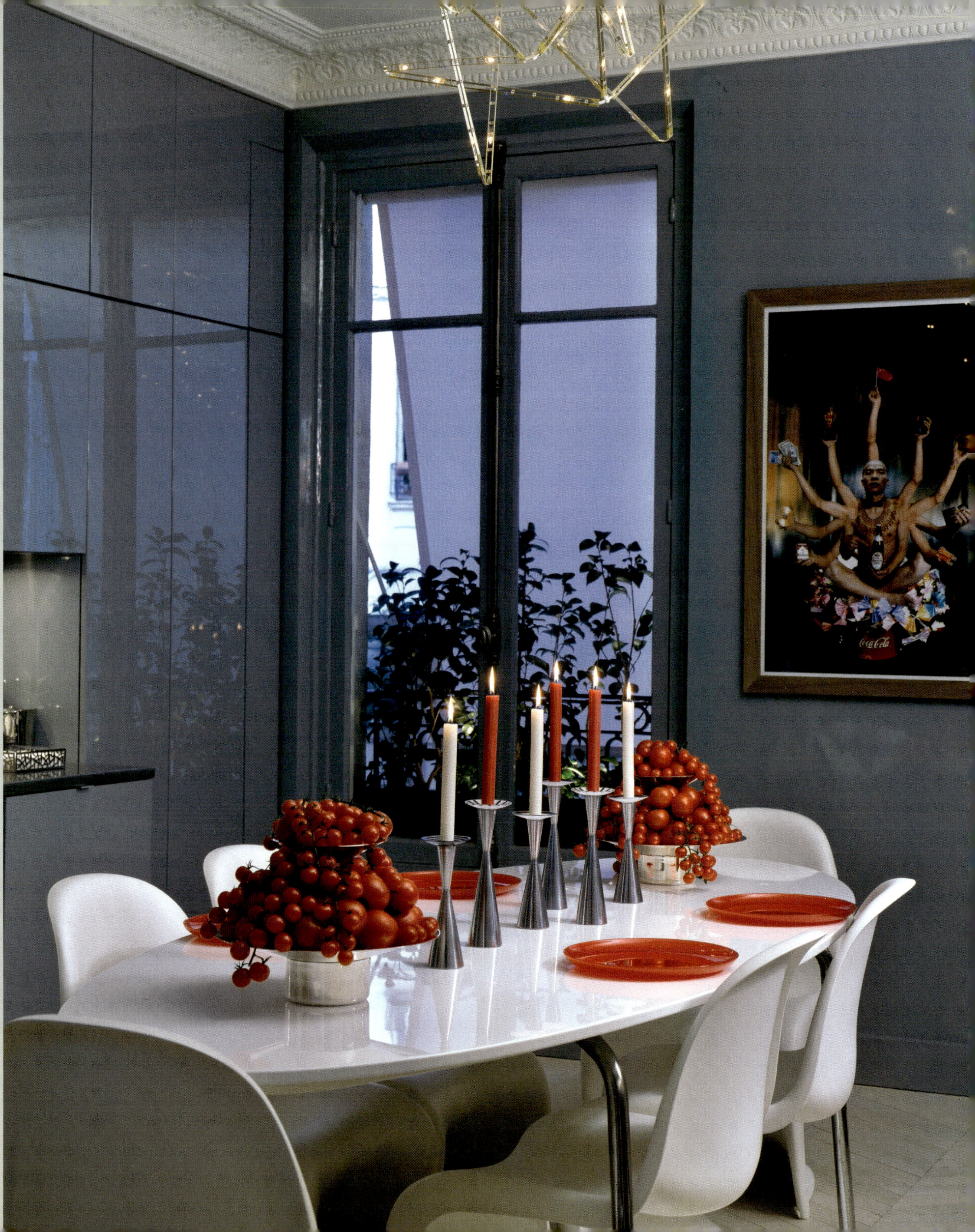
Coca-Cola

ANHAR SETJADIBRATA

Mitten in der Kolonie Malang, schönste der Städte im östlichen Java, befindet sich das Haus des indonesischen Designers Anhar Setjadibrata, das eine Kombination aus schnellen Ideen und gemächlicher Inspiration, aus Traditionen und Reisen, aus historischen, geografischen und von Menschen geprägten Eindrücken ist. Das im Jahr 1920 für einen javanischen Arzt, der mit einer Deutschen verheiratet war, erbaute Haus präsentiert sich von außen wie ein Paradebeispiel holländischer Kolonialarchitektur. Ohne die originale Bausubstanz anzurühren, hat sich der Designer darauf beschränkt, die beiden ursprünglich getrennten Teile des Hauses zu einem Ganzen zu verbinden. Im Inneren jedoch wurde so gut wie alles verändert: Wände wurden entfernt oder versetzt, Decken und Fußböden vollständig renoviert. Was daraus entstand, sind ineinander fließende Räume, die den Betrachter scheinbar grenzenlos durch Zeit und Raum reisen lassen. Raum für Raum werden so Momentaufnahmen asiatischen Lebens evoziert.

Rechts: Votivkerzen für Guan Yin, die Göttin des Mitgefühls.

Gegenüberliegende Seite: Das Zimmer von Lucienne Setjadibrata, der Tochter des Designers. Das riesige geschnitzte Bett gehörte einst einem König der Insel Madura. An der Wand dahinter hängt indische Seide, die Raden Saleh, Vater der modernen indonesischen Malerei, bemalt hat.

Interieur: Anhar Setjadibrata

Malang > Java

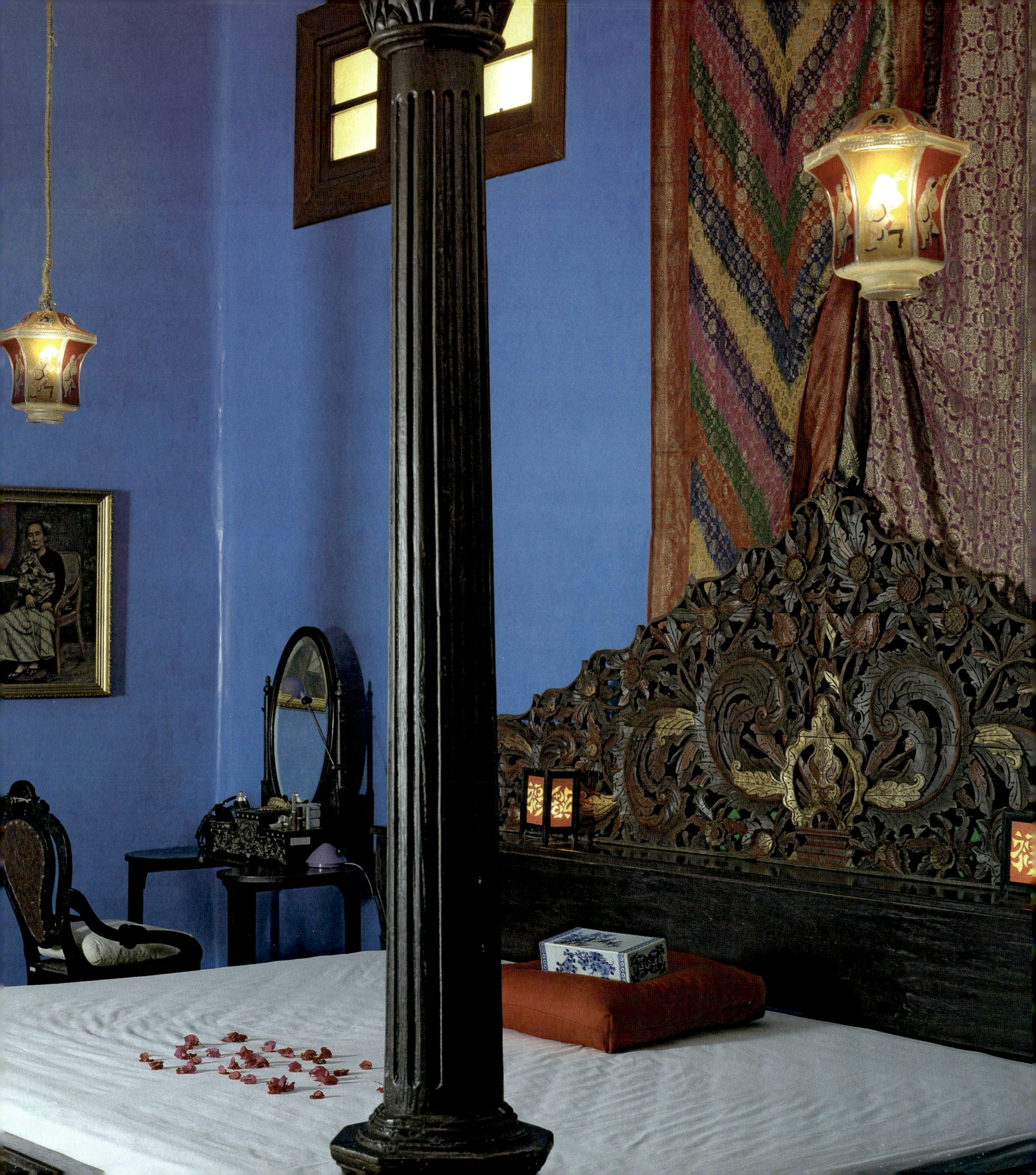

Oben links: Detail des Marmoraltars aus dem neunzehnten Jahrhundert, der sich im Eingangsbereich befindet. Die javanische Arbeit harmoniert perfekt mit den chinesischen und europäischen Elementen: Ganz oben befindet sich ein Bronzebuddha aus der alten chinesischen Stadt Li Jiang, der auf einem kostbaren, geschnitzten Holzpodest aus China ruht. Auf der unteren Stufe wird Weihrauch in einer holländischen Bronzevase aufbewahrt.

Oben rechts: Die antike, üppig geschnitzte Konsole stammt aus China.

Gegenüberliegende Seite: Aus dem indischen Königreich Majapahit stammt diese mythologische Tiergestalt (14. Jh.), die, still über das Wasserbecken blickend, das Haus beschützt.

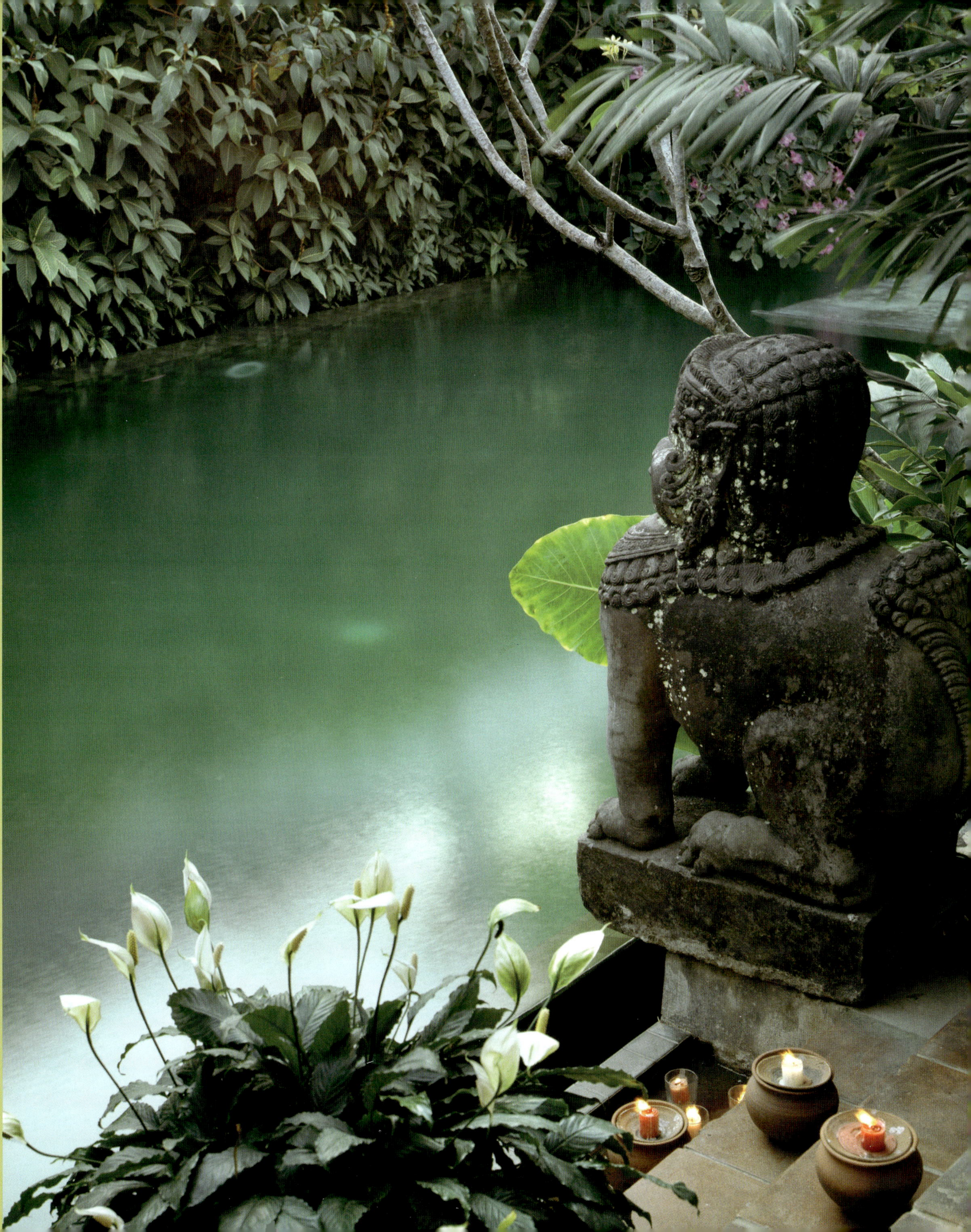

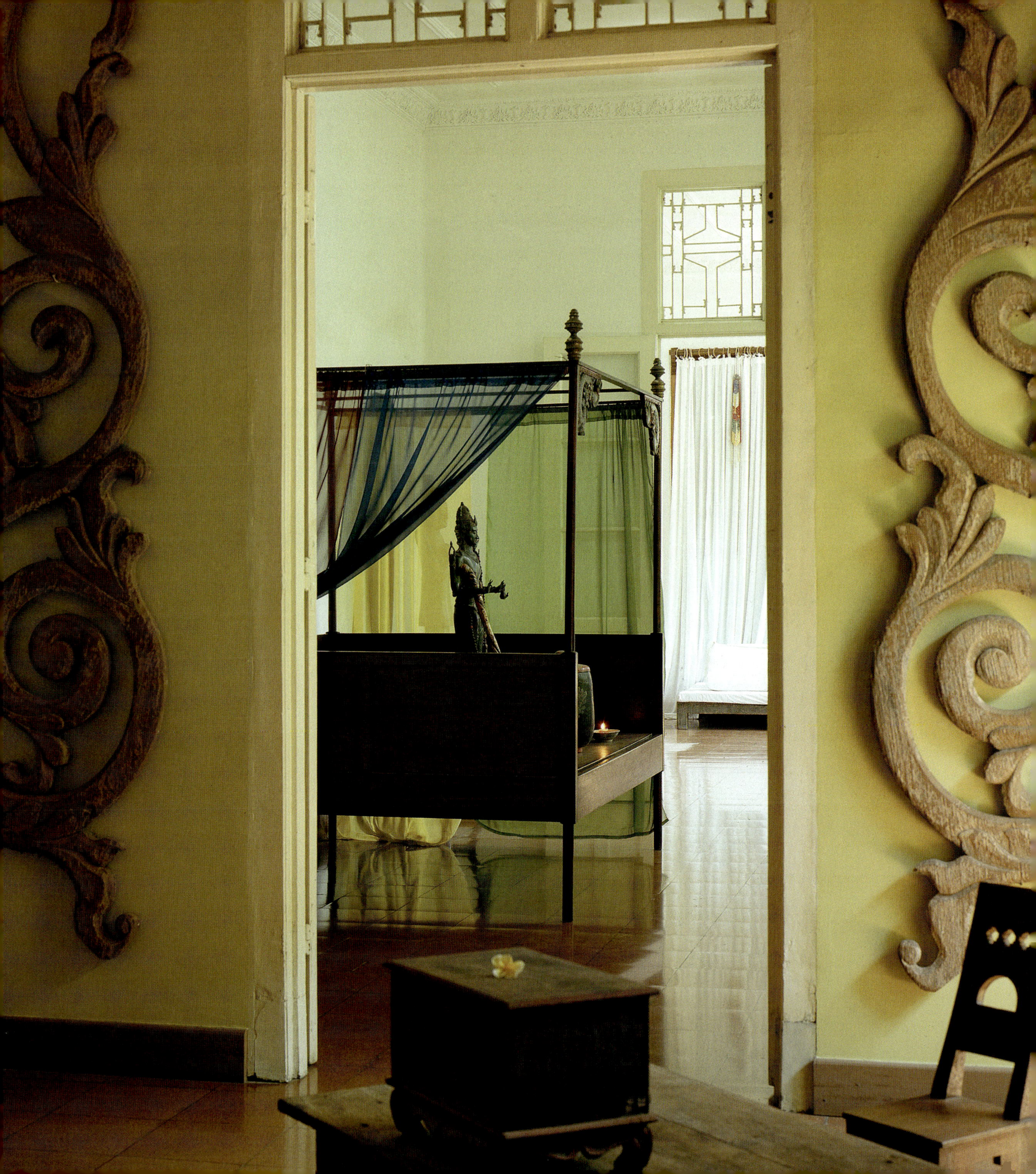

Gegenüberliegende Seite: Die beiden geschnitzten Voluten links und rechts der Tür stammen aus dem achtzehnten Jahrhundert und schmückten ursprünglich die Tore eines javanischen Palasts. Der kleine Tisch und der Kinderstuhl ganz vorne kommen aus Madura. Und auf dem geschnitzten chinesischen Bett jenseits der Türe erhebt sich ein bronzener Shiva aus dem fünfzehnten Jahrhundert.

Rechts: Eine große farbige Glastür öffnet sich zum üppigen Grün des tropischen Gartens.

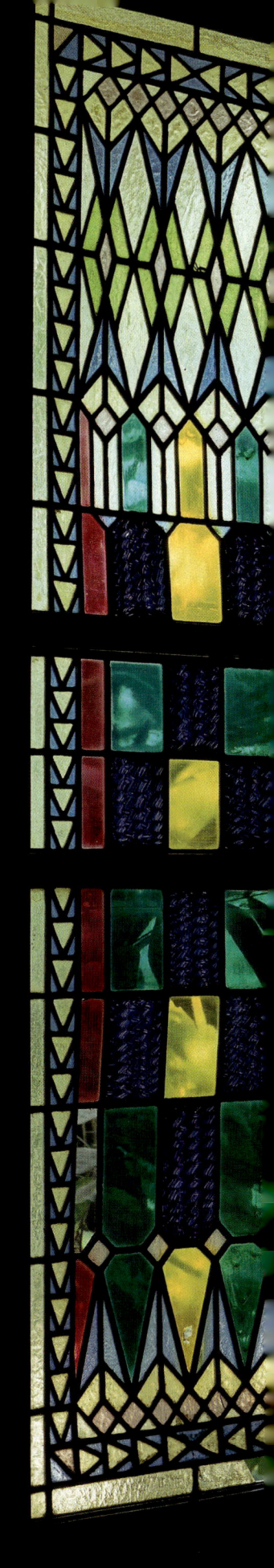

Detailansicht des Speisezimmers. Der Schrank aus seltenem Teak mit gestreifter Maserung (*jati blirik* auf Indonesisch) wurde von chinesischen Handwerkern, die während der Kolonialherrschaft auf Java lebten, angefertigt. Die Rückenlehnen der Stühle sind mit geschnitzten Hunden aus der chinesischen Mythologie verziert.

Der große Esstisch, an dem sechzehn Personen Platz finden, ist mit Lotosblüten aus Marmor geschmückt, deren Schönheit durch die Blumenarrangements unterstrichen wird. Jenseits des Bogendurchgangs liegen der Pool und der tropische Garten.

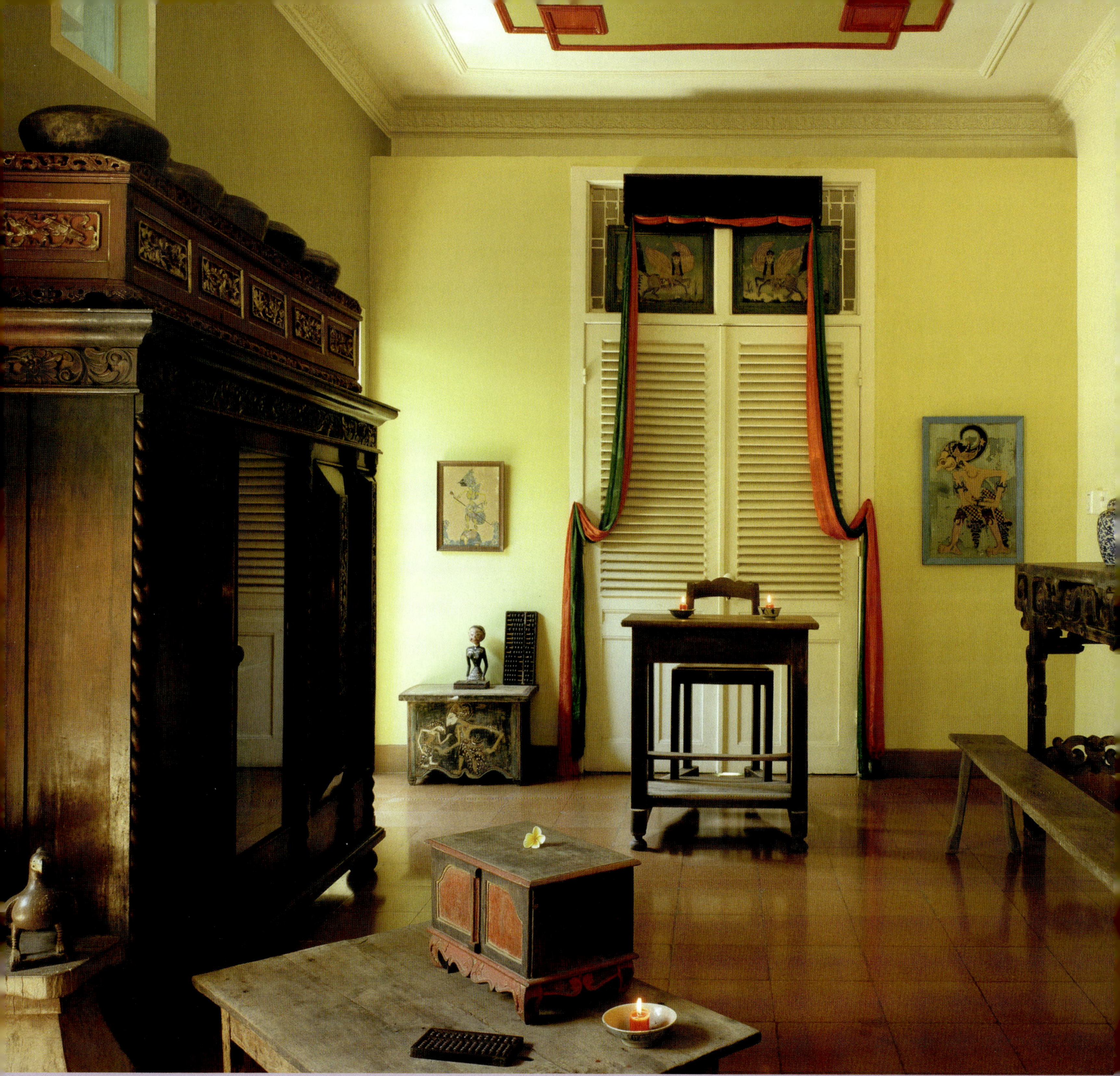

Links: Die Möbelstücke in diesem Durchgangszimmer stammen aus Indonesien, die blauweißen Gefäße sind ebenso chinesischer Provenienz wie die kunstvoll geschnitzte Konsole, auf der sie sich befinden.

Rechts: Ganz oben auf dem Altar im Eingangsbereich stehen eine mythologische Löwenfigur aus Bronze (China, neunzehntes Jahrhundert) sowie zwei Gefäße, eines aus Holz, das andere aus Bambus, zum Transport von Speisen. Die beiden schwarzen Bleilöwen aus dem neunzehnten Jahrhundert sind eine portugiesische Arbeit, der Fliesenboden stammt aus der Bauzeit des Hauses.

Unten: Die Göttin des Mitgefühls.

Folgende Doppelseite: Der Besucher sieht als allererstes das Bassin. Oben auf den Stufen ruht ein hölzerner Buddha aus Birma. Ganz im Vordergrund, am Rand des Beckens, steht diese skulpturierte Steinplatte aus dem vierzehnten Jahrhundert: Darauf wurden früher Votivgaben für Shiva, Brahma und Vishnu gelegt.

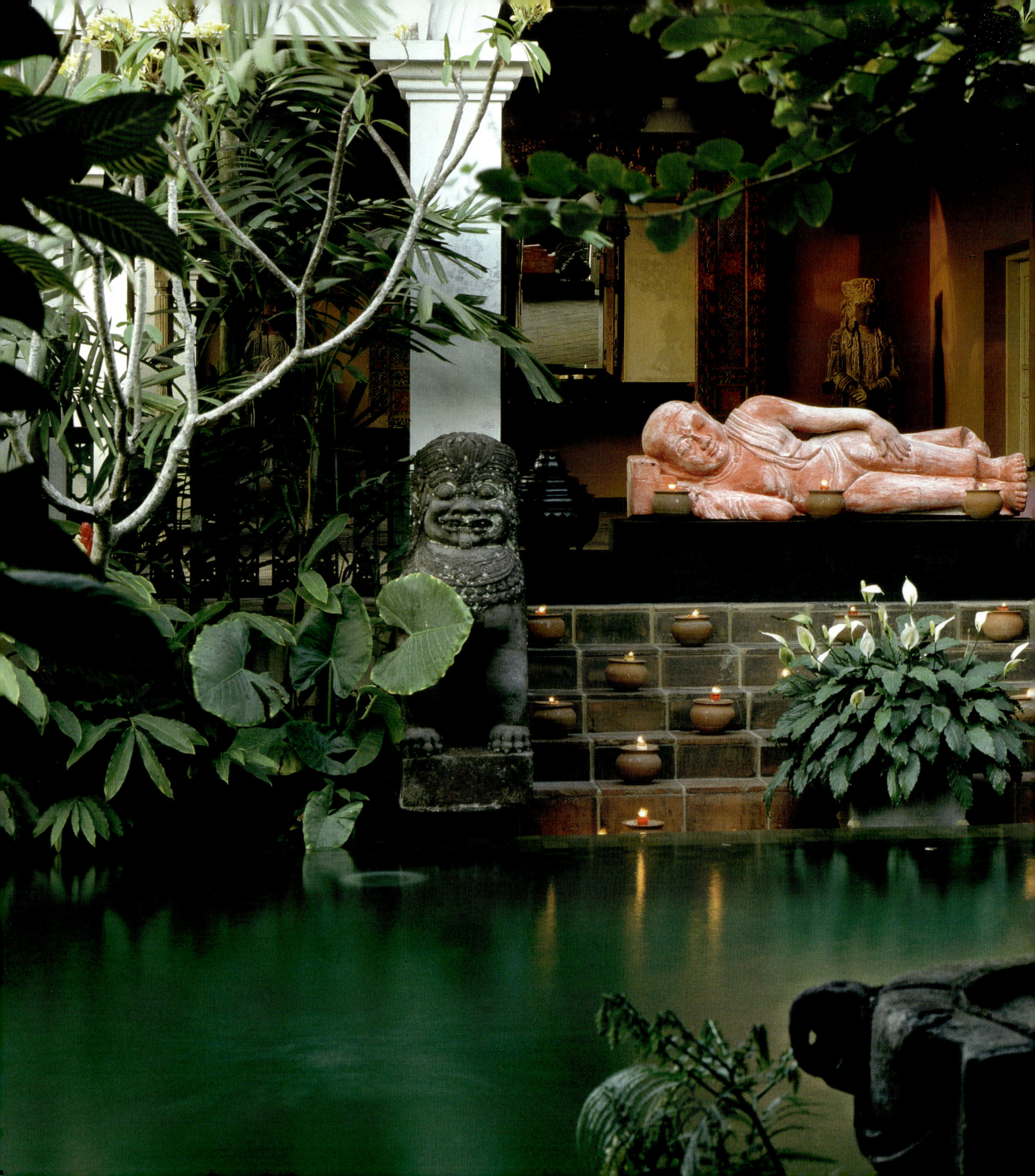

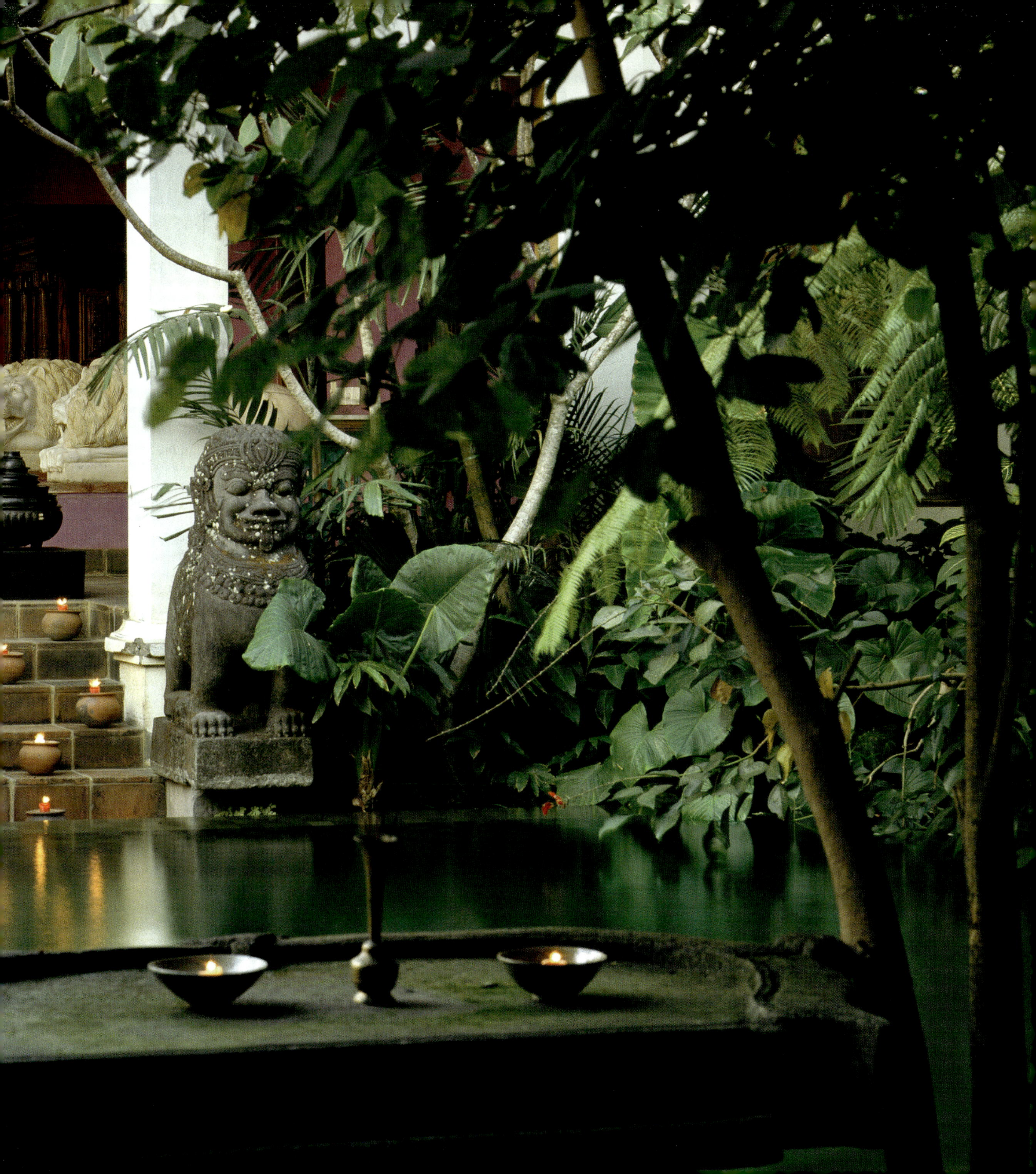

Brüssel > Belgien

Architektur: Marc Corbiau
Interieur: Claire Bataille

VILLA D'AUWERE

In der Nähe von Antwerpen, im Herzen Flanderns, liegt diese Residenz eines Sammlers, der sich auf zeitgenössische Kunst spezialisiert hat. Architekt der Villa war Marc Corbiau, der hier ein sehr modernes Gebäude entworfen hat, das jedoch sowohl vom Respekt für lokale Traditionen als auch für die klassische Baukunst geprägt ist: Die Symmetrie entspricht den Gesetzen Palladios, auch wenn die einzelnen Bereiche des Hauses barrierelos ineinander übergreifen und damit die Sichtachsen auflösen. So wirken die geradezu monumentalen Elemente, wie zwei breite Freitreppen, noch imponierender. Substanzielle Prägnanz verleihen diesem Haus jedoch vor allem die verwendeten Materialen: Die roten Ziegel wurden aus England importiert, der Stein für die Wege außen stammt aus Deutschland, und beides wurde ebenso sorgfältig ausgewählt wie das dunkle Teakholz, das für die Böden verwendet wurde, um den Wert der Räume noch zu steigern. Harmonisch wurden die zahlreichen zeitgenössischen Kunstwerke integriert – sie dominieren den Blick oft, ohne jedoch den Raum zu ersticken.

Rechts: Den Park rund um die Villa gestaltete der Landschaftsarchitekt Jacques Wirtz.

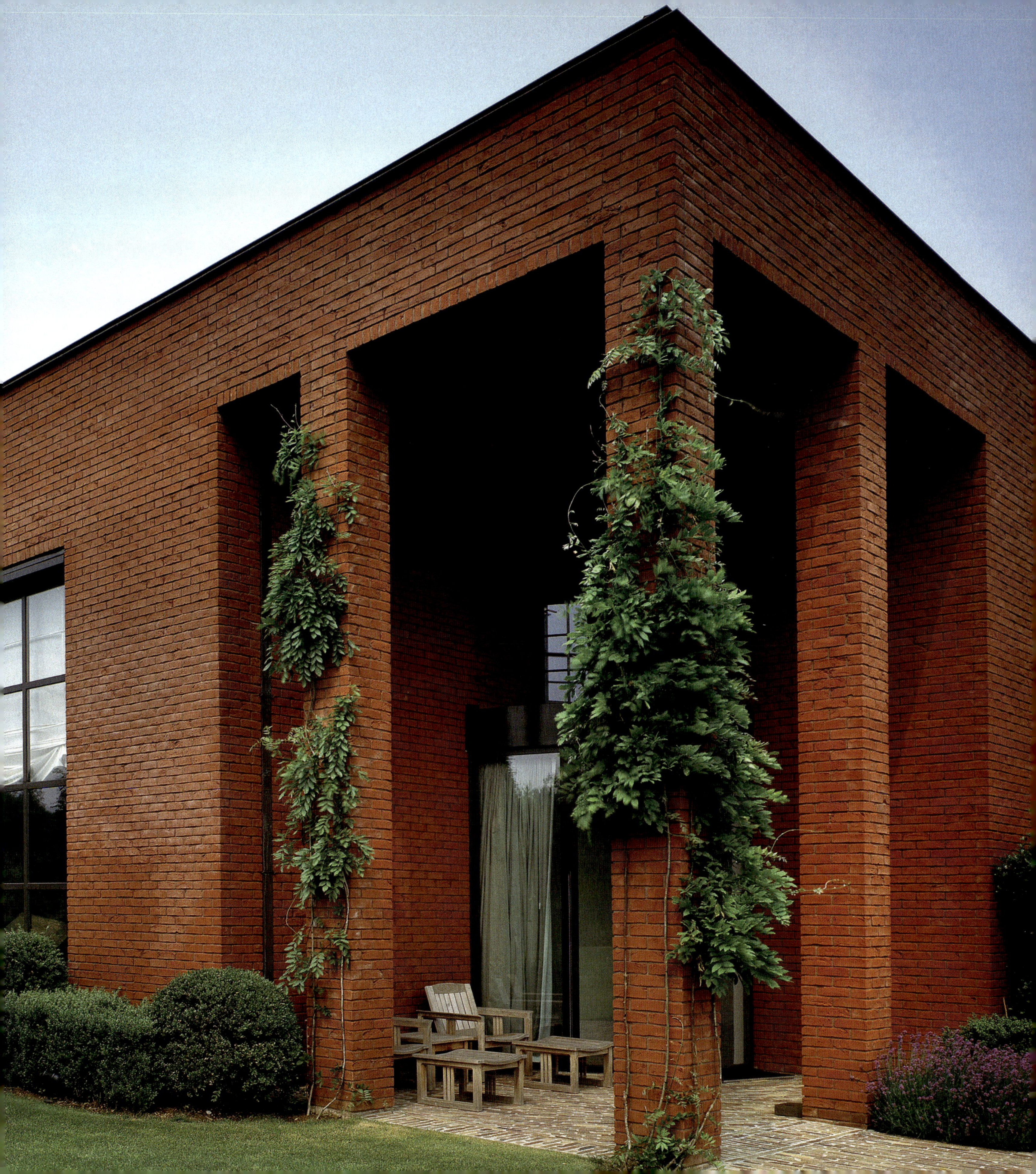

SOME OTHER OBJECTS

Links: Die chinesische Kommode ganz links ist rot und schwarz lackiert und stammt aus dem achtzehnten Jahrhundert. Auf dem Tisch von Printz ist eine lackierte Vase von Philippe Wolfers platziert, das Bild rechts ist ein Werk Lucio Fontanas. Jenseits der – im Sinne Palladios perfekt dimensionierten – Schiebetür liegt eines der beiden Speisezimmer (es gibt deren zwei, eines für den Winter und eines für den Sommer), das sich in einer Art Loggia befindet. Die Möbel wurden aus Teakholz angefertigt, die Deckenleuchte ist ein Entwurf der Designerin Claire Bataille.

Rechts: Das Atrium mit der Treppe. Der Tisch ist eine Arbeit Christian Liaigres, den Eisenstuhl entwarf André Dubreuil, die große Deckenleuchte Émile-Jacques Ruhlmann.

Links oben: Der Salon, wo über dem offenen Kamin *Ultramare* – ein besonders eindrucksvolles Beispiel der italienischen »arte povera« – von Giovanni Anselmo aus dem Jahr 1990 zu sehen ist. Die Stühle, Sessel und Tische sind von Josef Hoffmann.

Links unten: Aus dem Salon gelangt man in das andere Speisezimmer.

Gegenüberliegende Seite: Der Pool ist ein besonders gutes Beispiel für die Sorgfalt, mit der diese Residenz errichtet wurde: Der Pavillon aus Stahl und Glas lässt sich komplett öffnen, womit der Pool im Sommer ganz unter freiem Himmel liegt.

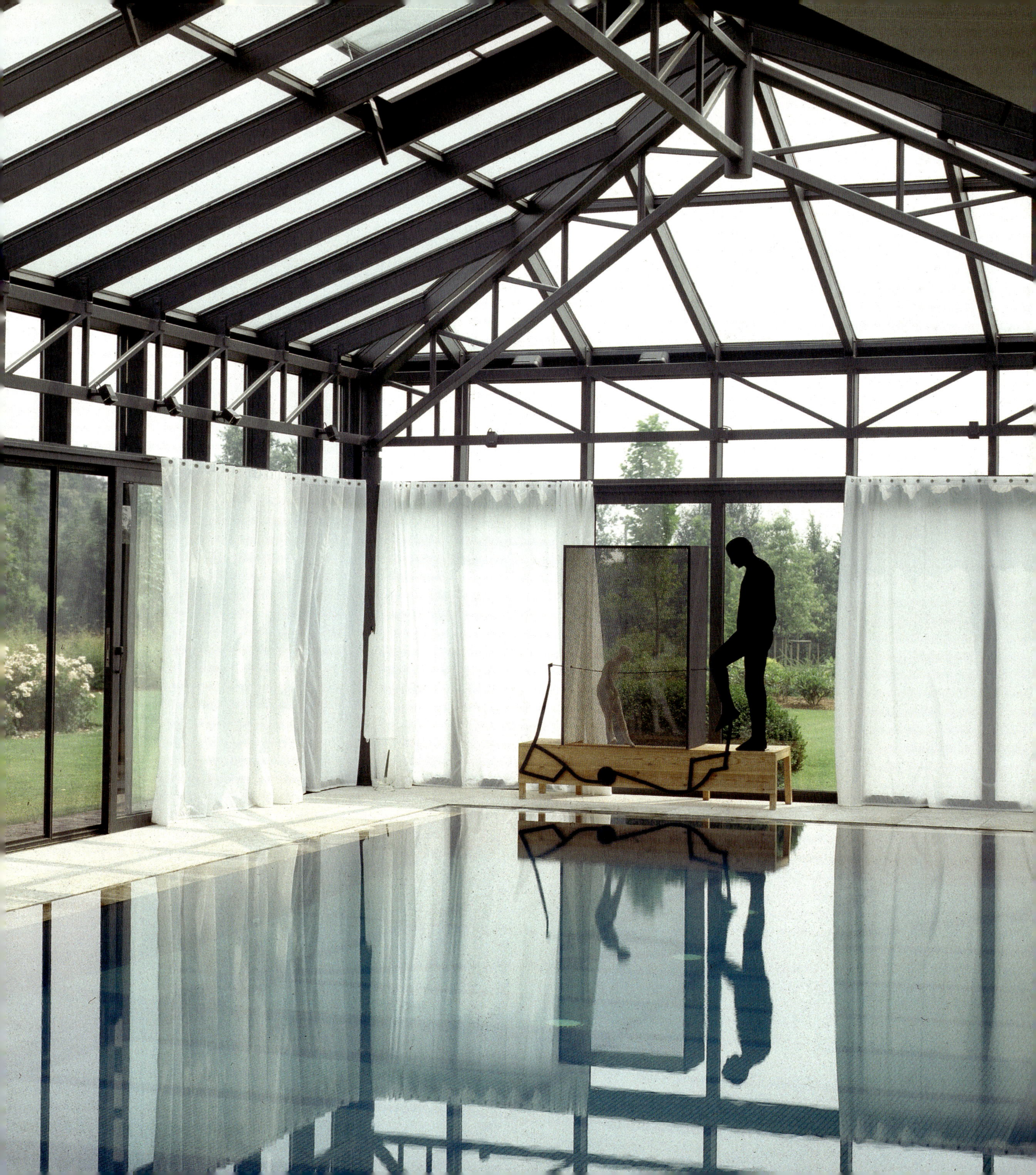

Paris > Frankreich

CHAMPS DE BATAILLE

Interieur: Jacques Garcia

Errichtet wurde das normannische Schloss Champs de Bataille Ende des siebzehnten Jahrhunderts, während der Regierungszeit Louis' XIV., von Alexandre de Créqui. Heutiger Besitzer des Schlosses ist Jacques Garcia, ein besonders sensibler Innenarchitekt mit viel Gefühl für Harmonie. Er hat das Anwesen nicht einfach originalgetreu revitalisiert, sondern ein gutes Maß an eigener Persönlichkeit integriert und so seine Vision von Ästhetik realisiert. Champs de Bataille erstrahlt in neuer Herrlichkeit und wurde auch für das Publikum geöffnet, wobei sich Garcia einen Pavillon reserviert hat, in dem er seine Wochenenden in aller Stille verbringen kann.

Rechts: Ein maurisch anmutendes Zelt an der Schlosswand öffnet sich in südlicher Richtung. Die Liegebetten warten auf Gäste, die sich hier ausruhen und mit Muße die Gärten bewundern sollen.

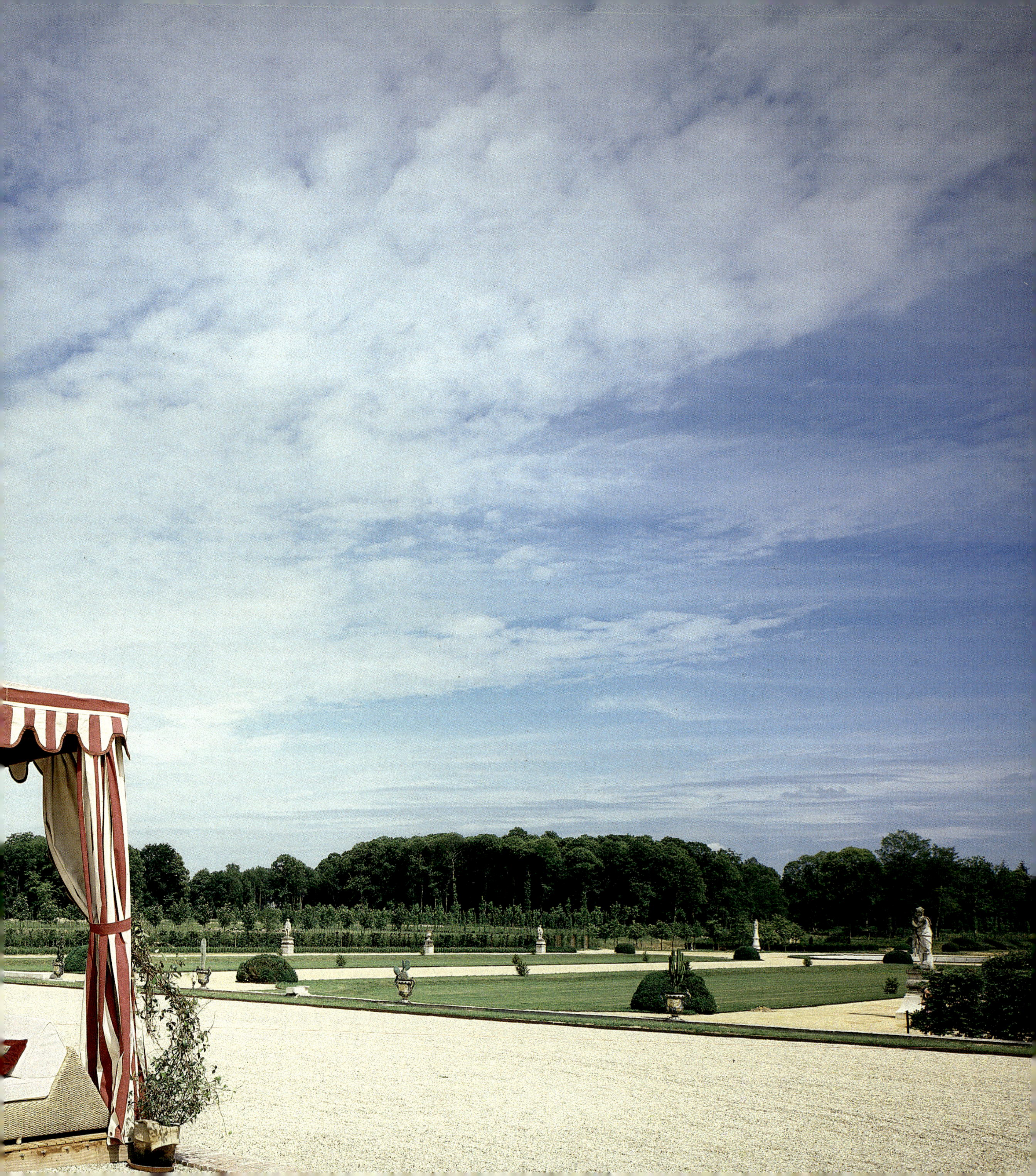

Oben: Die große Bibliothek unter dem freskierten Tonnengewölbe.

Gegenüberliegende Seite: Auf einer Fensterbank steht diese Desjardin zugeschriebene Bacchus-Büste.

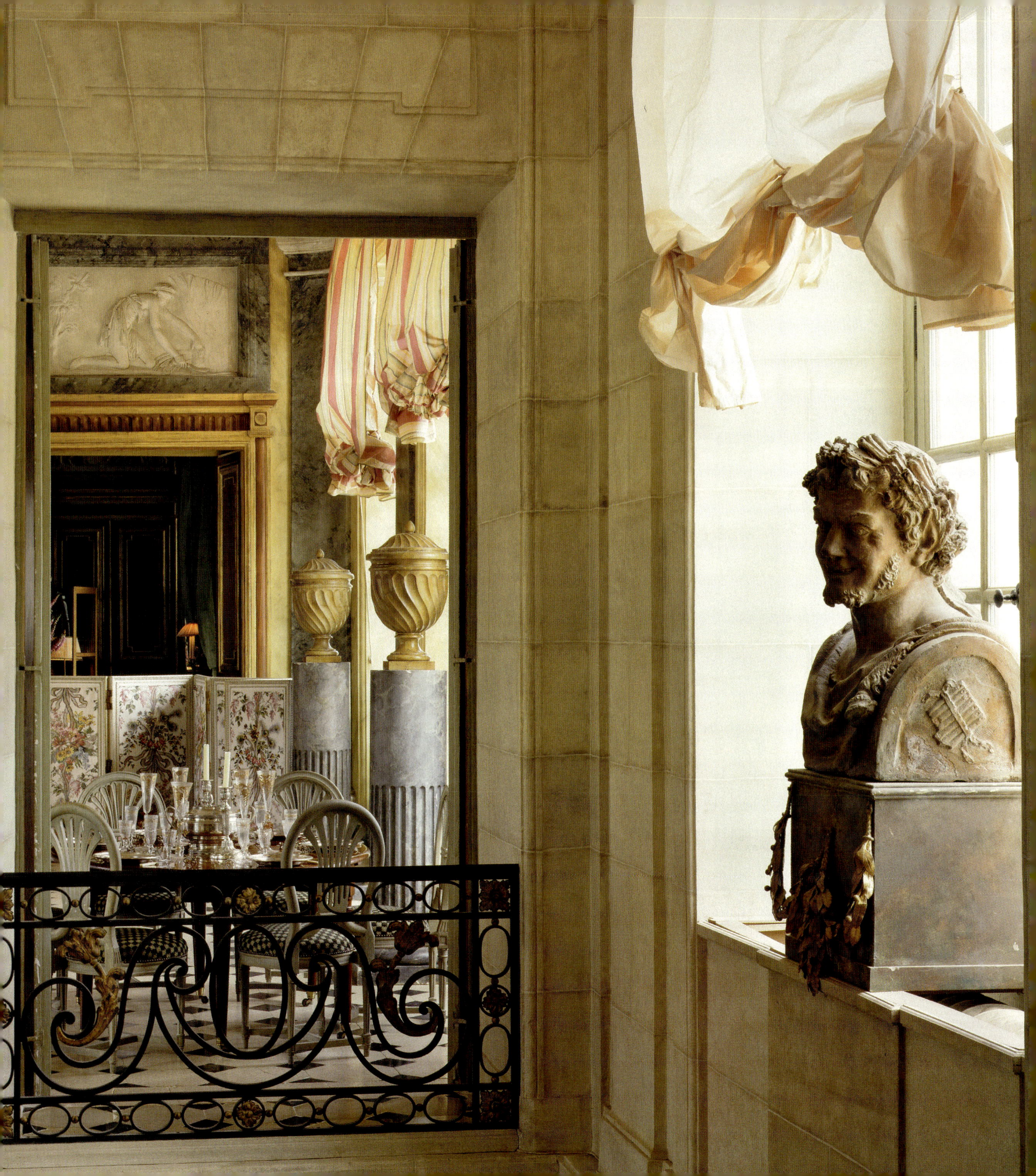

Oben: Zwei Bäder – beide mit stilechten Waschtischen und Badewannen –, das eine mit Tapete, das andere mit stuckierter Decke.

Gegenüberliegende Seite: Die Hauptrolle in diesem Gästezimmer spielen Souvenirs von Reisen in den Orient und nach Nordafrika, und sie erzählen von der Leidenschaft Garcias für alles Exotische.

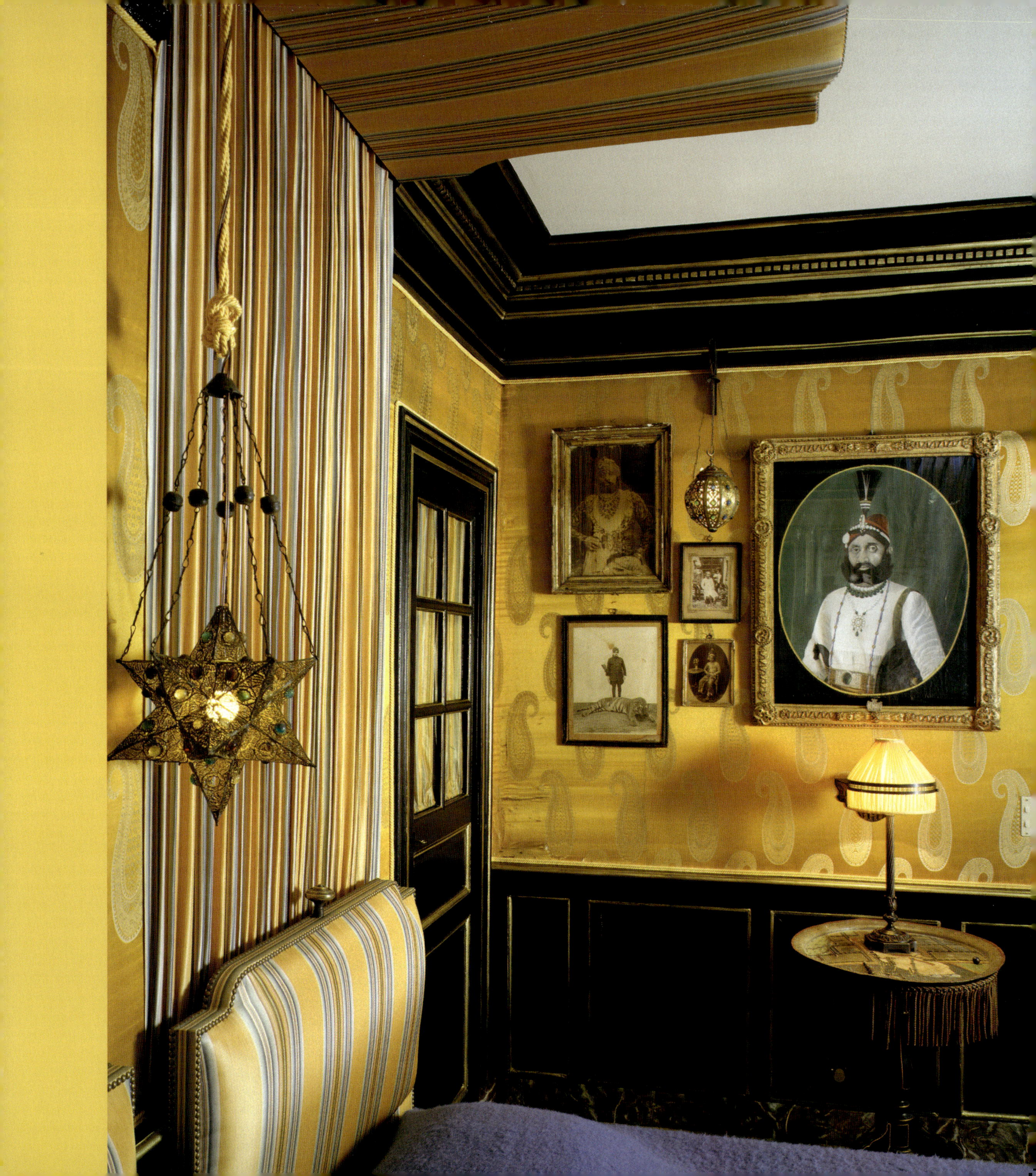

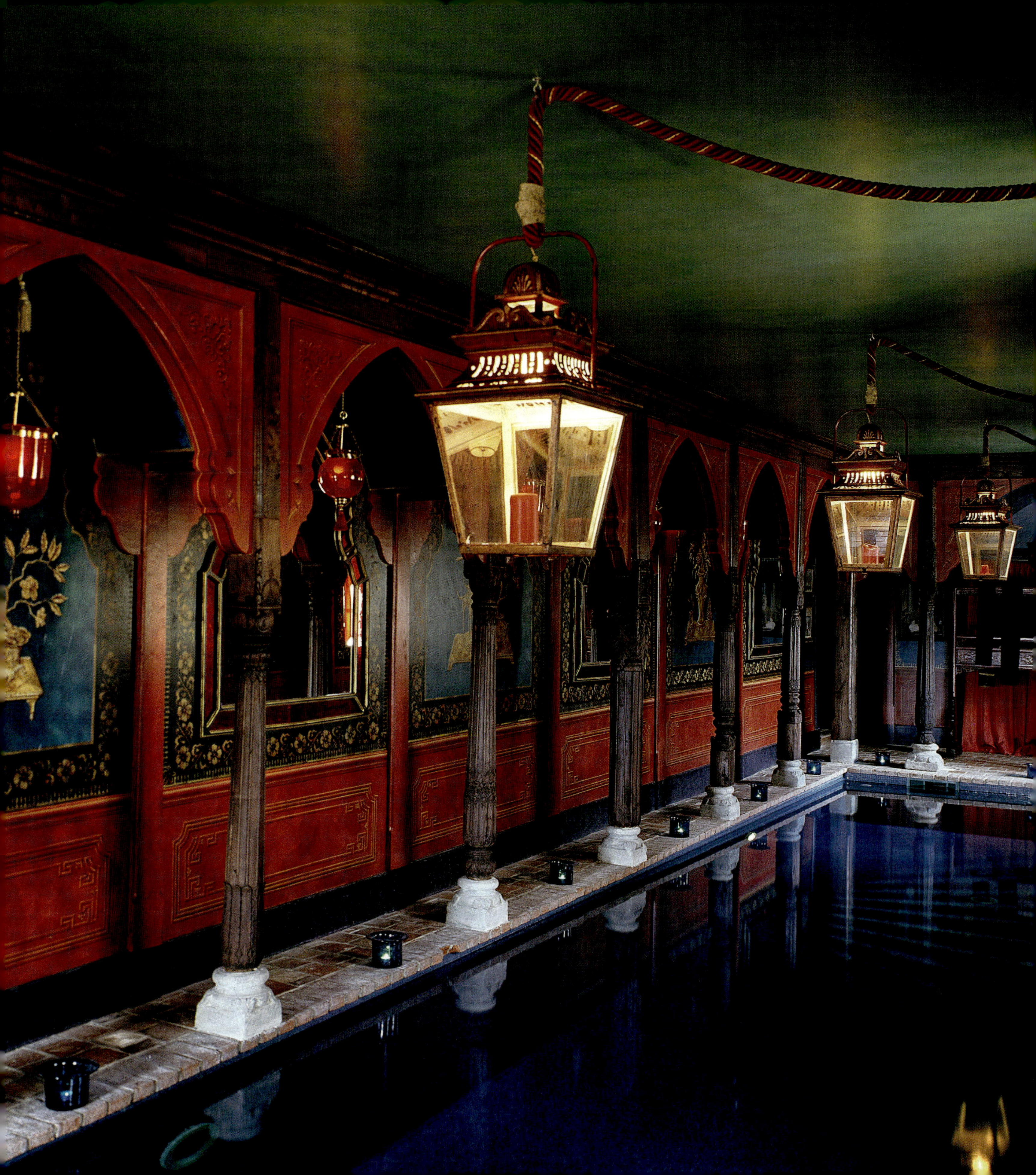

Links: Unübersehbar orientalisch präsentiert sich Garcias privater Indoor-Pool mit den schlanken Säulen – sie stammen aus Rajasthan – aus dem achtzehnten Jahrhundert. Auch die hier verwendeten Stoffe sind indischer Provenienz.

Oben: Eine gewundene Treppe führt zu den Privaträumen Jacques Garcias. Aus dem achtzehnten Jahrhundert stammt die Marmorstatue, die die Herzogin von Alba darstellt. Sie ist vor allem aufgrund ihrer Beziehung zu dem Maler Francisco de Goya, der sie mehrfach porträtierte, berühmt.

Folgende Doppelseite: Die kleine Bibliothek ist eine Art Gesellschaftsraum für Garcias Gäste. Hier können sie gemeinsam fernsehen oder auch Karten spielen.

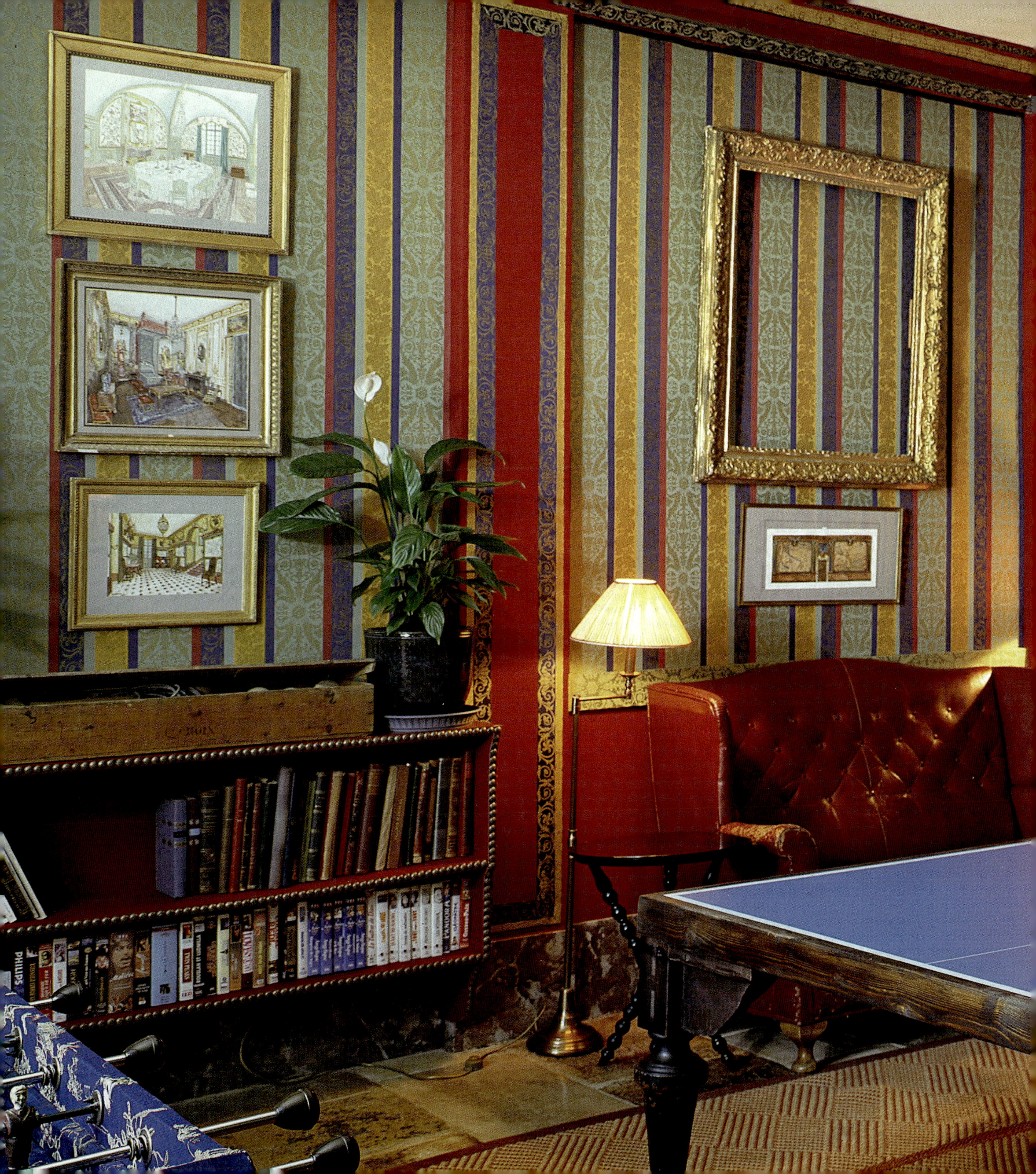
PHILIPS

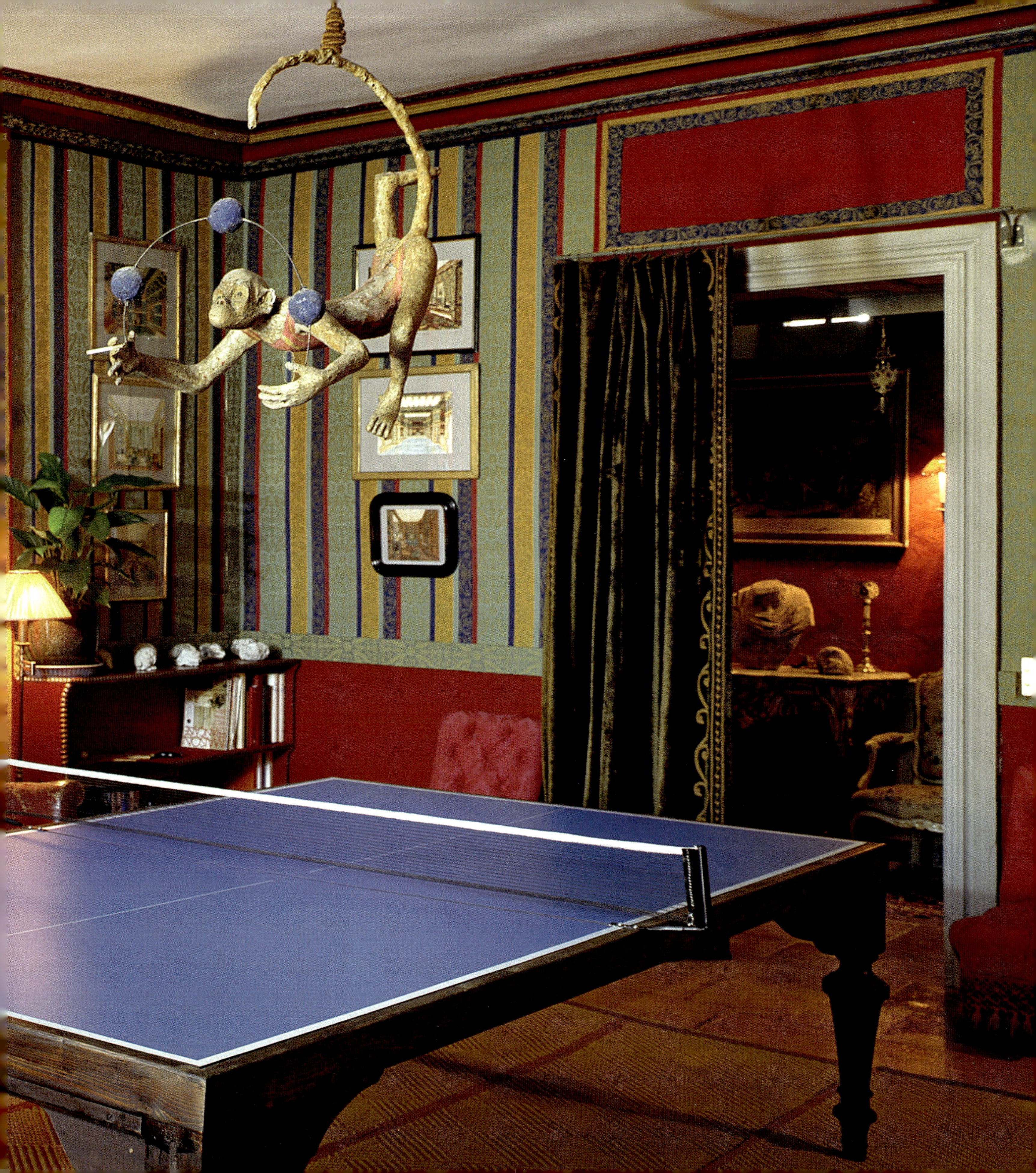

Miami > Florida, USA

ERNESTO MENDOZA

Es ist nicht weiter verwunderlich, dass der Modefotograf Ernesto »Nesti« Mendoza sich entschied, New York den Rücken zu kehren, um sich in Miami niederzulassen: Alles hier vibriert in tropischer Lebendigkeit, die jener Kubas – woher Mendoza stammt, und das er bis heute tief im Herzen trägt – nicht unähnlich ist. Sein Appartement befindet sich in einem von Walter Chatham gestalteten Haus auf Allison Island, in einer Art Kunststadt mit zahlreichen Gebäuden renommierter Architekten. Mendoza, der auch Architektur und Grafik-Design studiert hat, verstand es, unter dem sonnigen Himmel Floridas die Charaktere eines typischen Industrielofts in Manhattan mit der Moderne Miamis zu verbinden und damit etwas völlig Neues zu erfinden. Dreh- und Angelpunkt des gesamten Interieurs ist der große, tagsüber benutzte Raum mit dem angrenzenden Zimmer, beide in einem einheitlichen, durch keinen Bruch gestörten Stil. Zwischendecken wurden entfernt und geben den Blick auf offen verlaufende Rohre frei – ganz, als würde man sich in einem Loft befinden; und was einst als Badezimmer installiert war, ist heute eine Bar. Die Atmosphäre ist minimalistisch und entspricht Mendozas Passionen: Er liebt den puristischen Stil Le Corbusiers und Mies van der Rohes.

Rechts: Das Speisezimmer. Auf dem Glastisch von Jorge Pensi stehen Markus Linnenbrinks Skulpturen *Pupilles (II, IV, XI, XII, XIV)* aus dem Jahr 2000. Auch *Multicolortrans* (2000) an der Wand ist ein Werk Linnenbrinks. Links vom Tisch Philippe Starcks Stühle *Hudson Chair* (für Emeco).

Folgende Doppelseite: Im großen Wohnsalon hängt ein Gemälde von Till Friewald aus dem Jahr 2004. Die Chaise longue und die *Barcelona Chairs* sind Entwürfe von Mies van der Rohe und werden von Knoll hergestellt; der niedrige Kaffeetisch ist von Le Corbusier und die Lampen sind von Fontana Arte.

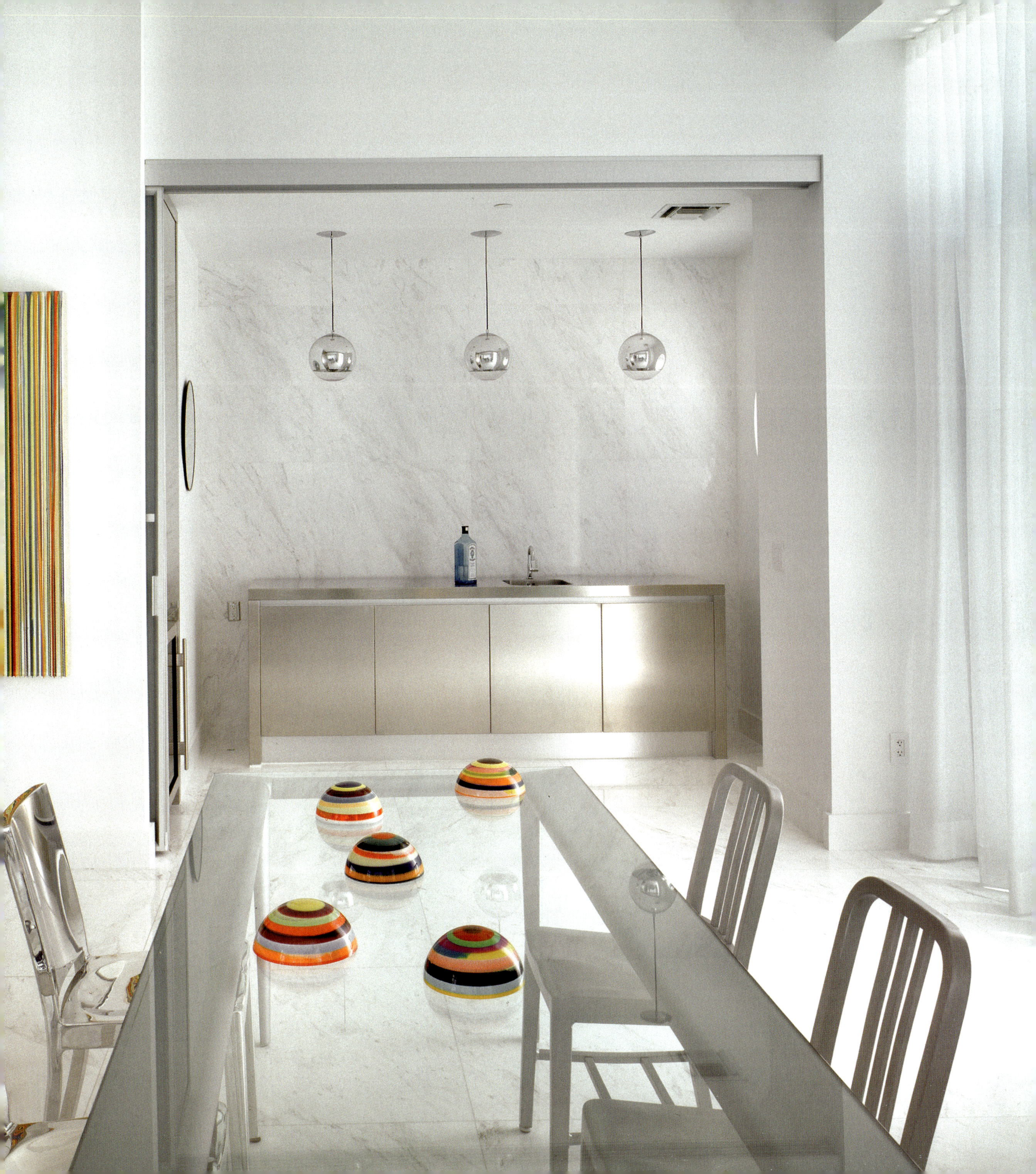

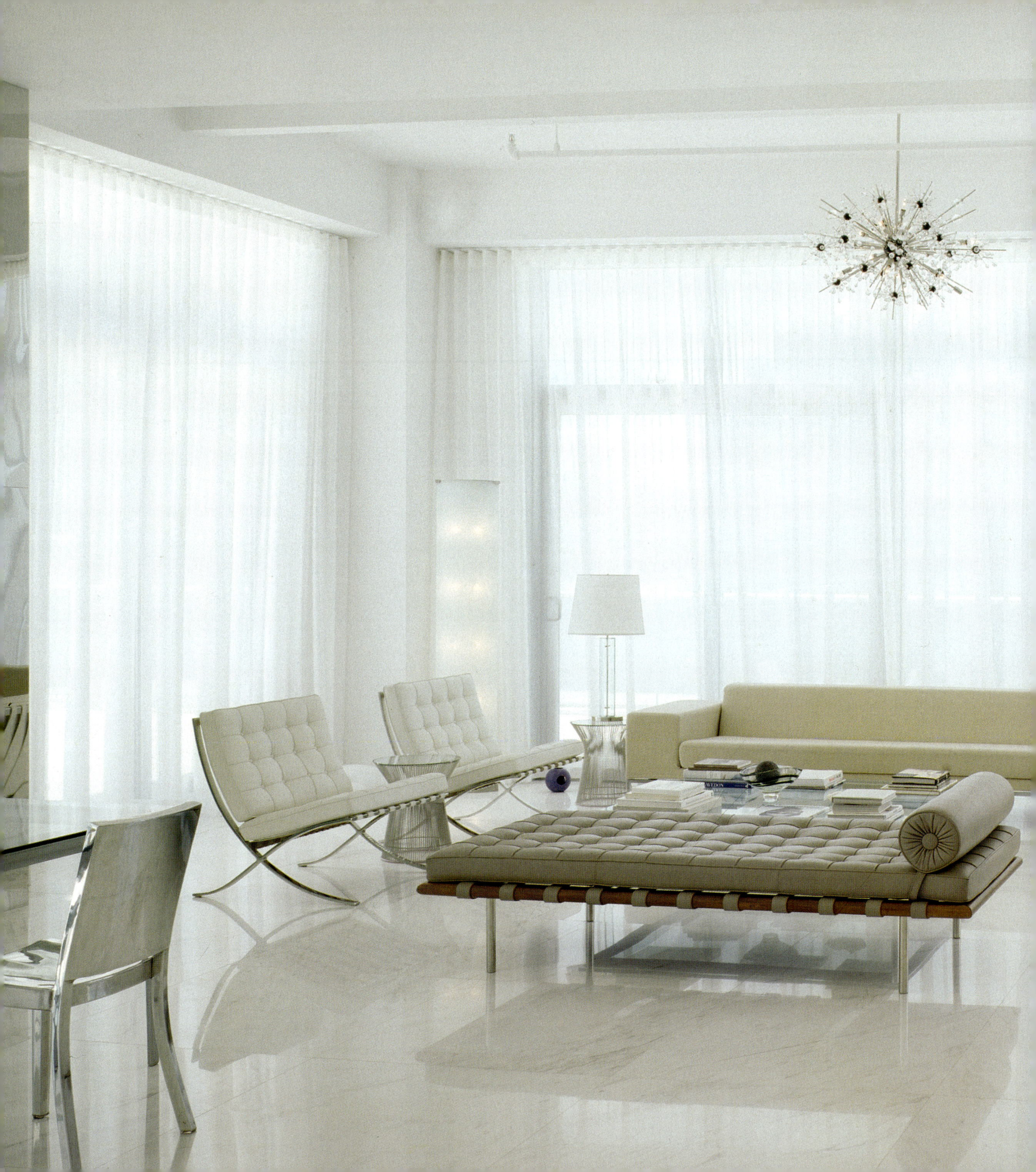

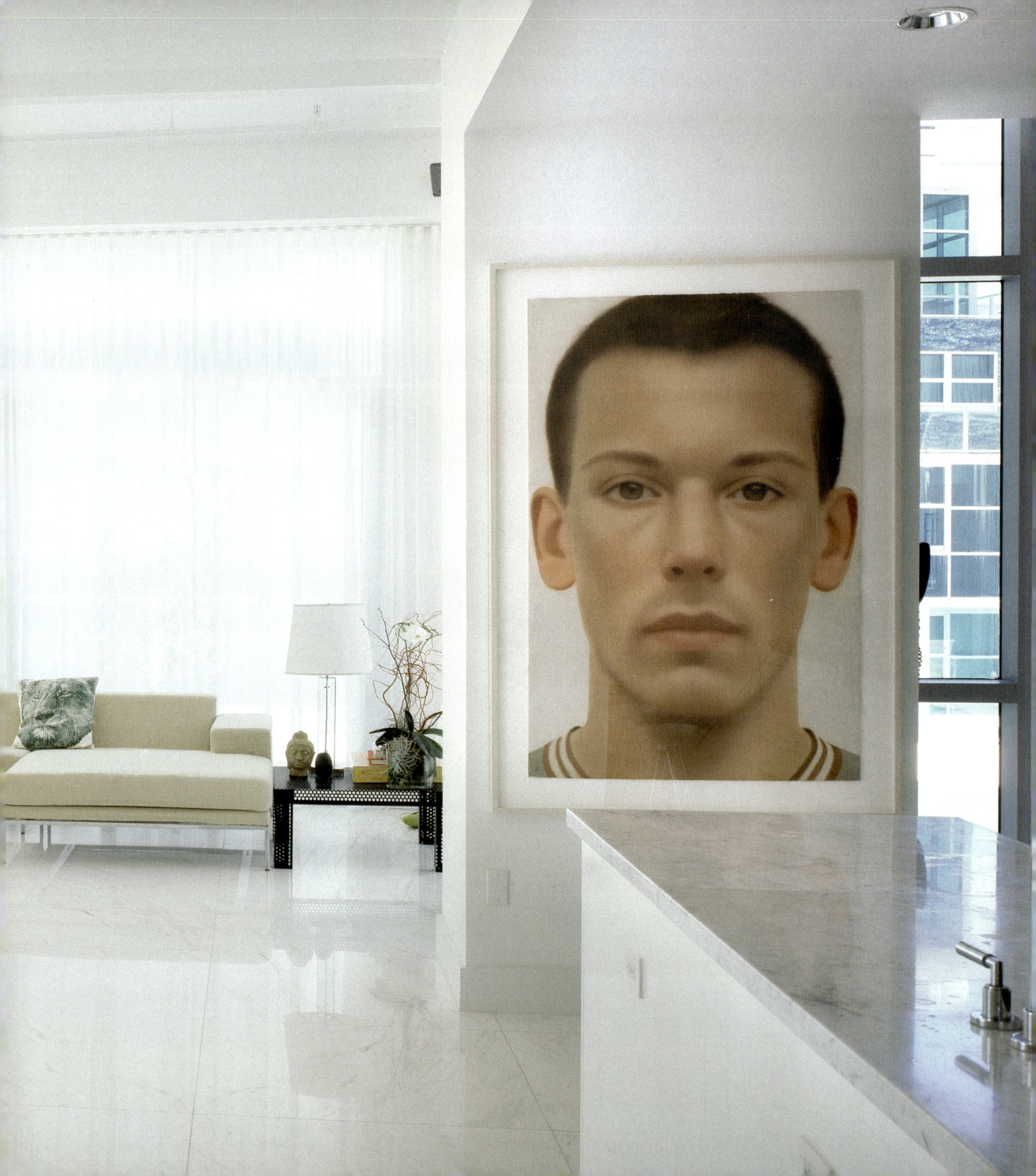

Links: Oben das Arbeitszimmer und unten das Schlafzimmer, die beide in neutralen Farben gehalten sind. Die drei Gemälde – *Windmill* (2001), *Encouragement* (2000) sowie *Two Girls* (2001) – sind Werke Jane Holsingers.

Gegenüberliegende Seite: Die Hängeleuchte *Sputnik* wird von Modulightor hergestellt, die Stehlampe *Glo-Ball* ist ein Design von Jasper Morrison (für Flos).

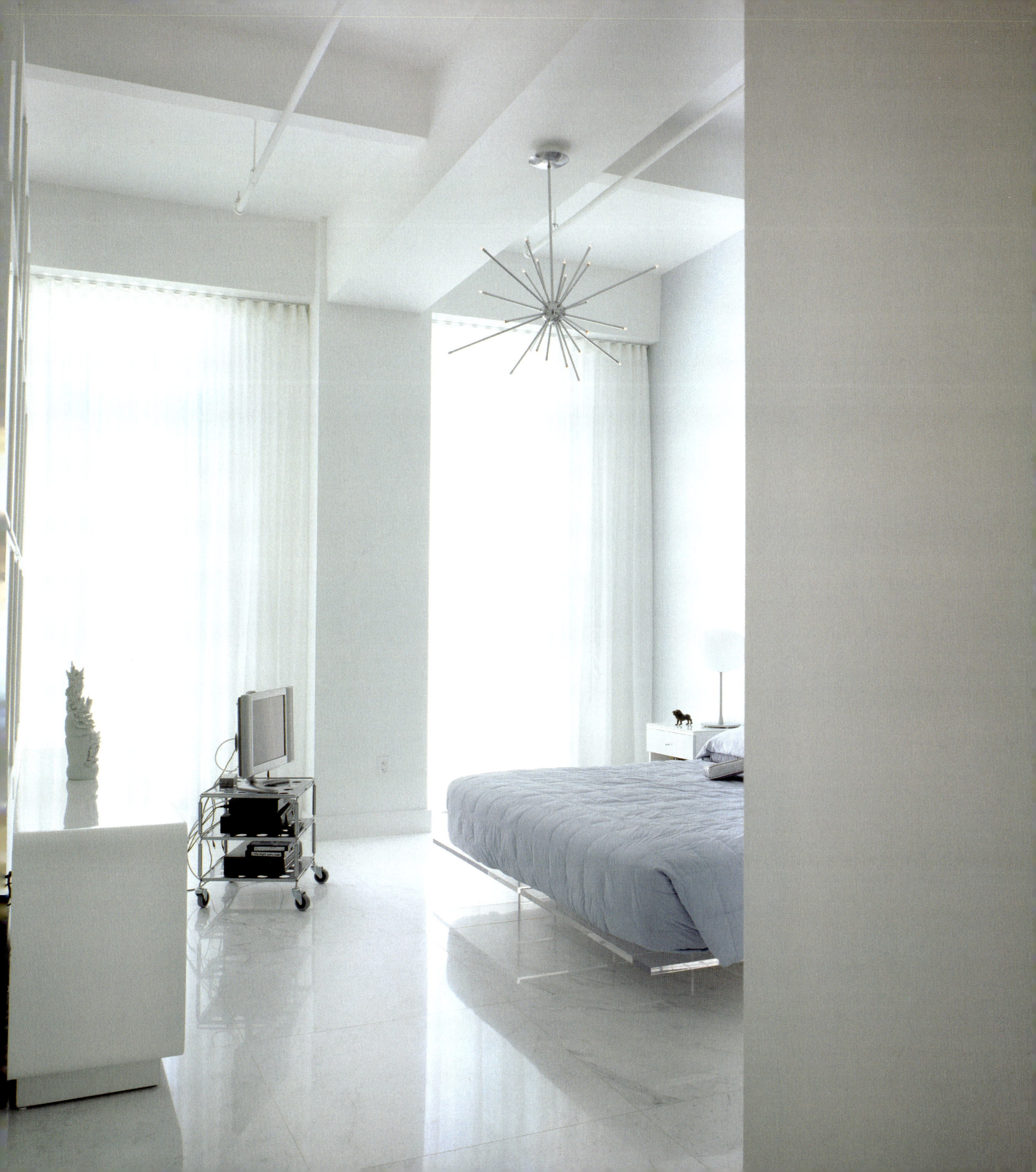

Die elegante Bar, einst ein Badezimmer, wird von *Mirror Ball*, den beiden Hängelampen von Tom Dixon, beleuchtet. Und hinter der Glastür erstreckt sich die Terrasse, die entlang des gesamten Appartements verläuft.

Ein anderer Blickwinkel in den Wohnsalon.

HAUS VOENA

Interieur: Paolo Genta Ternavasio

Die Turiner Residenz eines bekannten italienischen Kunsthändlers, der Galerien in Mailand und London betreibt, liegt an einem der großen Boulevards des späten neunzehnten Jahrhunderts. Paolo Genta Ternavasio hat mit seiner Arbeit an dem großen Appartement nicht nur die Räumlichkeiten und deren Dekor neu definiert, virtuos hat er es zustande gebracht, divergierende stilistische Elemente harmonisch zu vereinen. Solcherart hat Genta eine Reihe von Räumen gegen herkömmliche Regeln gestaltet und bewiesen, dass manches nur scheinbar nicht zusammenpasst.

Rechts: Das Gemälde *Baudelaire* von Vik Muniz; es hängt über einem Kamin und einem Teppich aus der Epoche Napoleons III.

Folgende Doppelseite: Purer Eklektizismus prägt den Wohnsalon: Ein minimalistischer Kamin existiert neben einem Sofa aus der Zeit Ludwigs XV., das mit Samt in knalligem Pink bezogen wurde; der Sessel ist italienisches Design aus den 1950er Jahren; über dem Kamin hängen ein Doppelporträt von Pietro Paolini (siebzehntes Jahrhundert) sowie ein Porträt von Vittorio Amedeo I. Die kleinen Tische zwischen den Sofas – Marmorplatten auf einem Metallgestell – wurden von Angelo De Michelis realisiert.

Turin > Italien

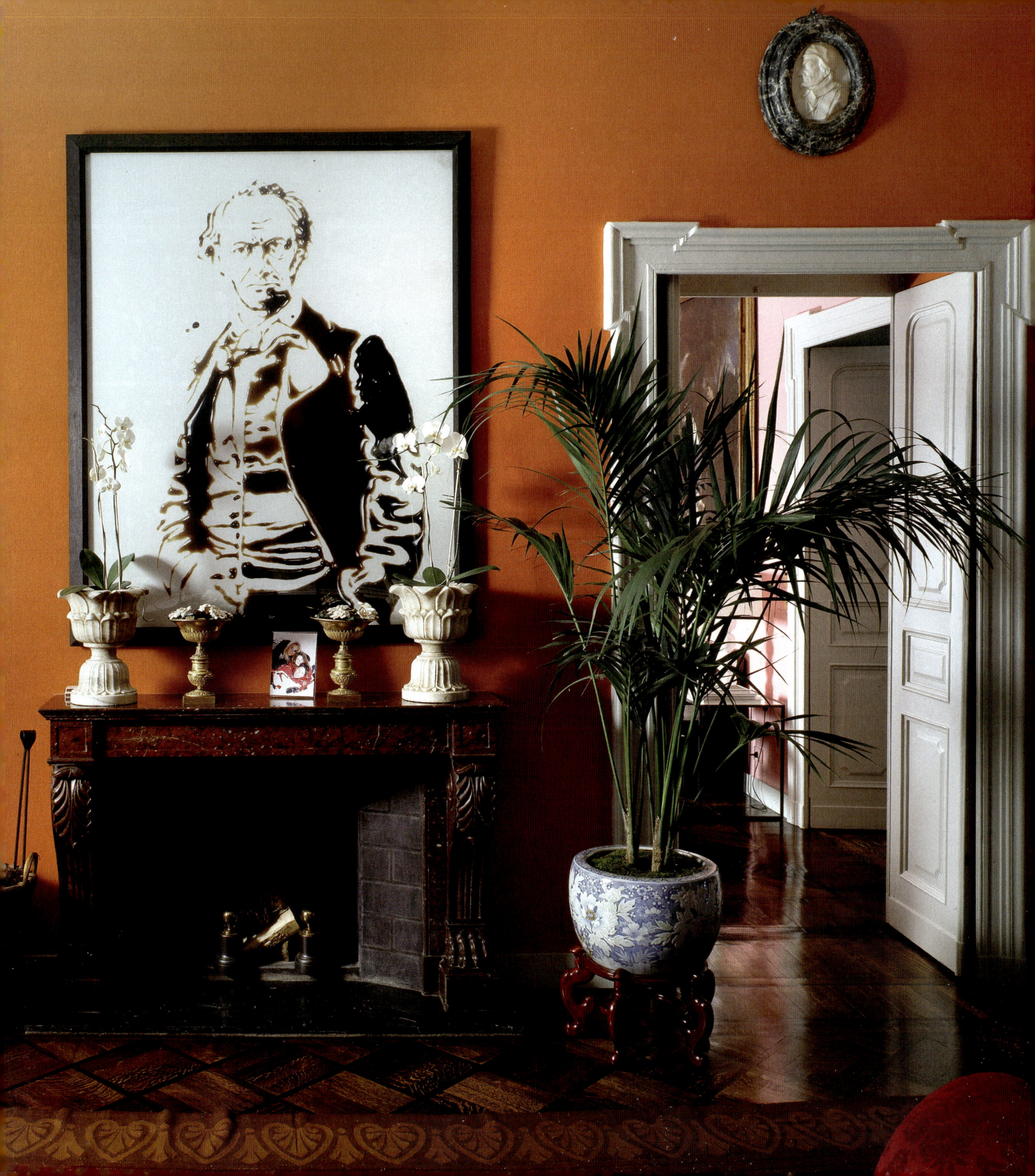

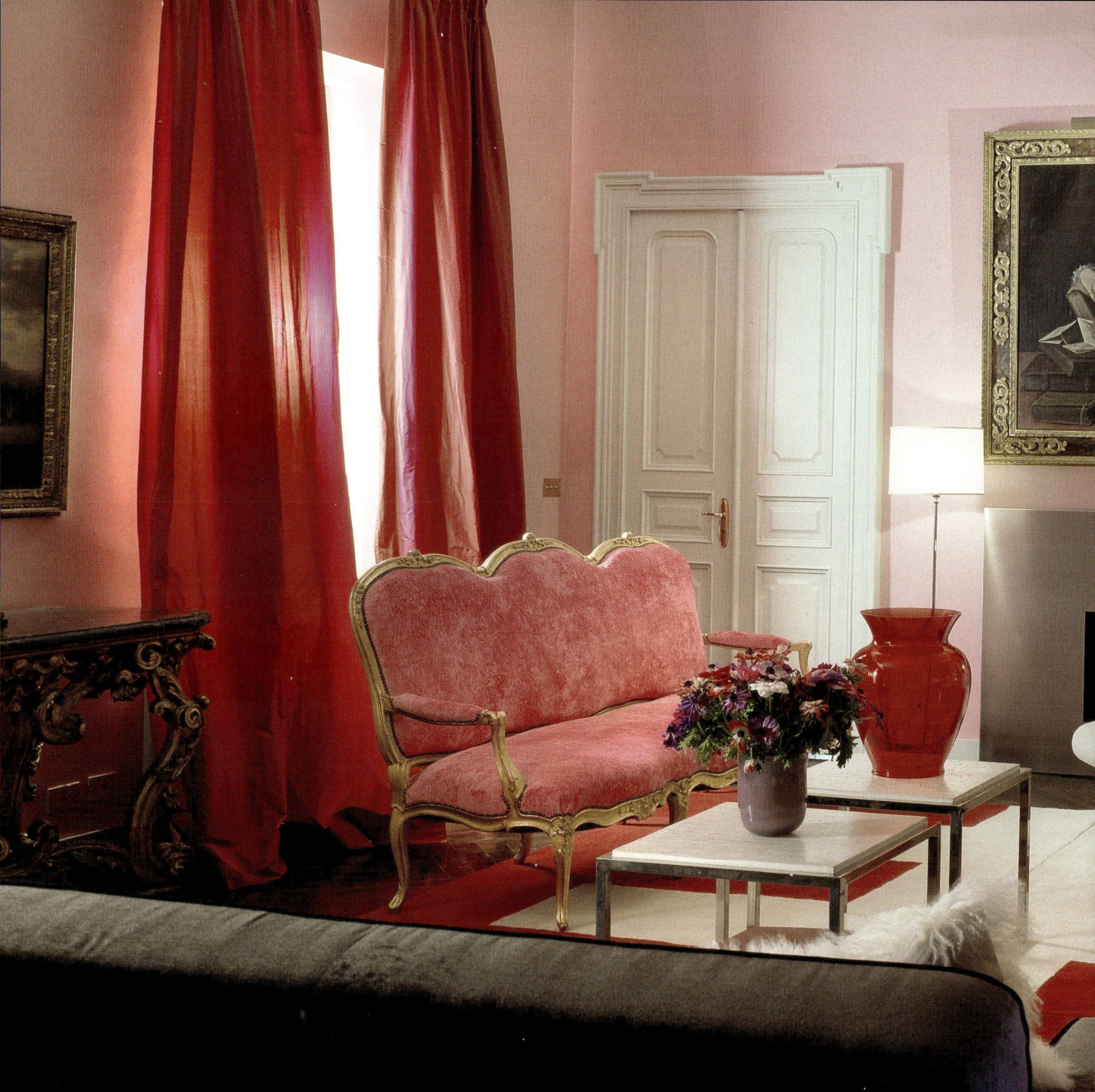

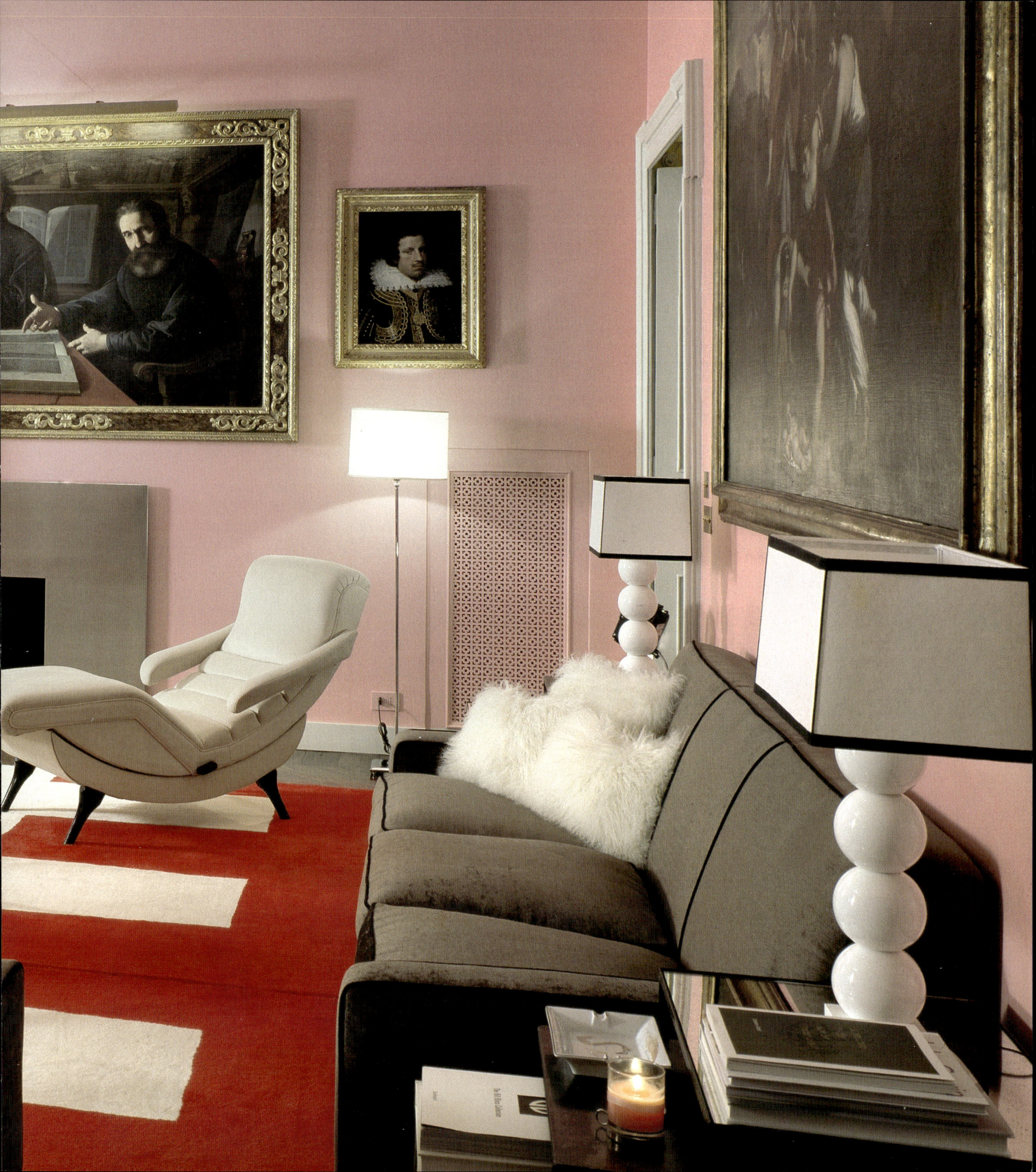

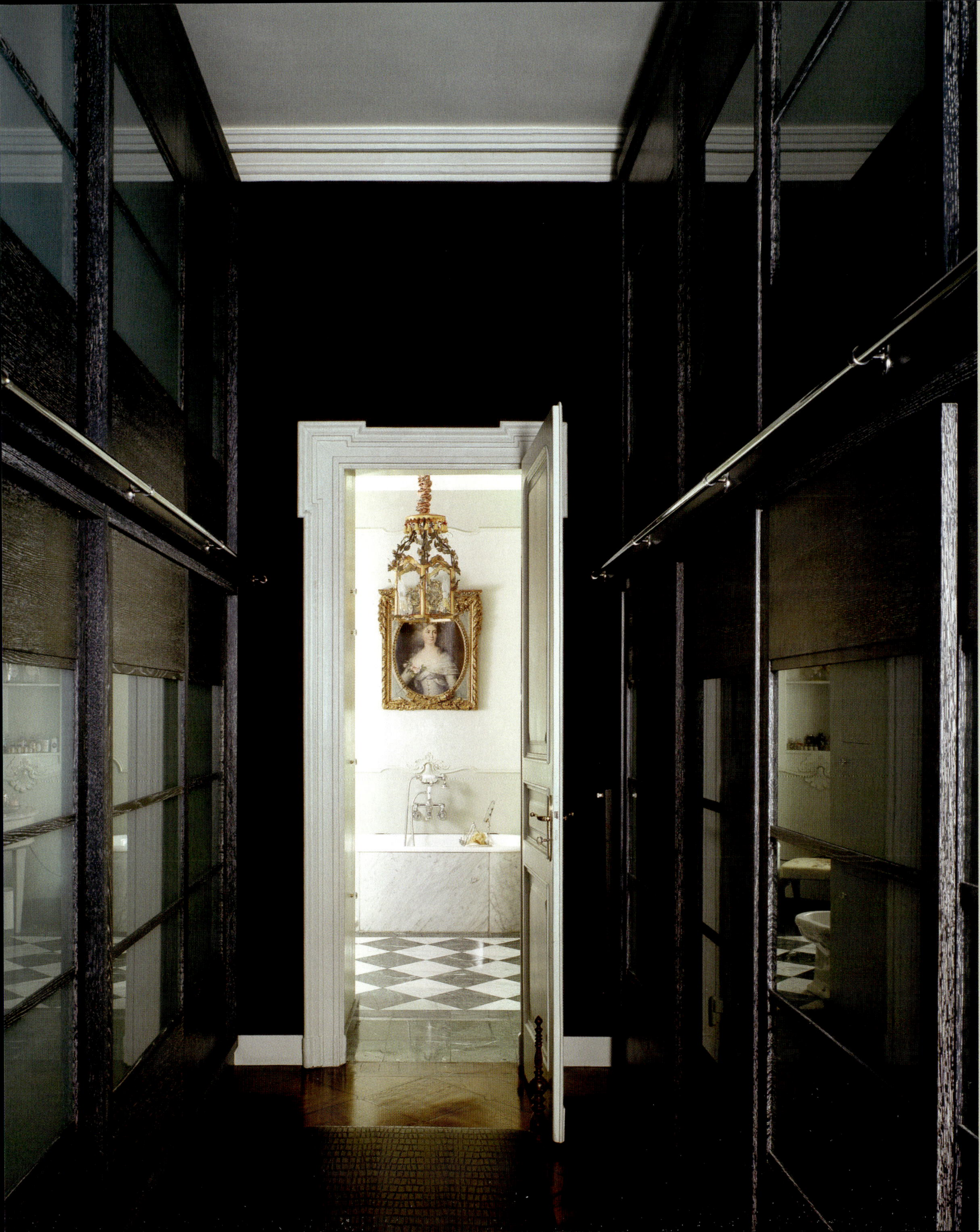

Gegenüberliegende Seite: Inspiriert von japanischen Häusern ist dieser begehbare Schrank aus schwarzer Eiche. Dank der Spiegelung in den Glasscheiben lässt sich das auf diesen Raum folgende große Badezimmer erahnen.

Oben: Dieses Spiel aus Nachahmung und Viceversa-Zitaten findet sich im Eingangsbereich: Die gelbe Wandtapete mit den Gipsknöpfen imitiert ein Relief und den Lüster aus Gips und Kordeln hat Federico Zuccaro nach Originalen aus dem neunzehnten Jahrhundert angefertigt. Die Napoleon-Büste aus Carrara-Marmor (im Vordergrund) ist ein Werk von Antoine-Denis Chaudet.

Oben und gegenüberliegende Seite: Im Speisezimmer hängt über dem Tisch im Stil Ludwigs XVI. ein Kristalllüster aus derselben Epoche. Über der grauen Carrara-Marmorkonsole auf der einen Seite des Raums ein Werk von Gilbert & George, auf der anderen Seite – ebenfalls über der Konsole – eines von Peter Halley.

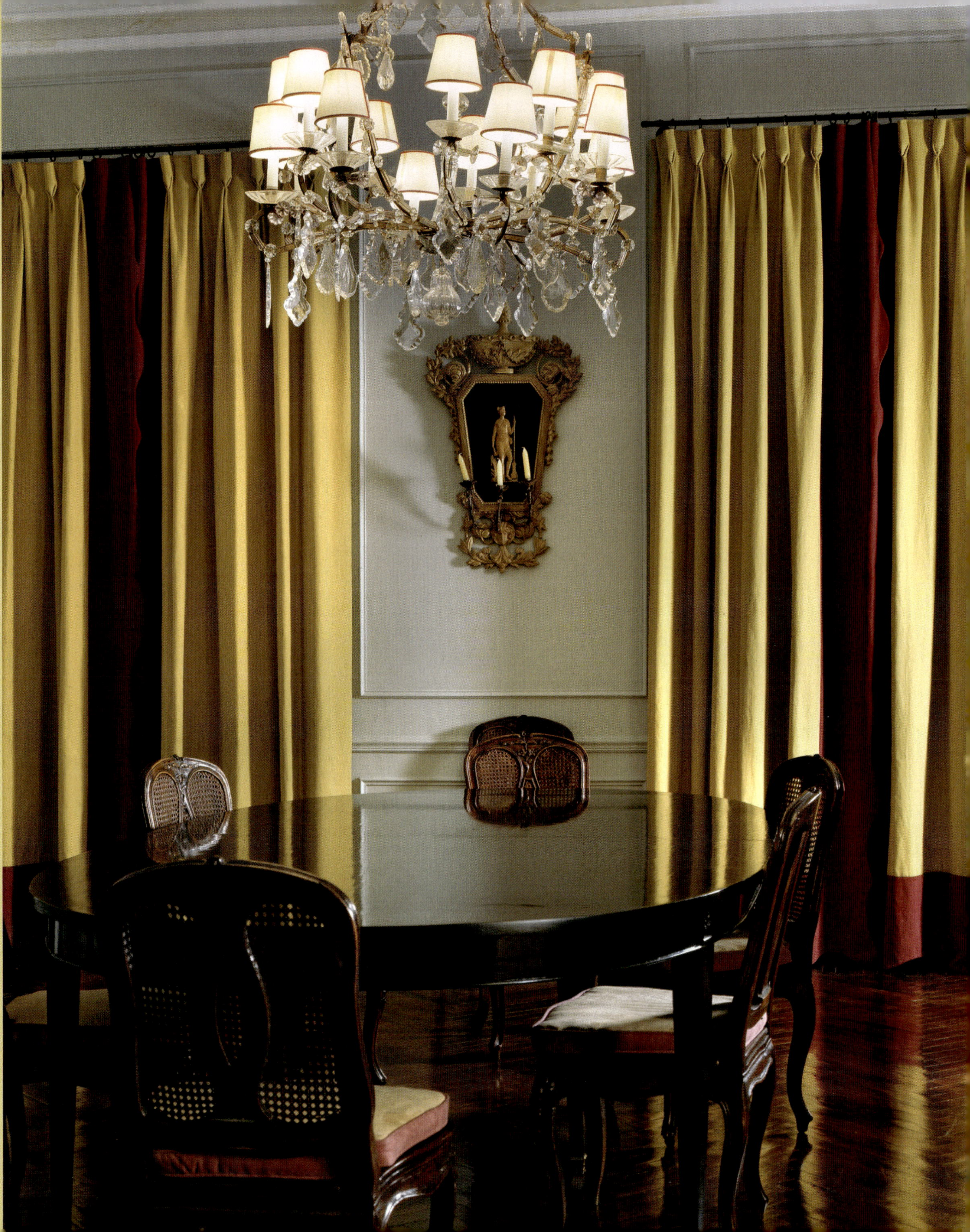

Links: Details aus dem großen Badezimmer, wo über der Marmorbadewanne eine Laterne aus bemaltem Blech hängt. Über die Szenerie wacht eine Dame aus dem achtzehnten Jahrhundert.

Gegenüberliegende Seite: Im Schlafzimmer des Besitzers steht dieses große Himmelbett mit Vorhängen aus handbesticktem Leinen. Zwei Ochsenhörner schmücken den zarten Boulle-Sekretär.

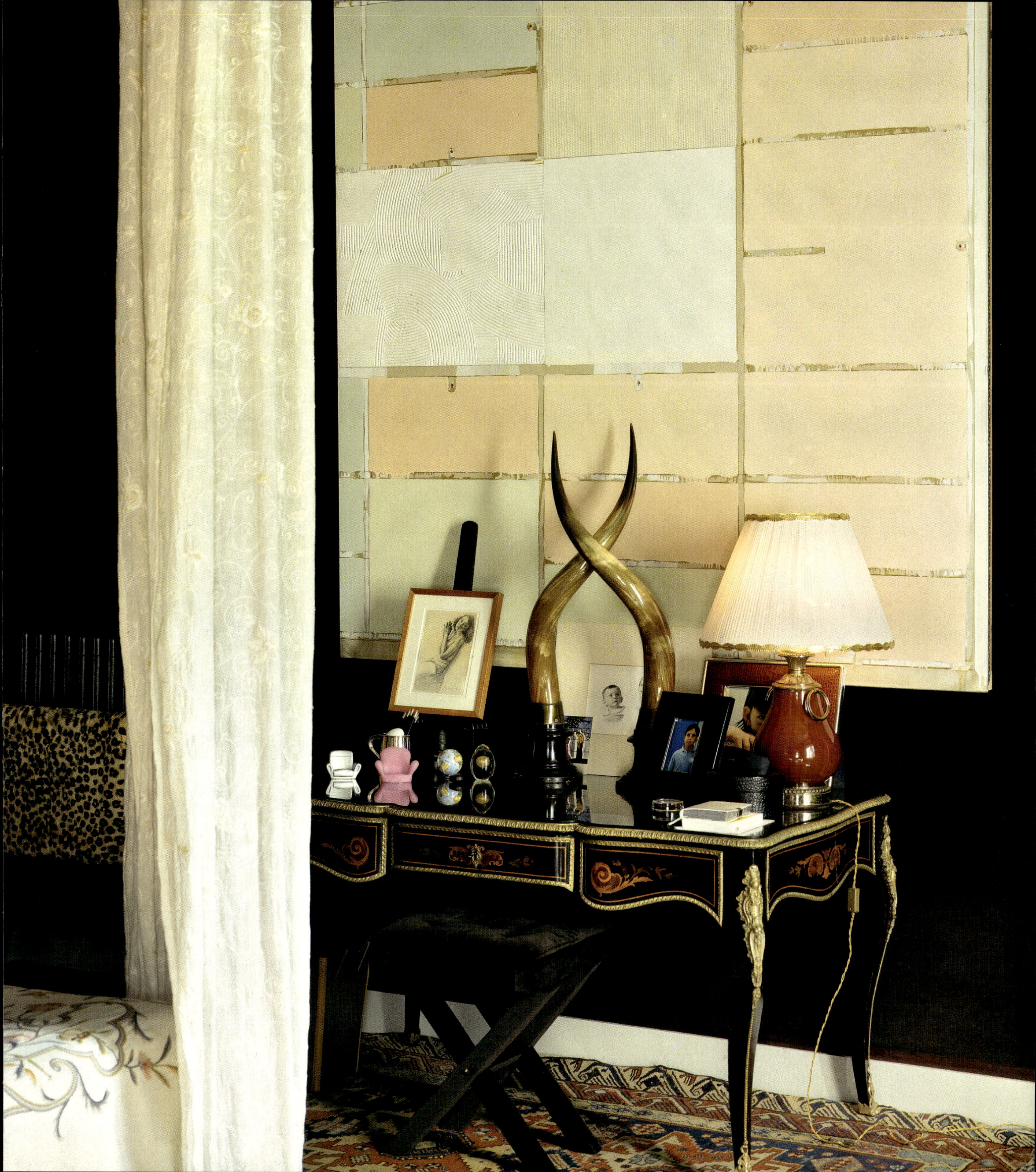

Venedig > Italien

STEFANO CONTINI

Die venezianische Wohnung des Galeristen und Mäzens Stefano Contini ist ein idealer Ort, den er mit seiner Familie teilt, aber auch mit seinen geliebten Freunden und deren facettenreicher Kreativität: Im Schutz der schönen Künste lebt er in einem edlen Palast mit Blick auf den Canal Grande. Noch in anderer Hinsicht haben wir es hier mit allem anderen als einem normalen Haus zu tun: Raum, Licht, Durchgänge – alles dient hier dem einzigen Zweck, sich den zahlreichen Kunstwerken, die Contini im Laufe der Jahre gesammelt hat, unterzuordnen. Dennoch wurde dem Palazzo natürlich jede Aufmerksamkeit, derer er bedurfte, zuteil: Restauriert wurde konsequent authentisch. So wurde der venezianische Terrazzoboden detailgetreu wiederhergestellt und die hellen Wände erhielten einen frischen Anstrich, um den Übergang zwischen den verschiedenen Zonen des Appartements wie ein gut eingespieltes Orchester wirken zu lassen, vor allem aber, um den Kunstwerken eine Plattform zu geben, die ihnen in jeder Hinsicht entspricht.

Rechts: Vom großen Salon geht der Blick direkt auf den Canal Grande. An der Wand prangt Julian Schnabels *Boni Lux*, darunter (auf der kleinen Kommode) Fernando Boteros *Leda und der Schwan* und links auf dem Plexiglaspodest eine Skulptur von Tony Cragg.

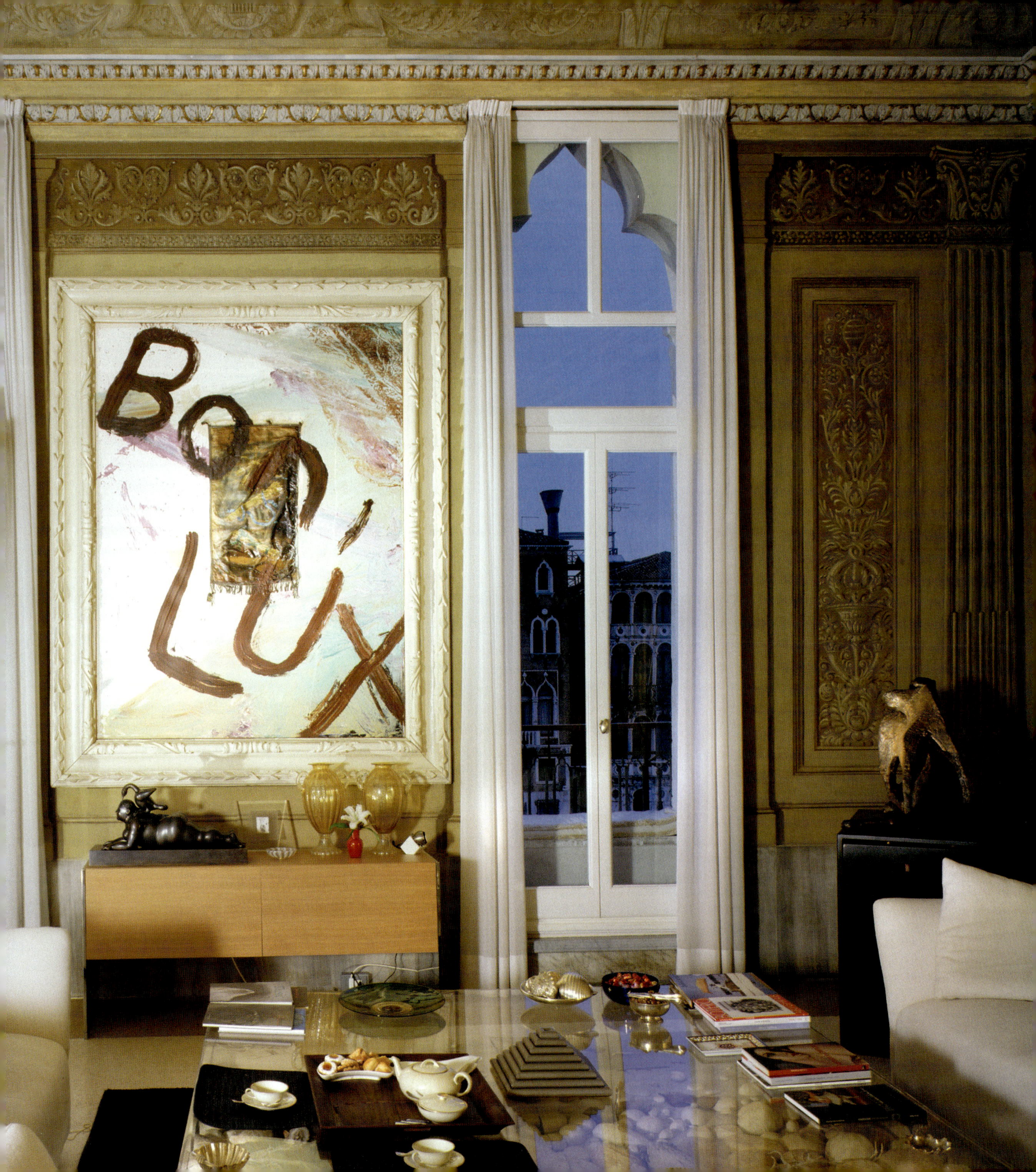

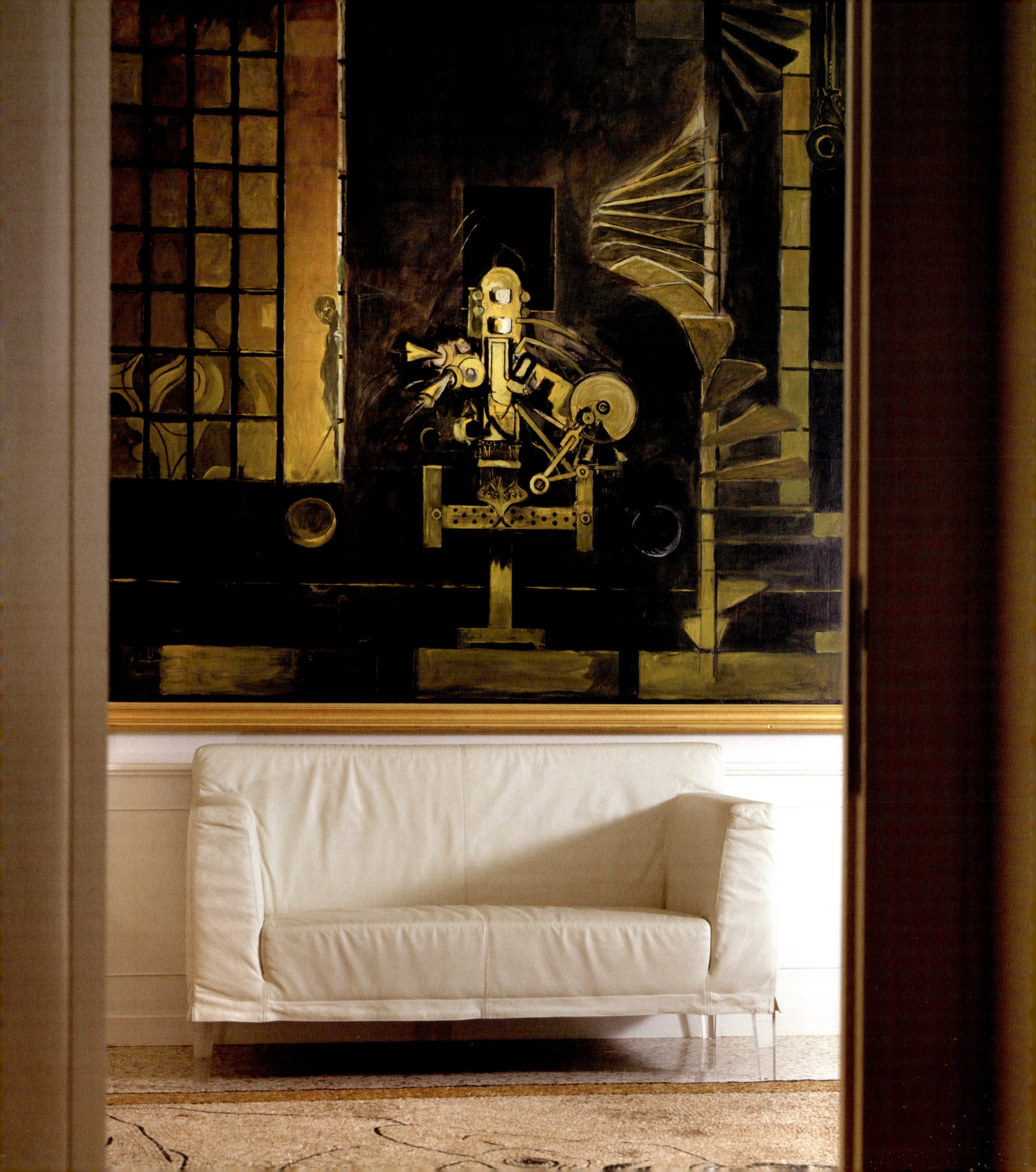

Gegenüberliegende Seite: In der Bibliothek prangt diese Arbeit von Graham Sutherland. Sie trägt den Namen *Interior* und zeigt das Atelier des Künstlers auf der Giudecca. Der Teppich wurde nach einem Entwurf von Aldo Mondino angefertigt.

Oben: *Star Hunter*, ein Werk des Transavantgardisten Mimmo Paladino, das in den 1980er Jahren entstand, befindet sich neben einer Grisaille, die im Zuge der Renovierungsarbeiten im Palazzo entdeckt wurde.

Links oben: An der linken Wand des Eingangsbereichs befindet sich das große Triptychon *Anacoreta* von Zoran Music; im Hintergrund – auf dem Paneel, das das Speisezimmer vom Entrée trennt – sieht man Tamara de Lempickas Ölbild *Die zwei Freundinnen* aus dem Jahr 1928. An der rechten Wand befindet sich das grandiose Gemälde *La magnanimità di Scipione (Der Großmut des Scipio)* von Giambattista Crosato (1686–1758) und ganz vorne im Bild die Skulptur *Torso di donna* von Lorenzo Viani.

Links unten: Der Blaue Saal trägt seinen Namen zu Recht: Blau ist hier der vorherrschende Farbton und an der Decke ebenso zu sehen wie am Boden. Der Tisch von Arman ruht auf einem Kristallfuß, das blaue Gemälde trägt den Namen *Il solitario* und stammt von Mimmo Paladino.

Im Speisezimmer steht *Doge*, ein Tisch von Carlo Scarpa (für Gavina), sowie die Stühle *Pollack* von Vico Magistretti (für De Padova) und – am Kopfende – ein Stuhl von Colber. An der hinteren Wand entfaltet *Orgasmo, Fantasmo, Sarcasmo* von Sandro Chia (1987) seine ganze Wirkung. Das Sofa *Pesce* unter dem Bild ist ebenfalls eine Kreation Chias.

Nochmals der Blaue Saal, wo sich in der linken Ecke der blaue Samtsessel von Carla Tolomeo befindet.

Oben: Im Eingangsbereich hängt diese Entwurfsskizze von Christo und Jeanne-Claude für ihre Installation an der Pariser Pont Neuf.

Folgende Doppelseite: Ein weiterer Blick in das Speisezimmer. In dem Element, das Eingangsbereich und Speiszimmer optisch trennt, sind im Zentrum *Steep Tease*, eine Bronze von Giacomo Manzù, und, rechts unten, *Toro*, ein Werk von Fernando Botero, zu sehen. Das abstrakte Gemälde rechts ist ein Werk des New Yorkers Peter Halley.

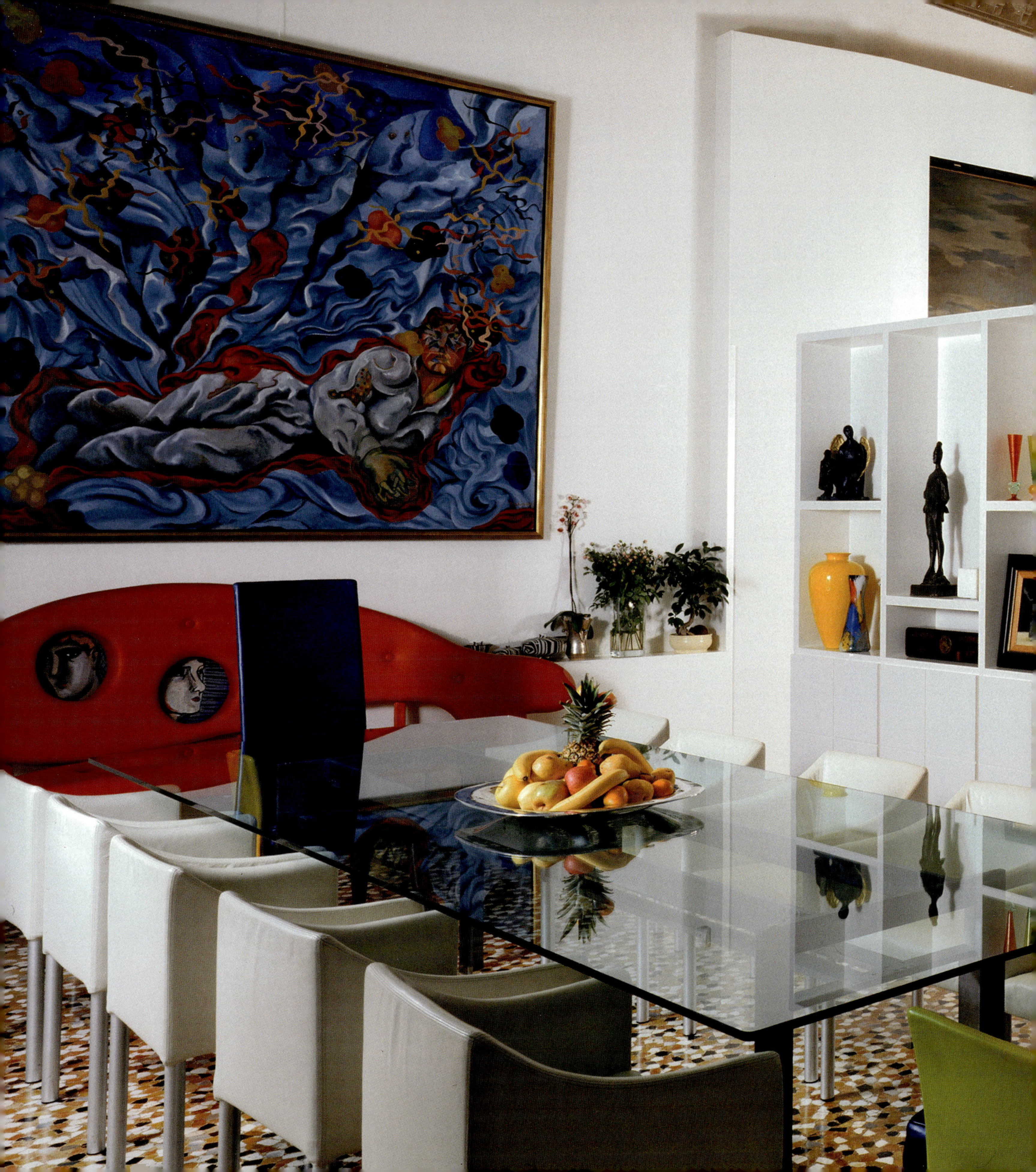

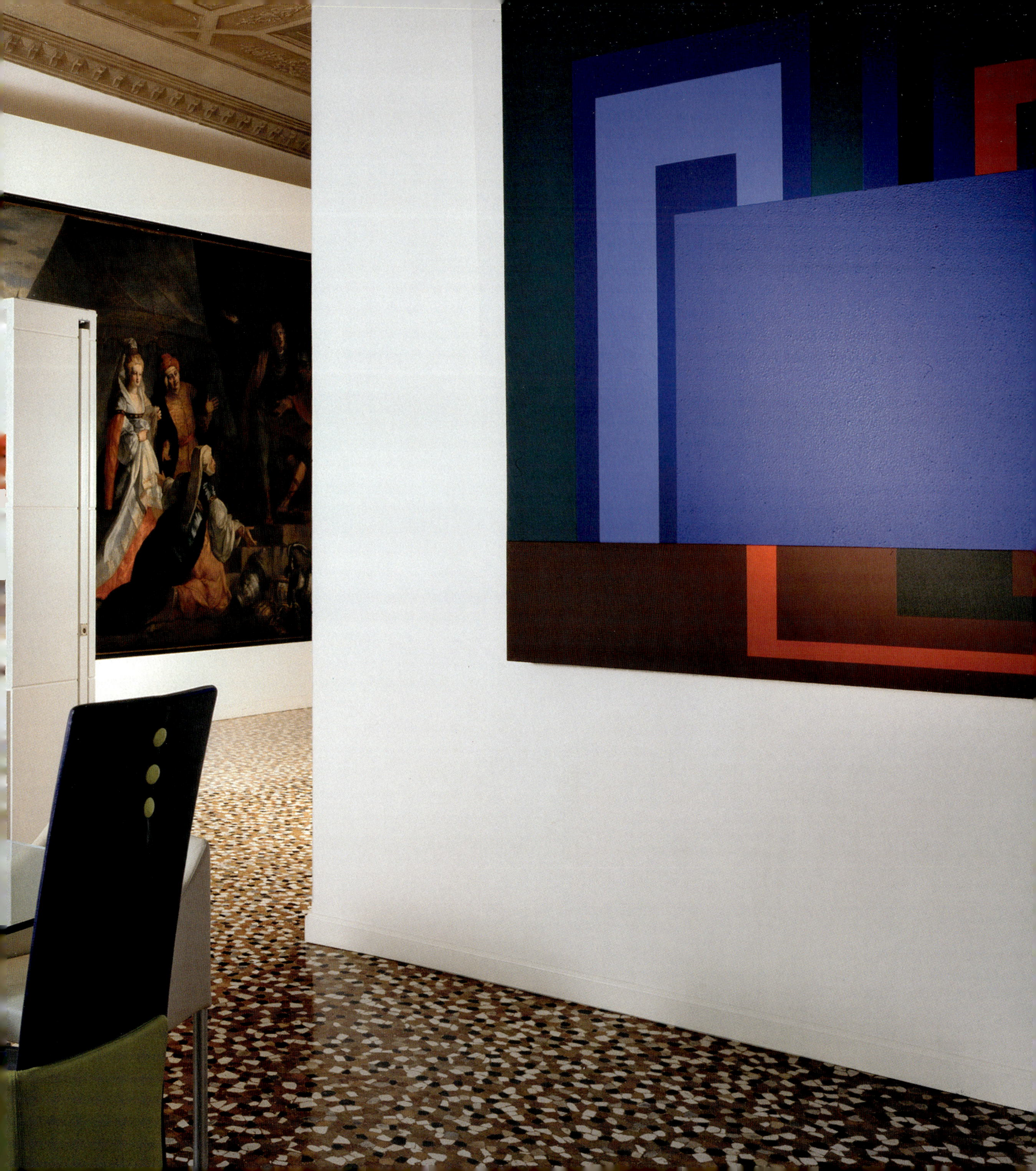

Gstaad > Schweiz

CHALET ELLA CISNEROS

Interieur: Luis Bustamante

Für die Unternehmerin und Philanthropin Ella Cisneros bilden die Begriffe Wohnraum und Kunst ein wesentliches Ganzes: Sie sammelt Kunst und Häuser, nimmt aktiv an den jeweiligen Entstehungsprozessen teil – und das verteilt über die halbe Welt: Ella Cisneros verfügt auch in Madrid, Neapel und Miami über Wohnsitze.
Der hier beschriebene befindet sich in Gstaad, im Berner Oberland: Es ist ihr Refugium, wo sie die Möglichkeit zum Entspannen und Nachdenken hat. Das klassische Chalet entspricht, zumindest von außen betrachtet, dem Kanon der lokalen, eingeschoßigen Bauweise. Im Inneren jedoch beugt sich das warme, ländliche Flair einer unvermuteten Moderne, was sowohl dem Temperament Cisneros als auch den von ihr gesammelten Kunstwerken – von denen sich einige hier befinden – entspricht. Luis Bustamante hat ein »spontanes« Interieur entworfen, wofür er lokale monochrome Materialien für die Oberflächen verwendete, die da und dort mit Farbtupfen versehen sind.

Rechts: Im Souterrain befindet sich das Spa des Chalets. Die drei Matratzen im Vordergrund bedecken einen großen Jacuzzi. Das schwarze Tischchen hinten ist ein Entwurf von Romeo Sozzi (für Promemoria); an der linken Wand eine Fotografie von Guido Albi Marini.

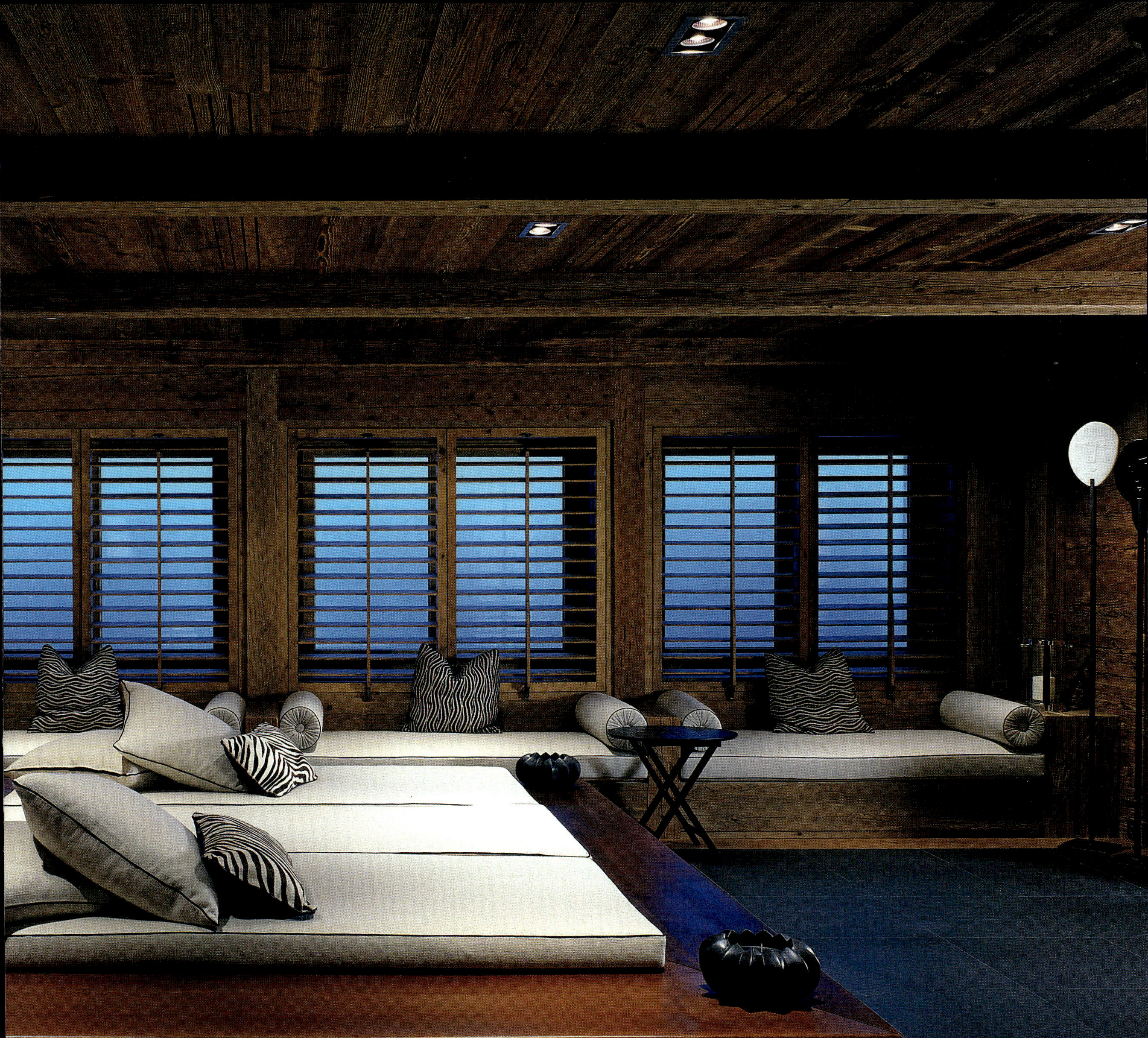

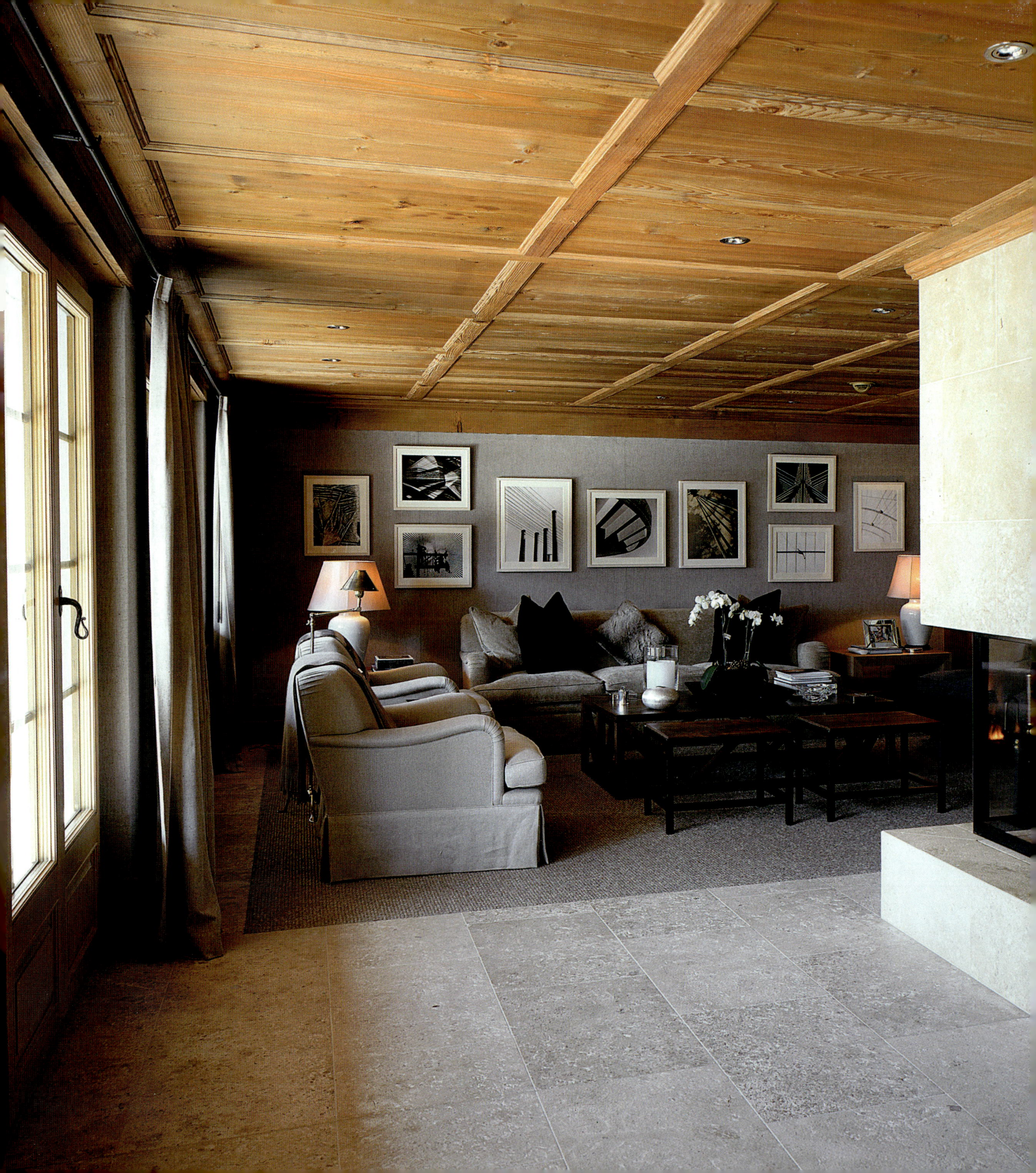

Links und oben: Nirgendwo zeigt sich der Kontrast zwischen Rustikalität und Moderne so offensichtlich wie im Wohnzimmer. Die Schwarzweiß-Fotografien an der hinteren Wand stammen von lateinamerikanischen Künstlern und entstanden in den 1950er und 1960er Jahren.

Oben: Der Tisch im Speisezimmer ist mit französischem Porzellan, das mit Jagdmotiven dekoriert ist, Silber von Christofle und Gläsern von Lalique gedeckt. Das Gemälde ist ein Werk von Richard Serra.

Gegenüberliegende Seite oben: Das große Sofa im Spa-Bereich, von wo sich durch den schmalen Fensterschlitz die westlichen Schweizer Alpen – darunter das Matterhorn – betrachten lassen. Der Tisch vor der Minotti-Couch ist ein Entwurf Luis Bustamantes. An der rechten Wand das Gemälde *Infinite Black Hole* von Guido Albi Marini.

Gegenüberliegende Seite unten: Eine Fotoserie des jungen aufstrebenden Künstlers Christian Gieraths.

155

Sein besonderes Flair erhält das Gästezimmer zweifellos vom alten Kiefernholz, das hier vorherrscht. An der Wand Werke von José Iraola.

Noch ein Blick in das Spa mit dem Eichenboden und den Wänden aus geölter Kiefer. Die Armaturen stammen von Dornbracht.

JUDITH GREER

Interieur: Ettore Sottsass

Die ursprünglich aus Seattle stammende Mäzenin und Sammlerin (gemeinsam mit ihrem Mann Richard) Judith Greer – sie hat erst kürzlich das Buch *Owning Art. The Contemporary Art Collector's Handbook* herausgegeben – lebte fast dreizehn Jahre lang in Tokio, wo sie das Hara Museum of Contemporary Art geleitet hat. Mit ihrem Umzug nach London erwarb sie eine viktorianische Villa in der britischen Hauptstadt, deren Restaurierung sie Ettore Sottsass, dem *enfant terrible* des Designs, Gründer der Gruppe Memphis und einer der maßgeblichsten und fantasievollsten Exponenten der Postmoderne, anvertraute. Mit der für Sottsass charakteristischen ironischen Überhöhung schaffte er es, Farbe und Sinnlichkeit in dieses Haus, das sowohl Wohnung als auch Galerie ist, zu bringen. Stück für Stück wurde die Villa zur idealen Umgebung für die Kunstwerke, die sich sowohl an den Wänden der Privaträume als auch in der Galerie im letzten Geschoß finden.

Rechts und gegenüberliegende Seite: Die spiralförmig angelegte Treppe entstand nach einer Idee von Ettore Sottsass.

London > Großbritannien

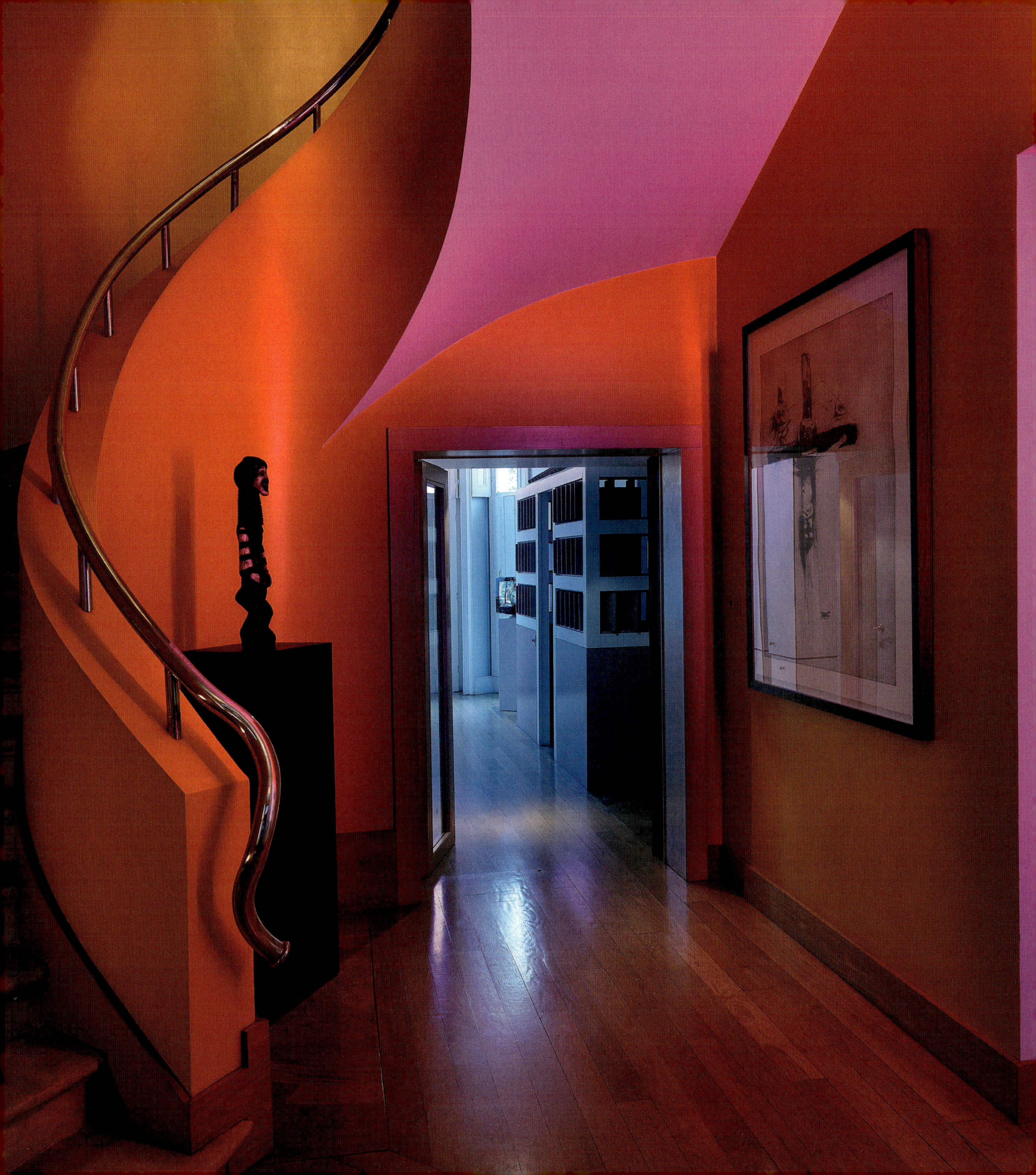

Links oben: An der Küchenwand ist *The Mysterious Suspicion* von Simon Martin zu sehen.

Links unten: Der lichtdurchflutete, weitläufige Wohnraum erhielt seine Größe, indem man schlicht eine Wand entfernte. Die Kommoden im Hintergrund, bekrönt von farbigen Lichtelementen, sind ebenso ein Entwurf von Ettore Sottsass – er zitiert hier die Kleiderschachteln Coco Chanels – wie das große hölzerne »Puppenhaus«.

Folgende Doppelseite: Die Kombination aus Arbeitszimmer und Bibliothek ist vom Speisezimmer durch eine farbige Schiebewand getrennt, die auf einer Seite eine glatte Oberfläche aufweist, auf der anderen Nischen. Die kleinen Tische und die Sessel entstanden nach Entwürfen von Sottsass, die Bodenlampe ist die berühmte *Tolomeo* von Michele De Lucchi (für Artemide). Von Yayoi Kusama ist das Bild *Gentle are the Stairs to Heaven*, der Affenkopf – *All Monkey* – ist eine Skulptur von Simon Martin, und der Fernsehapparat aus Keramik auf dem roten Tisch, rechts im Vordergrund, trägt den Namen *New China Series: Television* und ist eine Arbeit von Ma Jun.

Oben: Ein weiterer Blick in das Wohnzimmer, wo sich das großformatige Gemälde *Doublonnage* von Yasumasa Morimura sowie – beim Kamin – das Rundbild *Untitled* von Damien Hirst befinden.

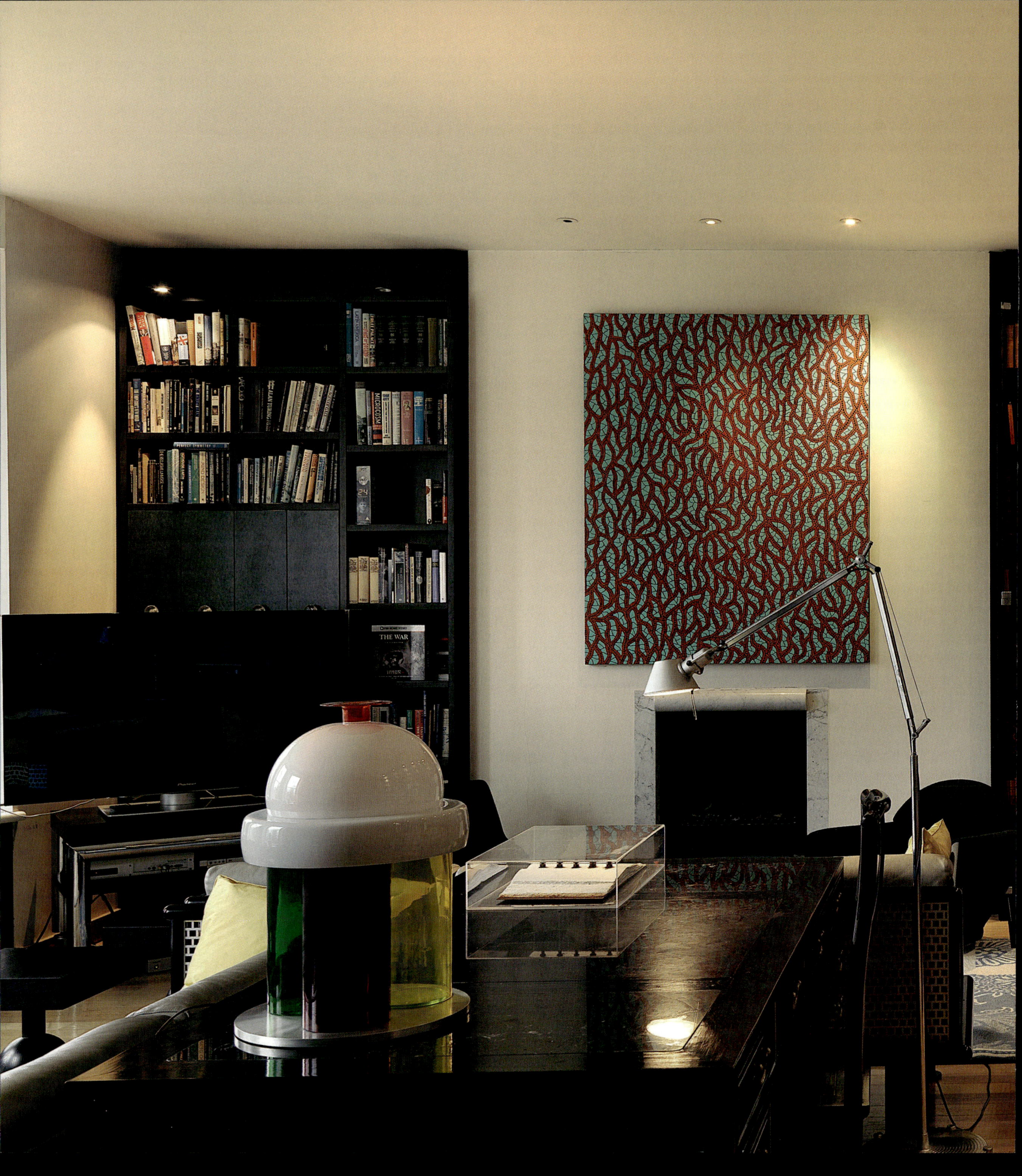

WHITE MISCHIEF
JIM DODGE
STONE JUNCTION
JOAN DIDION
BOYD
T.C. BOYLE
CONGRATULATIONS
TRACEY EMIN
TOM WOLFE

Oben und rechts: Ganz oben im Haus hat Judith Greer eine Galerie eingerichtet, wo sie sowohl Werke aus ihrer eigenen Sammlung präsentiert als auch Non-profit-Ausstellungen organisiert. Im Rahmen dieser ist der ganze Raum jungen aufstrebenden Künstlern gewidmet, die dann die Möglichkeit haben, wichtige Galeristen kennenzulernen. Die Skulptur *The Old in Out* im Bild oben ist ein Werk von Sarah Lucas.

Rechts: *Untitled* ist das große Bild links von Lee Ufan. Die zwölf Fotografien bilden die Serie *Meditation* von Gareth McConnell. Links hinten *Centrepiece* von Gary Hume sowie, auf dem Boden davor, *Box* von Shimabuku. In der Mitte des Raums *Habitat* von Gavin Turk.

165

Das Speisezimmer. Hier harmoniert der große, violett laminierte Esstisch von Sottsass perfekt mit den dunkelroten Wänden. Der Schrank an der linken Seite, auch er mit Laminat furniert, lässt sich verschieben, und dann kann der Tisch verlängert werden, so dass bis zu zweiundzwanzig Gäste daran Platz finden. An der Wand *Fan Portrait*, ein weiteres Werk von Yasumasa Morimura.

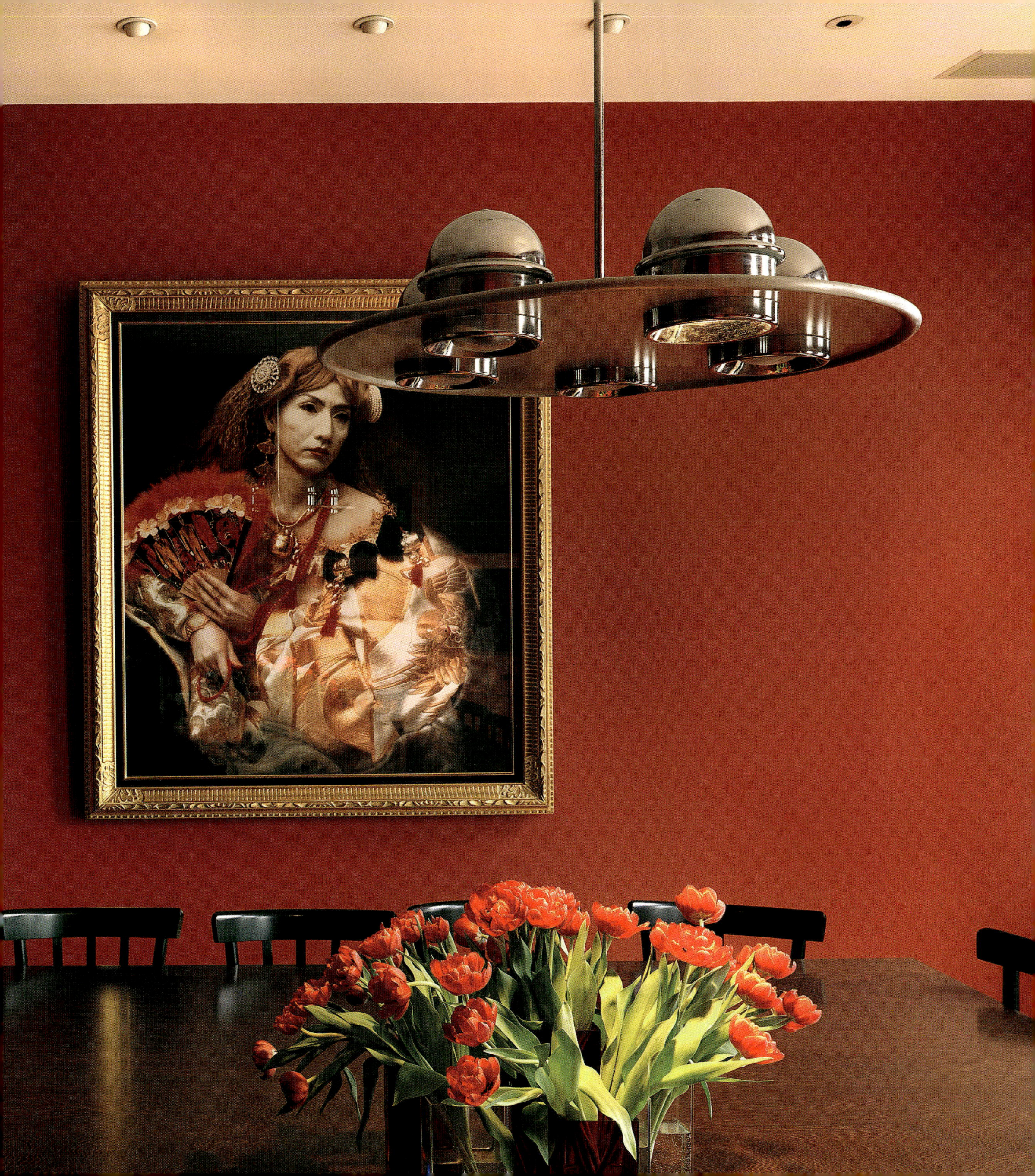

PALAST VON JAOUAD KADIRI

Architektur: Stuart Church
Interieur: Jaouad Kadiri

Ein Palast wie aus Tausend und einer Nacht – auch wenn der Großteil dieser Pracht in der Gegenwart errichtet wurde –, der in Marrakesch, der roten Stadt, glitzert, als hätte er das Flair von Rajasthan hierher transferiert. Alles hier ist Grazie und Harmonie, und in der wärmenden Sonne vermählen sich Indien und Marokko zu einem extravaganten, dekorativen Mikrokosmos.

Rechts: Reich ornamentierte Gläser.

Gegenüberliegende Seite: Über das Seerosenbassin schweift der Blick durch die typischen maurischen Fächerbögen aus Holz. Man befindet sich hier im Saal der Abenddämmerung, der in exakter symmetrischer Entsprechung gegenüber dem Saal des Sonnenaufgangs angelegt wurde. Auf der Brüstung stehen birmesische Tempelgefäße.

Marrakesch > Marokko

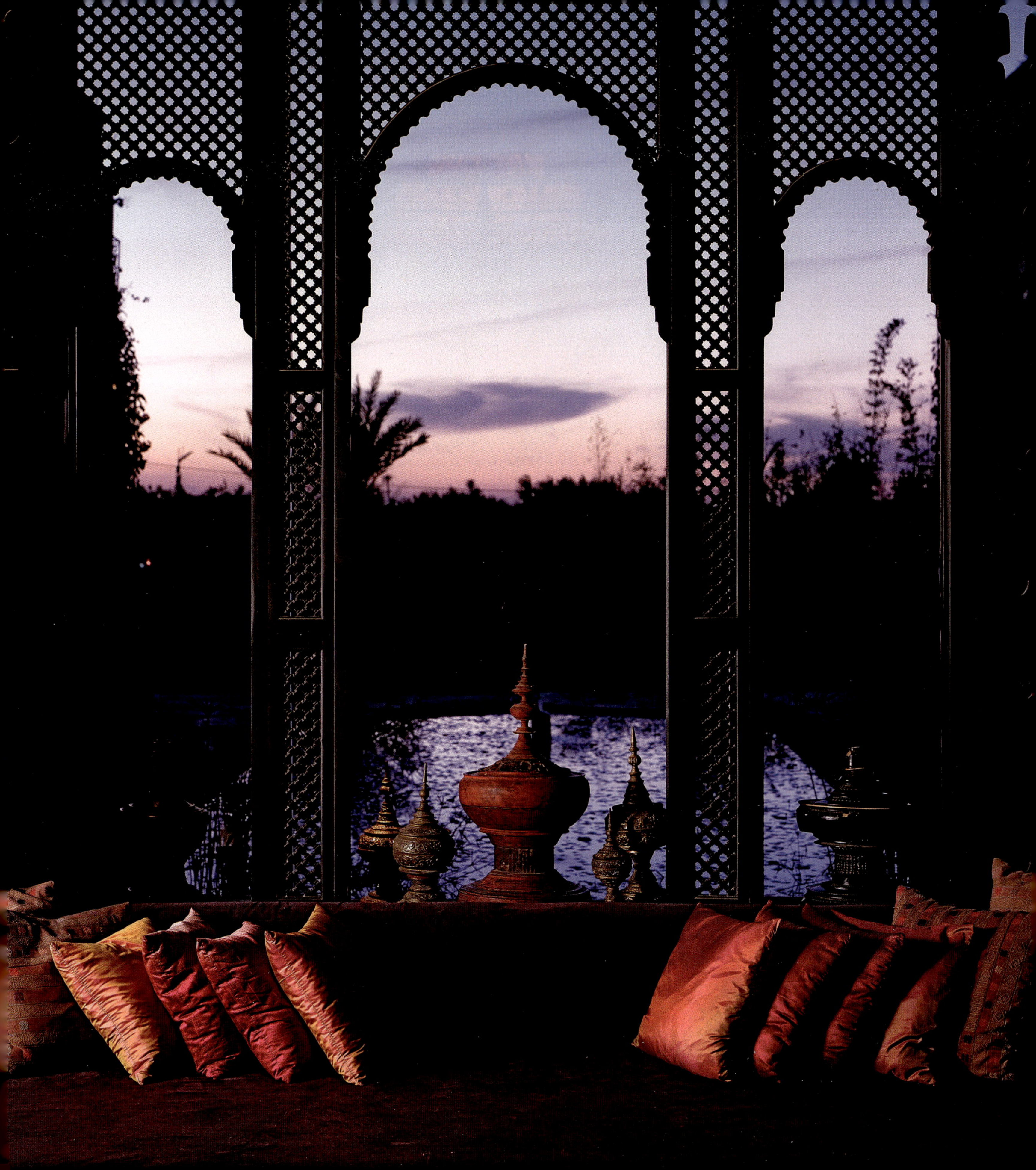

Oben: Detail aus dem Saal des Sonnenaufgangs.

Links: Ein Fächerbogen als erster in einer Flucht von gleichartigen Bogendurchgängen. Die klassische arabische Bogenform wird durch die charakteristische indische Farbgebung noch unterstrichen. Und auch wenn der Gang einen physischen Zweck erfüllt, ist seine Ausstrahlung doch metaphysisch: er führt zu Räumen, aber auch zu spiritueller Wachheit.

Der Salon wird auch als Saal der gemeinsamen Ruhe bezeichnet. Es ist ein Raum, um sich auszuruhen, einer, wo sich Gäste niederlassen können, bevor sie von Kadiri empfangen werden. Die Basis der weichen marokkanischen Diwane – *sdairi* – besteht aus bemaltem Zedernholz. Der Lüster aus Murano ist ein Entwurf von Stuart Church, der *dess* genannte marokkanische Boden ist eine Mischung aus Zement und natürlichen Farbpigmenten.

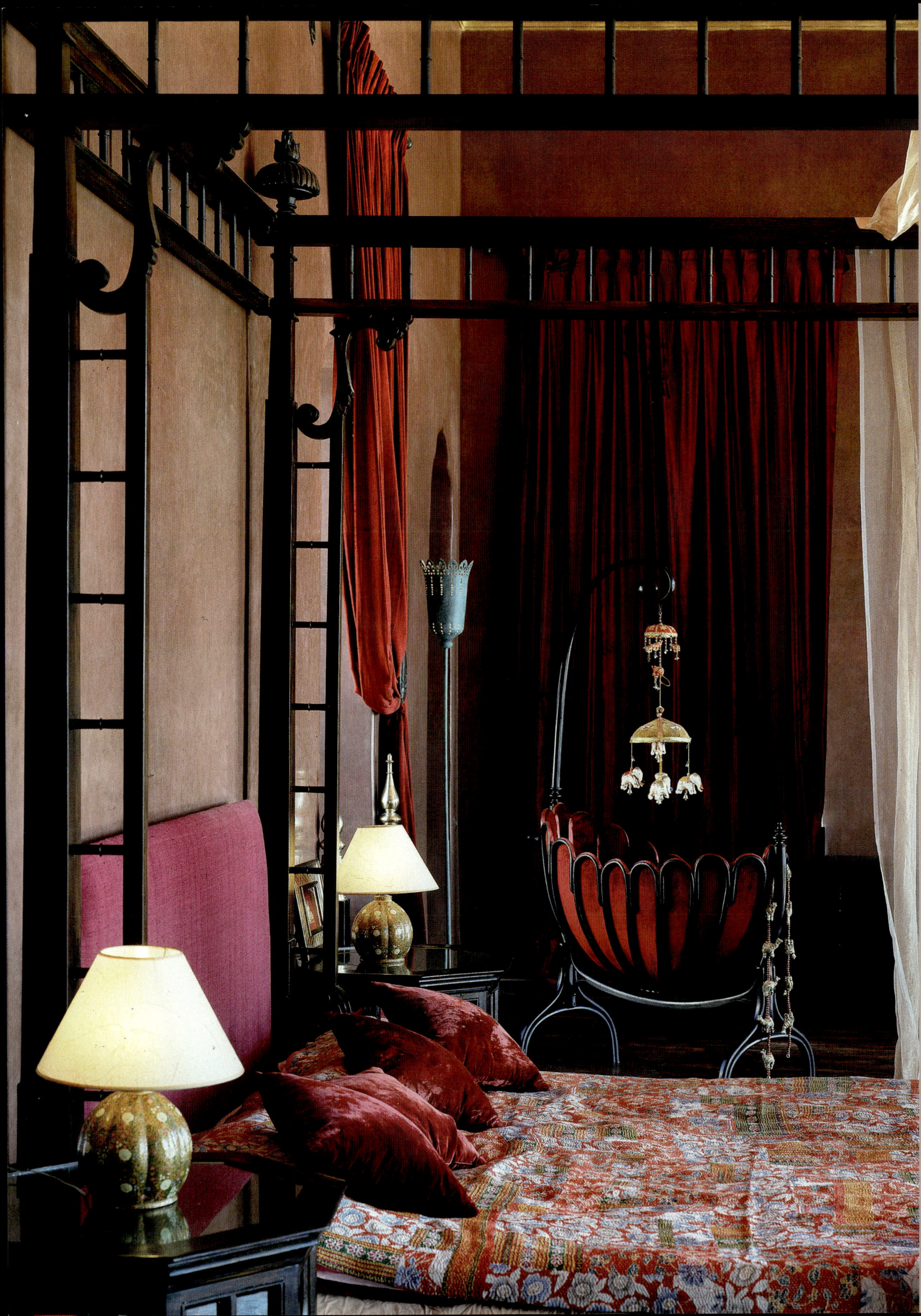

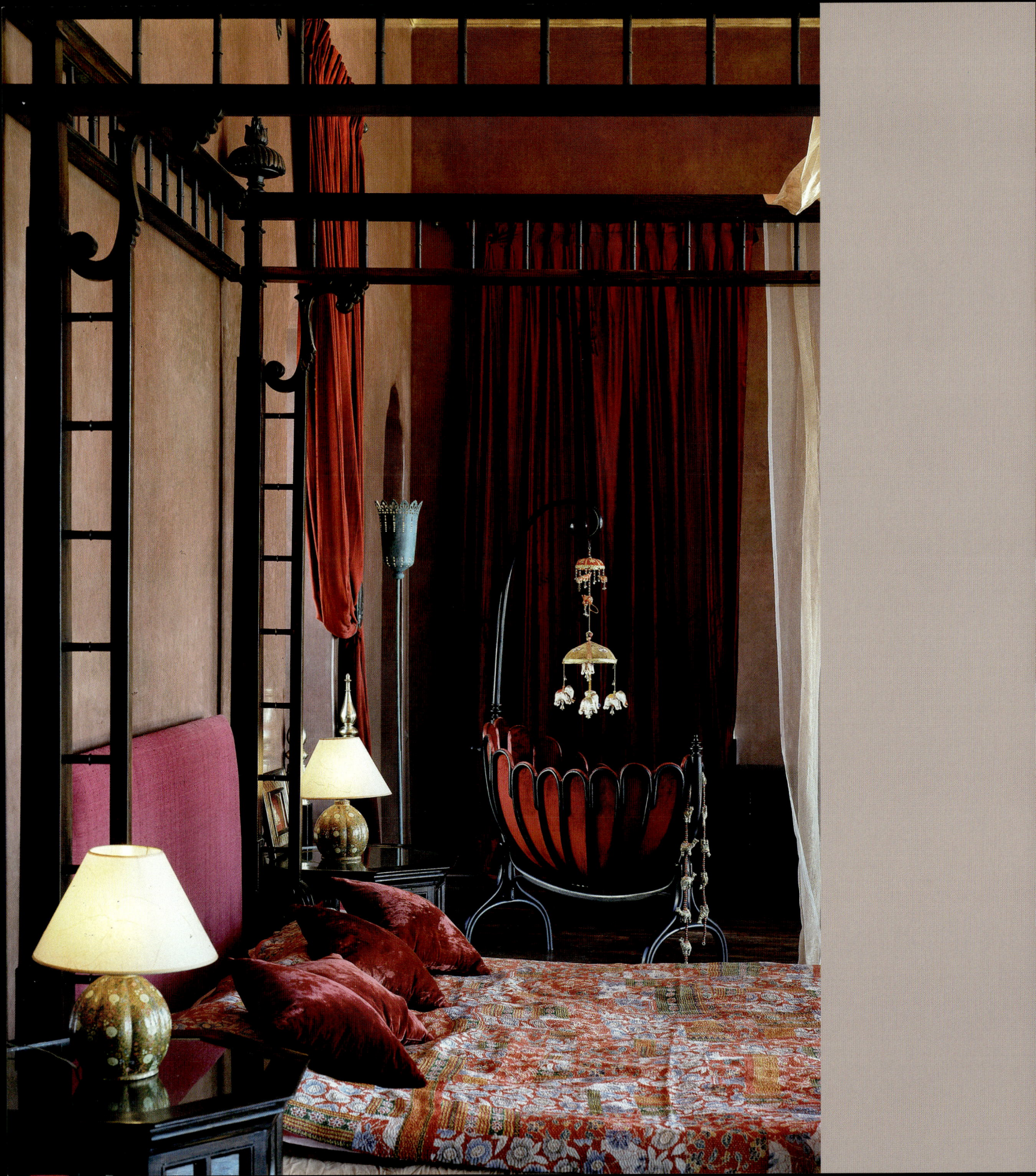

Gegenüberliegende Seite und oben: Das große Schlafzimmer mit dem Himmelbett aus geschnitztem Holz. Neben dem Bett steht eine hinreißende Wiege – sie gehörte einst dem Infanten Rajasthans und wurde bei einem Brüsseler Antiquitätenhändler gefunden – mit einem Mobile aus kleinen Elefanten. Die Hängeleuchte, die Arbeit eines Handwerkers aus dem Souk von Marrakesch – ist aus einer Goldlegierung angefertigt, der Teppich ein antikes Stück aus Persien.

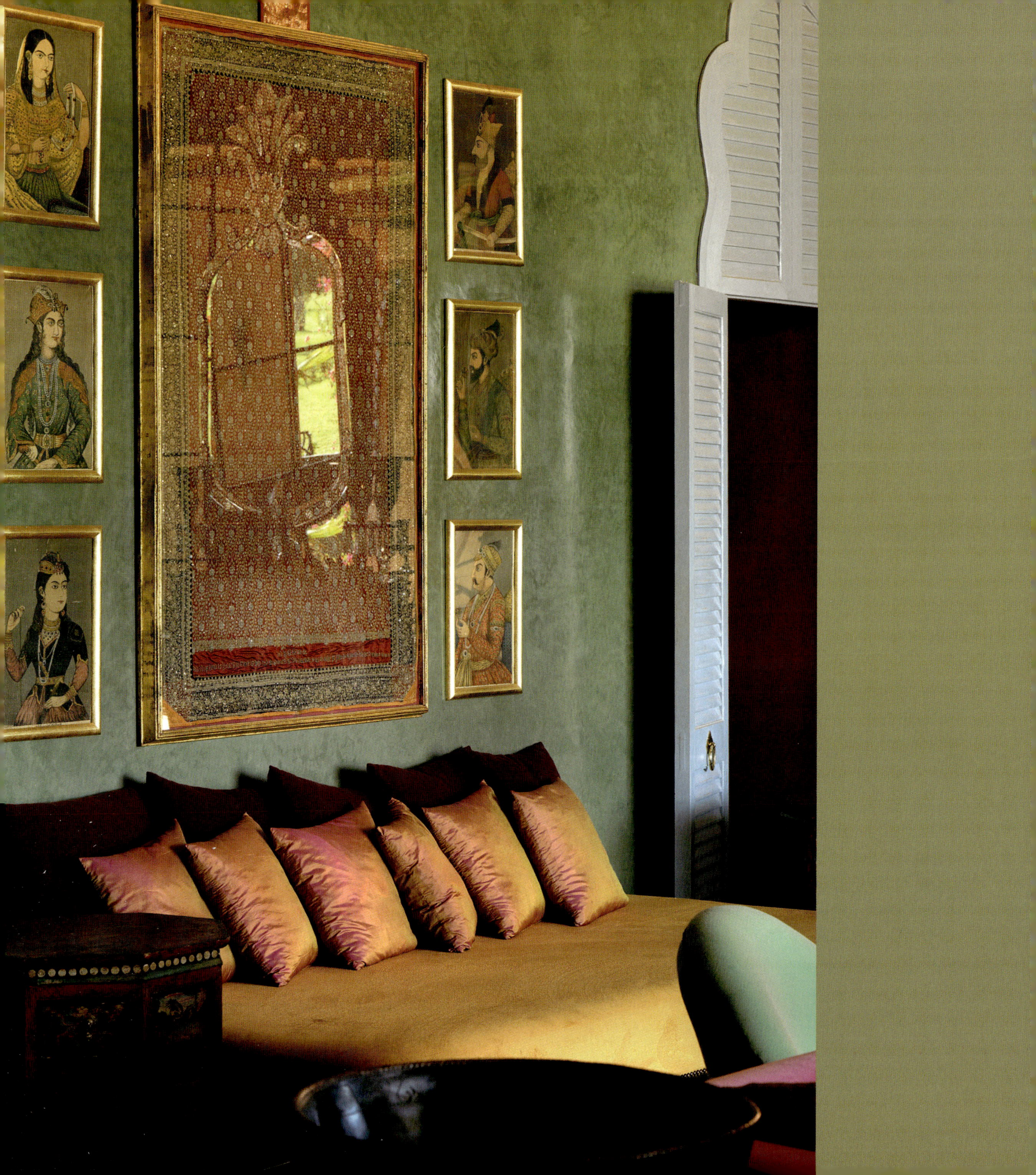

Gegenüberliegende Seite: Über dem großen Diwan im Lesezimmer prangt eine Sammlung von Porträts indischer Mogule und ihrer Frauen aus dem achtzehnten Jahrhundert.

Oben: Ein anderer Blickwinkel in das Lesezimmer.

Oben: Das Badezimmer, in dem prachtvoll gerahmte Spiegel – einer mit Intarsien, der andere geschnitzt und vergoldet – hängen. Sowohl die Badewanne als auch das Waschbecken wurden aus Carrara-Marmor angefertigt.

Gegenüberliegende Seite: Ein prunkvoller Umkleideraum mit einem Ruhebett im Zentrum, das von lokalen Handwerkern stammt.

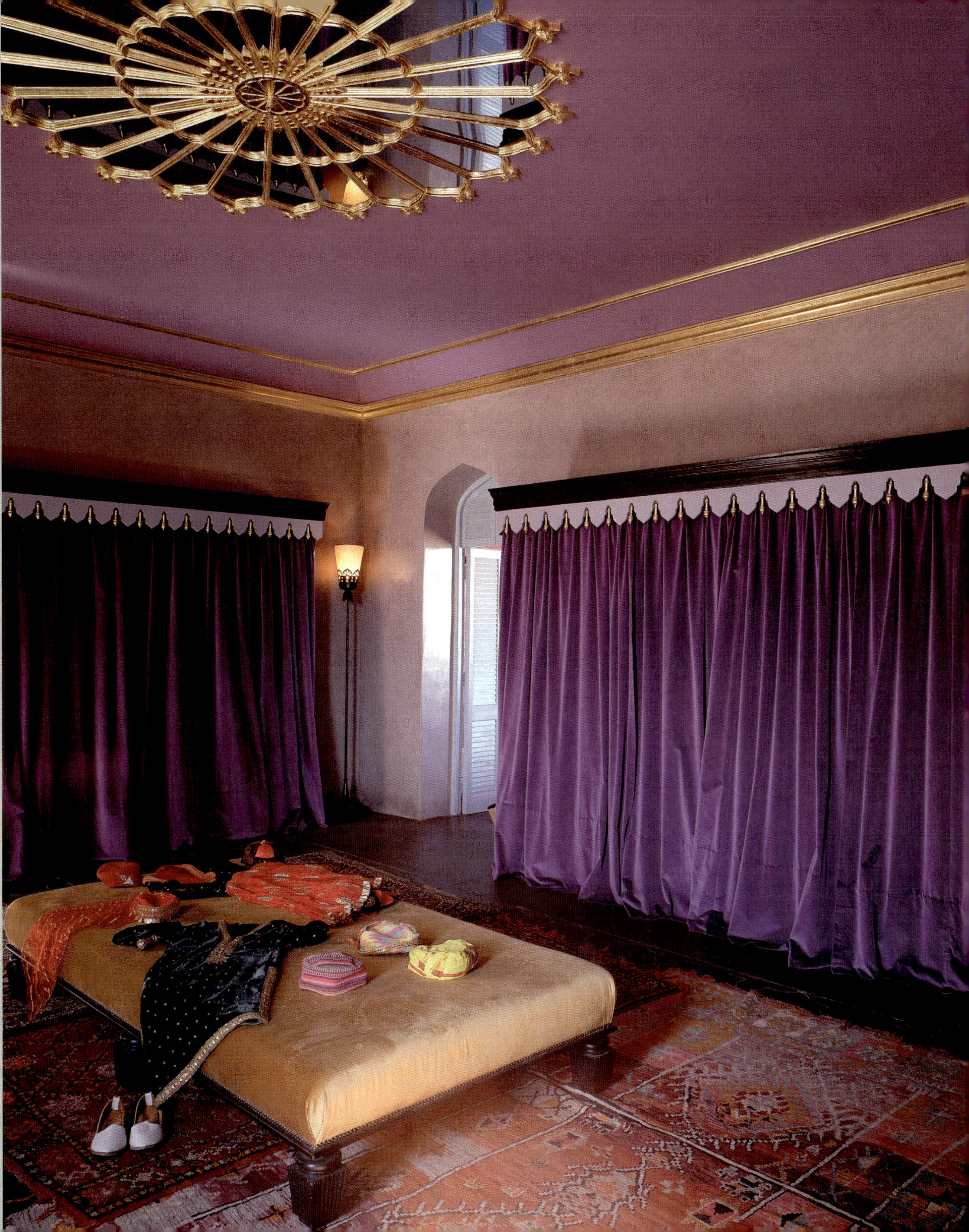

Interieur: Kirios Criton

KIRIOS CRITON

Athen > Griechenland

Grieche, Protagonist einer vitalen Kulturszene in Athen, Künstler, Kritiker, Schriftsteller und Innenarchitekt: Kirios Criton glüht förmlich vor Aktivität. Sein Haus in Athen ist sein perfektes Refugium, ein Kaleidoskop aus Gegensätzen und Anspielungen, in dem die Objekte wie allegorische Botschaften wirken. Hellenisches trifft hier auf Neobarockes und Poppiges – ein heiterer Eklektizismus, ironisch und sinnlich. Beispielhaft für sein Haus ist das Wohnzimmer, in dem antike Möbel neben Designstücken von Criton oder seinen Freunden – sie sind mit Leopardenstoffen und mit Damast be- oder mit Blattgold überzogen – und klassizistischen Statuetten von Stelios Triadis existieren.

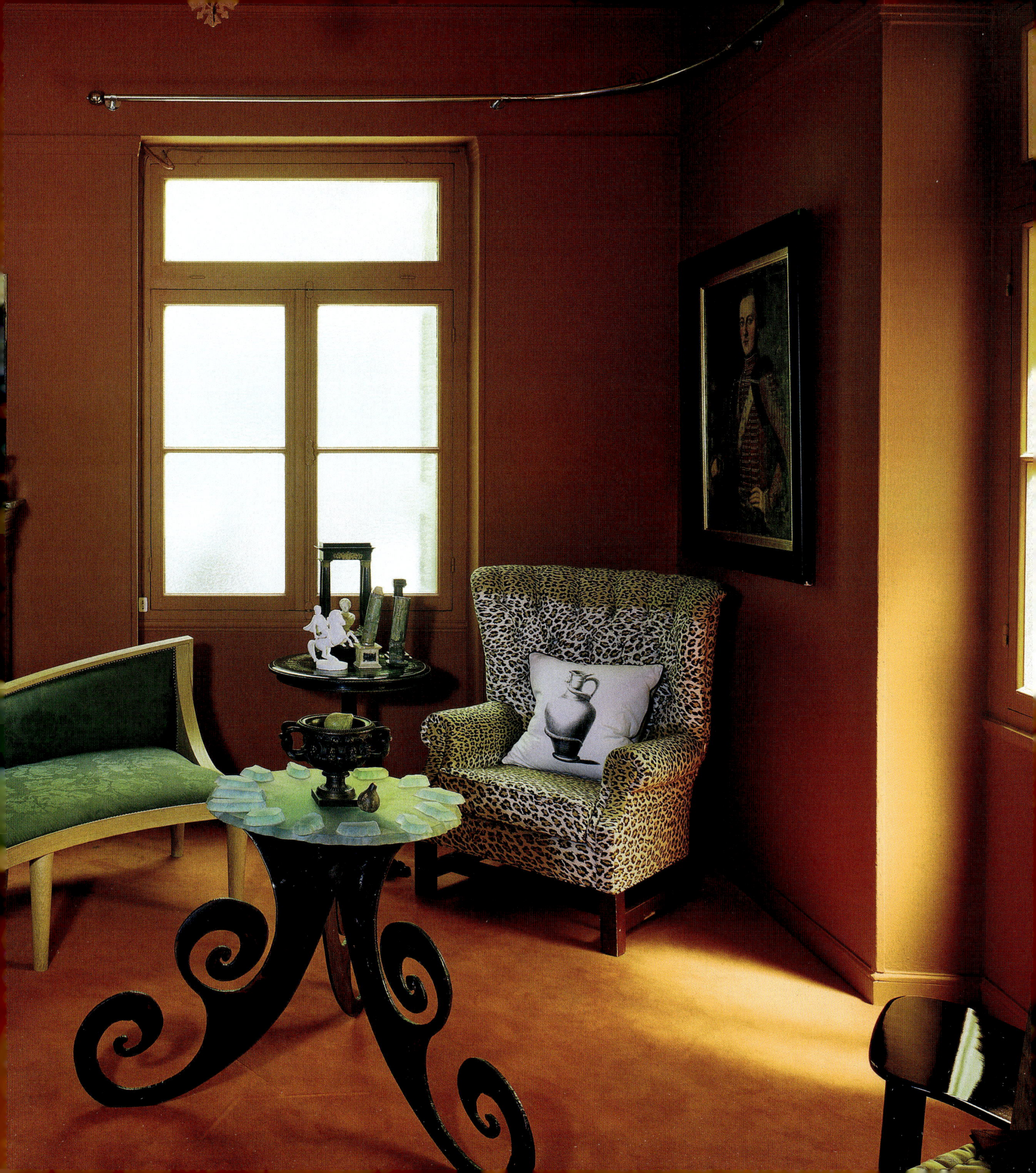

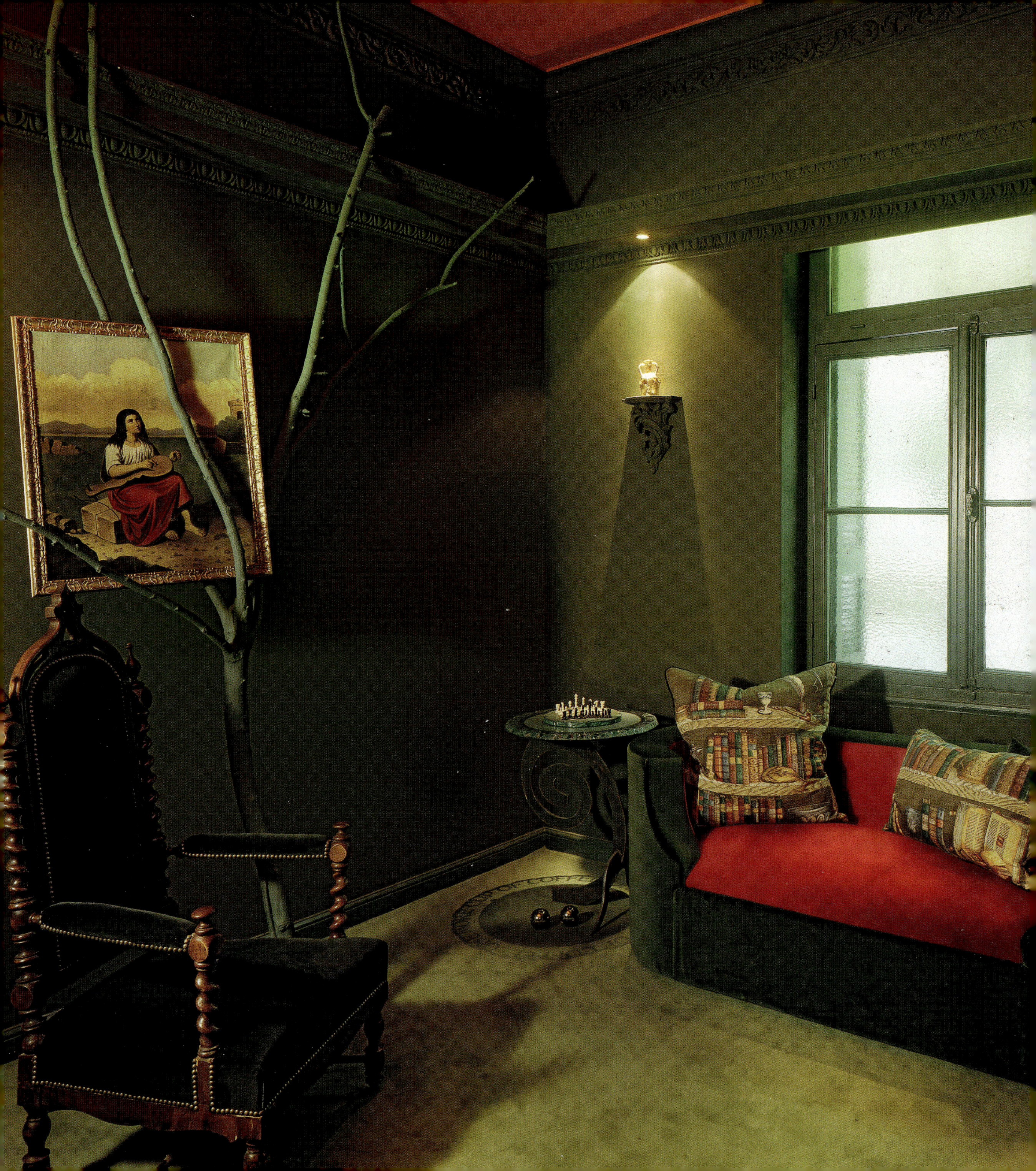

Oben: Ein Detail des Tischchens mit dem Schachbrett, dessen Oberfläche aus graviertem Kristall besteht und das man an der Armlehne des Sofas platziert hat.

Links: Das Wohnzimmer, dessen Verputz und Stuckarbeiten ein Spiel aus Grün- und Rottönen sind. Das neoklassizistische Bild an der Wand stellt eine Musikantin dar und hängt in den Ästen eines im Grün der Wände gestrichenen Baums.

Links: Hinter dem blau und grün gestrichenen Türrahmen befindet sich das Speisezimmer. Der Sessel im Hintergrund, mit der Rückenlehne in Form eines korinthischen Säulenkapitells (von Fornasetti), evoziert die klassische Welt.

Gegenüberliegende Seite: Das rechteckige Speisezimmer wird vom runden Tisch und dem ebenfalls runden Teppich, ein Design Critons, subtil in Bewegung gesetzt. Rechts im Hintergrund eine antike Säule, im Vordergrund rechts eine weitere Skulptur von Stelios Triadis.

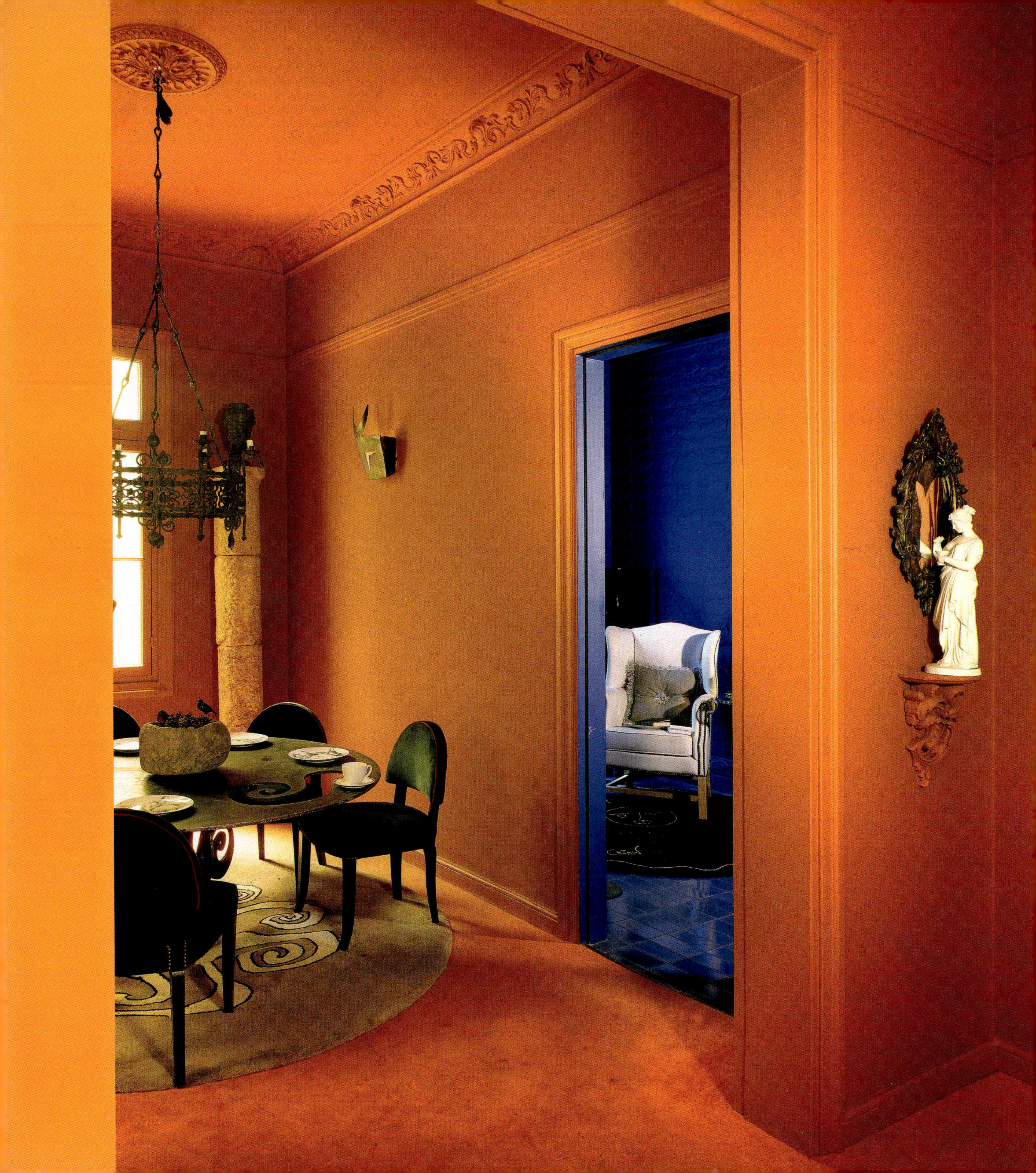

Architektur: Dana Nicholson

CHARLES COWLES

In Soho, jenem Teil Manhattans, wo sich Galerien für zeitgenössische Kunst mit extravaganten Boutiquen kommender Designer abwechseln, in einem Mietshaus aus den 1920er Jahren, befindet sich das feine Refugium Charles Cowles', ein besonders brillanter Exponent der New Yorker Kunstszene. Der Kunstsammler, der lange Zeit Kurator im Museum Moderner Kunst in Seattle gewesen ist, hat in New York eine Galerie eröffnet, die seinen Namen trägt und sich direkt neben seinem Appartement befindet. Das Loft, in das man mit einem Lastenaufzug gelangt, wurde von Dana Nicholson restauriert. Sie schuf einen einzigen weitläufigen Raum, in dem Wohnzimmer, Büro und Speisezimmer lediglich optisch mittels Säulen aus Holzpaneelen oder Wandelementen getrennt werden. Die Wände sind weiß gestrichen, um den Kunstwerken einen optimalen Hintergrund zu bieten.

Rechts: Eine massive Wand trennt hier den Wohnbereich vom Speisezimmer. Links im Vordergrund eine Skulptur von Manuel Neri; unter dem Gemälde von Matthew Weinstein ein seltenes japanisches Gefäß.

New York > New York City, USA

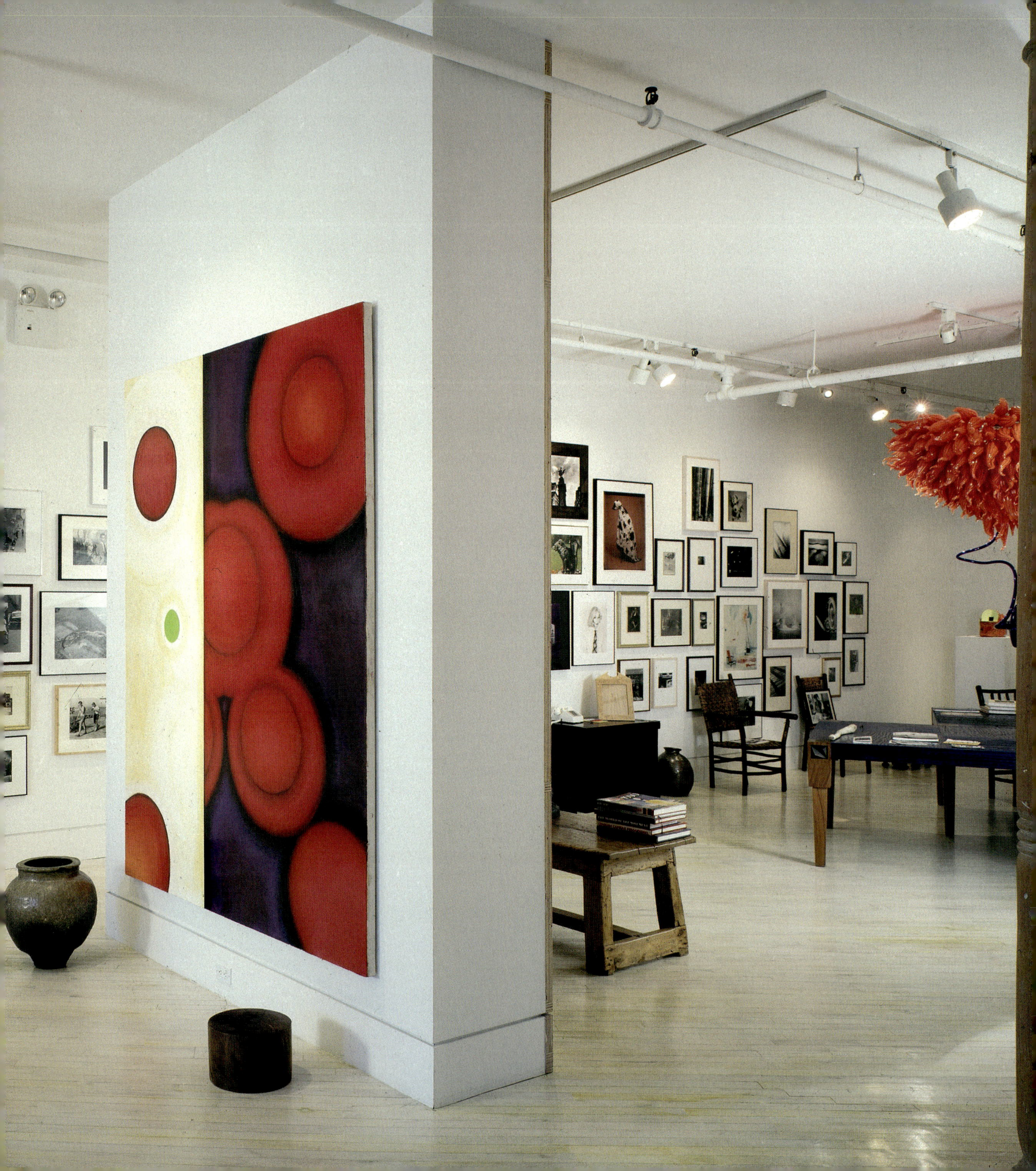

Oben: Im Wohnzimmer befinden sich diese Sessel aus der Zeit Ludwigs XVI., in die sich Cowles gerne zum Lesen zurückzieht. Hier dominiert – an der Wand rechts – ein Bild von Harry Kramer. Auf dem Glastisch zwischen den Bildbänden eine weitere Leidenschaft des Besitzers: ein Glasschädel von William Morris. Im Raum hinter den Säulen ist eine Wandskulptur von Charles Arnoldi zu sehen.

Gegenüberliegende Seite: In dieser bemerkenswerten Sammlung von Fotografien verschiedener Künstler finden sich auch Arbeiten von Robert Mapplethorpe.

Folgende Doppelseite: Im großen Ausstellungssaal organisiert ein alter Tisch aus dem Büro Charles Cowles' den Raum.

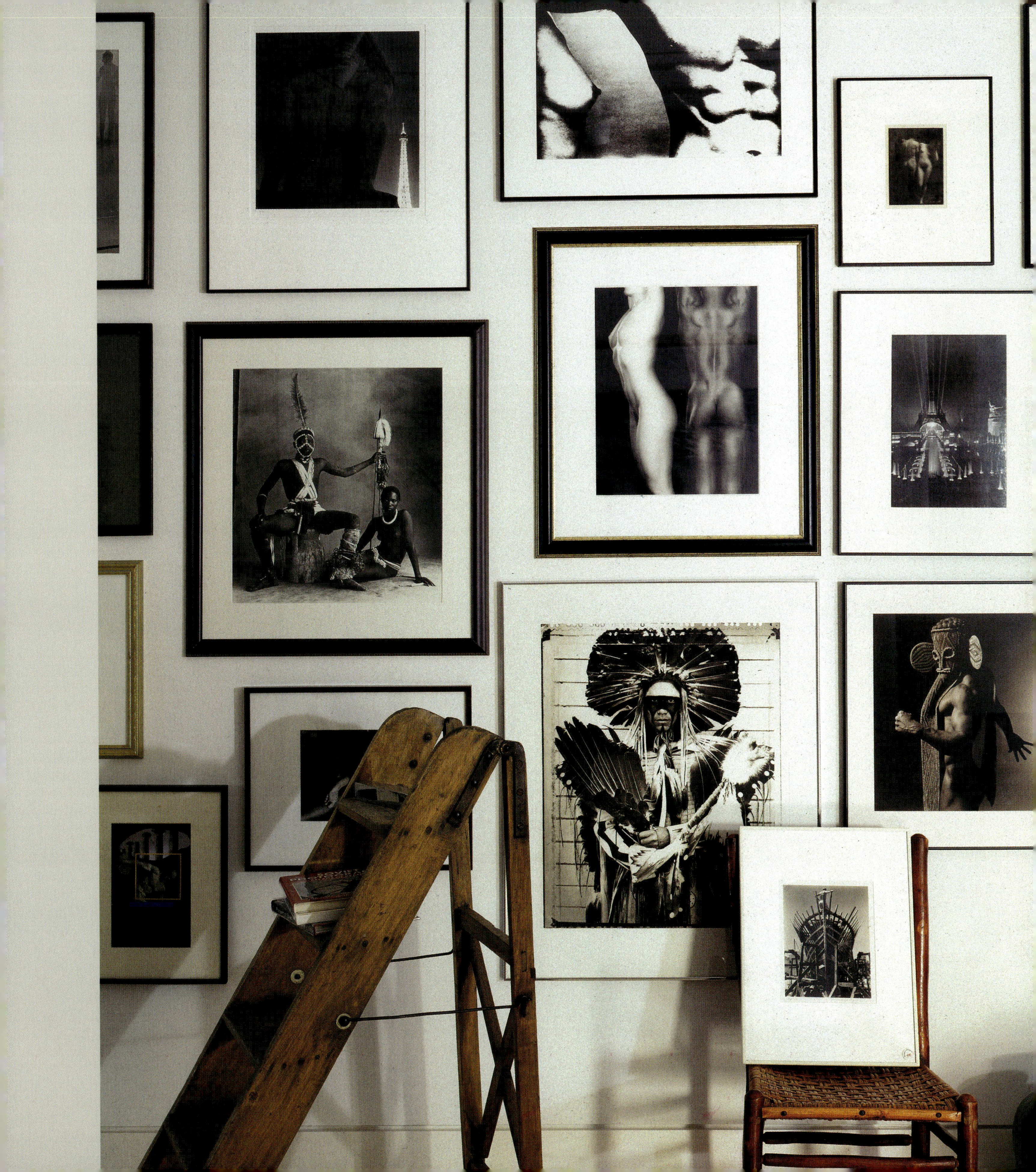

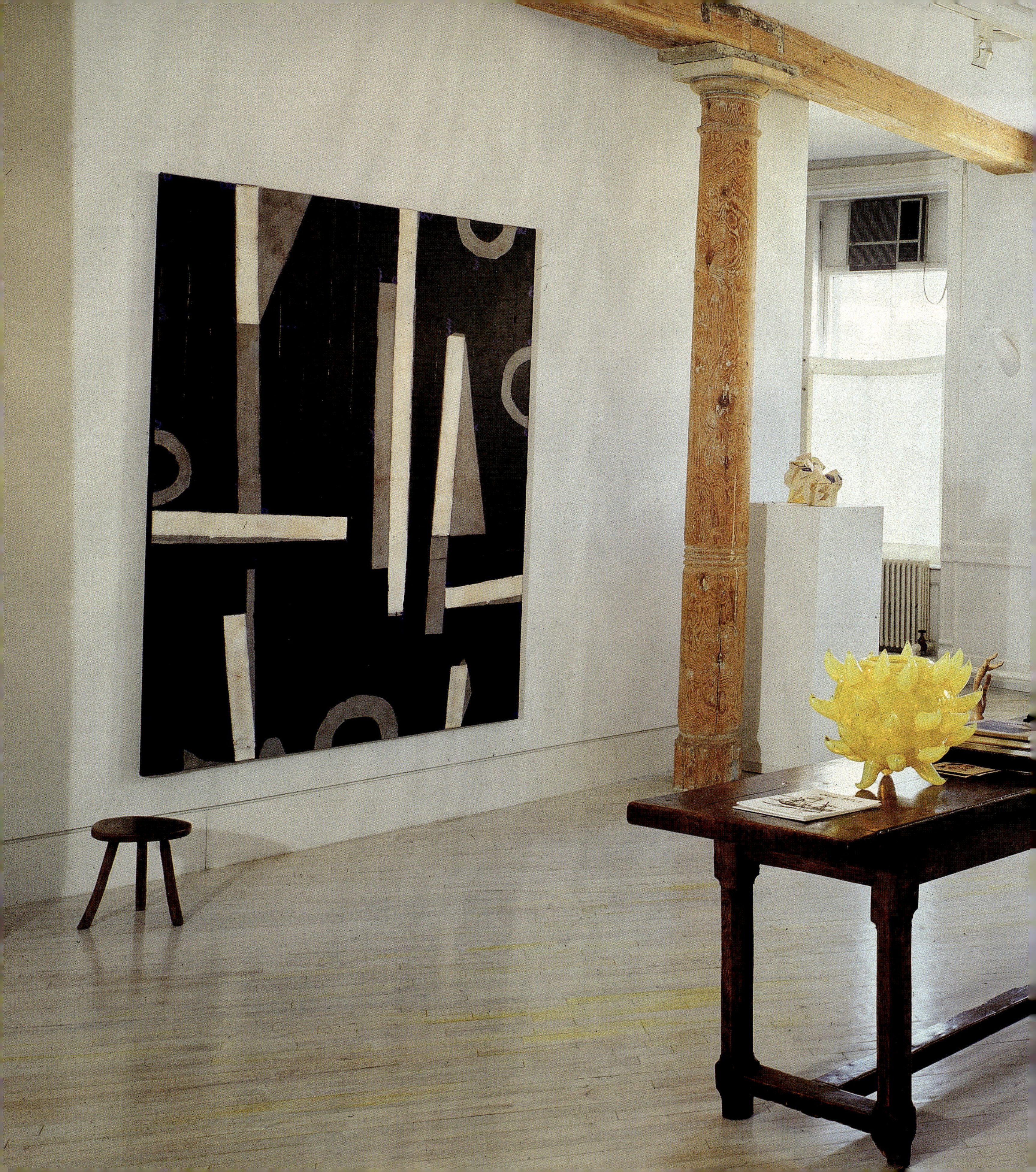

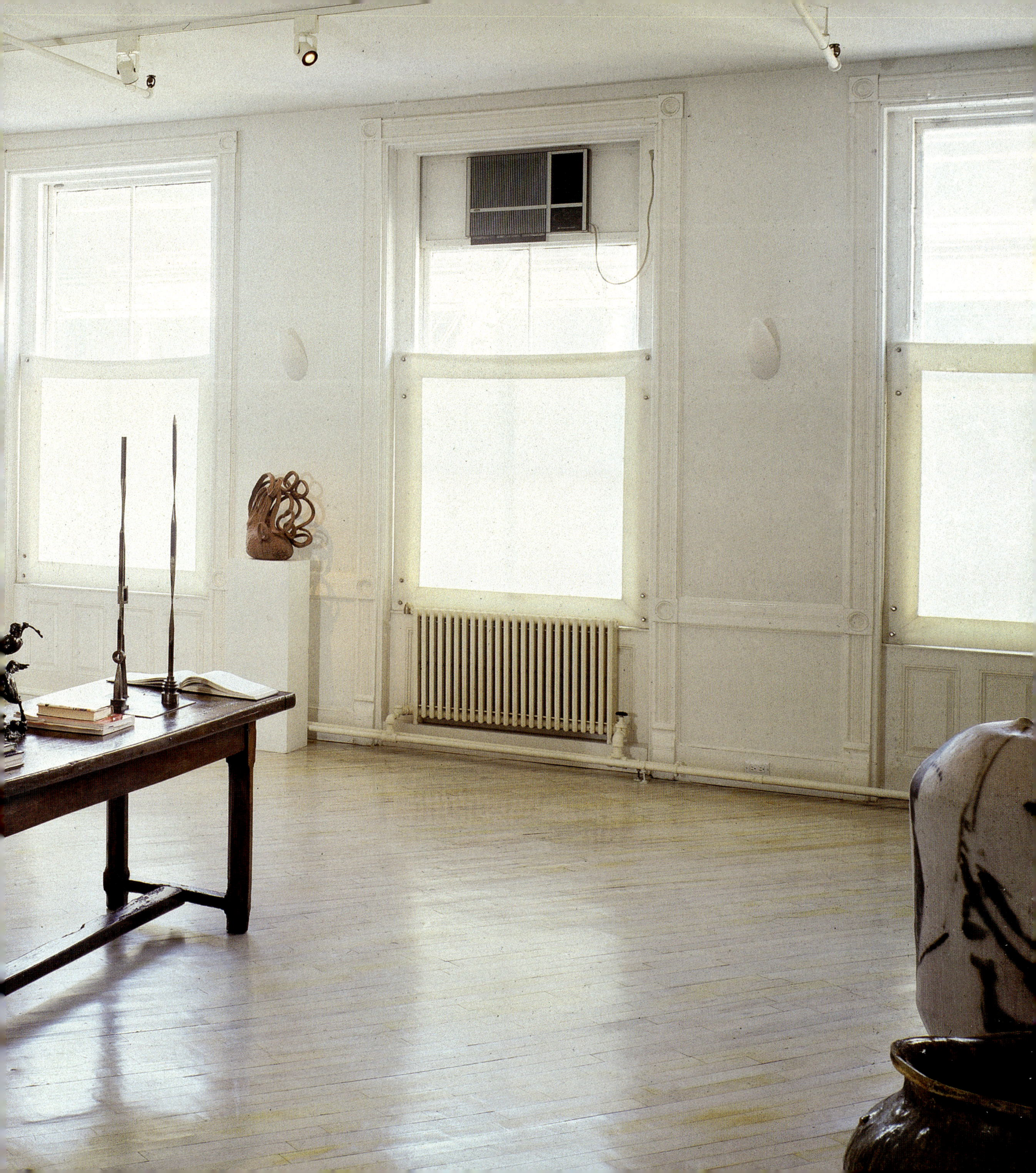

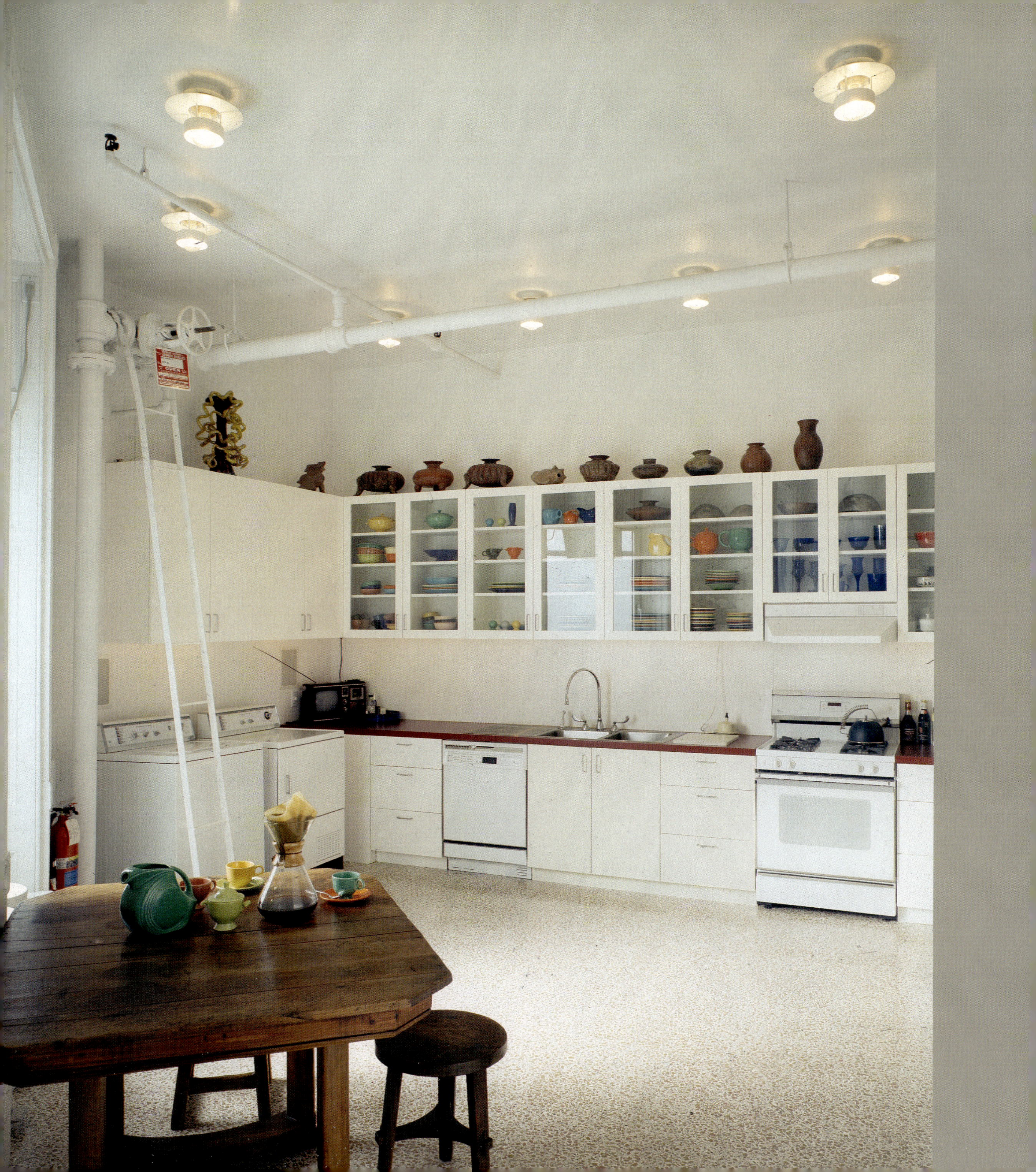

Oben: Eine Regalwand aus unbehandeltem Holz beherbergt eine imponierende Sammlung unterschiedlicher Gefäße diverser Provenienzen.

Gegenüberliegende Seite: Die Küche ist groß, funktionell und ganz in Weiß, ausgenommen der Tisch aus geöltem Holz.

ROBERTO CAVALLI

Interieur: Marianna Gagliardi

In der Villa des Designers Roberto Cavalli regiert eine unkomplizierte Üppigkeit, die sich wunderbar zur freigeistigen, kühnen, sprühenden und temperamentvollen Persönlichkeit des Besitzers fügt. Innerhalb des Hauses, das sich einmal spritzig, dann wieder ruhig präsentiert, ist von Zimmer zu Zimmer eine ungewöhnliche Sammlung von Bizarrerien ausgebreitet, die einer Wunderkammer alle Ehre machten: goldene Hintergründe, sakrale Holzskulpturen, antiker Marmor, Grisaillen, orientalische Gemälde, japanische Bronzen und Gefäße aus Satsuma sowie Pferde (ital.: *cavalli!*) in jeglicher Form. Marianna Gagliardi brachte es fertig, dem Ganzen ein Flair der Vollkommenheit zu verleihen, jedem Ambiente eine präzise Thematik zuzuordnen, ohne dabei den substanziellen Charakter des Hauses zu verletzen, der sich in schöner Freiwilligkeit mit den Interventionen verbindet. Der Entspannung dienen zwei Neukreationen: Einerseits wurde im ehemaligen Gewächshaus ein Pool mit Fitnessbereich installiert, andererseits richtete sie ein Türkisches Bad mit geradezu avantgardistischer Technik ein.

Oben: Den Wintergarten schmücken Rattanmöbel aus den 1920er Jahren und as Gemälde *Der Vogelverkäufer* von Giacomo Francesco Todeschini (18. Jh.).
Rechts: Der zentrale mittelalterliche Turm der Villa verbirgt sich in einem üppigen romantischen Garten.

Florenz > Italien

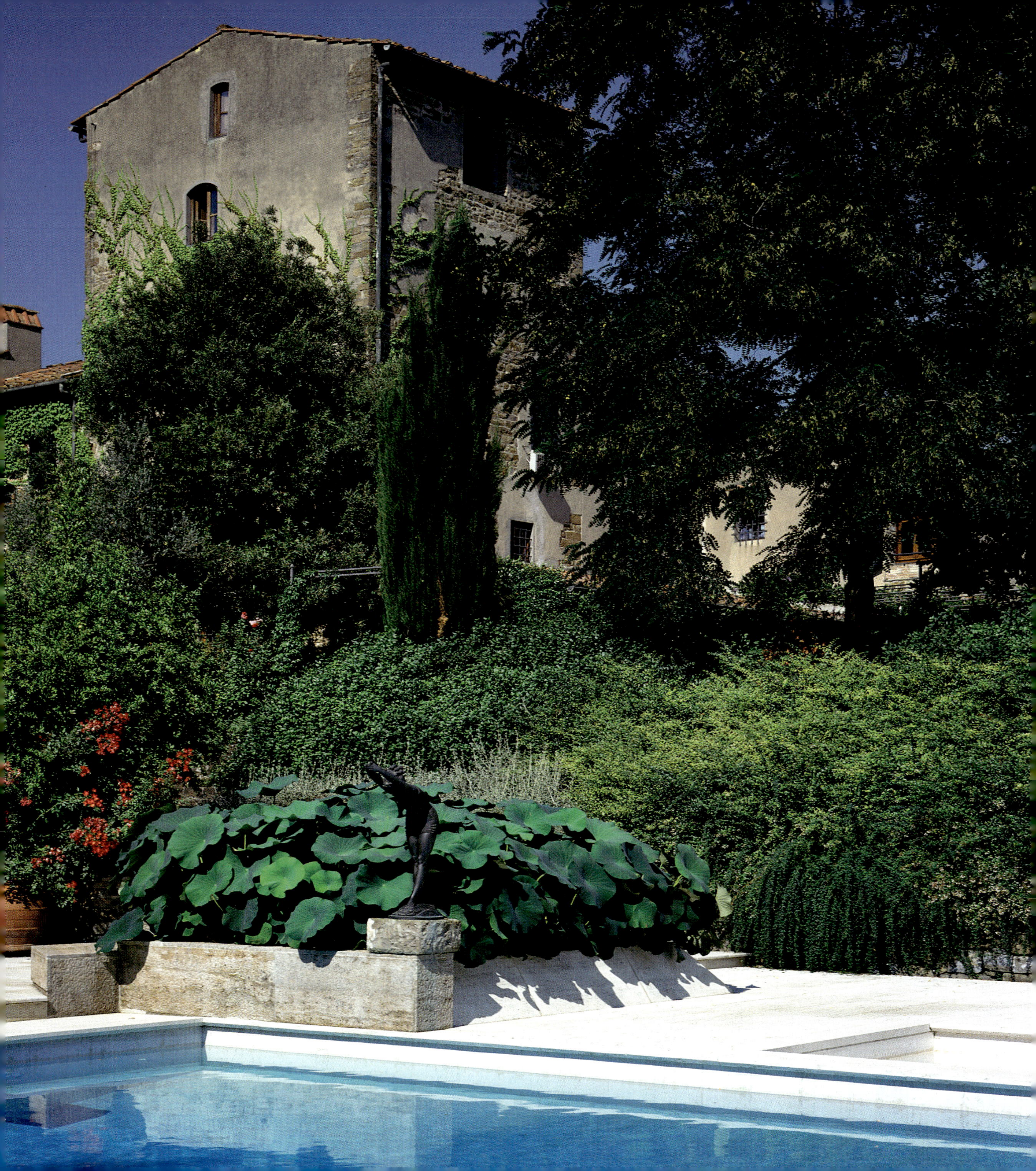

Oben links und rechts: Im Wohnraum im Turm befindet sich diese Madonna mit Kind aus dem sechzehnten Jahrhundert. Die Holzskulptur entstammt der toskanischen Schule. Unter dem goldenen Tafelbild aus dem fünfzehnten Jahrhundert ein toskanischer Stuhl aus Nussholz (17. Jh.). Die Récamière und das Zebrafell stehen in reizvollem Kontrast zu den puren Steinwänden.

Gegenüberliegende Seite: Der Eingang zum Turm.

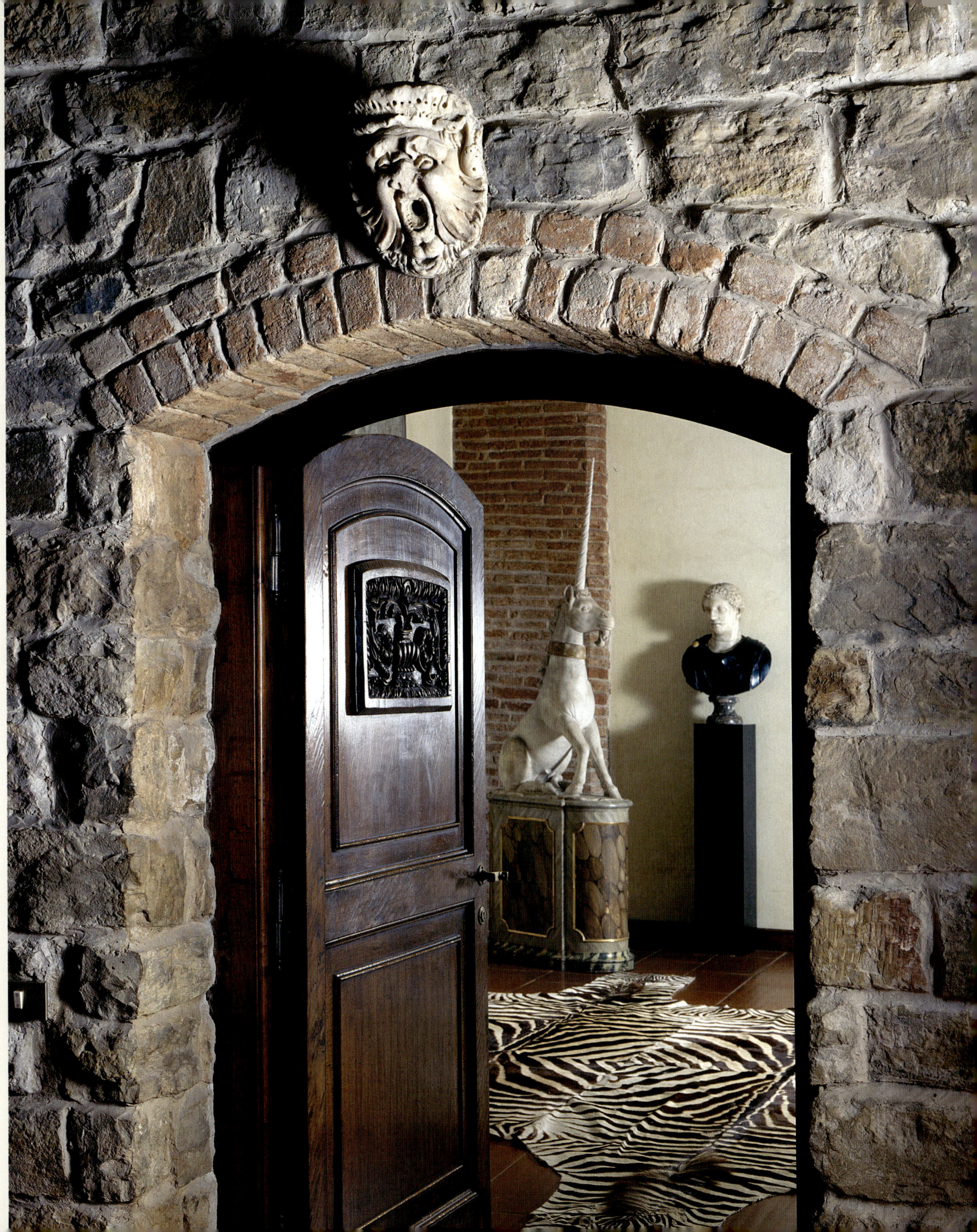

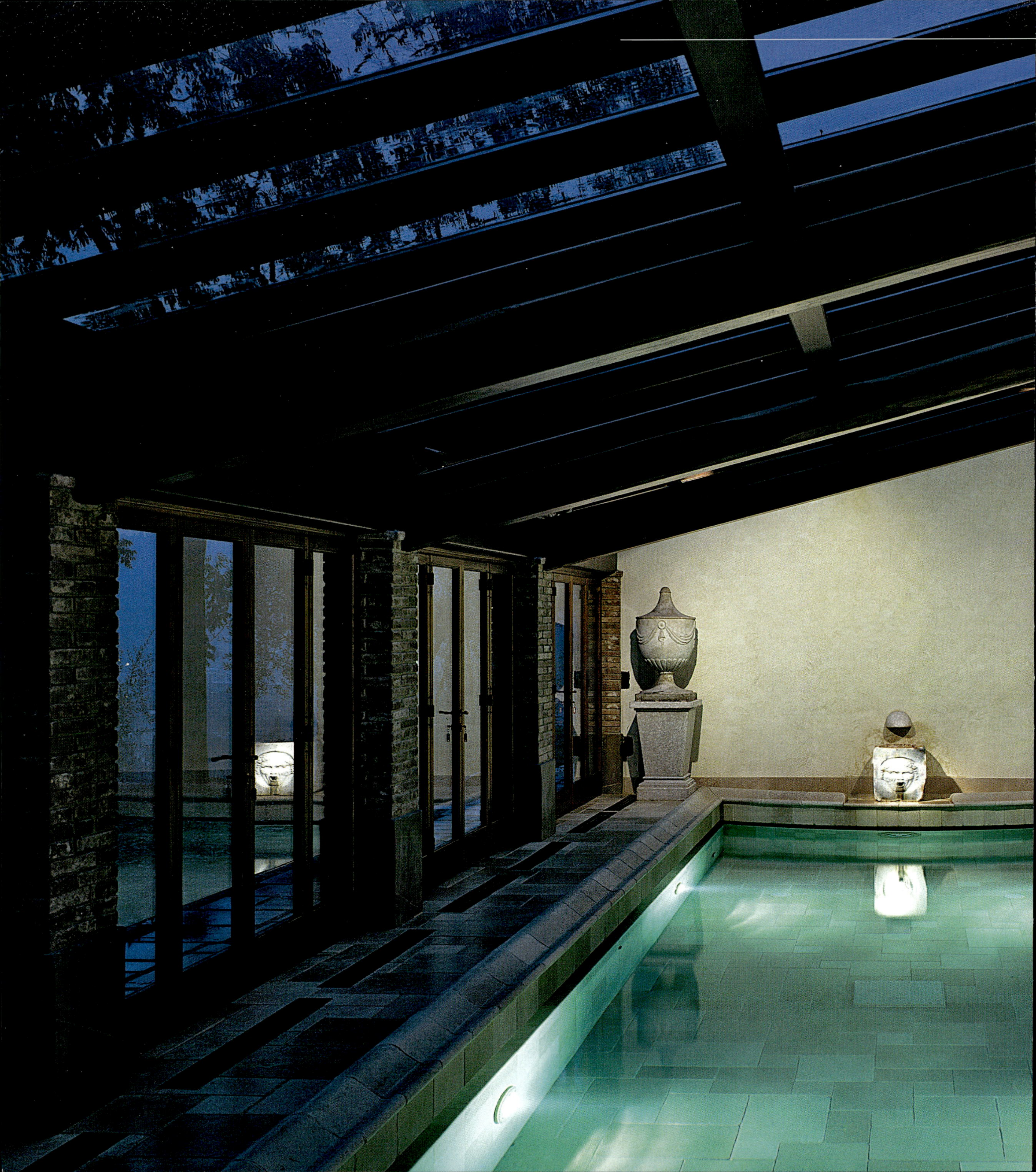

Oben: Das Gefäß mit den Kerzen ist dazu angetan, beim Indoor-Pool eine besondere Atmosphäre zu schaffen.

Links: Der überdachte Pool mit dem antiken Steinfußboden und den neoklassizistischen Urnen.

Oben und rechts: Das Türkische Bad. Hinter den dekorativen Marmorbeschlägen an der Wand verbirgt sich die Computersteuerung für die Thalassotherapie. In der Nische rechts steht ein aus dem siebzehnten Jahrhundert stammendes großes Medaillon aus Marmor.

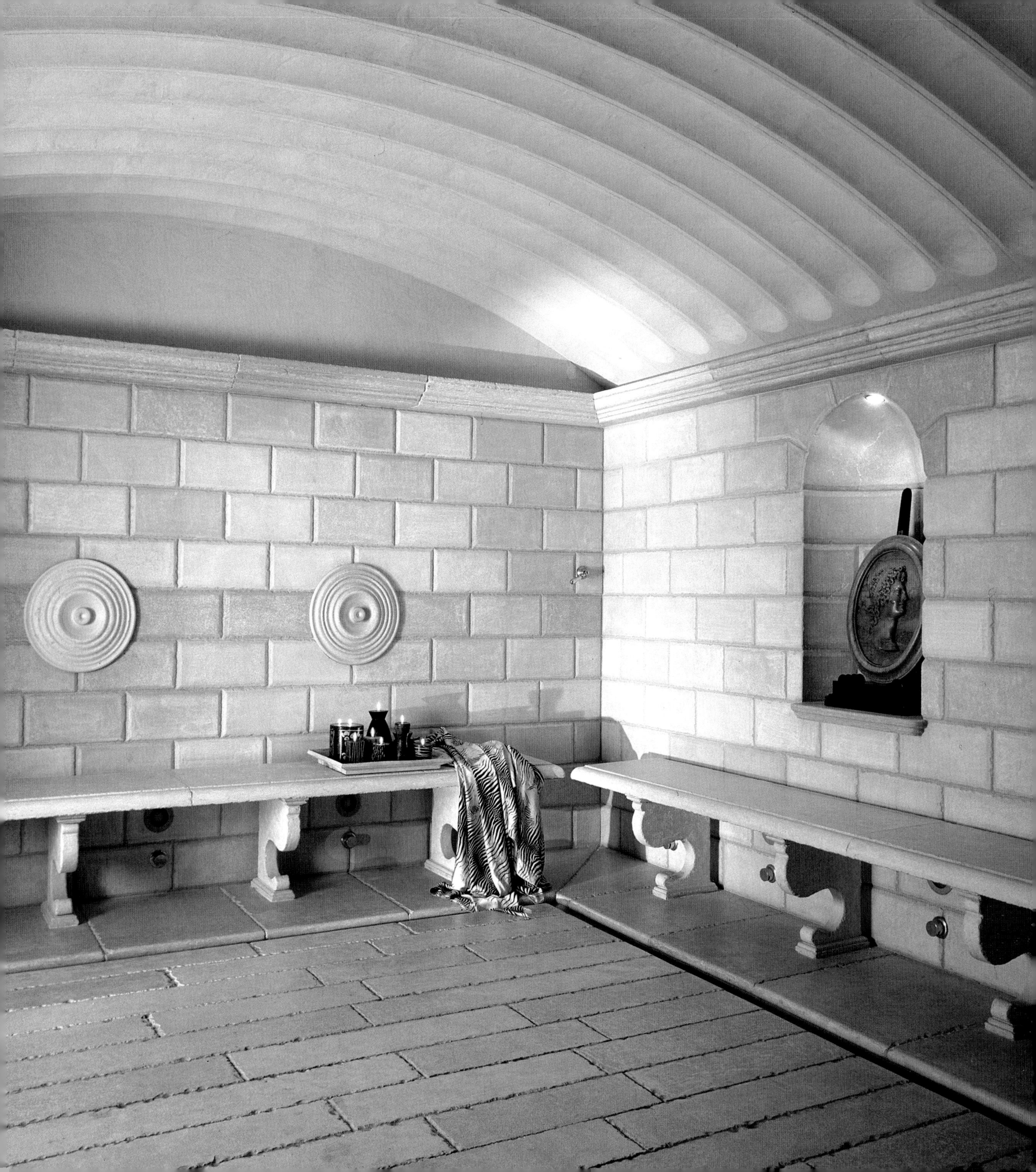

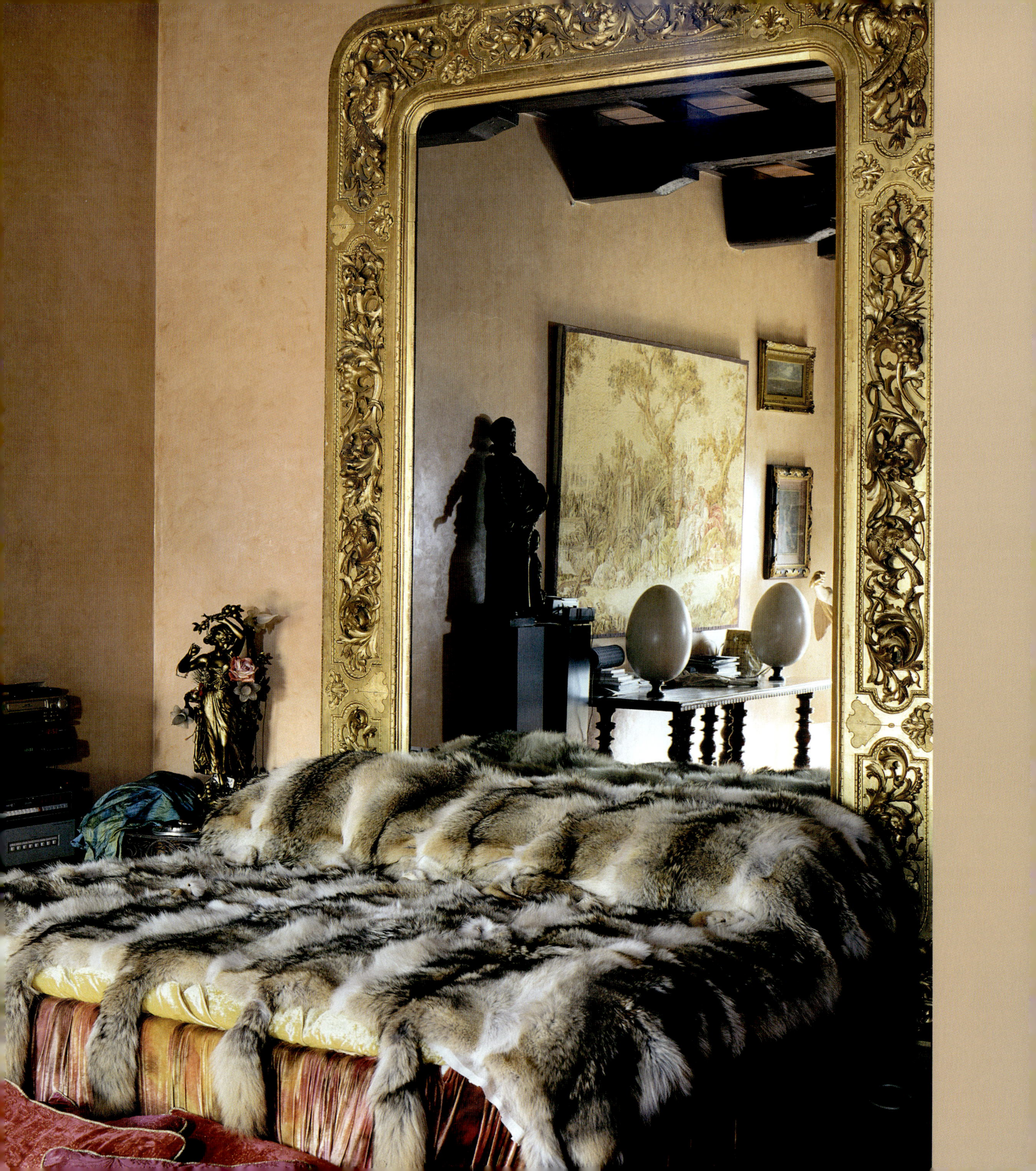

Oben: Links und rechts der Voliere aus dem neunzehnten Jahrhundert ruhen französische Steinsphingen (18. Jh.).

Gegenüberliegende Seite: Im Schlafzimmer des Hausbesitzers beherrscht Gold die Szene.

Folgende Doppelseite: Die ehemalige Loggia wurde verglast und dient heute als Wohnraum. Links und rechts des Marmorkamins aus dem sechzehnten Jahrhundert befindet sich ein Paar Einhörner aus Sandstein. Links auf dem Tisch aus den 1920er Jahren – zwischen zwei Narwalzähnen – kostbares Glas von Gallé, Lötz und Daum. Links an der Wand ein Gemälde von Giovanni Boldini. Die Teppiche stammen von visione.

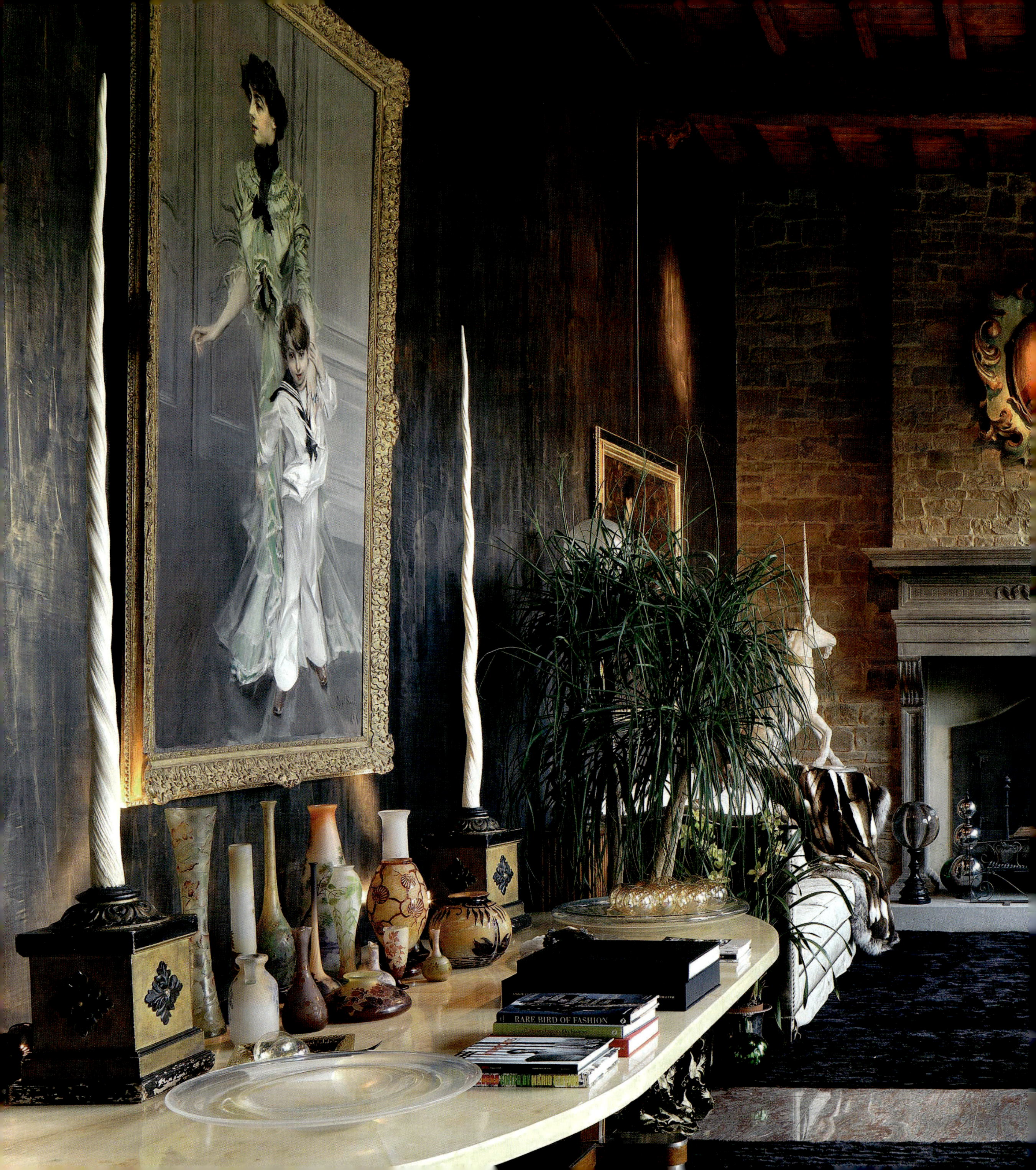
RARE BIRD OF FASHION
On Fashion
BY MARIO

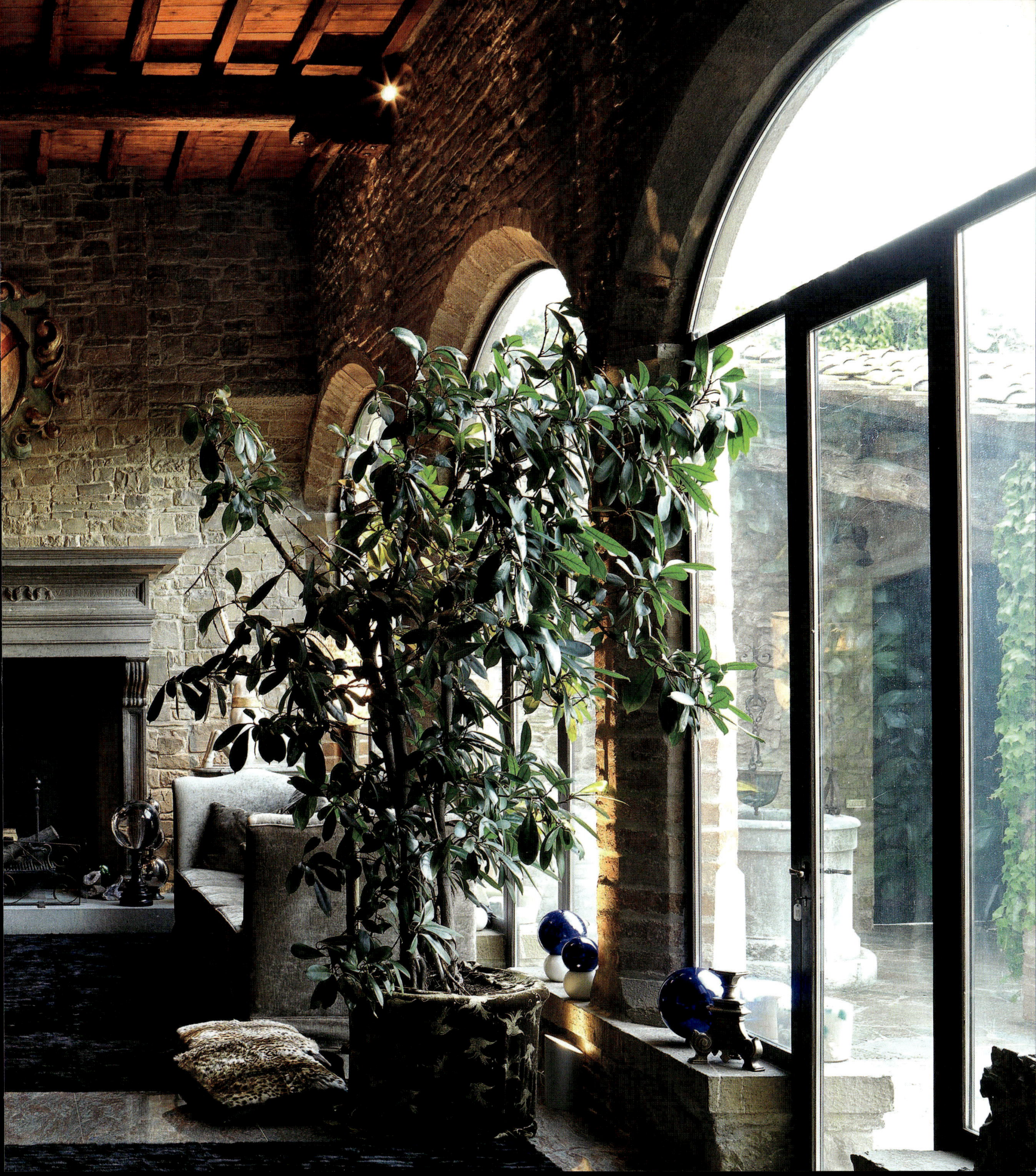

Interieur: Alberto Del Biondi
und Tiberio Cerato

CHALET IN CORTINA D'AMPEZZO

Ausgesprochen ungewöhnlich präsentiert sich dieses Chalet in Cortina, ist es doch weit entfernt von der bekannten Ikonografie alpiner Architektur. Und doch atmet in den Räumen alles die kühle Luft des Gebirges, was vor allem daran liegt, dass sich die großen Glasflächen ohne optische Barriere zur Landschaft der Dolomiten hin öffnen. Sämtliche Materialen für das Haus und seine Einrichtung – geschaffen von Alberto Del Biondi und Tiberio Cerato – stammen aus der Region, was die Kontinuität zwischen drinnen und draußen zusätzlich unterstreicht: Stein, duftendes Fichtenholz und die für die Täler der Gegend typische *Lana cotta* (ein Walkstrickstoff).

Rechts: Im Wohnzimmer dominiert Fichtenholz, mit dem hier die Wände und die Decke verkleidet sind. Ausgenommen die Schaffellkissen wurde hier ausschließlich *Lana cotta* verwendet. Die riesigen Fensterflächen umrahmen einen Ausschnitt der umgebenden Winterlandschaft, die so zum sublimen Abbild ihrer selbst wird.

Cortina > Italien

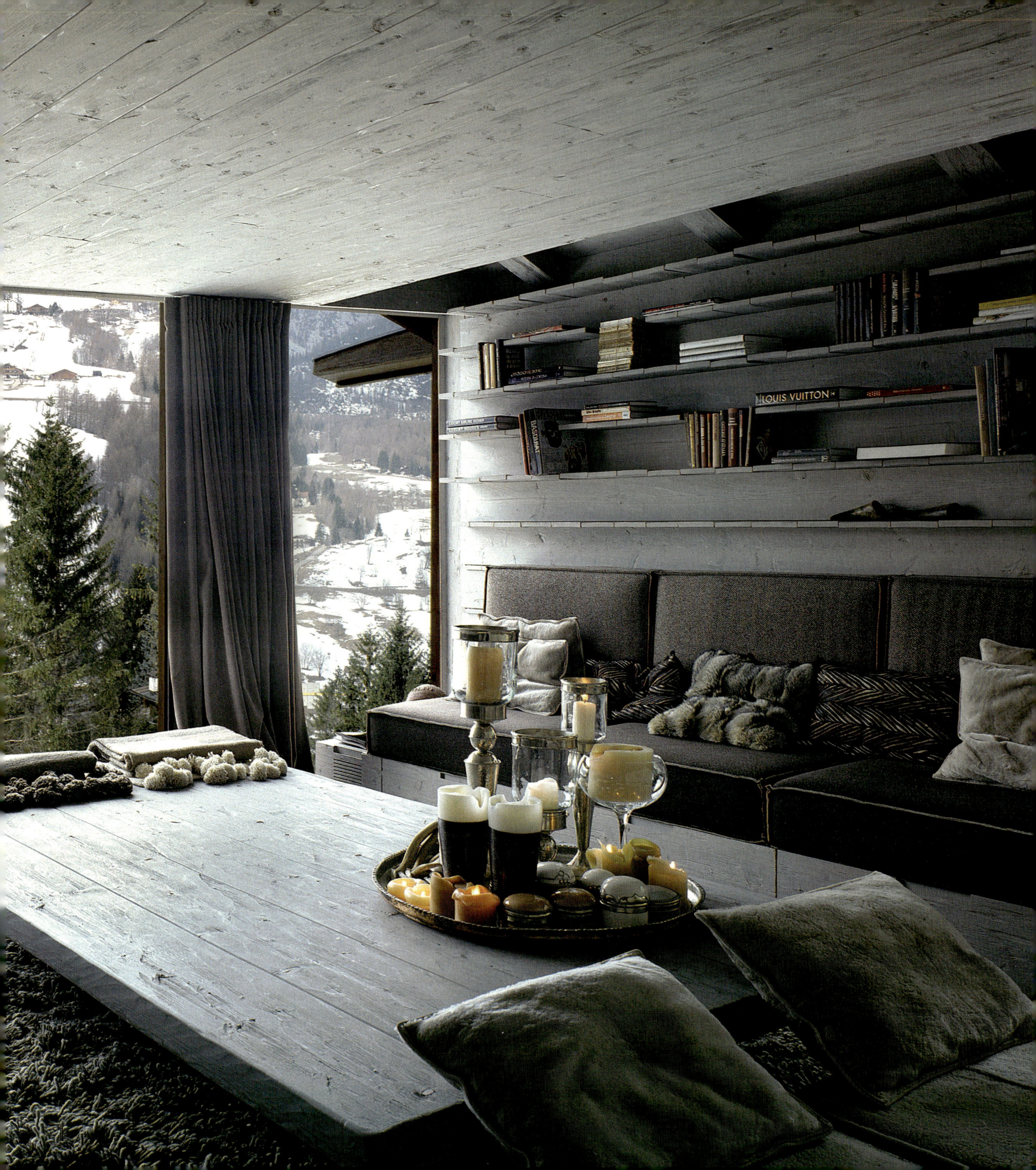
LOUIS VUITTON

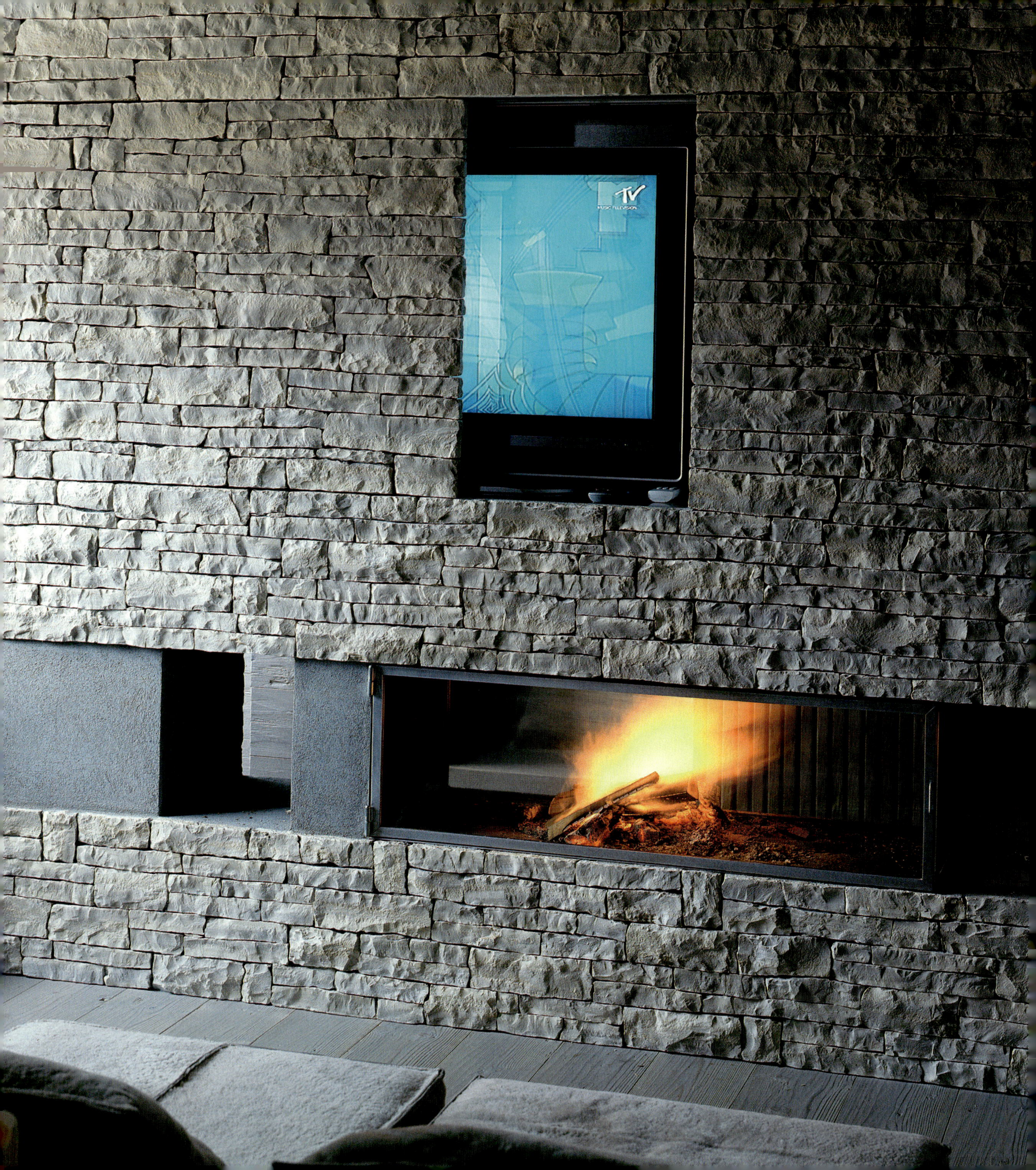

Gegenüberliegende Seite: Eingeschnitten in die Wand aus lokalem Naturstein wurde der Kamin. Verborgen wird darüber das Fernsehgerät: Damit nichts den Anblick dieser Steinwand stört, wurde auch die Schiebetür vor dem Bildschirm mit Naturstein verkleidet.

Rechts oben: Ganz aus Holz ist auch das Speisezimmer. Über dem Esstisch aus geölter Fichte hängt eine Deckenlampe, die aus einem Hirschgeweih angefertigt wurde.

Rechts unten: Zum auffälligen grafischen Motiv wird das Kaminholz, das man in einer Wandnische lagert.

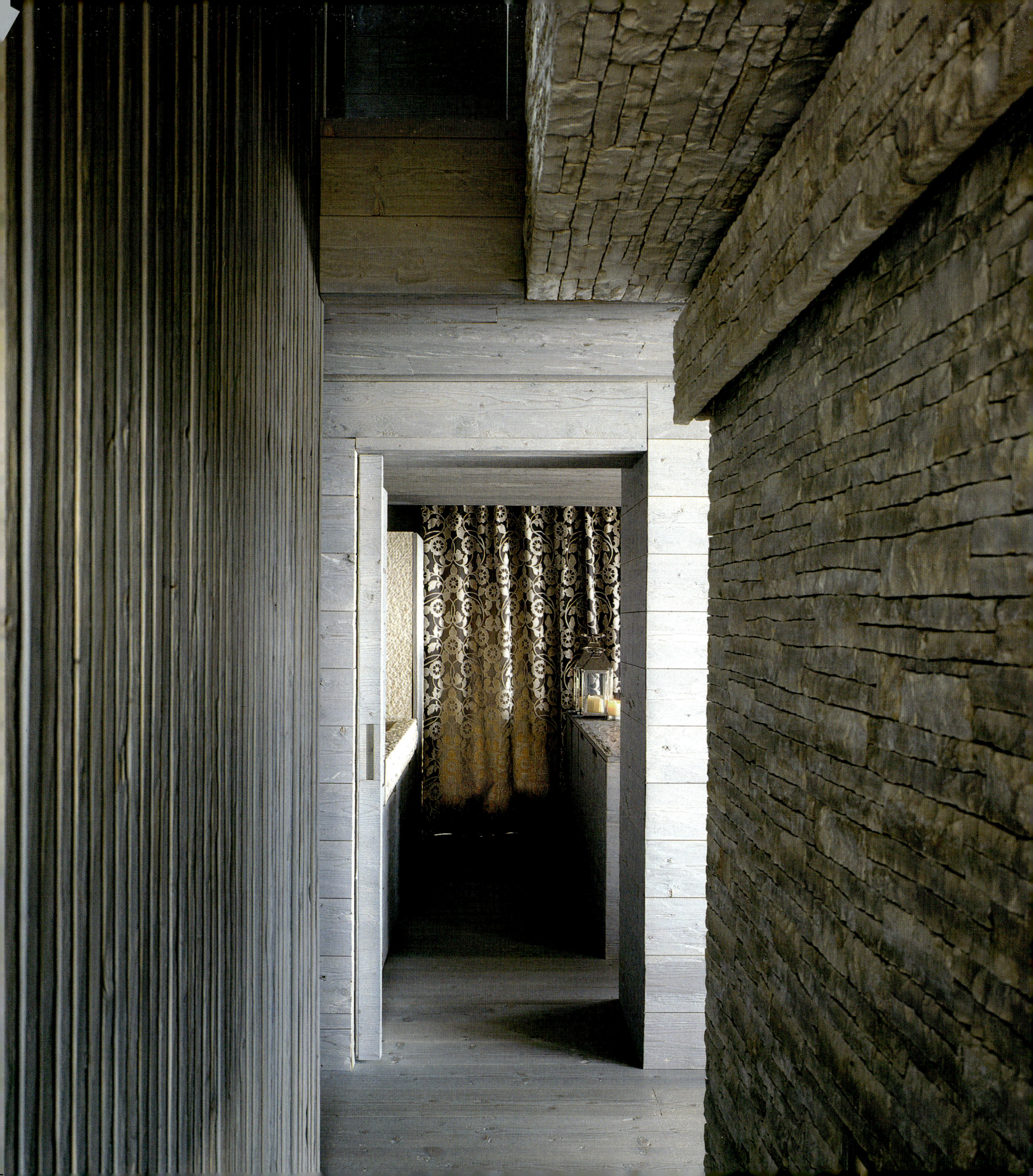

Gegenüberliegende Seite: Charakteristisch für die Innenarchitektur dieses Hauses sind – unterstrichen durch unerwartete Durchblicke und Schiebetüren – die fließenden Übergänge zwischen den Räumen.

Rechts oben: Das Spülbecken und die Armaturen (*Cut* von Boffi) in der Küche sind in einen einzigen Steinblock eingelassen, auf dem sich auch der Herd von Alpes Inox befindet. Aus französischer Produktion stammt der Brokatvorhang, der die Küche abschließt.

Rechts unten: Auf dem Zinntablett auf dem Esstisch liegen drei Ochsenhörner.

Folgende Doppelseite: Am Kamin im Wohnraum.

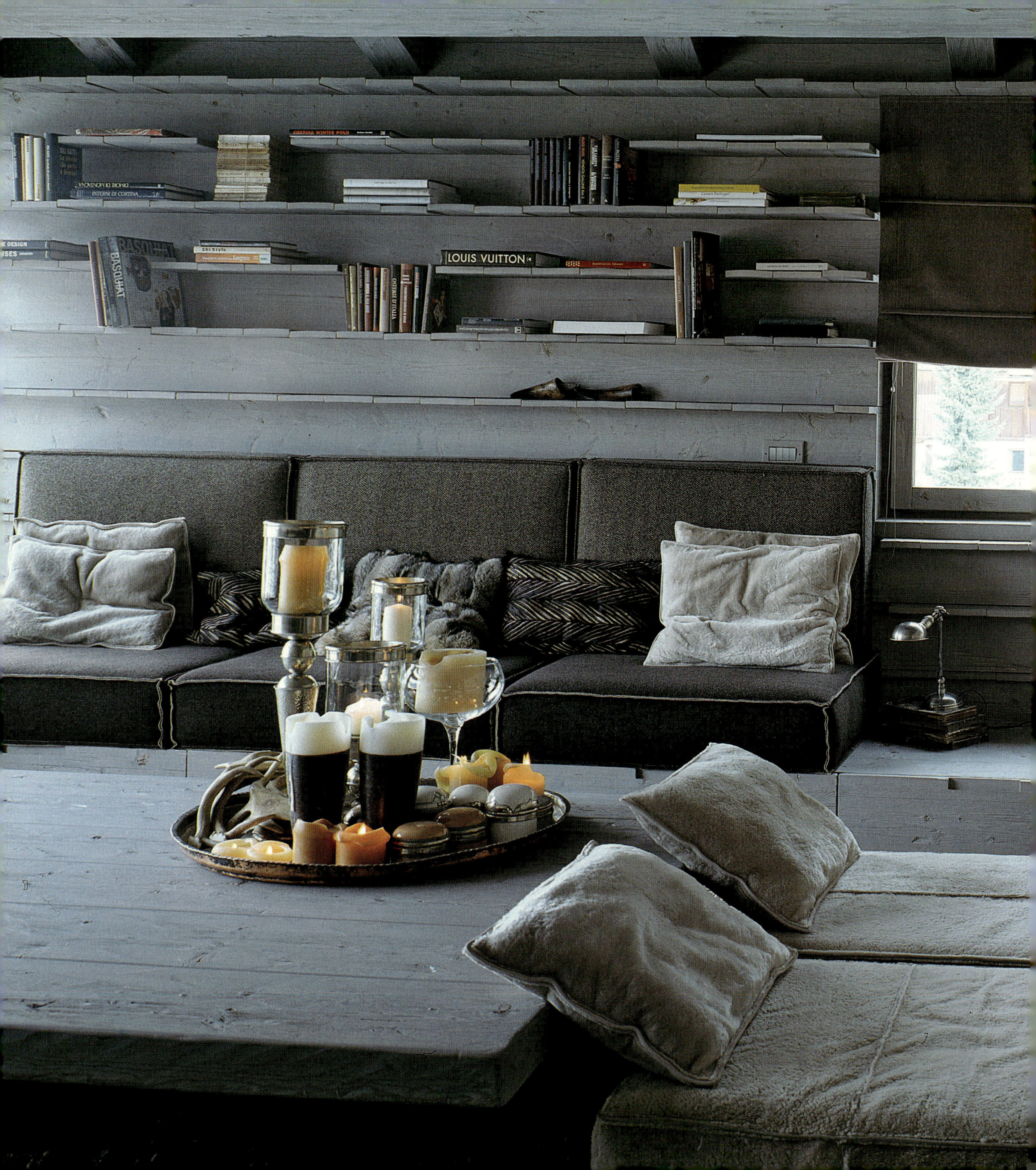
LOUIS VUITTON

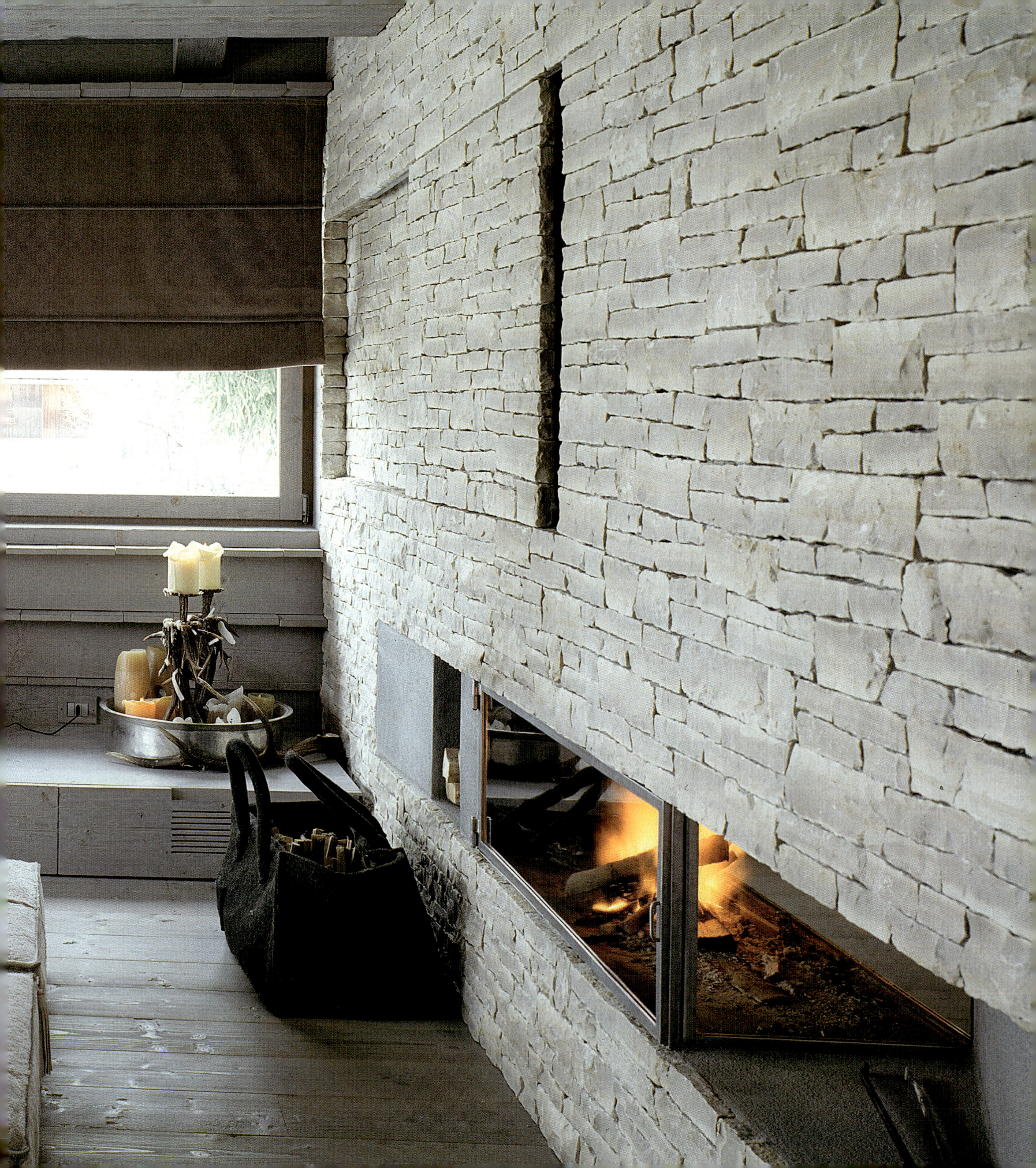

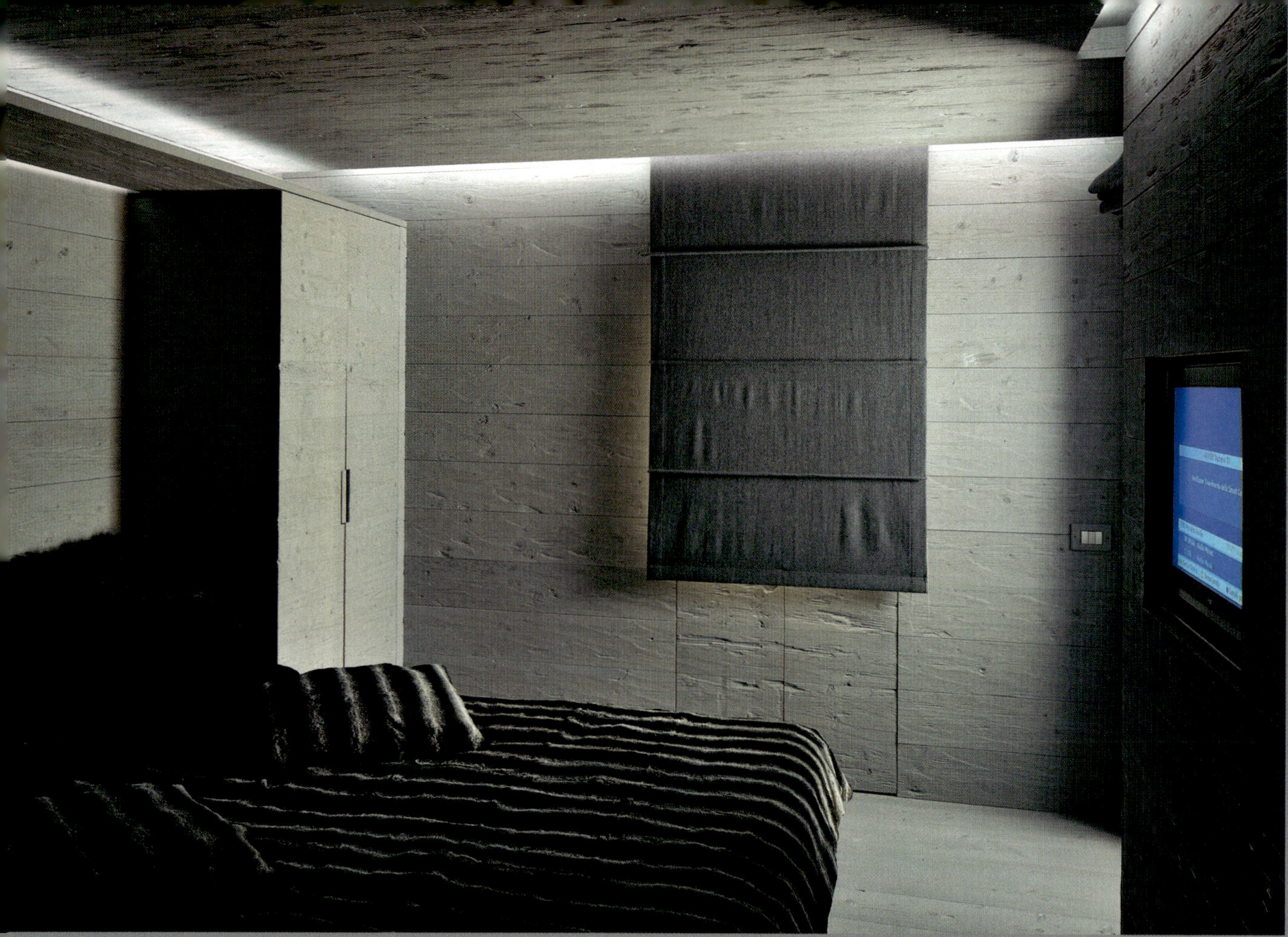

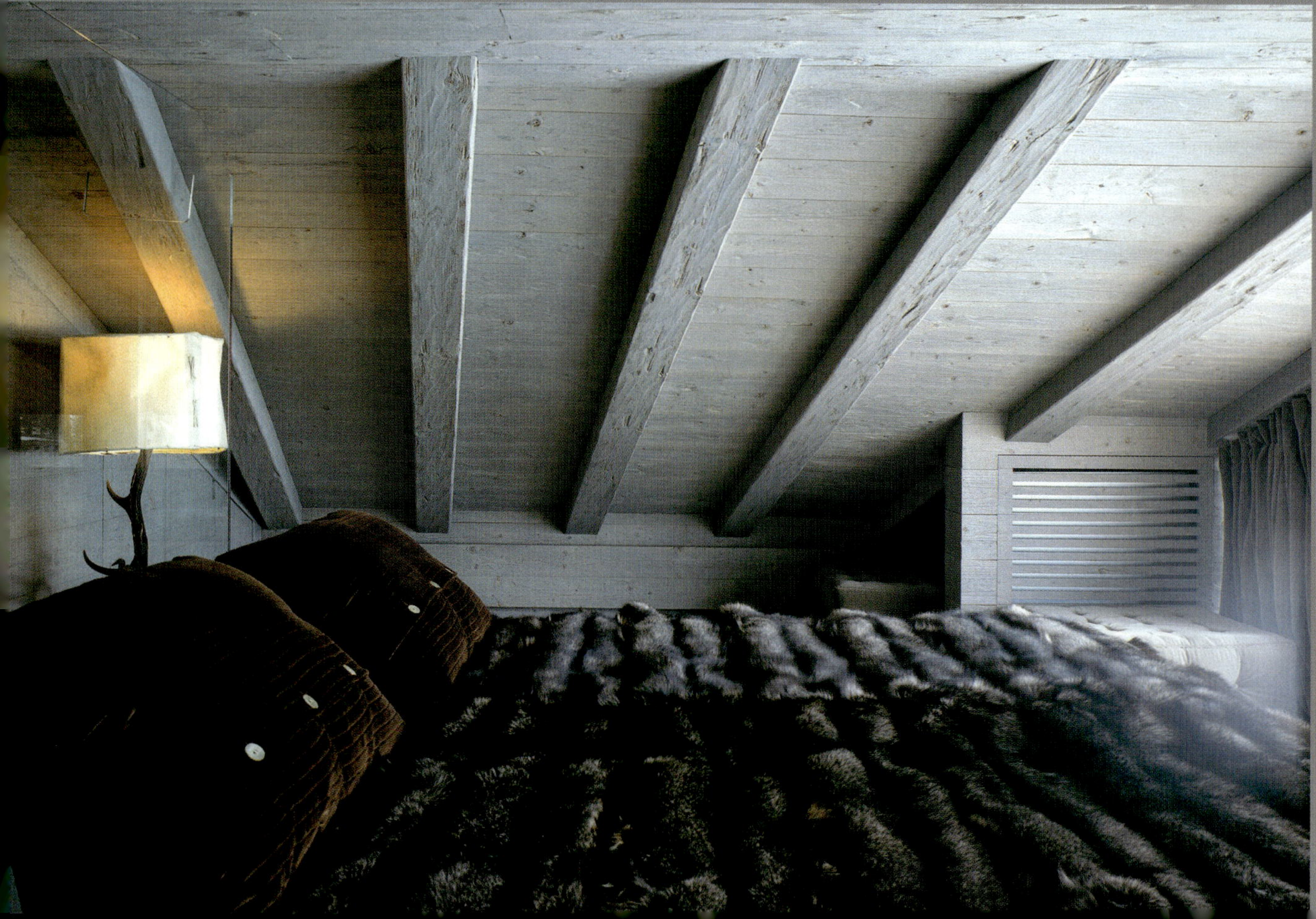

Gegenüberliegende Seite: Ein Gästeschlafzimmer (oben) und das Schlafzimmer des Besitzers (unten) mit schräger Decke und dem Bett, auf dem eine Fuchsfelldecke sowie Kissen aus Schaf- und Gamsfell liegen.

Rechts: Eines der Gästezimmer, das sehr schlicht aus Fichtenholz konstruiert wurde. Handgemacht sind die Bezüge aus Mohairwolle mit den Hornknöpfen.

Careyes > Mexiko

VILLA TIGRE DEL MAR

Wie eine mittelalterliche Burg erscheint die mexikanische Villa Gianfranco Brignones, deren Türme von der Costa Careyes (der Schildkrötenküste) auf den Pazifik blicken. Und tatsächlich handelt es sich bei diesem Haus um eine Art Schutzburg, um in aller Ruhe die Natur zu bewundern, die wie eingerahmt von den Fenstern rundum zu sehen ist, um in einem botanischen Garten Heilpflanzen zu ziehen, um zwischen Palmen und anderen für die Region typischen Pflanzen, fern des Alltagswahnsinns, leben zu können.

Rechts: Die Villa mit ihren Türmen und dem kleinen botanischen Garten mit den Heilpflanzen.

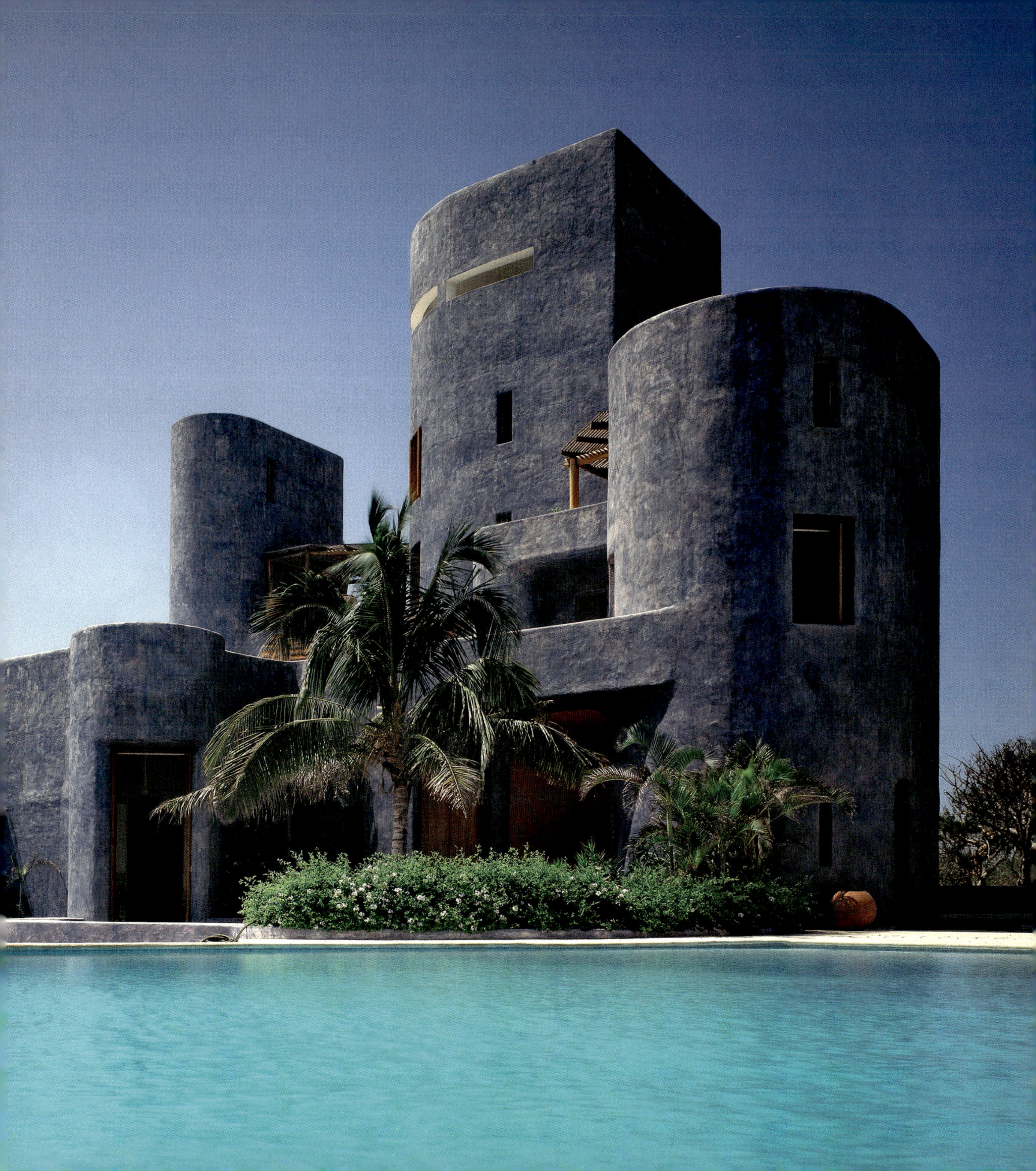

Oben: Dieses Gästezimmer wurde rund um zwei Palmen angelegt, deren Stämme bis unters Haus reichen und deren Blätterdächer darüber hinauswachsen. Selbst die mit den Palmen symbiotisch gedeihenden Schlingpflanzen wurden nicht entfernt.

Gegenüberliegende Seite: Der Eingangsbereich mit der Treppe.

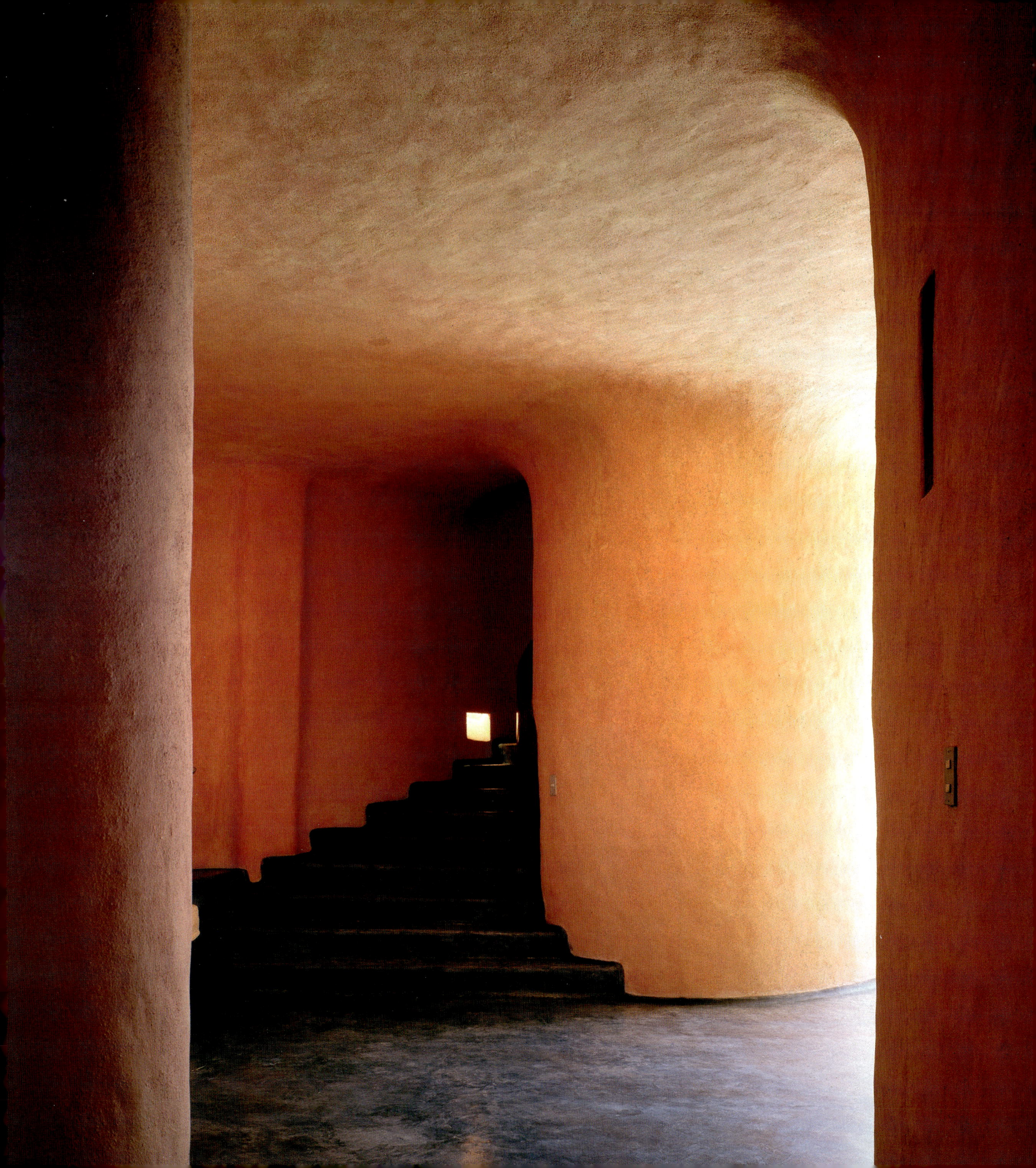

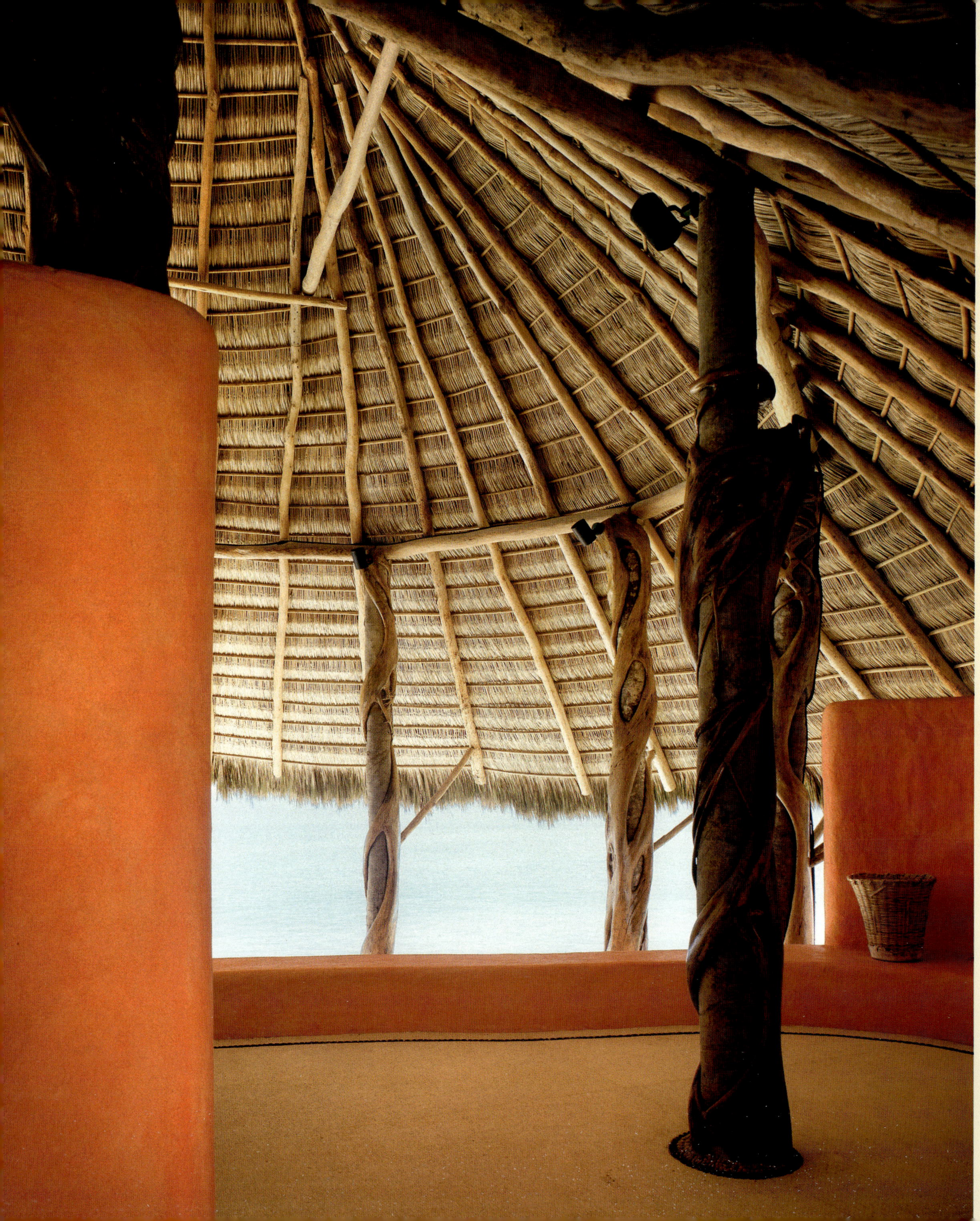

Oben: Eine offene Ruheoase. Das Spiel mit Rot- und Blautönen ist eine Konstante dieses Hauses.

Gegenüberliegende Seite: Der Stamm einer Palme reicht über das Strohdach dieser *palapa* hinaus.

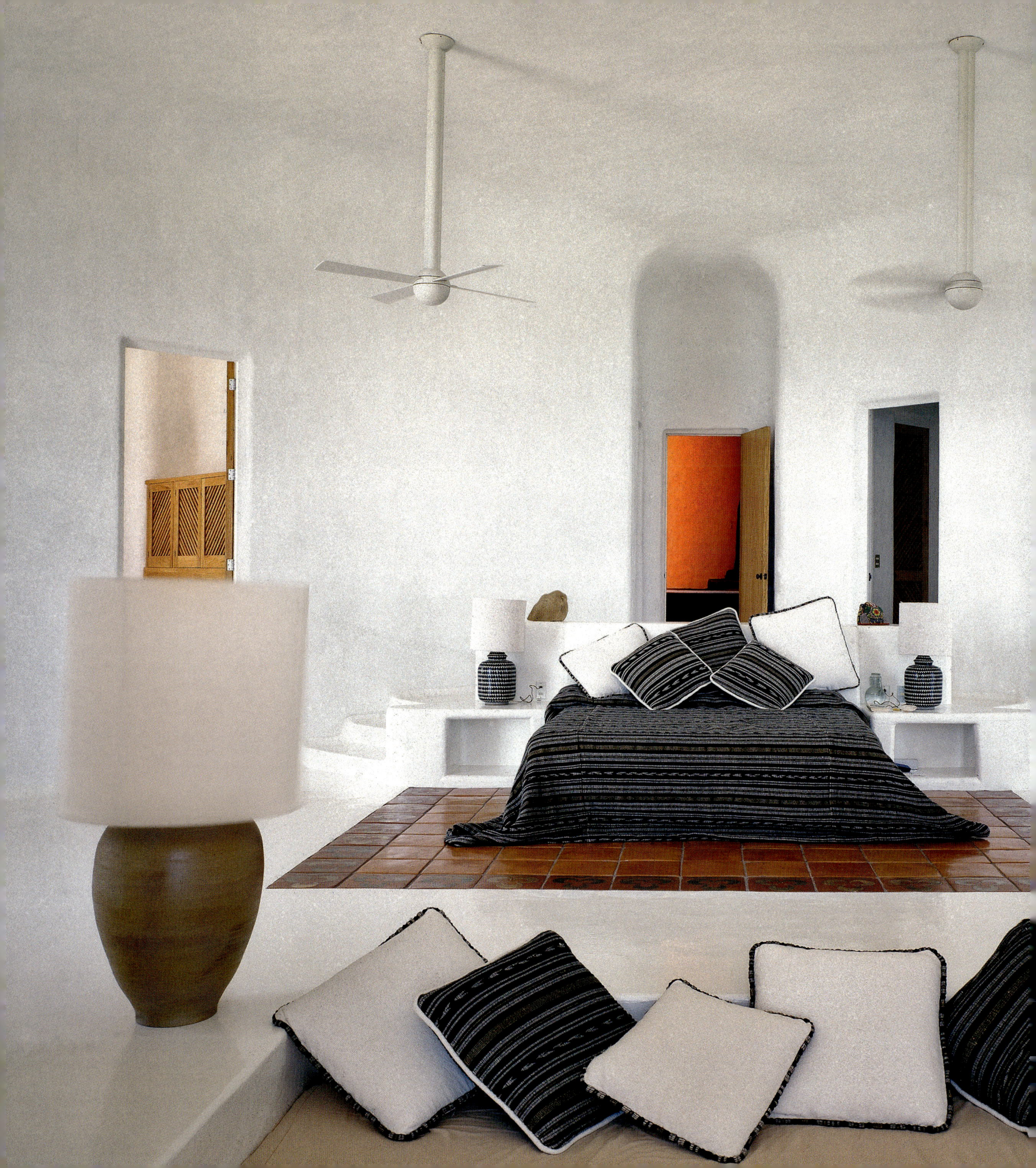

Oben: Eine mosaikartige, schwarz-weiße Bordüre verläuft vom Arbeitszimmer bis in die angrenzende Küche.

Links: Eines der Gästezimmer.

Oben: Die Terrasse im ersten Geschoß.

Rechts: Am Rand des Pools liegt dieser sonnengeschützte, von Blumen umgebene Platz, dessen Palmblätterdach von einem Palmenstamm getragen wird. Zum Pool gelangt man über dieses symbolische Labyrinth.

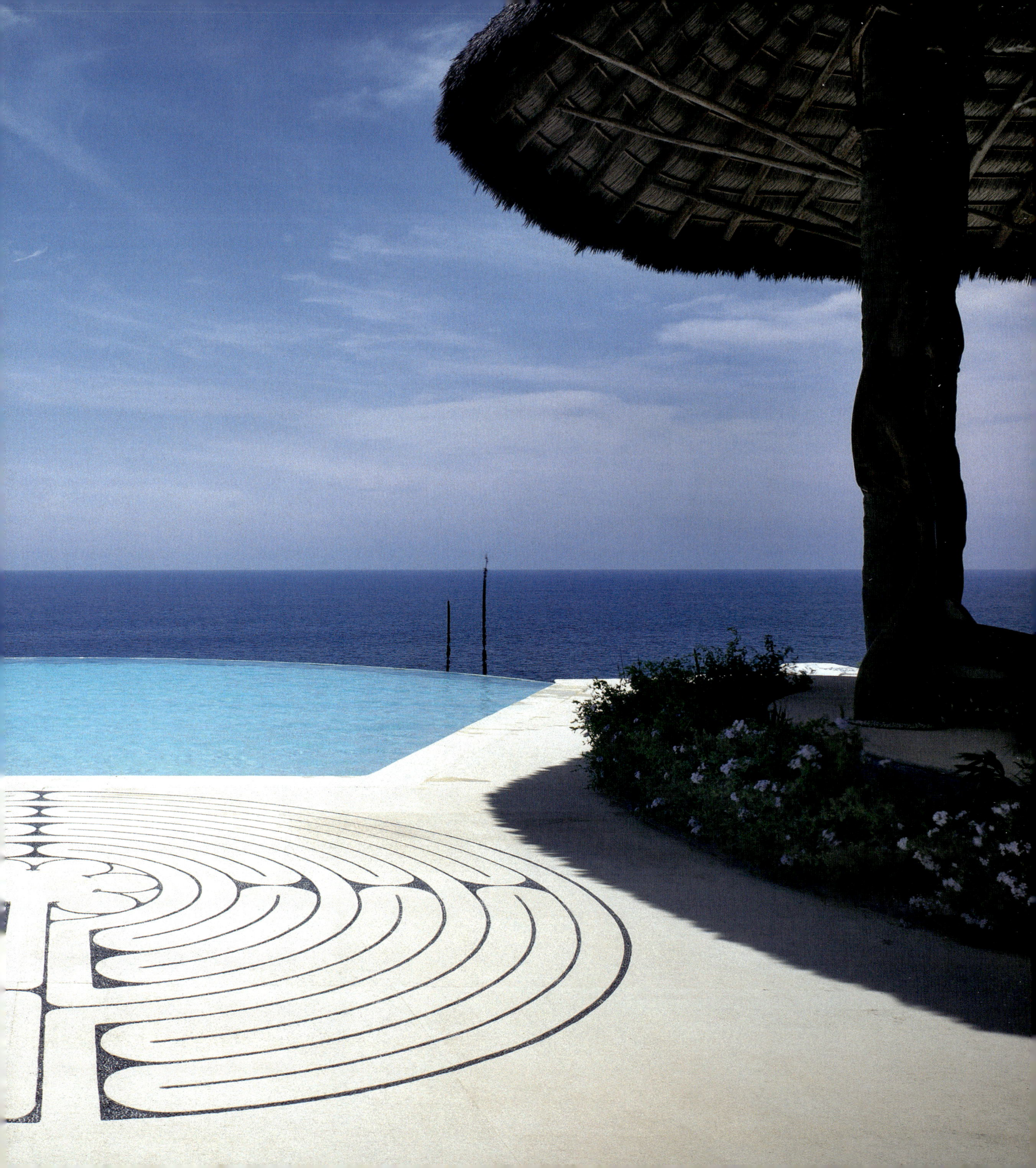

GIANLUCA LELLI

Interieur kuratiert von: Gianluca Lelli

Florenz > Italien

Das Innere jenes Konvents im Herzen von Florenz, das sich Gianluca Lelli – Geschäftsführer der florentinischen Immobiliengesellschaft Hilife – zum Wohnraum umgestaltete, ist ein mit Witz und Ironie geführter Schlagabtausch zwischen Alt und Neu. Die Raumhöhe des Lofts von gut dreizehn Metern wurde ebenso beibehalten wie die alten Säulen und die unverputzten Ziegelwände. Die Einrichtung dagegen bewegt sich in eine kompromisslose Moderne. Um hier nur ein Beispiel zu nennen: Die Garage, in der – einer Skulptur gleich – ein Lamborghini steht, öffnet sich zum Wohnraum hin, womit jegliche traditionelle Hierarchie eines Wohnambientes aufgehoben ist.

Oben: Ein Teil des Wohnsalons mit dem niedrigen indischen Tisch und den Sesseln von Arketipo. Das schmiedeeiserne Bücherregal in Form eines »&« wurde nach dem Entwurf eines florentinischen Handwerkers angefertigt, das Gefäß neben der Lautsprecherbox ist ein Design von Bruno Gamboni.
Gegenüberliegende Seite: Ein weiterer Blick in den Wohnsalon mit seiner beeindruckenden Höhe. Mit einem Dach versehen wurde dieser Bereich erst Ende des neunzehnten Jahrhunderts, zuvor befand sich hier ein Innenhof. Die Sofas stammen von B & B, das Audio-Video-System von Bang & Olufsen, an der Wand stehen Fotografien von Massimo Listri.

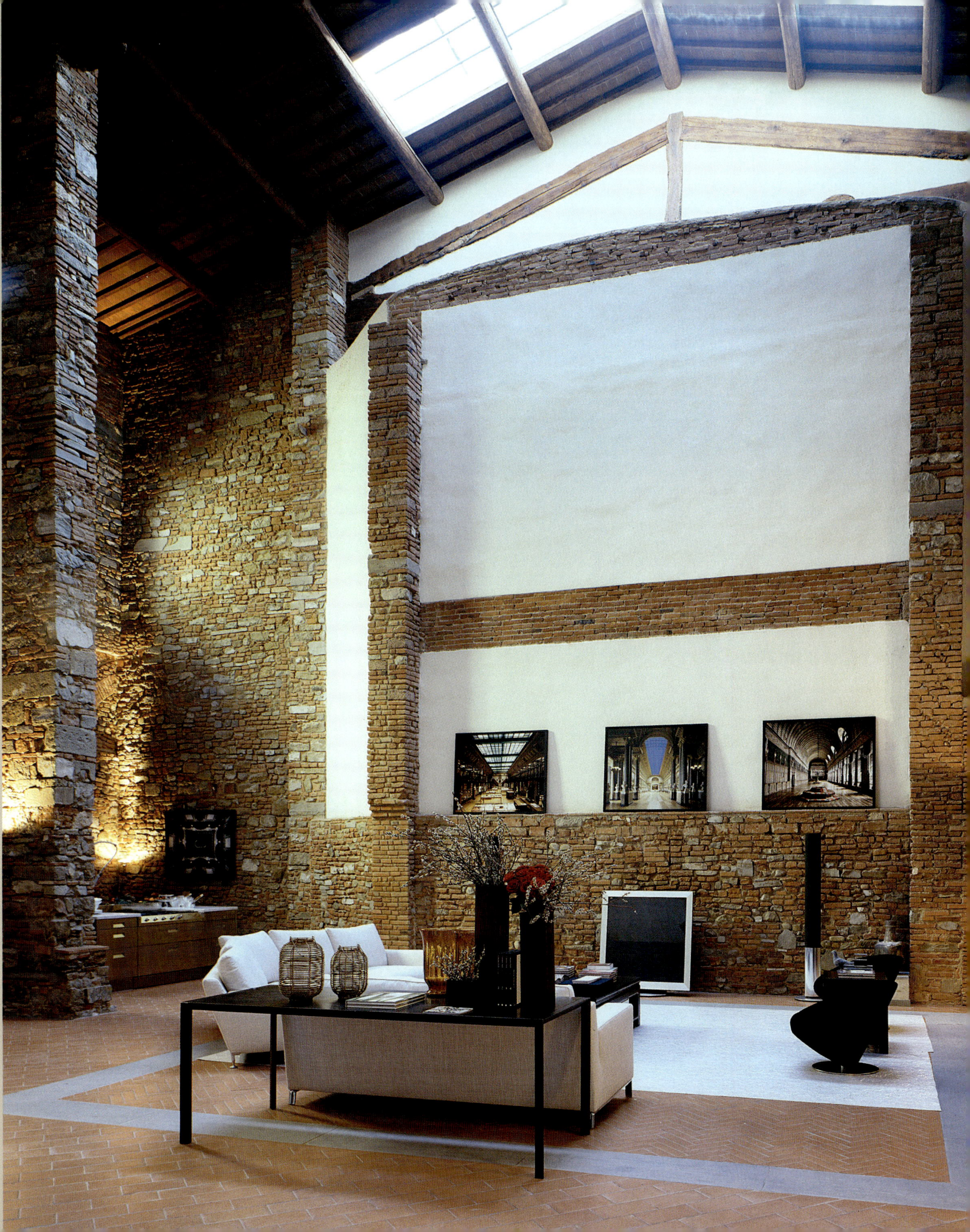

Oben und rechts: Ein Blick in die Küche und auf den Essbereich. Klassisch-modern wirkt hier die Einrichtung: der Tisch *Tulip* von Eero Saarinen, die Stühle von Harry Bertoia. Die Kücheninsel (rechts) aus Edelstahl und weißem Carrara-Marmor stammt von Arclinea.

Folgende Doppelseite: Ein Lamborghini Gallardo in jenem Bereich, der eine Hybride aus Eingang und Garage bildet. Hier befand sich die Apsis einer Kirche aus dem achtzehnten Jahrhundert. Links an der Wand zwei *Barcelona Chairs* von Mies van der Rohe (Knoll), die Fiberglas-Stehlampen in den Ecken sind der Entwurf *Mite* von Marc Sadler (für Foscarini), der Boden florentinischer Cotto.

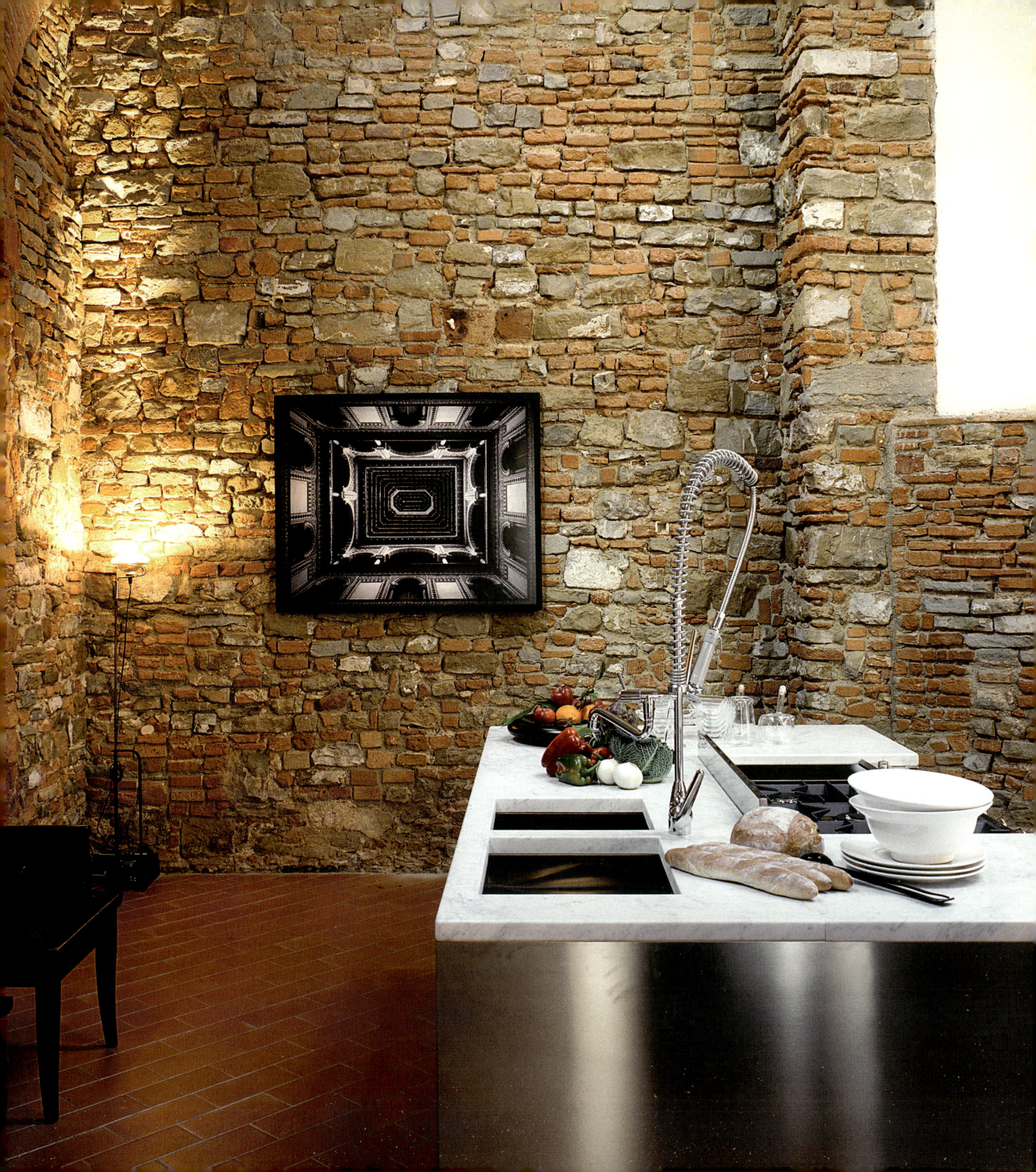

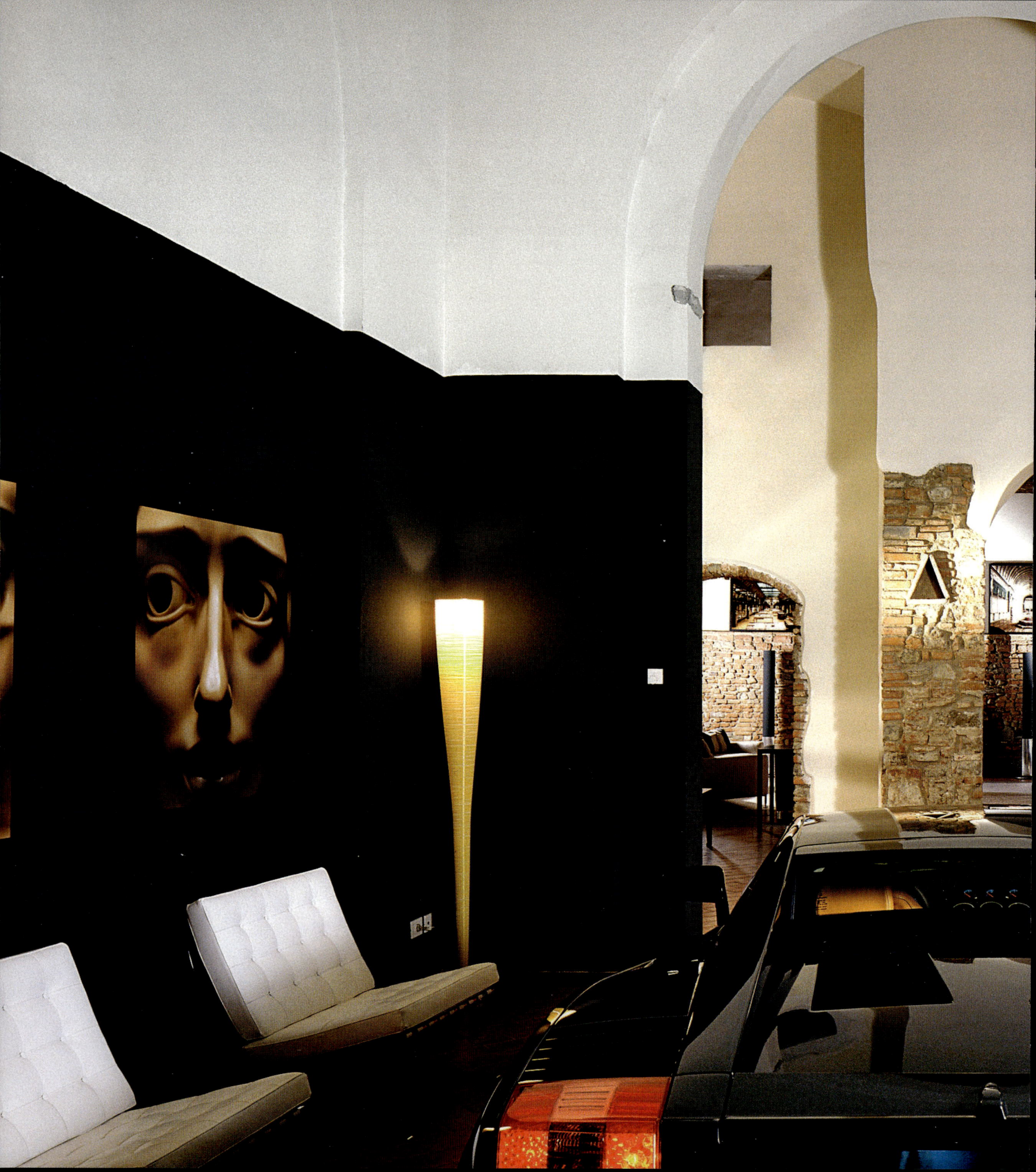

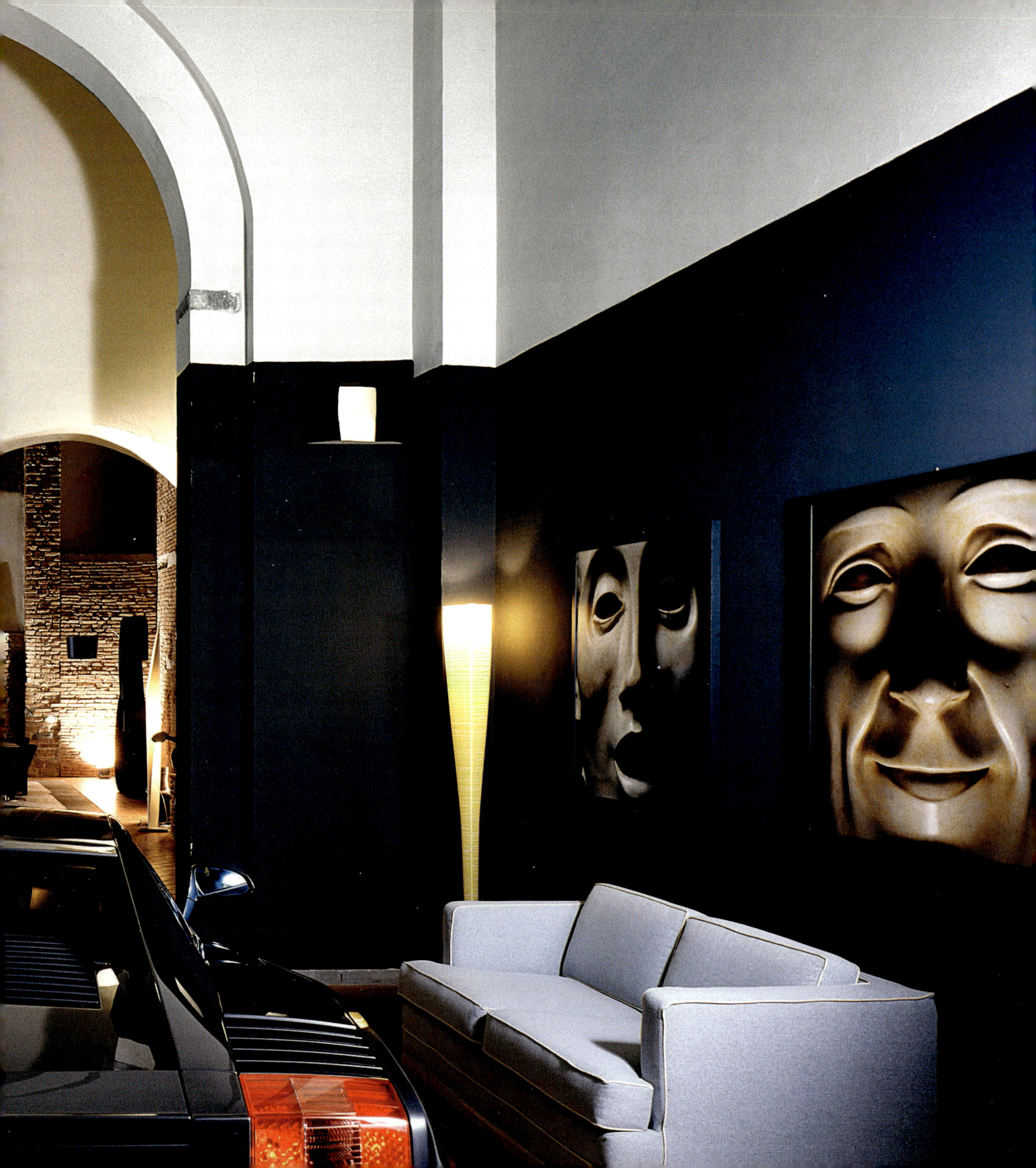

Roquebrune › Frankreich

Architektur: Rodolfo Dordoni

DOMENICO DOLCE

Die Villa, die sich Domenico Dolce – mit Stefano Gabbana – in Roquebrune-Cap Martin, an der Côte d'Azur errichten ließ, ist de facto *work in progress*: So gut wie jedes Jahr fügt der Designer etwas hinzu, überarbeitet das Interieur oder die Bereiche im Freien. Der Grundrissplan, in dem die luftigen Räume klar definiert sind und sich weite Bereiche nach draußen öffnen, ist von rigoroser Geometrie geprägt. Die Farbgestaltung ist mediterran mit viel Weiß, unbehandeltem Holz und Stahl. Das Gesamtkonzept für das Haus stammt von Rodolfo Dordoni, der sich hier, in Roquebrune, in bester Gesellschaft befindet, was moderne Architektur und modernes Design betrifft, denn hier haben bereits Eileen Gray, Robert Mallet-Stevens und Le Corbusier ihre kreativen Experimente durchgeführt. Auch die Möbel wurden von Dordoni gemeinsam mit Dolce ausgewählt und sind eine Hommage an die großen Designer des zwanzigsten Jahrhunderts: Alvar Aalto, Mies van der Rohe, Fornasetti sind in diesem klarlinearen Ambiente gut integriert.

Rechts: Dieser offene Bereich verbindet den Wohnsalon mit dem Speisezimmer und fungiert als angenehmer Ort für den Aperitif oder das Frühstück. Strenges Schwarzweiß herrscht auf den niedrigen Tischchen vor, auf denen sich Tee- und Kaffeegeschirr von Fornasetti befindet.

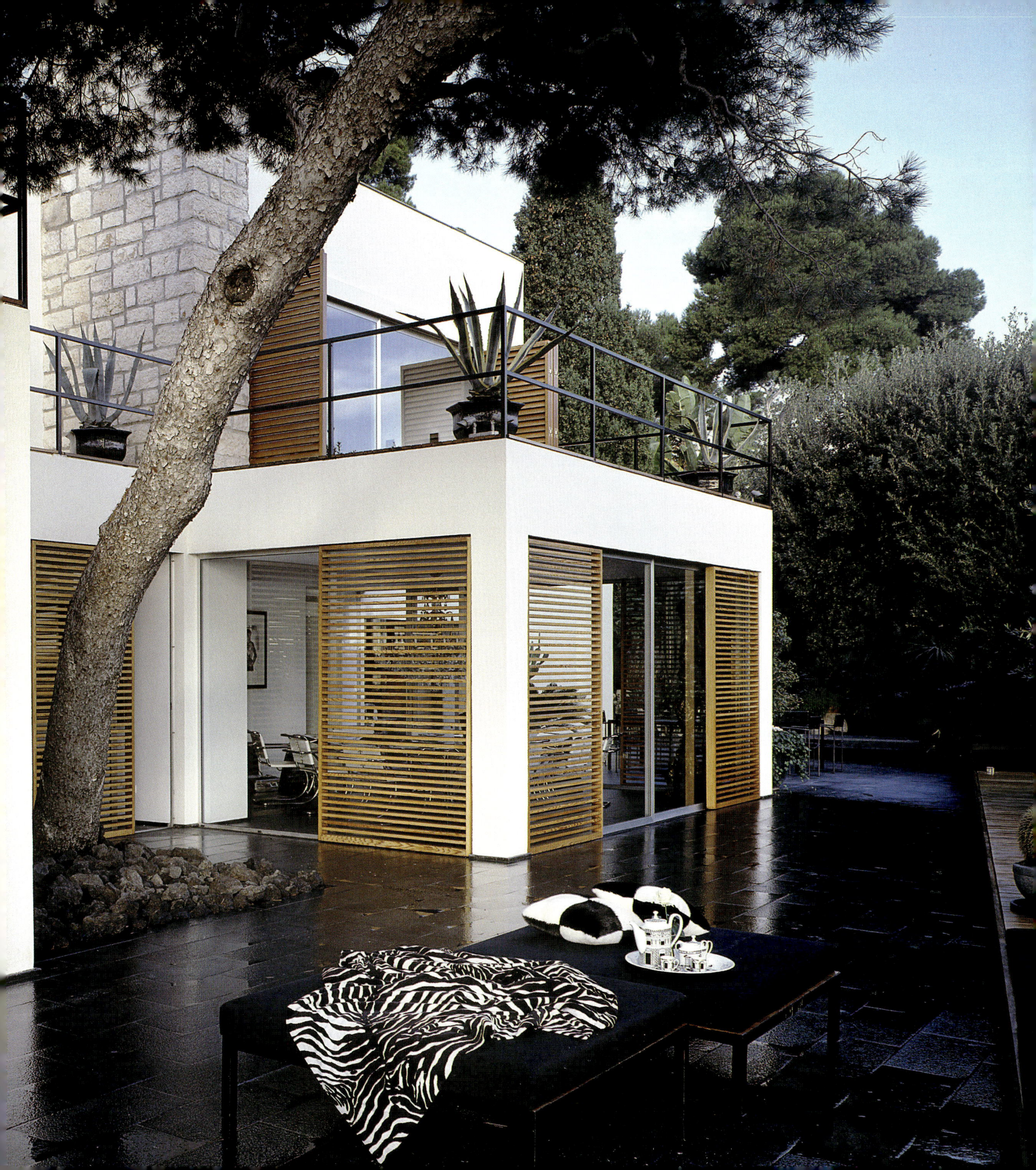

Oben: Die Sessel in Zebramuster im offenen Wohnsalon sind ein Entwurf Alvar Aaltos und bei MC Selvini zu beziehen, die Fotografien an der rechten Wand sind Arbeiten von Helmut Newton. Ganz hinten – über einer Sitzbank, die mit Zebrafell bezogen ist – sieht man ein altes Gemälde mit Putto, Perlen und einer der Grazien.

Rechts: In der Gästesuite hängt dieses Bildnis aus dem siebzehnten Jahrhundert. Die Lampe *Aoy* ist ein Entwurf von Achille Castiglioni (für Flos) und im Korridor hängen wiederum Fotografien von Helmut Newton.

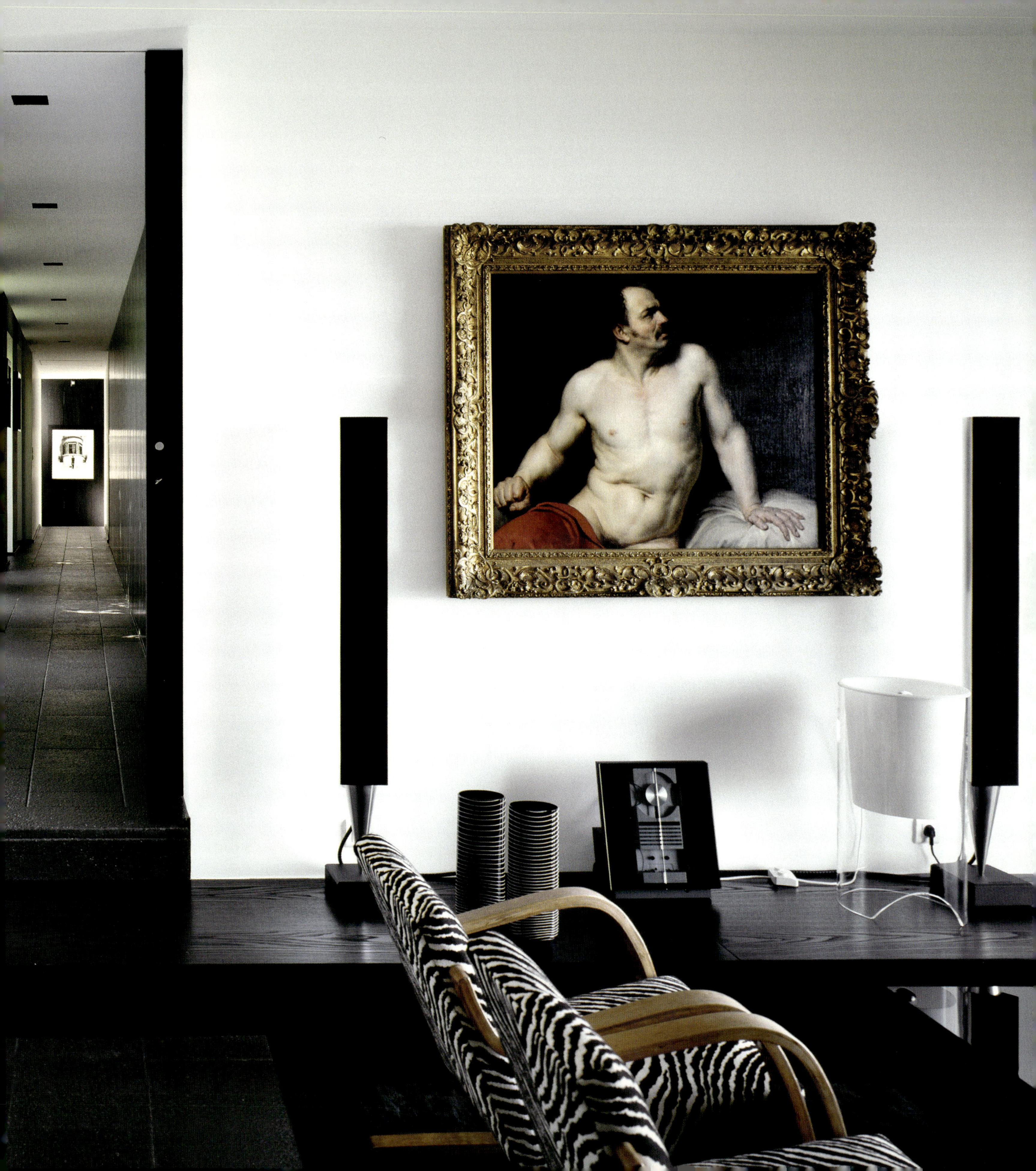

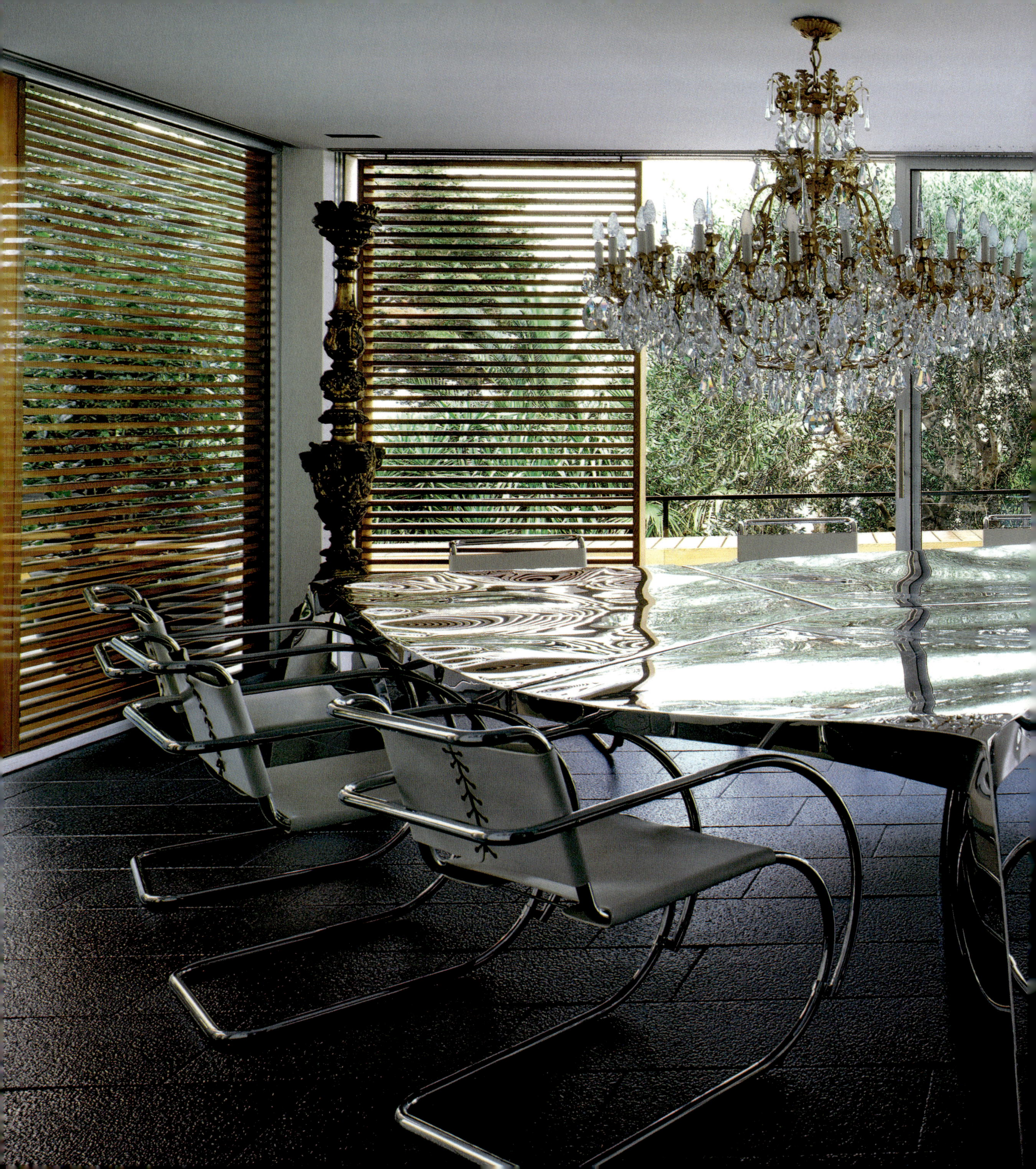

Oben: Ein Blick über die Veranda in den Garten.

Links: Rund um den Metalltisch von Ron Arad sind Stühle von Mies van der Rohe platziert, die dieser 1927 entworfen hat und die heute von Knoll produziert werden. Die riesigen sizilianischen Kerzenleuchter stammen aus dem siebzehnten Jahrhundert, der Murano-Lüster ist ein Entwurf von Dolce & Gabbana.

Folgende Doppelseite: Der von Zitronenbäumen, Palmen und Azaleen umgebene Pool wurde auf einer Terrasse über dem Anwesen angelegt.

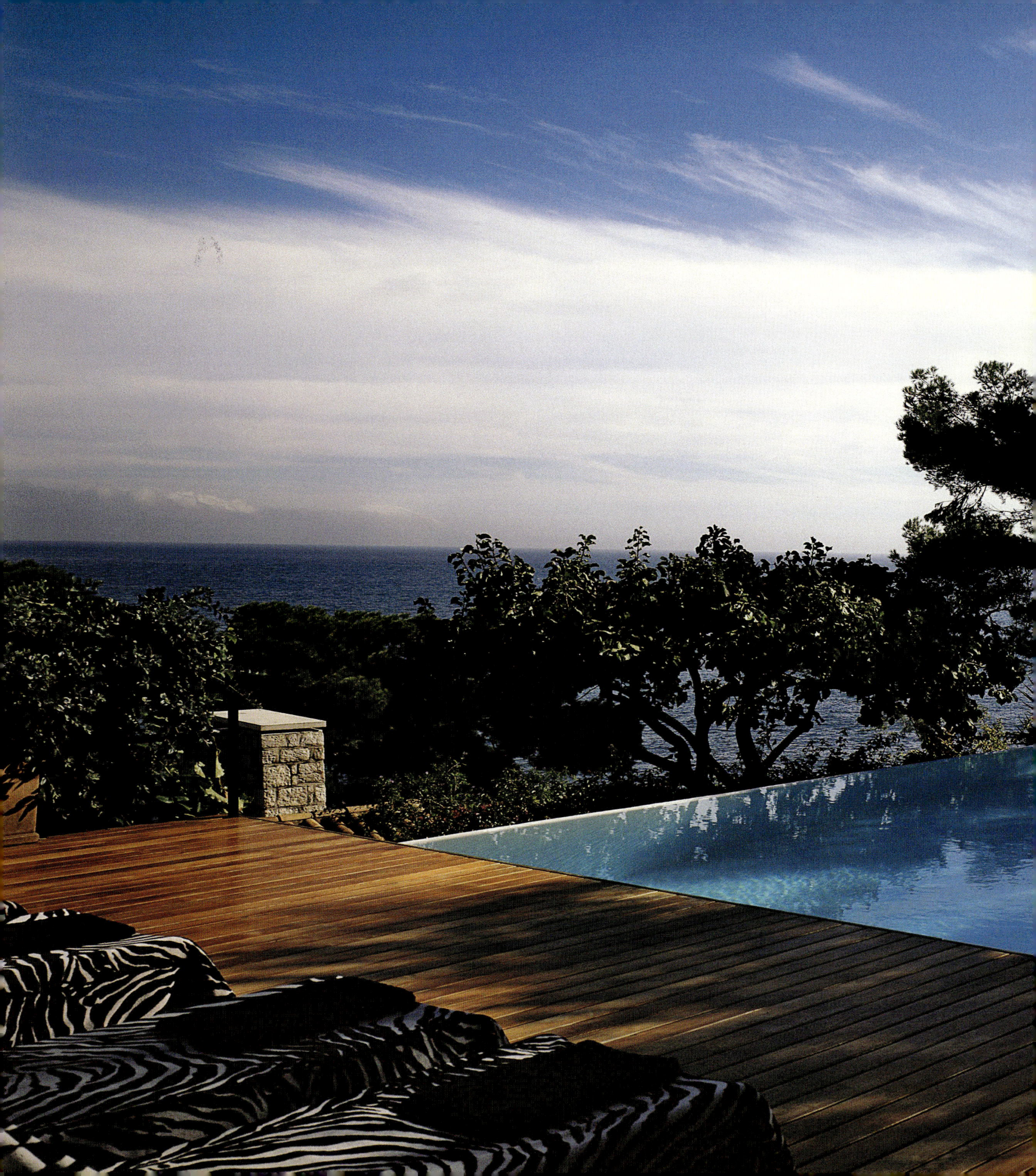

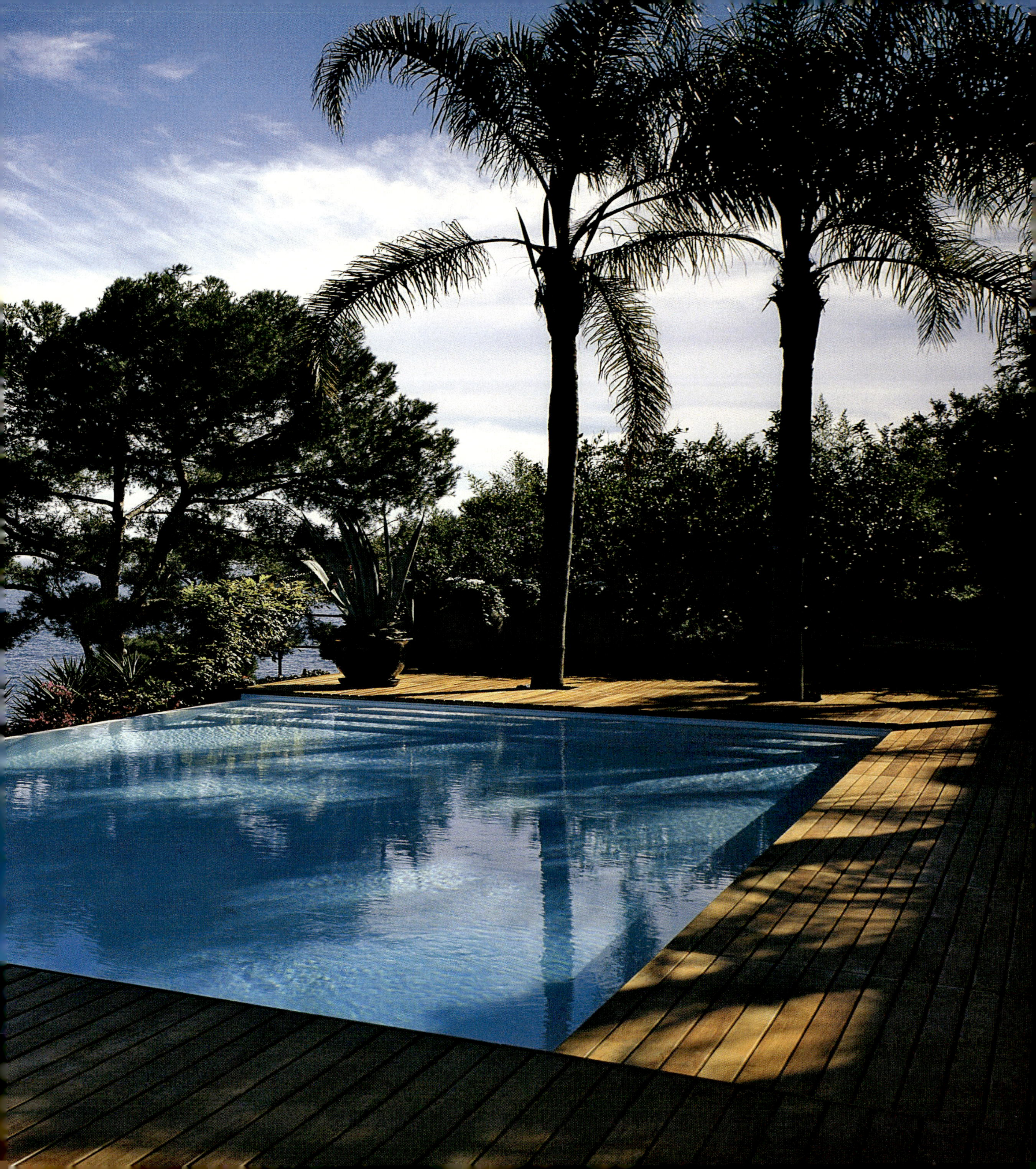

PALAST VON RODOLPHE D'ERLANGER

Sidi Bou Saïd > Tunesien

Als der französisch-britische Adelige Rodolphe d'Erlanger – Musiker, Poet, Maler – nach Tunesien kam, verliebte er sich restlos in das Land und vor allem in die Stadt Sidi Bou Saïd, wo er sich ab 1908 auf einem hoch über dem Meer liegenden Grundstück eine Residenz errichten ließ: Das niedrige weiße Gebäude mit den hellblauen Türen und Fenstern wurde schnell zum modischen Nonplusultra im Tunesien seiner Zeit. Für das Interieur berief er die besten tunesischen und marokkanischen Handwerker, die ganz auf traditionelle Stuck- und Holzarbeiten spezialisiert waren, um die gloriose andalusisch-maurische Vergangenheit, manifestiert in der Alhambra Granadas und der Mezquita Córdobas, wiederauferstehen zu lassen. Heute befindet sich der Palast in tunesischem Staatsbesitz. In Gedenken an einen Mann, der Sidi Bou Saïd so viel gegeben hat, kümmert man sich um die originalgetreue Erhaltung der Innenausstattung.

Links: Der Patio mit den blauen Holzfenstern im ersten Geschoß ist eine Hommage an die klassische tunesische Medina. Der Boden ist eine marokkanische Arbeit, während die Säulen in der oberen Etage in Tunesien angefertigt wurden.

Gegenüberliegende Seite: Die Galerie im Obergeschoß; die großen Fenster führen auf den Innenhof.

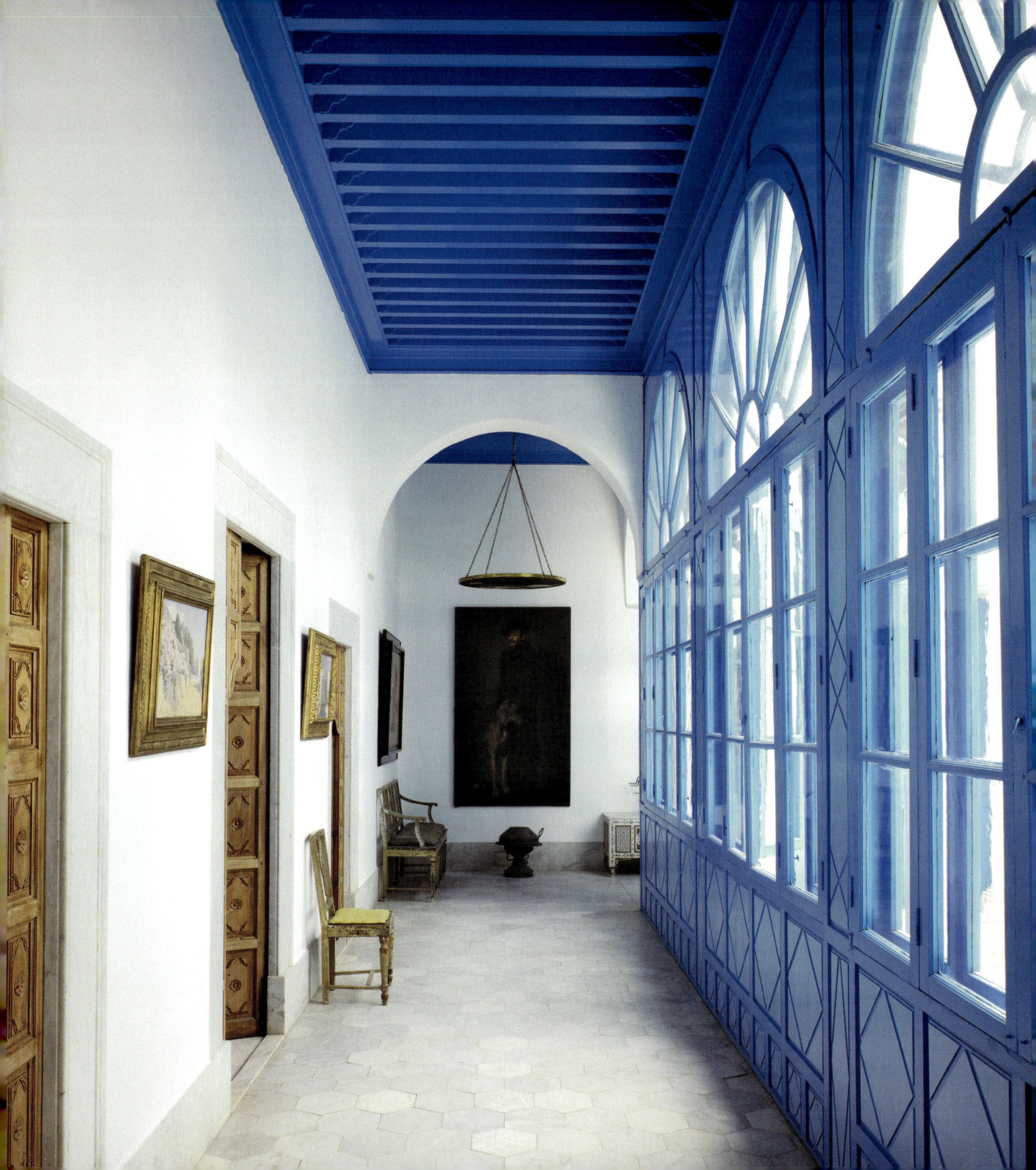

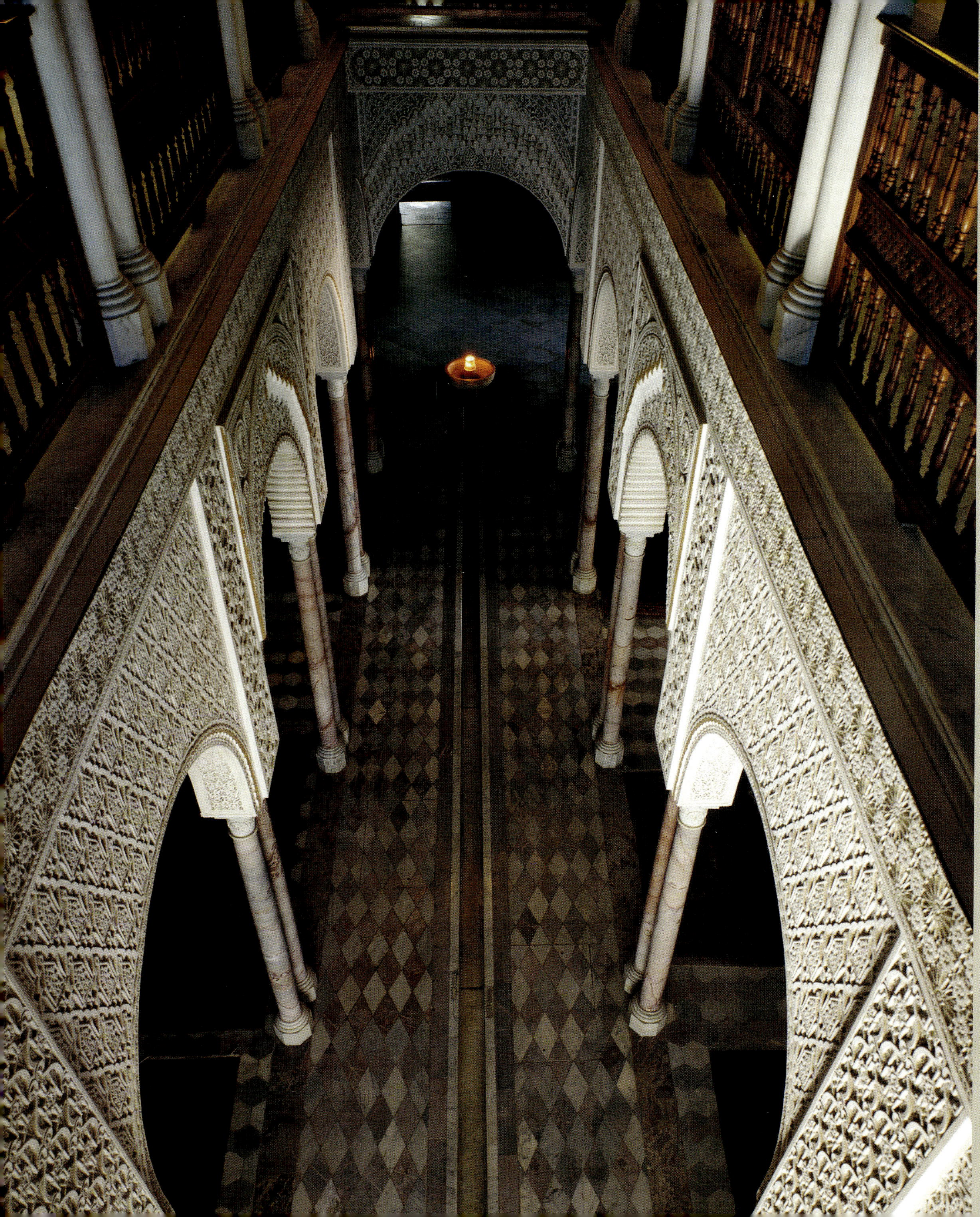

Gegenüberliegende Seite: Ein Blick von oben in einen langen Gang mit *seguía*, durch die parfümiertes Wasser in einen Brunnen im Salon floss. Hier saß der Baron und lauschte mit Vorliebe einem Orchester, das *ma'luf*, die traditionelle Hofmusik Tunesiens, spielte. D'Erlanger war es, der diese Musik vor dem Vergessen bewahrte.

Rechts: Der Salon wurde mit tunesischen Stuckarbeiten und italienischem Marmor dekoriert. An den Seitenwänden des zentralen Korridors befinden sich Diwane, die mit antiken Seidenstoffen bezogen sind. Im Vordergrund jener kleine Brunnen, der mit dem duftenden Wasser des schmalen Kanals gespeist wurde.

Oben: Ein mit marokkanischen Möbeln ausgestatteter Wohnraum in einem der Appartements.

Gegenüberliegende Seite: Unerreicht scheint die maghrebinische Handwerkskunst angesichts dieses faszinierenden Beispiels. Vier zarte tunesische Säulen schützen einen niedrigen Diwan, der mit antiken Teppichen und Kissen ausgestattet ist.

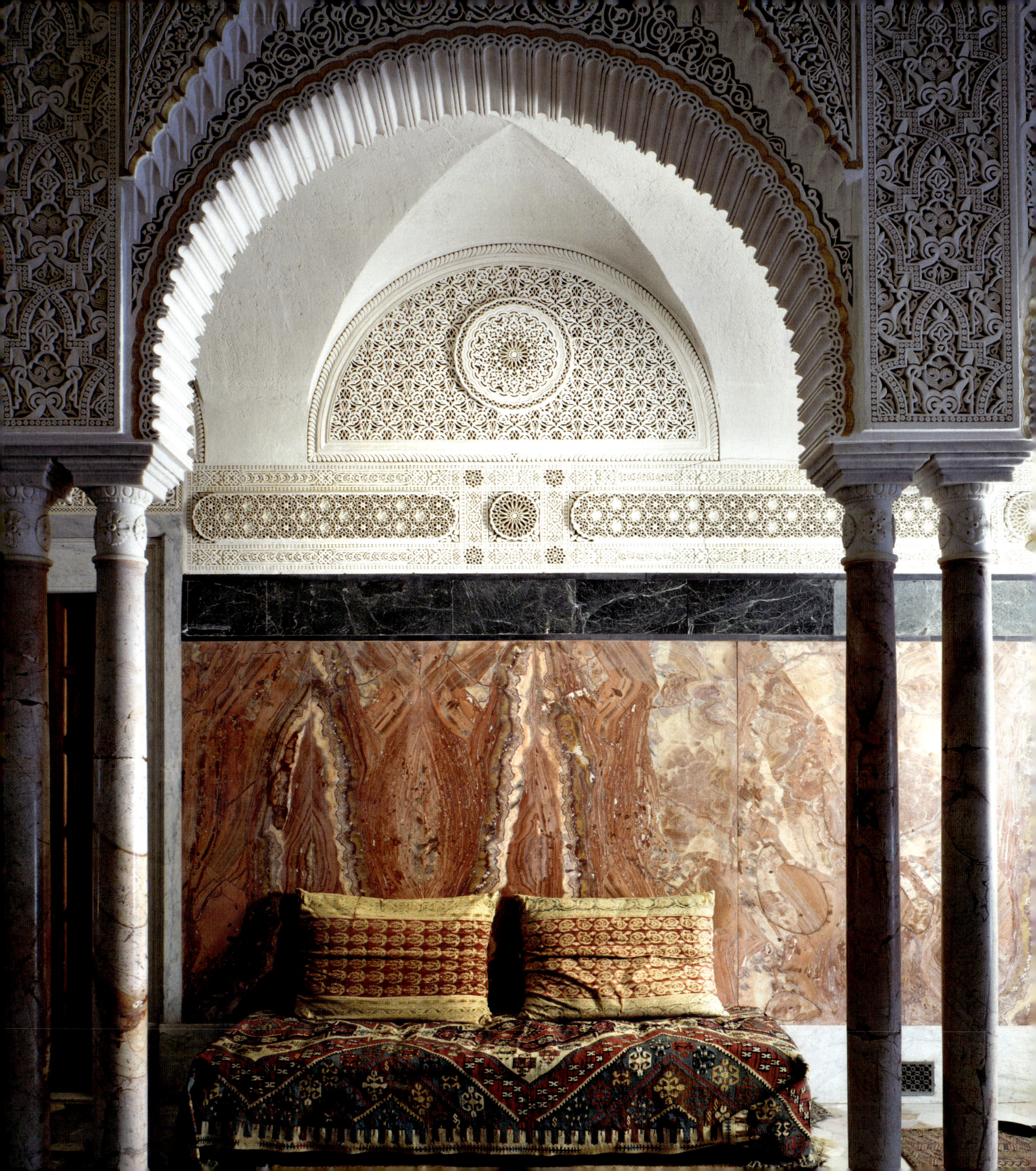

Kyoto > Japan

YIEN-EAST

Verborgen in einem romantischen, klassisch-japanischen Garten *(shinden zakuri)*, durch den sich murmelnd ein Bächlein schlängelt und den Kamelien und Azaleen in lebhaftes Rot tauchen, umgeben von den Blüten blasser Magnolien, tiefgrünen Koniferen und japanischem Ahorn wirkt dieses traditionelle Haus wie ein Tempel, in dem die Harmonie der Natur zelebriert wird. Das gesamte Interieur besteht aus Holz, Reispapier, Pergament und Stein. Es scheint nicht nur einem Film Yasujirō Ozus entnommen, es scheint auch wie die Haus gewordene Antwort auf die philosophische Frage: Entspricht das, was in uns ist, dem, was wir im Außen sehen?

Oben: Ein ausgehöhltes Becken in einem Baumstamm. Es ist im Eingangsbereich platziert und wirkt wie ein poetisches Testament.

Rechts: Der Eingang in den Garten, dessen Umfriedung aus zusammengebundenen Zweigen besteht. Ein Weg aus unregelmäßig geformten Steinen führt zum Haus.

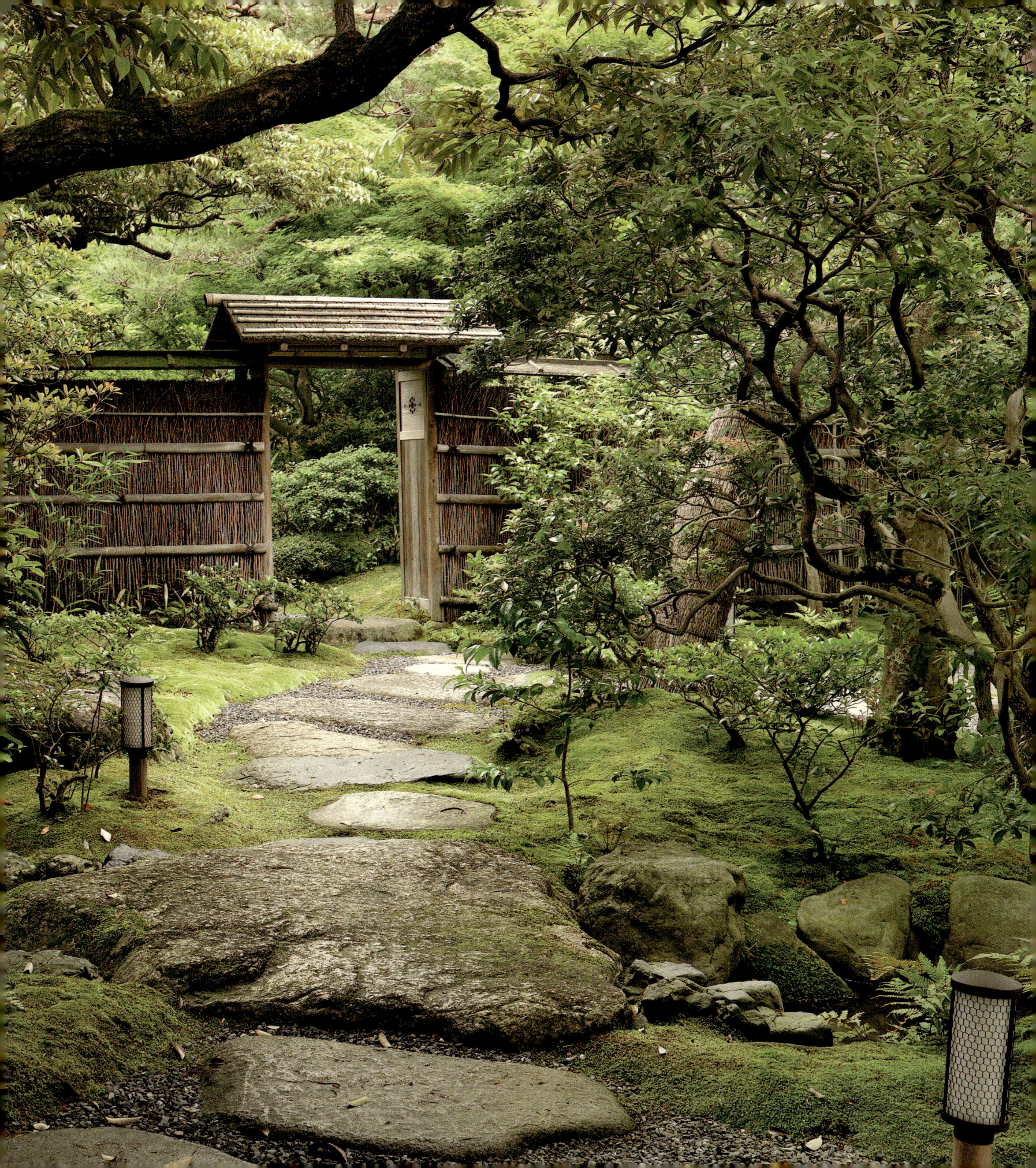

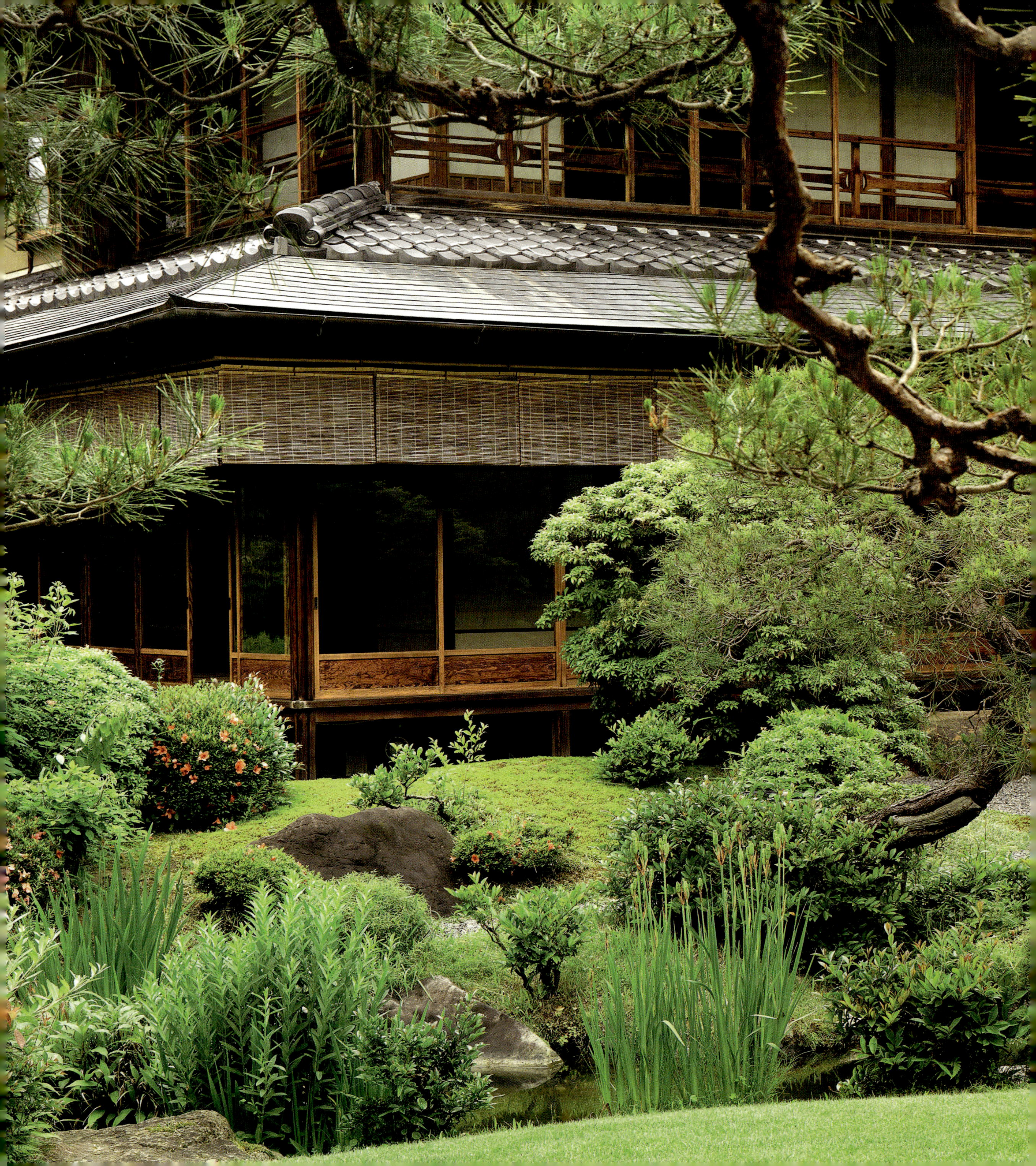

Oben: Nicht nur Licht, sondern auch spirituellen Schutz spendet die Kerze in dem Wachtürmchen im Garten.

Links: Vor dem Haus, das ganz von einer Art Veranda umgeben ist, liegt ein *karikomi*, ein kleiner Hügel, über und über mit Moschus und verschiedenen Büschen, darunter Azaleen und Rhododendren, bewachsen, der als Sinnbild des Shintoismus gilt.

Oben: Die luftige Veranda, die das gesamte Haus umfasst. Der Boden ist mit Tatami-Matten belegt, die dem klassischen Tatami-Maß entsprechen und aus geflochtenem und gepresstem Reispapier angefertigt wurden.

Gegenüber oben: Die weitläufigen Räume des Hauses sind durch bewegliche, filigran-hölzerne Paneele getrennt.

Gegenüber unten: Dieses Ambiente ist dem Tag gewidmet: Die da und dort halb geöffneten, halb geschlossenen Schiebetüren machen den Raum variabel – ganz wie es der Moment erfordert.

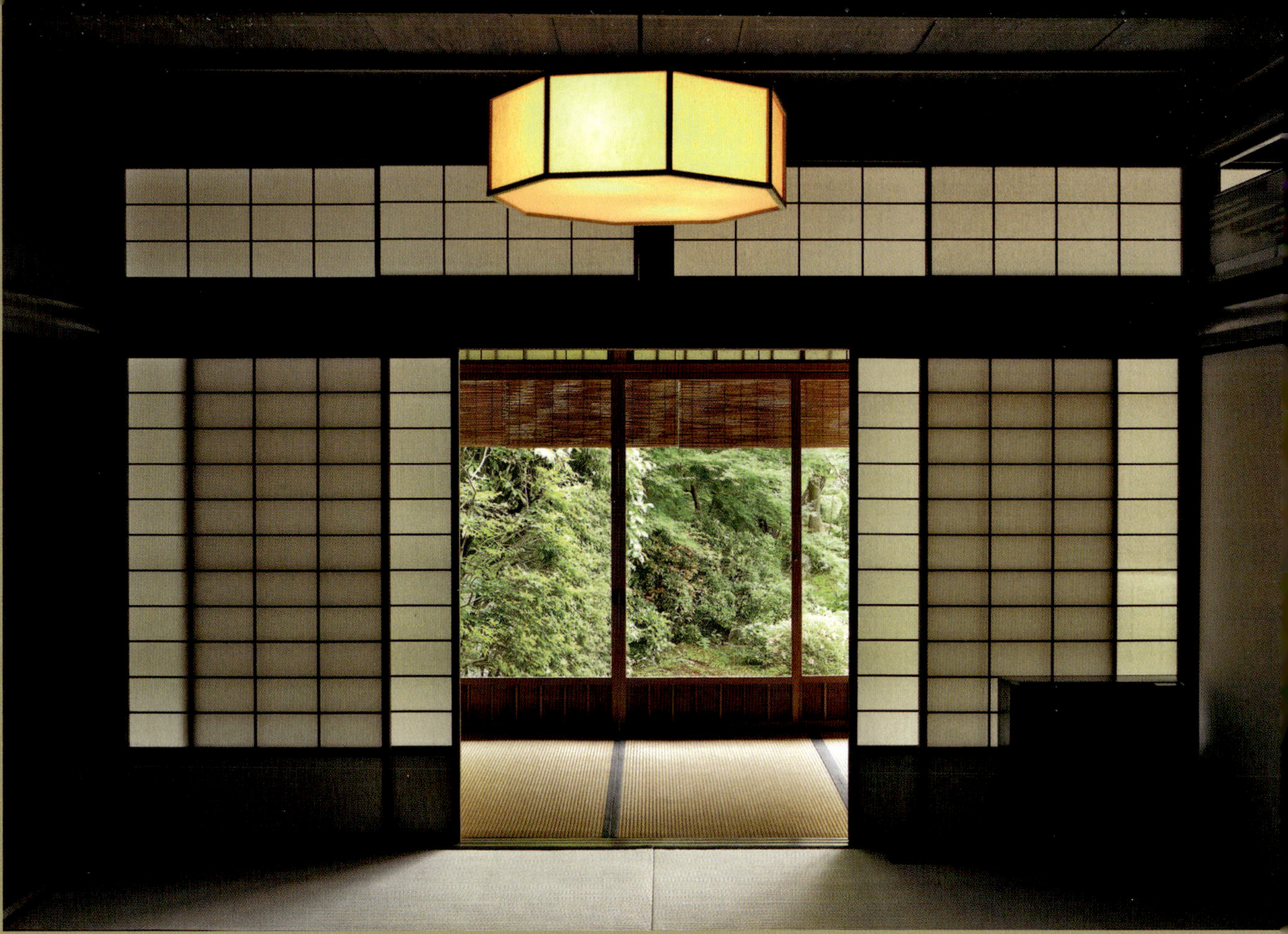

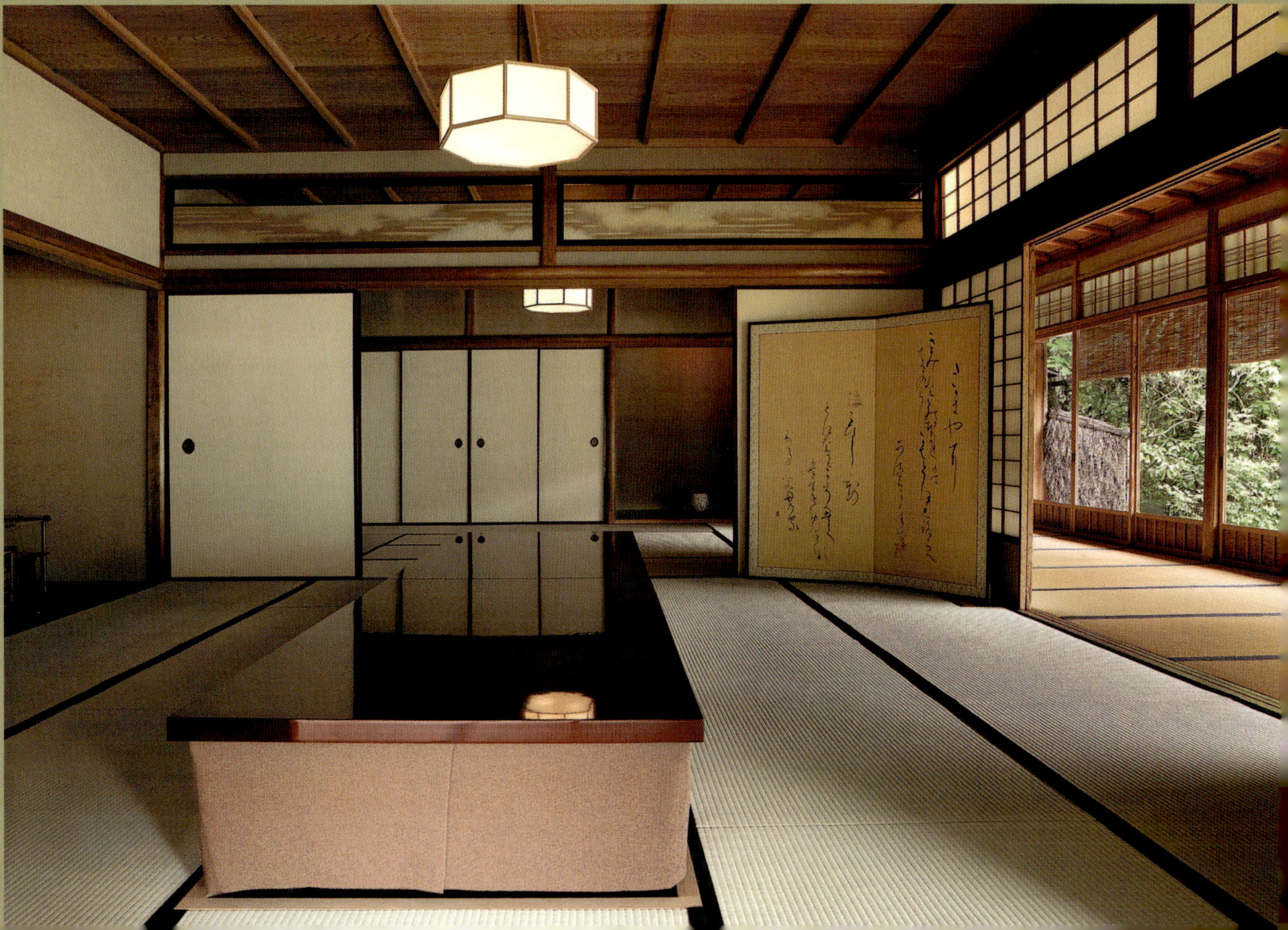

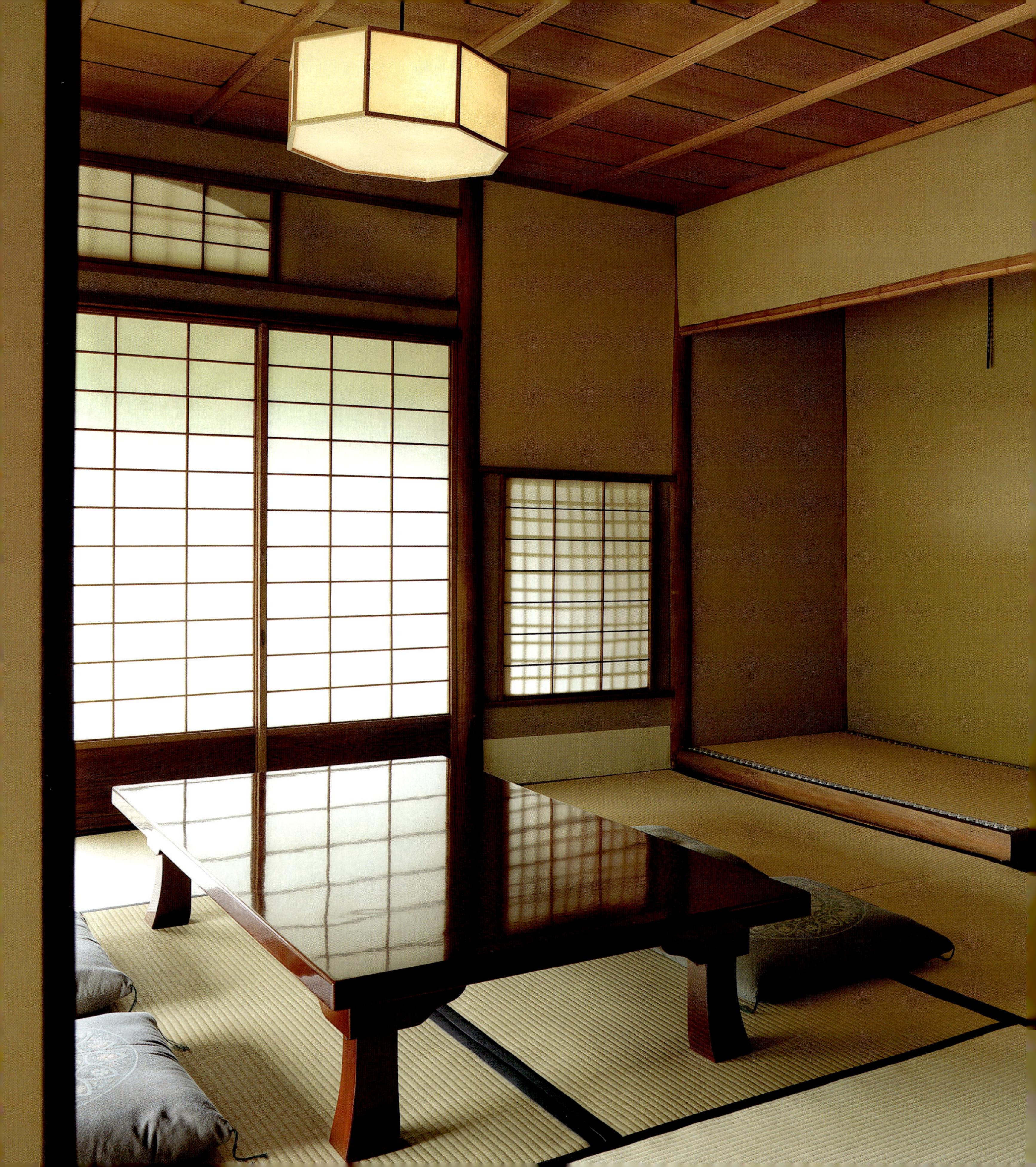

Links: Im Speisezimmer befinden sich dieser niedrige rote Lacktisch und die Sitzpolster. Der Boden besteht auch hier, entsprechend japanischen Traditionen, aus Tatami-Matten. Auf der Sitzbank rechts eine Vase aus Raku-Keramik, beleuchtet wird die Szene von einer Deckenleuchte mit Reispapierschirm.

Folgende Doppelseite: Ein Blick auf jenen Bach, der sich durch den Garten schlängelt. Das silbrige Gurgeln des fließenden Wassers gilt als Symbol für Harmonie und ist ein wunderbares Hintergrundgeräusch, das die Stille der Nacht in dieser ruhigen Wohngegend in Kyoto noch intensiviert.

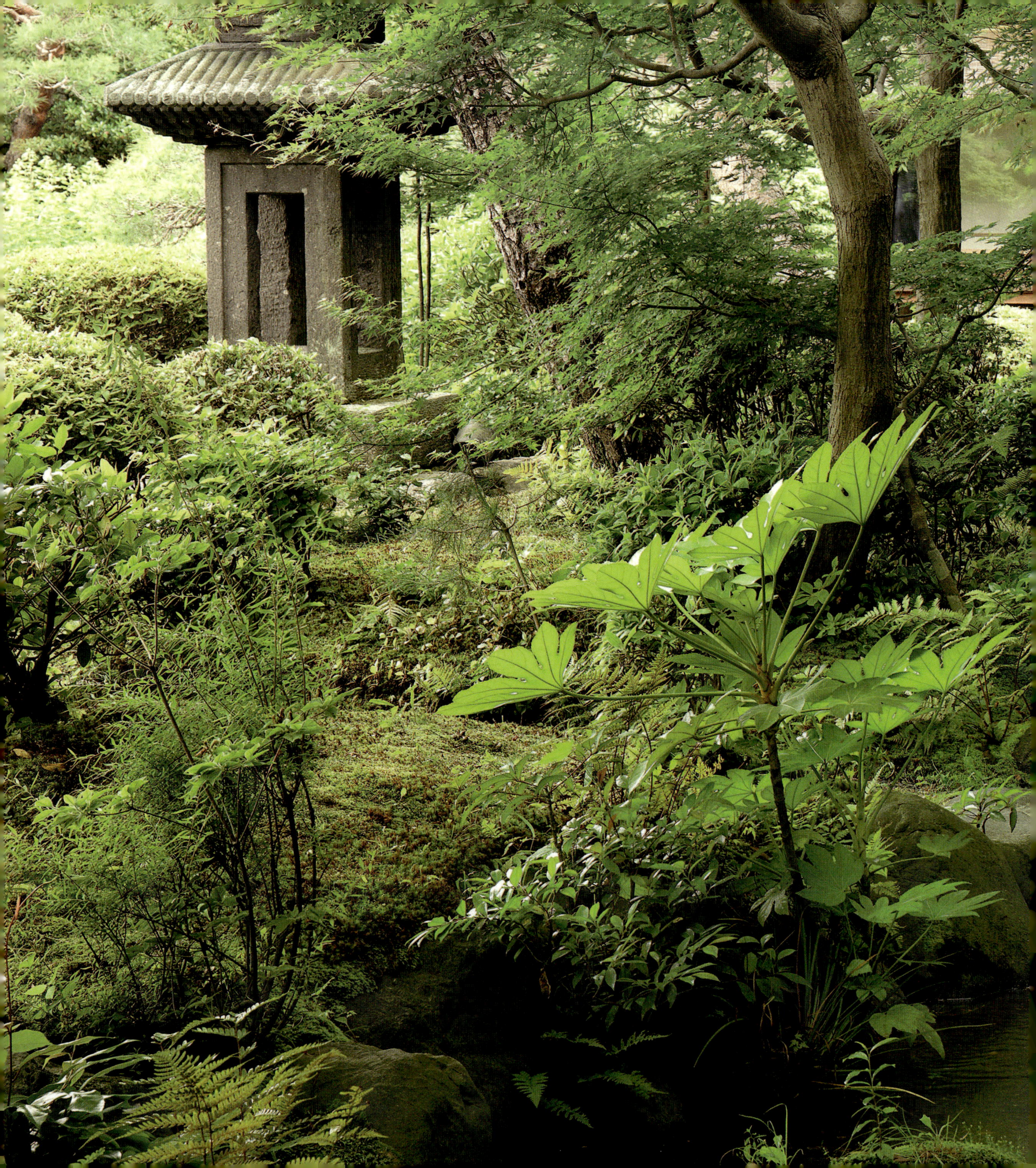

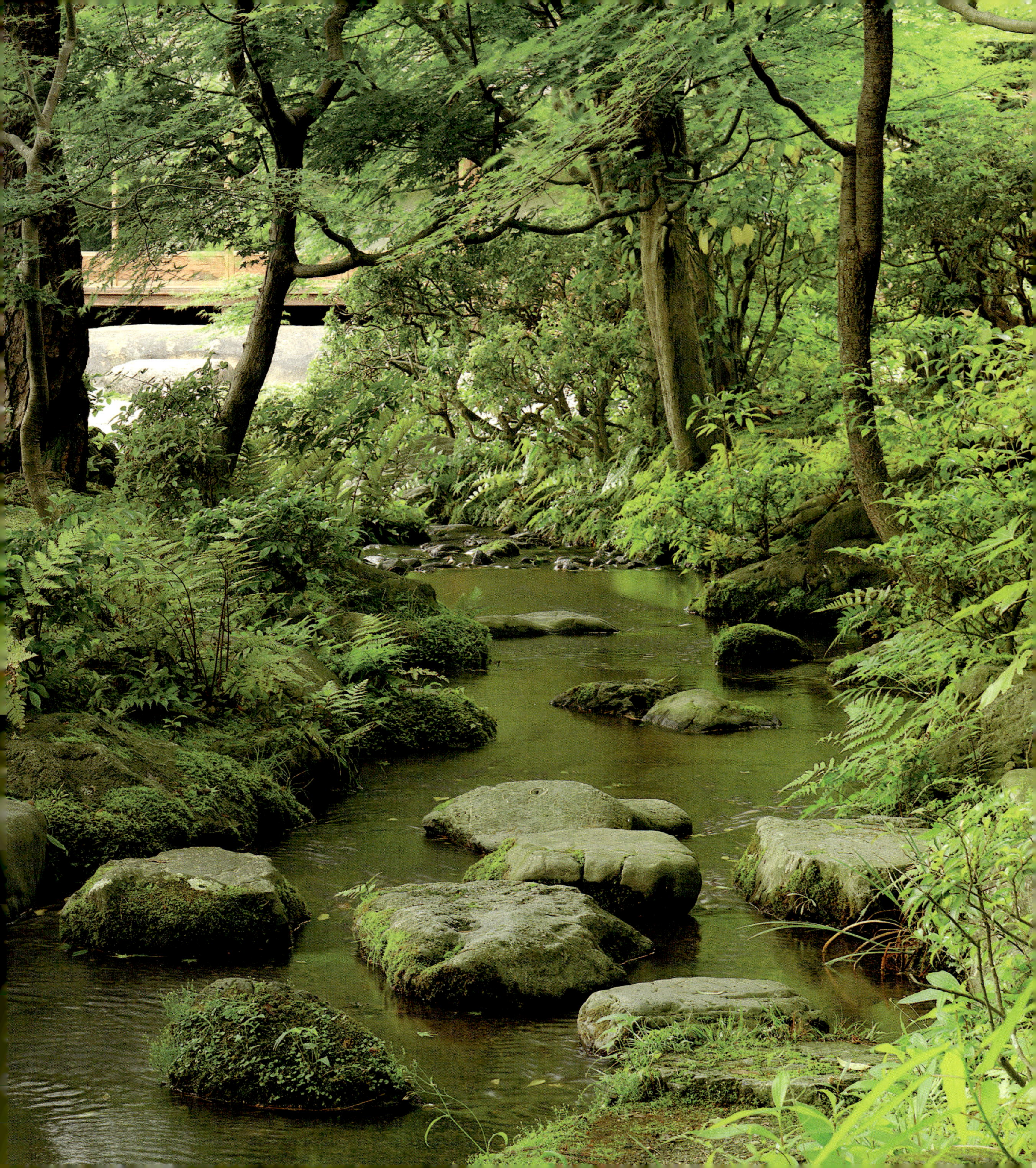

Tokio > Japan

Architektur: Ryota Ebisui

K-HOUSE

Das in Form eines U für einen passionierten Golfspieler gebaute Haus lebt von seinem Patio, der – einem grünen Herzen gleich oder in diesem Fall eher einem *Green en miniature* – dank großer Glasflächen von allen Räumen des Hauses zu sehen ist. Auch rund um das Haus ist es vielfach möglich, sich diesem Sport, der Menschen aller Altersstufen begeistert und besonders in Japan höchst populär ist, zu widmen. Und wie den Golfsport teilen sich auch dieses Haus zwei Generationen, die verschiedene Bereiche bewohnen. Nur der Wohnraum dient als Treffpunkt für alle. Das Ambiente ist modern mit einzelnen orientalischen Anklängen, luftig, lichtdurchströmt, was die weißen Wände, aber auch die dunklen Nischen, Türen und Vorsprünge unterstreichen. Die Böden aus Steinfliesen haben eine ebenso starke Wirkung wie die warme Möblierung.

Rechts: Der große Wohnraum erstreckt sich über zwei Ebenen und ist mit italienischem Design eingerichtet. In der oberen Ebene verläuft ein Gang, von dem aus die Schlafzimmer der Eltern und der Kinder zu erreichen sind.

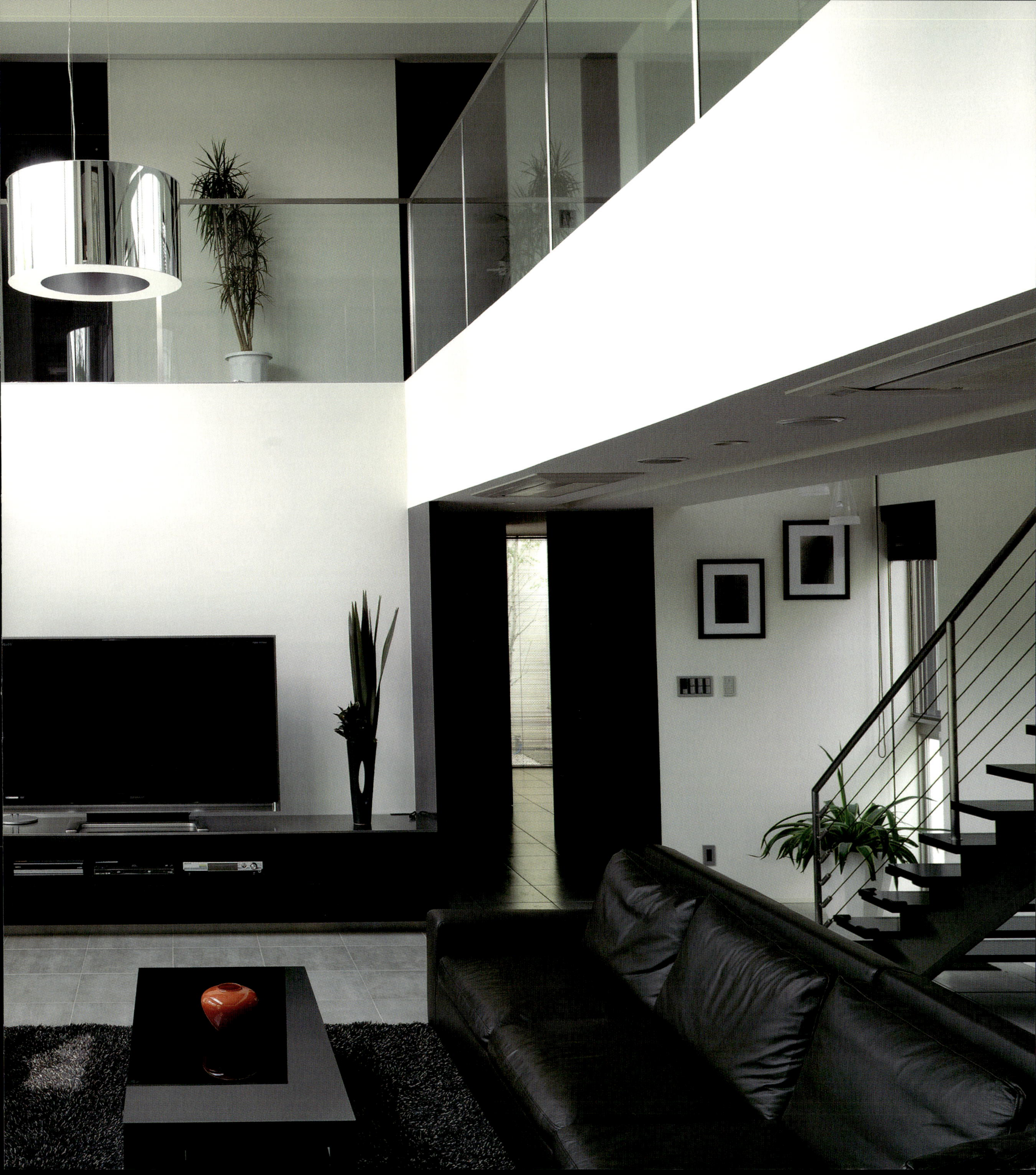

Links oben: Hier, im Atrium, befindet sich an der rechten Wand ein chinesisches Basrelief aus einem antiken Tempel. Es soll vor Bösem bewahren und die Bewohner des Hauses vor allem Schlechten schützen.

Links unten: Gleich anschließend an den Eingangsbereich liegt dieser Gang. Er ist mit stark gestreift gezeichnetem Holz verkleidet, was dem Ambiente etwas sichtbar Fließendes verleiht.

Gegenüberliegende Seite: Die Eingangstür, von außen gesehen. Die Wandverkleidung aus versetzt verlegten Steinen bringt Bewegung in dieses Ambiente und steht in reizvollem Kontrast zur visuellen Ruhe der Metallrahmen.

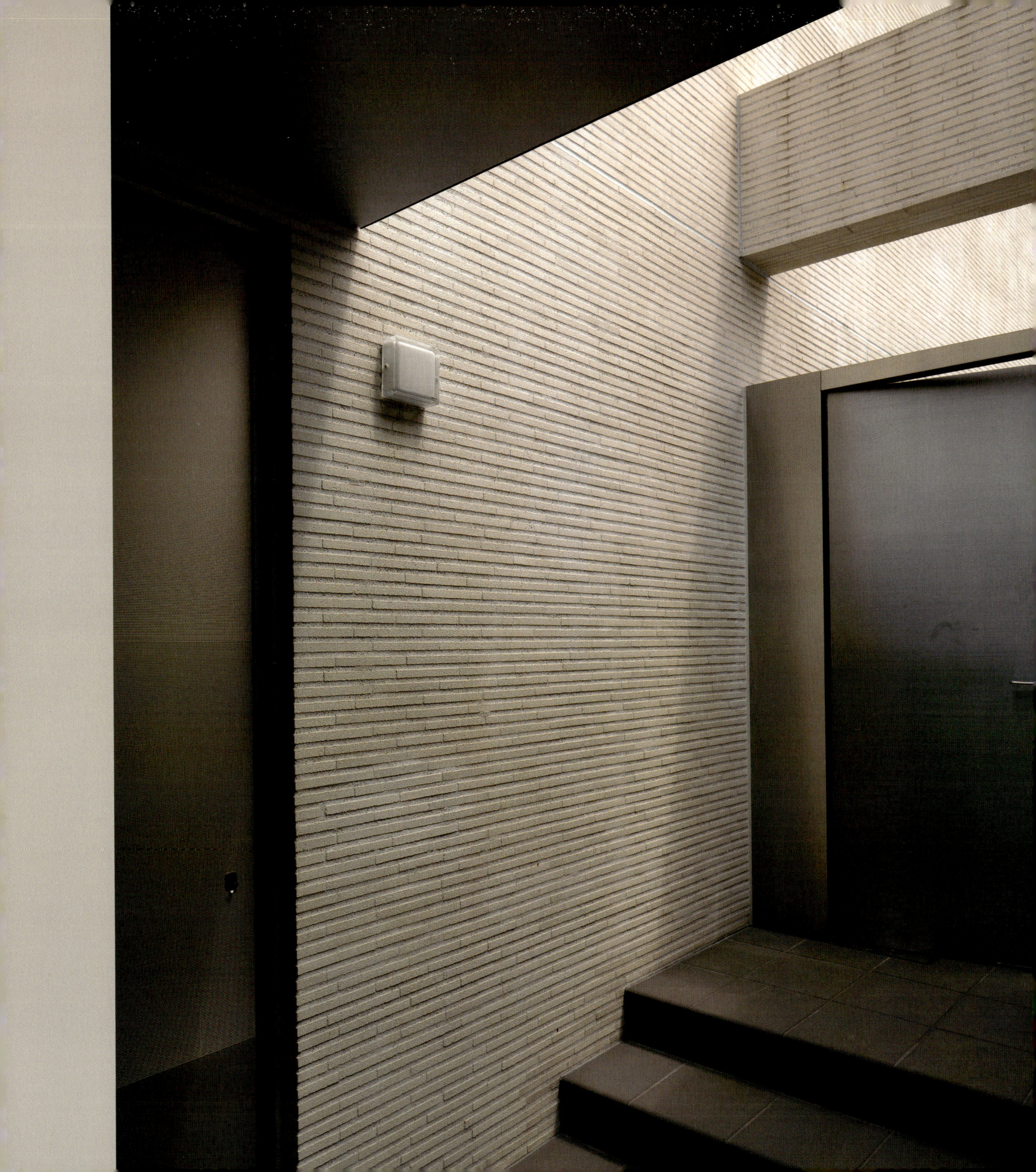

Der einer Brücke gleich angelegte Korridor und, im Hintergrund, eines der Schlafzimmer. Die Balustrade besteht aus Glasplatten.

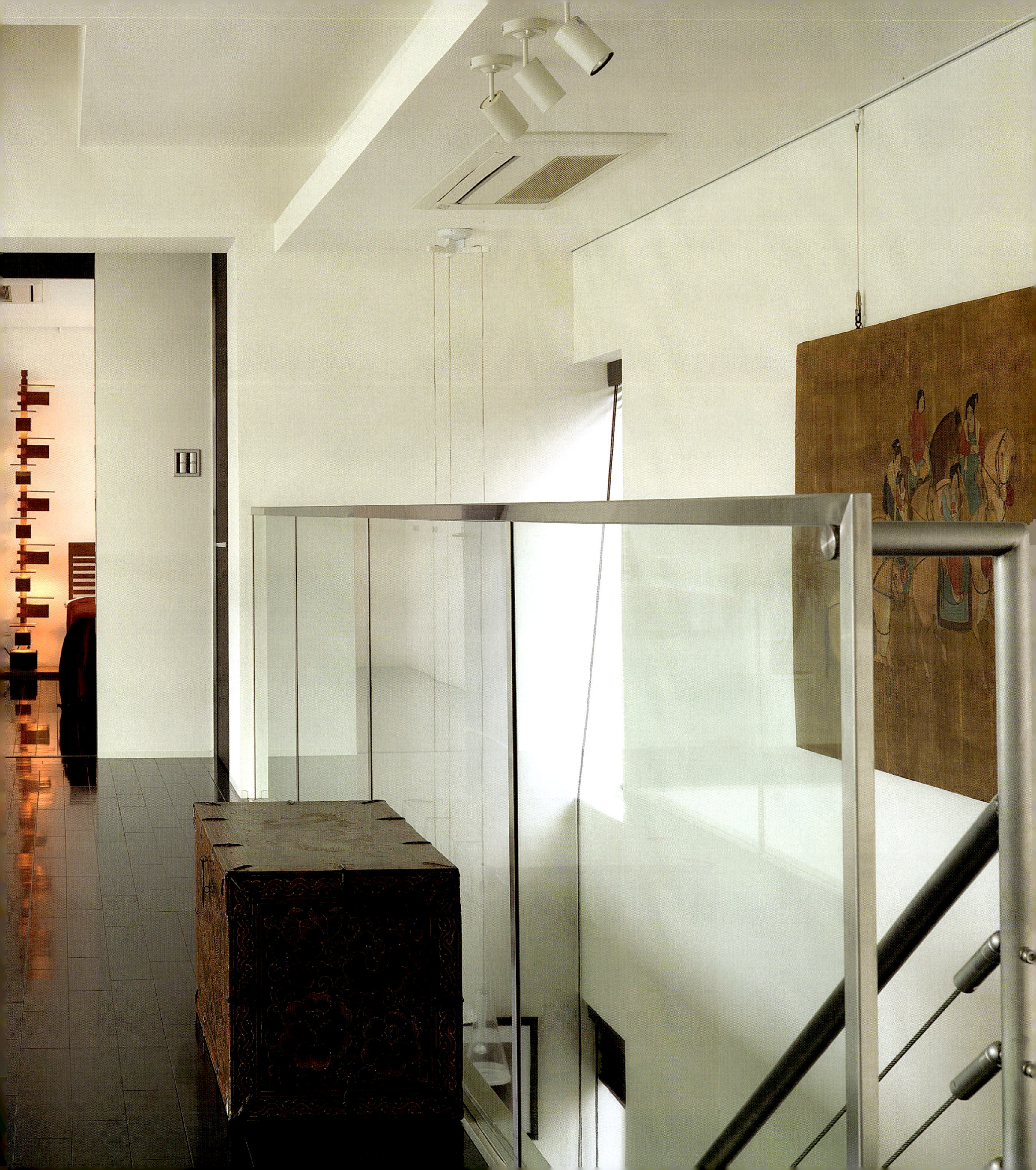

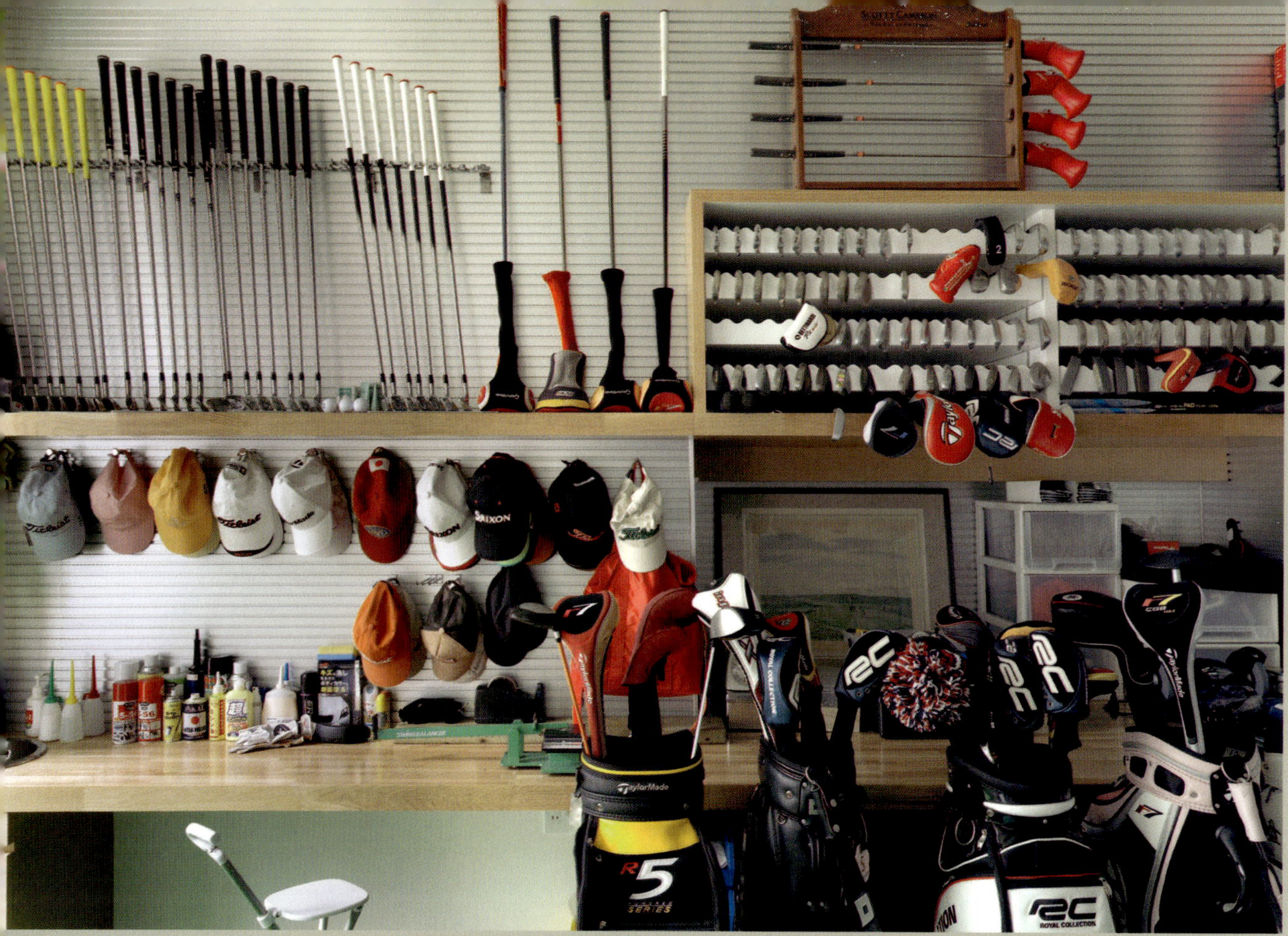
SRIXON
TaylorMade
R5
rc
ROYAL COLLECTION
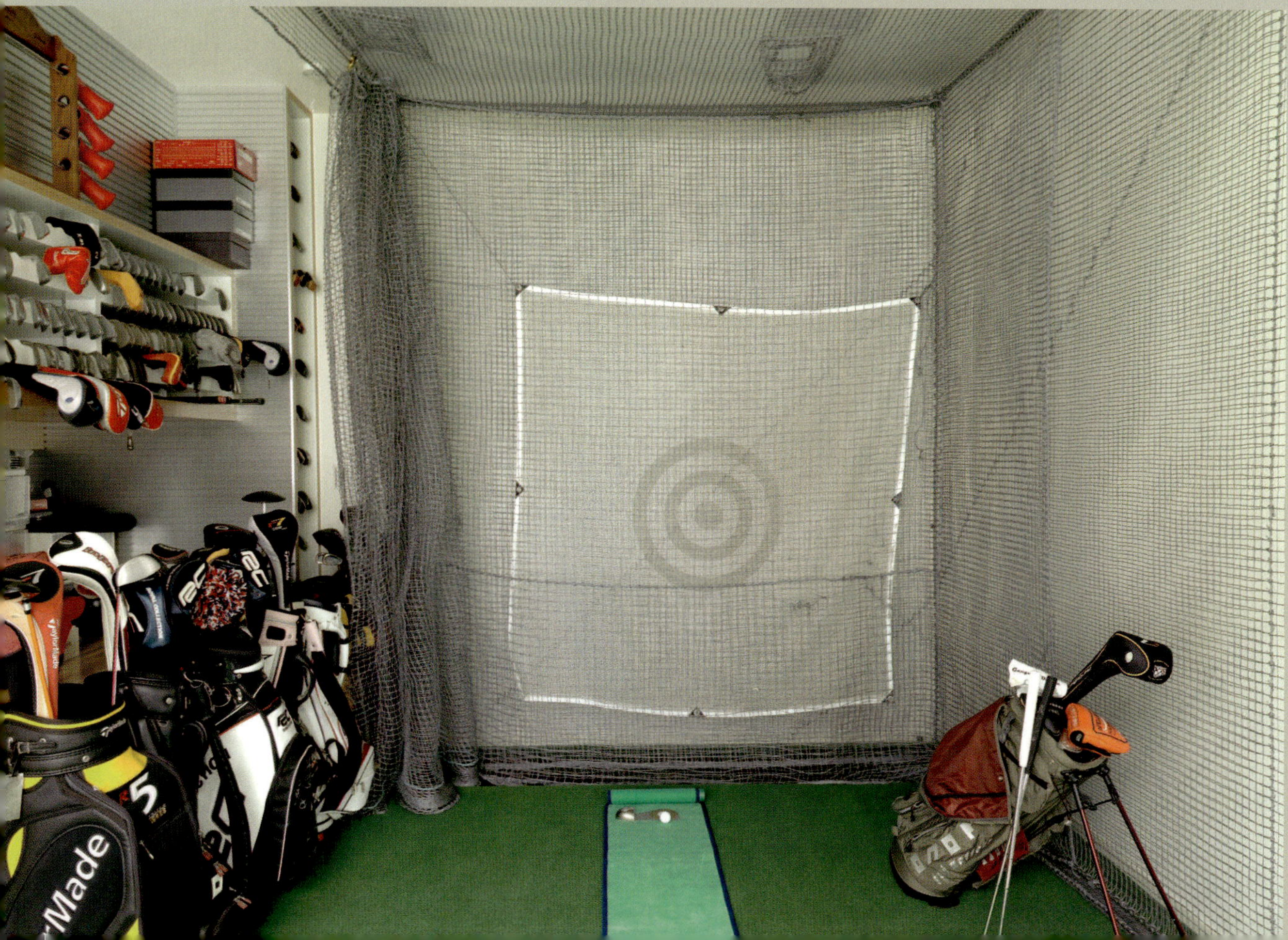

Gegenüberliegende Seite oben:
Hier wird wohl geordnet alles aufbewahrt, was die Bewohner für ihren Lieblingssport benötigen.

Gegenüberliegende Seite unten:
Ein kleiner Indoor-Abschlagplatz zum Üben.

Oben: Das von den Glaswänden des Hauses umgebene »Patio-Green«.

PETER HINWOOD

Der Kunstsammler Peter Hinwood bewohnt die erste Etage eines Palasts im Londoner Stadtteil Mayfair. Das Raumgefüge ist – typisch für repräsentative Residenzen des achtzehnten Jahrhunderts – weitläufig, die Farben der Wände sind intensiv und von Zimmer zu Zimmer verschieden. In einem gelungenen Zusammenspiel wird so den Objekten von Hinwoods *Grand Tour*, seiner eklektischen, internationalen Raritätensammlung, der beste Hintergrund geboten.

Rechts: Ein Detail aus dem Schlafzimmer mit einer kleinen gebeizten Kommode zwischen gestreiften Vorhängen.

Gegenüberliegende Seite: Das Schlafzimmer; über dem französischen, in maurischem Stil dekorierten Kästchen (19. Jh.) hängt ein antiker marokkanischer Spiegel. Der fellbezogene Armsessel links im Vordergrund ist englischer Provenienz, und zwar aus der Epoche Georges II. Englisch sind auch der große Schrank links im Hintergrund und der antike Polstersessel rechts vorne, der mit einem modernen gestreiften Stoff bezogen wurde. Das kleine Tischchen stammt aus Marokko.

London > Großbritannien

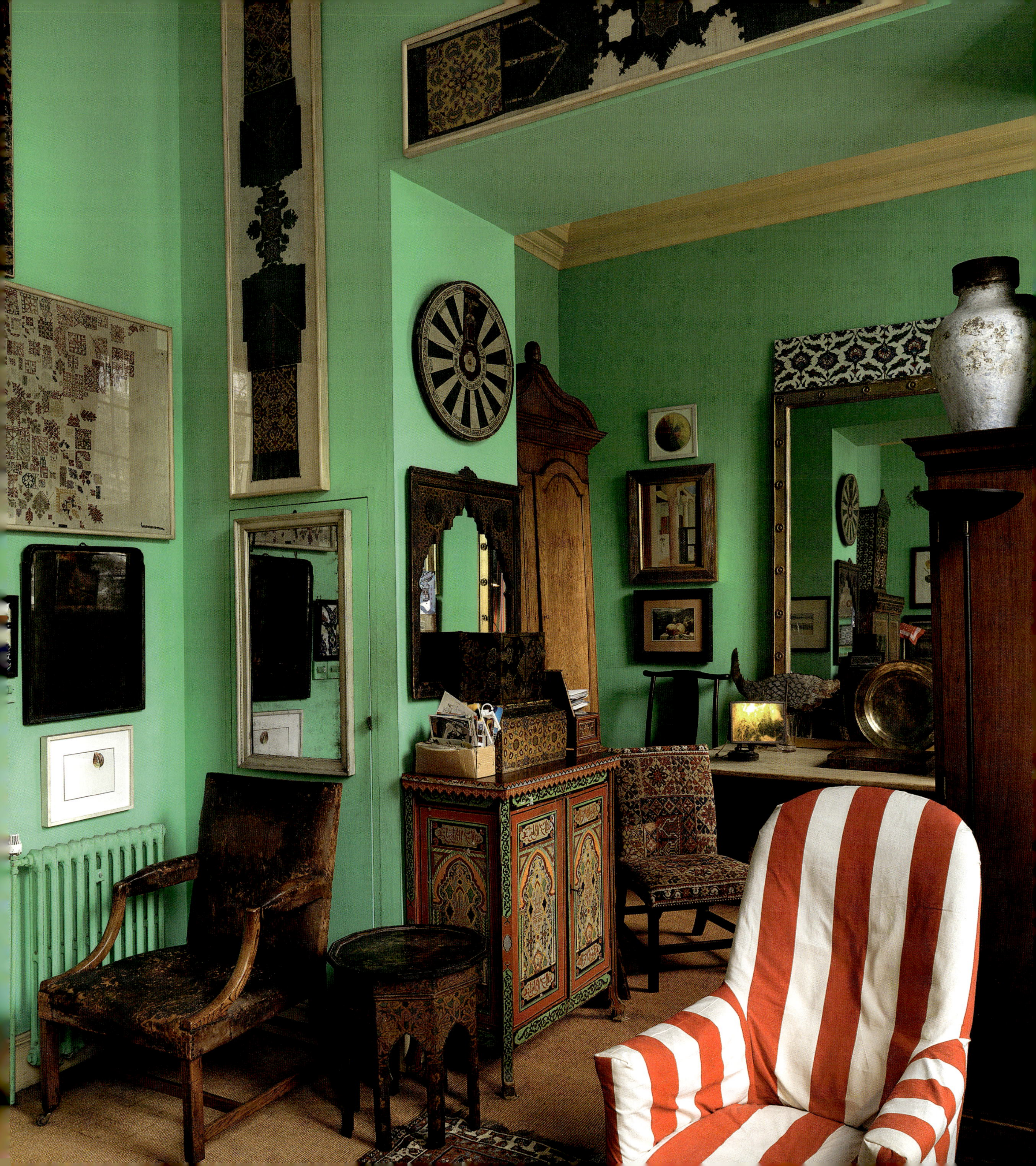

Im Wohnzimmer stehen vor dem Fenster ein Küchentisch aus dem neunzehnten und ein englischer Sessel aus dem achtzehnten Jahrhundert. Auf dem Kaminsims sind verschiedene türkische Fliesen aufgestellt, die Hinwood mit Hingabe sammelt. Die Laternen und die Tischchen stammen aus Marokko.

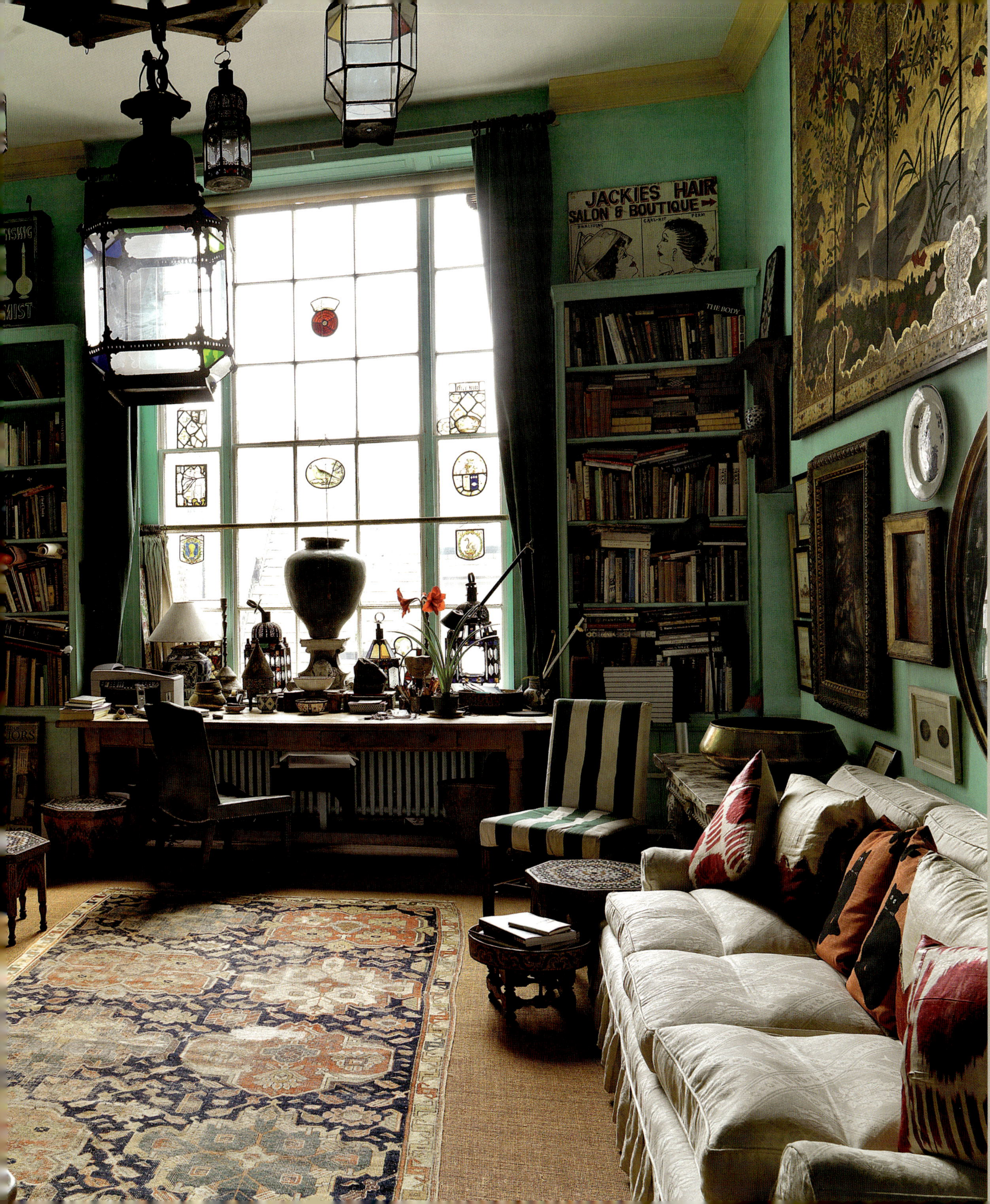
JACKIES HAIR
SALON & BOUTIQUE

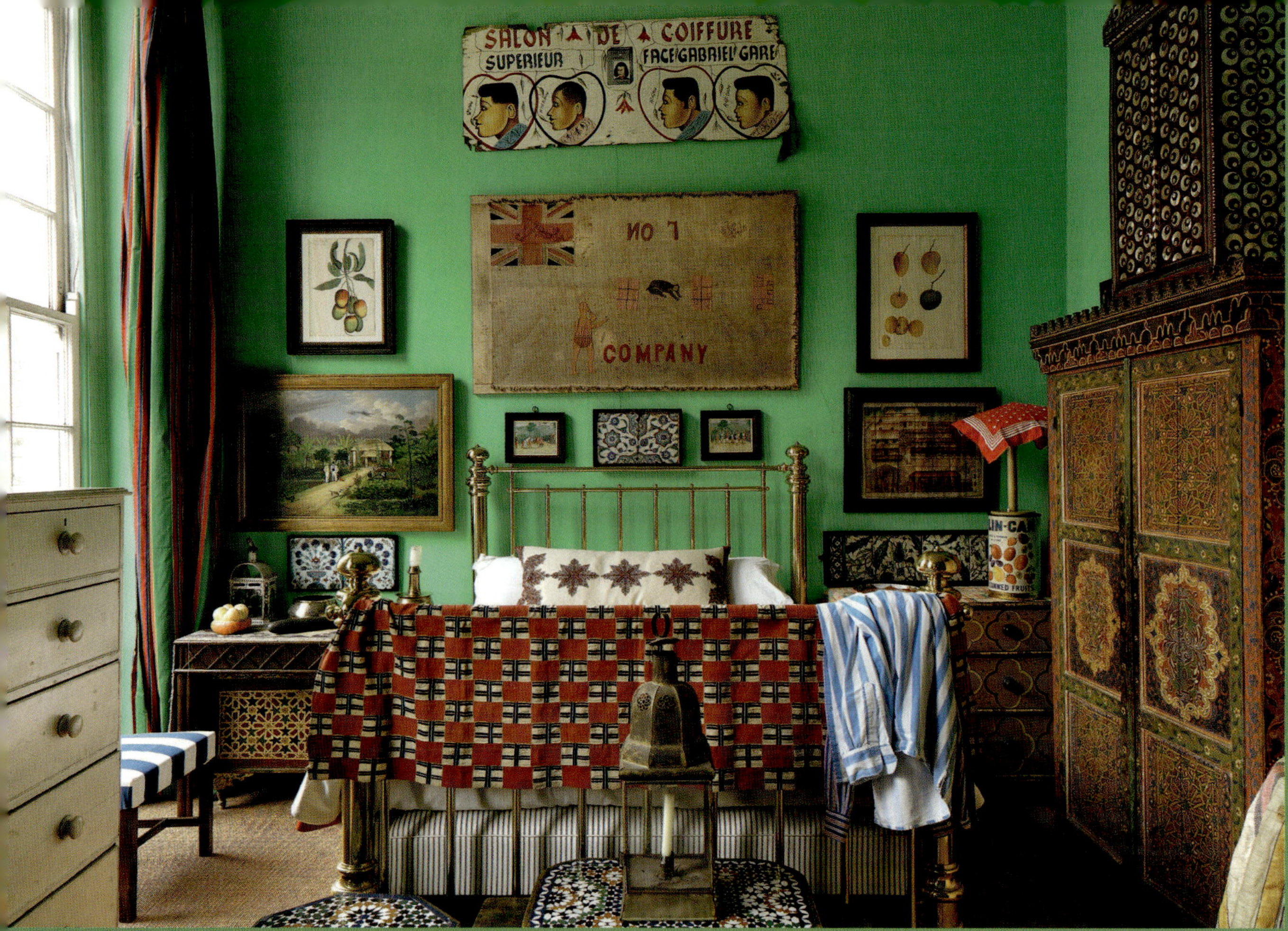
SALON DE COIFFURE
SUPERIEUR
FACE GABRIEL GARE
COMPANY

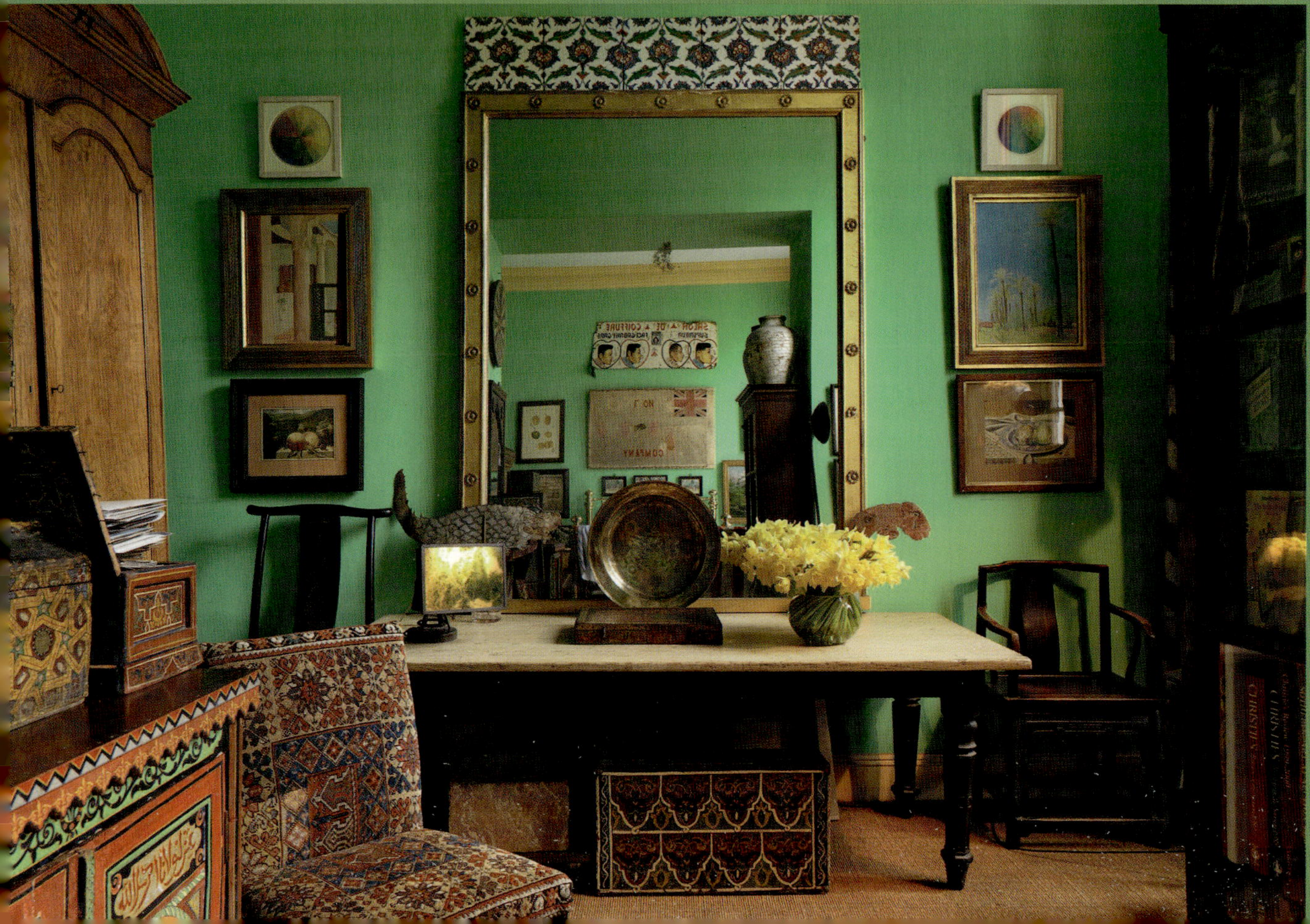

Gegenüberliegende Seite: Zwei Ansichten des Schlafzimmers, in dem über dem Bett – es stammt aus dem England des neunzehnten Jahrhunderts und ist aus teilweise vergoldetem Messing – das ungewöhnliche Geschäftsschild eines afrikanischen Friseurs hängt.

Oben: Auch im Badezimmer beherbergen die Regale unter anderem Fliesen türkischer Provenienz.

An der Küchenwand befindet sich diese facettenreiche Sammlung von Stichen, Ölbildern und Aquarellen.

Der Eingangsbereich (oben und unten) ist in einem intensiven Lavendelton gehalten und wird von einer großen weißen Marmorkonsole und einem indischen Gemälde dominiert.

HUGO TOLENTINO DIPP

In Samaná, in der Dominikanischen Republik, scheint die Ranch Caballona von Hugo Tolentino Dipp – eine der bekanntesten Persönlichkeiten der Gegend – und seiner Frau Sarah – Expertin für Landschaftsgestaltung – wie ein altes Schiff durch die üppige Vegetation aus Zuckerrohr und Früchten zu segeln. Die gesamte Struktur besteht aus drei, mit Korridoren verbundenen, mit einem Zinkdach versehenen Baukörpern, die mit pastellfarben gestrichenem Palmenholz verkleidet sind. Die Fenster kommen ohne Glas aus, der Boden ist aus unregelmäßig gefärbtem Zement. Das früher von dem Ehepaar bewohnte Haus liegt rund achtzig Kilometer von der kleinen Ranch entfernt. Es wurde abgetragen und in diesen, von Sarah Tolentino angelegten Garten transferiert. Das Interieur mit den Kolonialmöbeln, der naiven Kunst, den Hängematten, den großen Terracottakrügen und den alten europäischen Stichen atmet den Zauber der Karibik.

Rechts: Der Eingang in einen der drei Gebäudeteile.

Gegenüberliegende Seite: Auch in diesem Korridor sind die Wände aus schlanken, gestrichenen Palmholzlatten aufgezogen, der Boden besteht aus gefärbtem Zement.

Santo Domingo > Dominikanische Republik

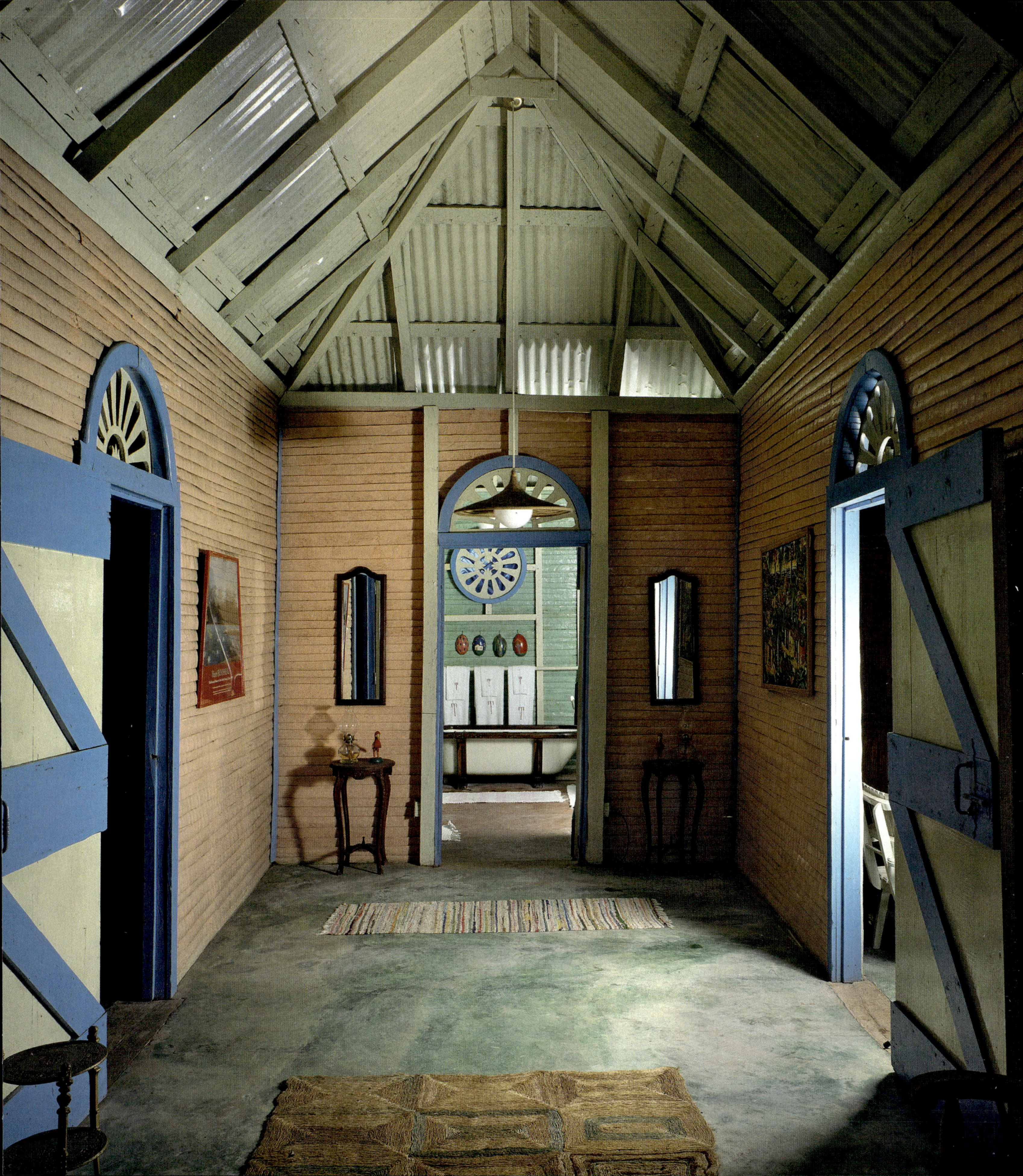

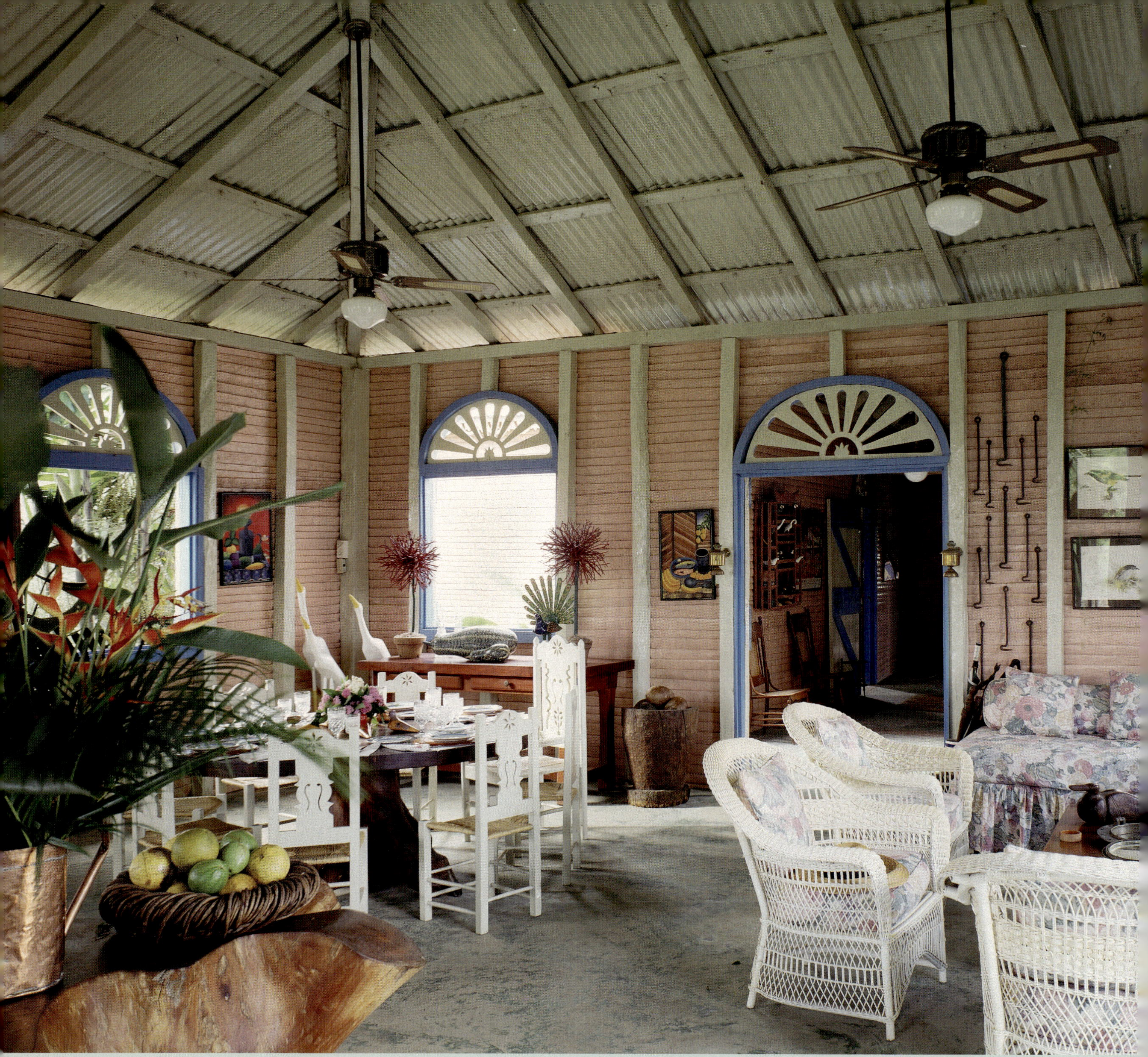

Oben: In der Küche stehen diese antiken Amphoren aus lokaler Produktion.

Links: Im Wohn-Esszimmer stehen rund um den Esstisch Stühle von dominikanischen Handwerkern und bequeme Rattansessel.

In diesem Gästezimmer bietet die Hängematte eine Gelegenheit, die kühle Nachtbrise zu genießen.

Rechts oben: Dieses Bett im Schlafzimmer der Besitzer stammt aus dem neunzehnten Jahrhundert und ist eine Arbeit mexikanischer Handwerkskünstler.

Rechts unten: Im großen Badezimmer, über der Wanne mit dem Holzrand aus dem neunzehnten Jahrhundert, hängen *higueros*, in der Mitte geteilte und in lebendigen Farben bemalte Kokosnüsse.

Interieur: Anouska Hempel

VILLA WEINBERG

London › Großbritannien

Wir befinden uns in Chelsea, jenem eleganten Stadtteil Londons, der von den grandiosen Bauten legendärer Architekten wie Christopher Wren, John Soane und Norman Shaw geprägt ist. Das Haus, um das es hier geht, gehört Mark Weinberg, Versicherungstycoon und Philanthrop. Betrachtet man die Besitzverhältnisse allerdings vom Standpunkt des Interieurs, ist es vielmehr das Haus seiner Frau Anouska Hempel. Die vielseitige Persönlichkeit (unter anderem war sie Filmschauspielerin und debütierte im Jahr 1969 in *James Bond – Im Geheimdienst ihrer Majestät*) wird heute als eine der hundert einflussreichsten Innenarchitekten genannt. Die Ästhetik ihres Hauses ist ganz dem Motto »Zuerst der Stil, dann der Komfort« gewidmet. Das hat den Effekt, dass jedes Element – majestätisch und mit historischem Pathos versehen – seinen präzisen, unveränderlichen Platz hat. Symmetrische Strenge spielt die Hauptrolle und wird begleitet vom Wechsel aus rhythmisch platzierten Kunstgegenständen und dem Blick in den Garten.

Oben: Ein viktorianisches Ölgemälde.

Rechts: Ein Teil des neoklassizistischen Salons mit dem großen Spiegel, der Truhe mit den Goldapplikationen und den Stühlen mit der Doppellyra an der Rückenlehne.

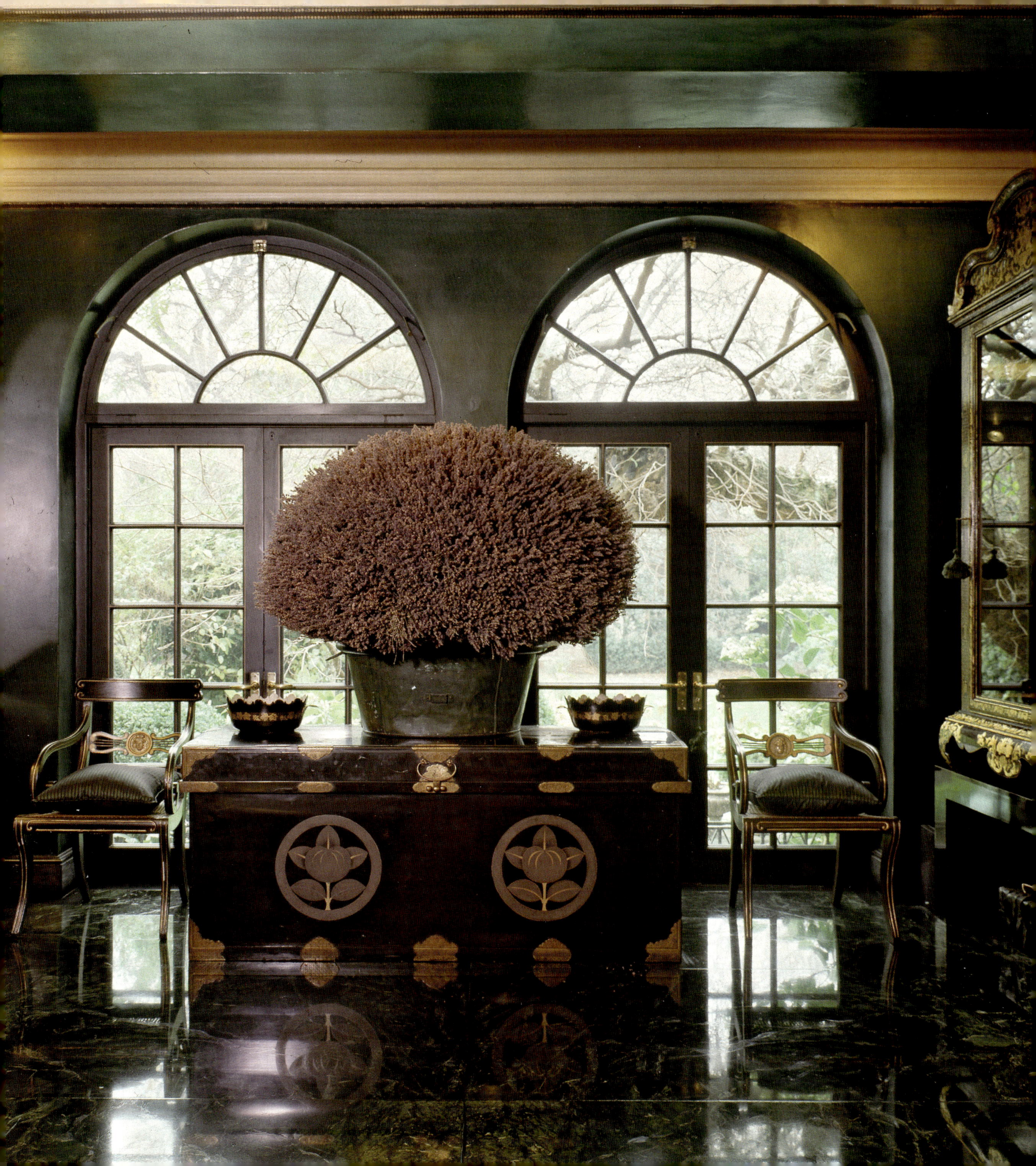

Oben: Ein Blick in die Bibliothek. Die stufenförmig angelegten Möbel führen die Augen des Betrachters direkt zum Porträt einer Dame, das Werk eines Nachfolgers des großen William Larkin (1580–1619), der erst in letzter Zeit wiederentdeckt wurde.

Gegenüberliegende Seite: Die Badezimmertüre wird von einer Serie von Stichen aus dem achtzehnten Jahrhundert gerahmt.

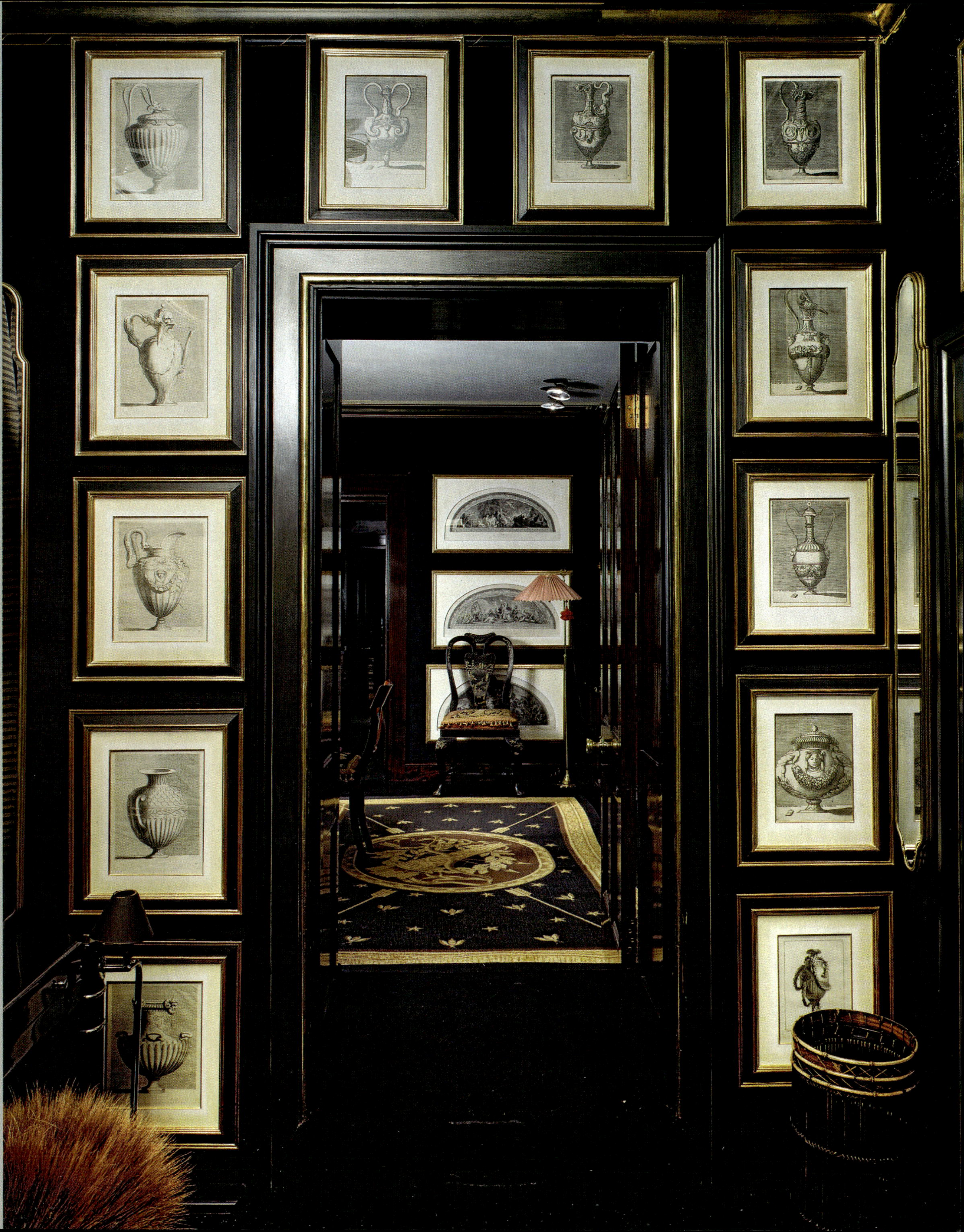

Oben: Stiche mit Reiterszenen (18. Jh.) bilden den roten Faden durch das große Badezimmer, in dem ein Spiel aus raffinierten Brauntönen vorherrscht.

Gegenüberliegende Seite: Über dem Himmelbett im großen Schlafzimmer – sein Baldachin besteht aus üppiger, floraler Reliefstickerei – ein weiteres Werk eines Prätendenten William Larkins aus der ersten Hälfte des siebzehnten Jahrhunderts.

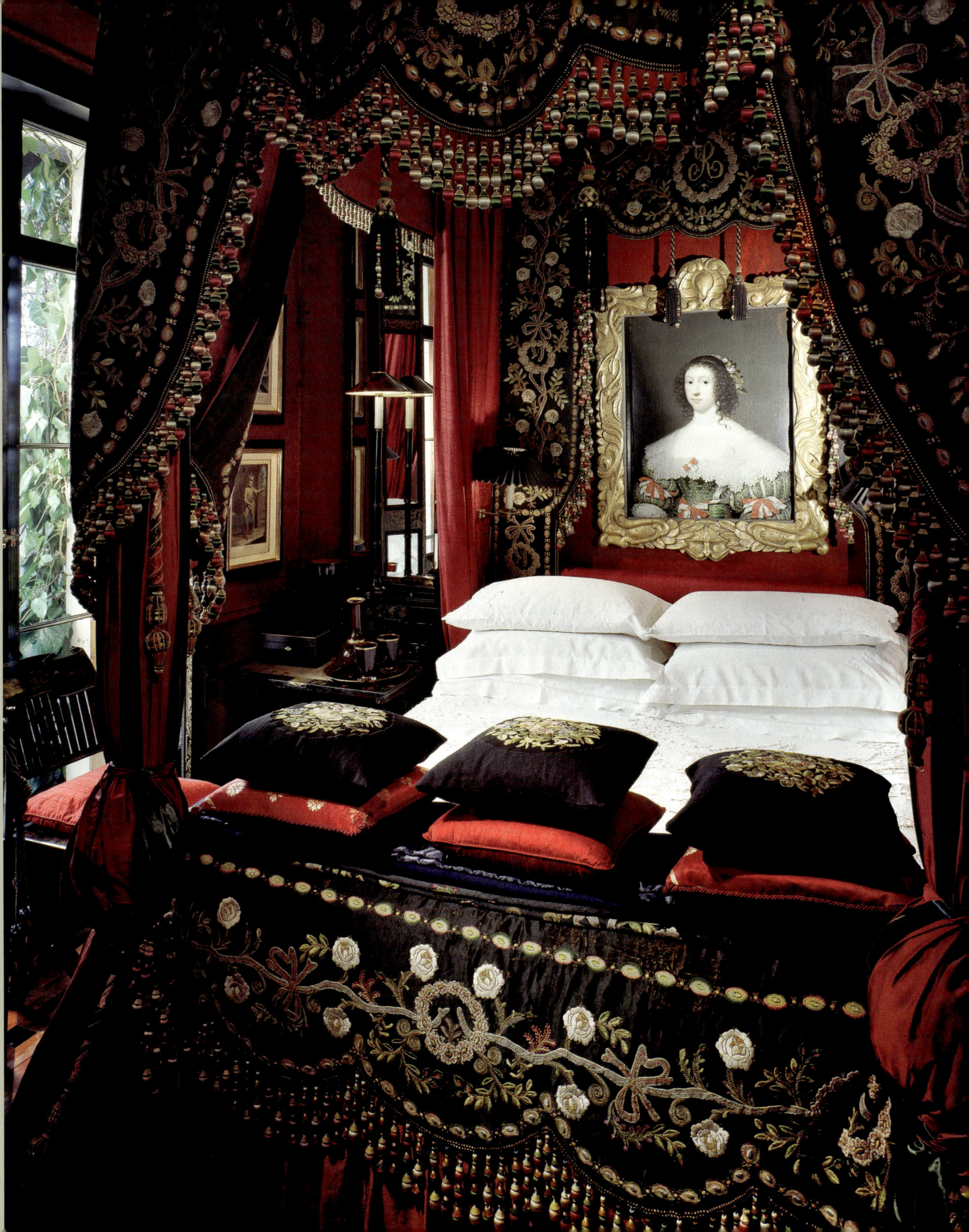

ORSOLA GAZZONI

Mailand > Italien

Es waren die knallbunte Farbpalette Mexikos und die Gemälde Henri Matisses, die das Appartement Orsola Gazzonis, das in einem Palast aus dem achtzehnten Jahrhundert in Mailands bohemienhaftem Viertel Navigli liegt, inspiriert haben. Der strengen Linearität der großbürgerlichen Architektur wird nun mit lebendigen Wandanstrichen, Ethno-Objekten, zeitgenössischen Gemälden und den satten Farben der Tricia-Guild-Stoffe, die das Ambiente in Bewegung versetzen, ein kräftiger Kontrapunkt gesetzt.

Rechts: Das »Stillleben« evoziert die Farben der Werke von Henri Matisse: Auf dem Kaminsims im Wohnzimmer befinden sich auch das kleine Bild mit dem Kamel, ein Werk von Fathi Hassan.

Gegenüberliegende Seite: Charakterisiert wird die Zimmerflucht von einer geradezu emotional geladenen Chromatik. Die magentaroten Vorhänge sind von Tad, die grünen von Tricia Guild.

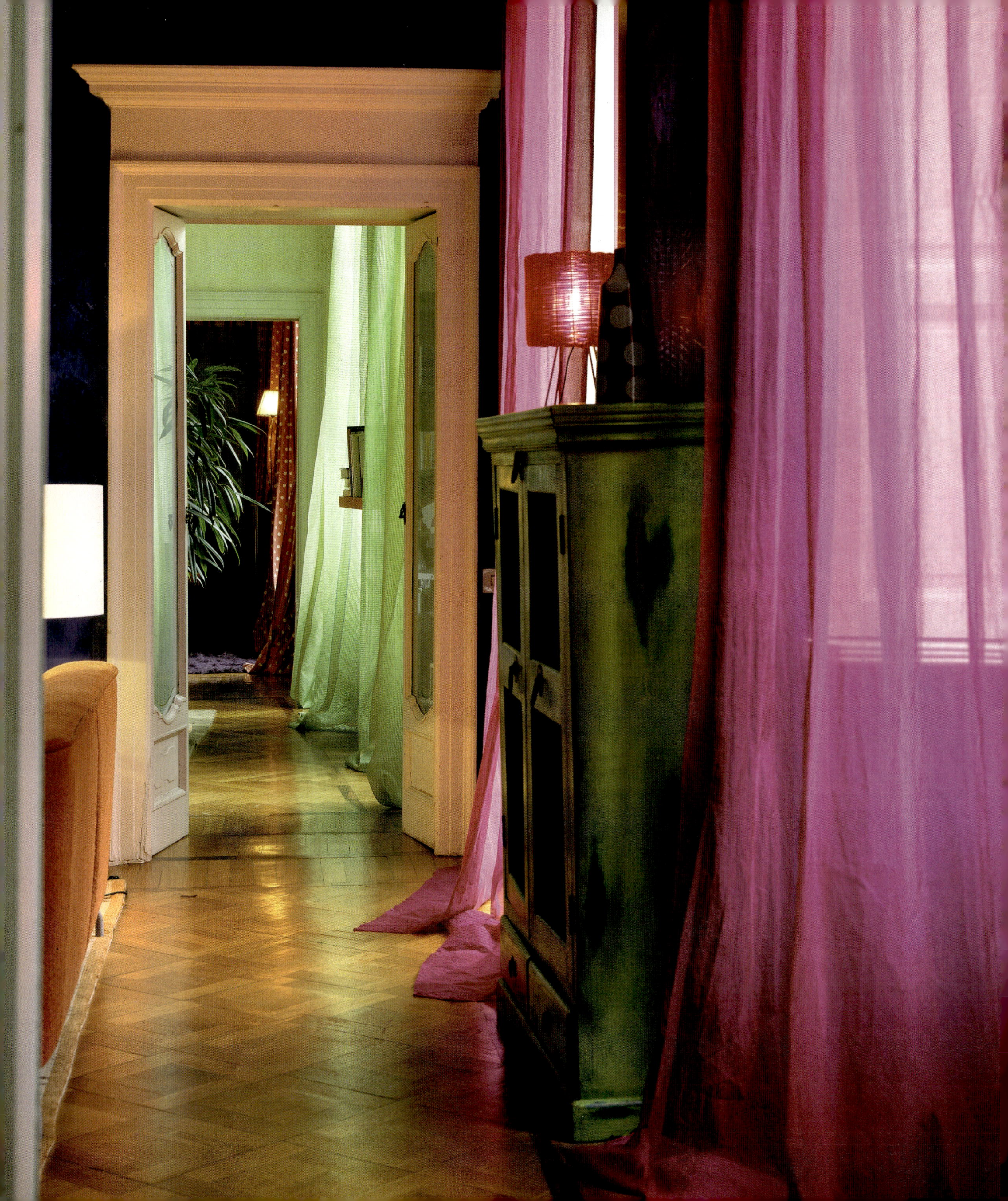

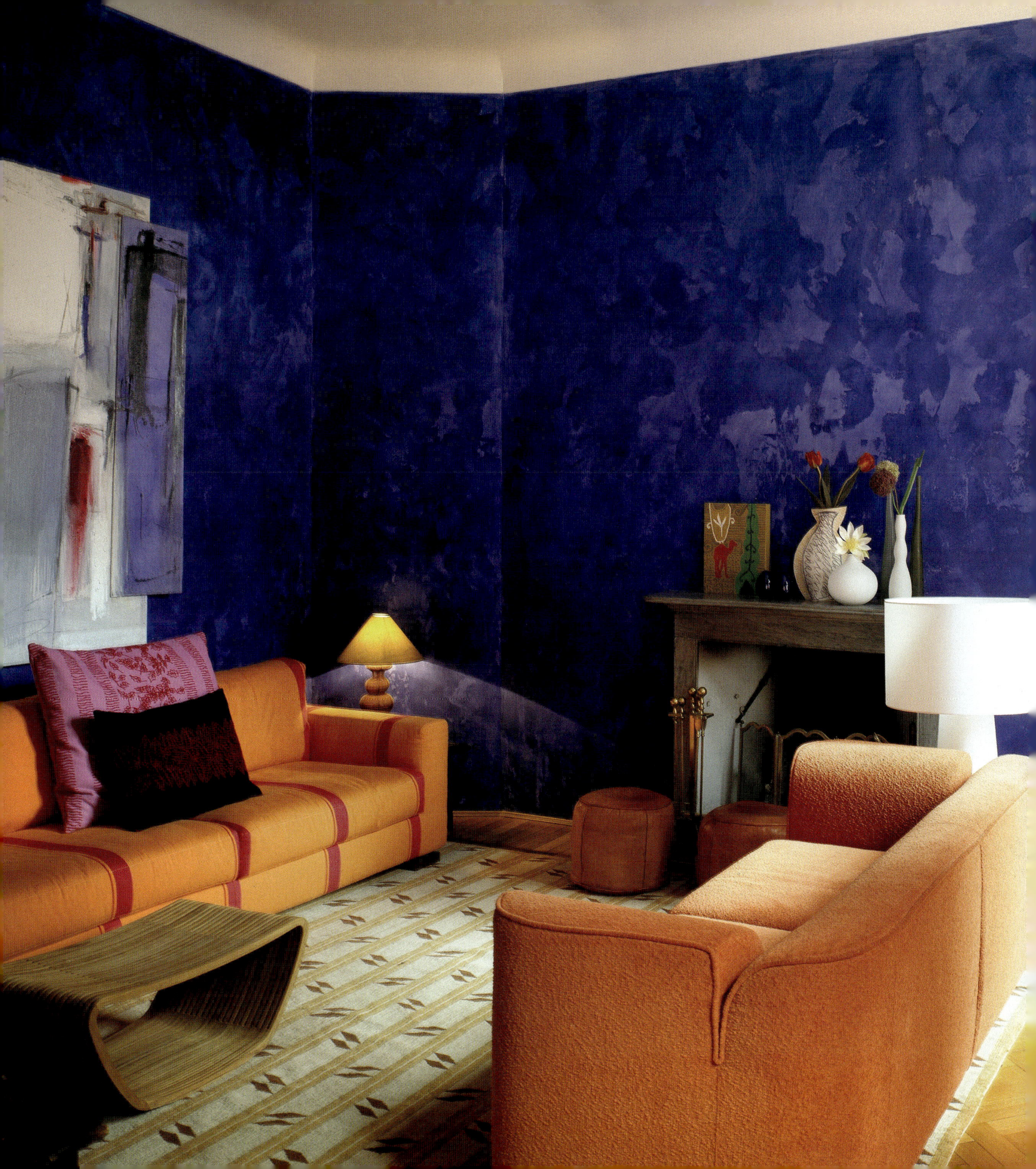

Oben: Der Eingang in die Küche.

Links: Hinter dem linken Sofa, das mit einem Stoff von Tricia Guild bezogen ist, im Wohnzimmer hängt Enzo Espositos Gemälde *Ohne Titel* aus dem Jahr 2001. Die Kissen sind von Tad, der niedrige Tisch zwischen den Sofas von Cappellini.

Links: Auf der indischen Kommode – farbig gebeizt im Laboratorio Idarica Gazzoni – stehen eine Vase und eine Lampe von Tad.

Gegenüberliegende Seite: An der Wand des Speisezimmers ein Gemälde von Sergi Barnils aus dem Jahr 2001. Rund um den indonesischen Tisch stehen indische Stühle; die silbernen Kerzenleuchter sind von Christofle.

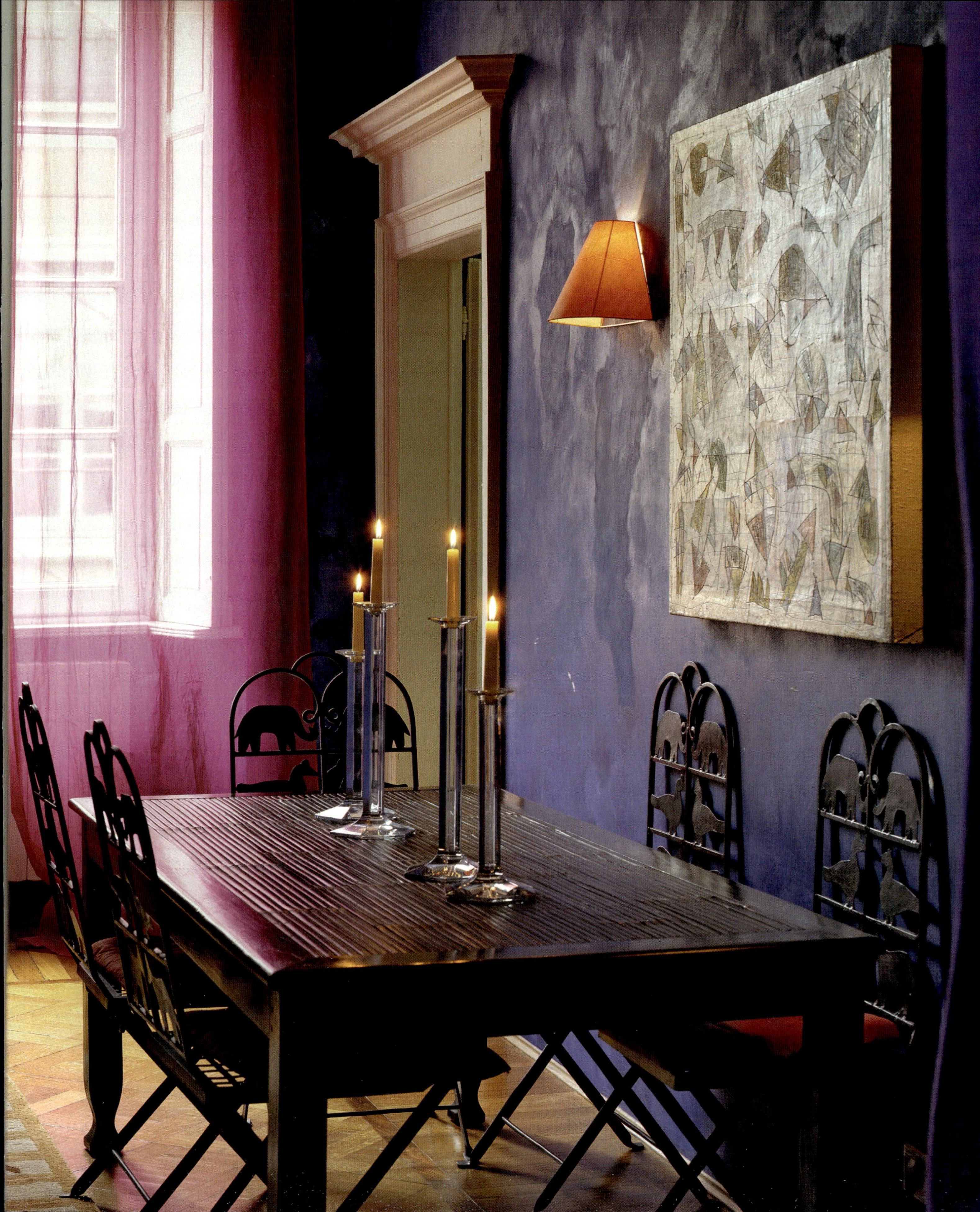

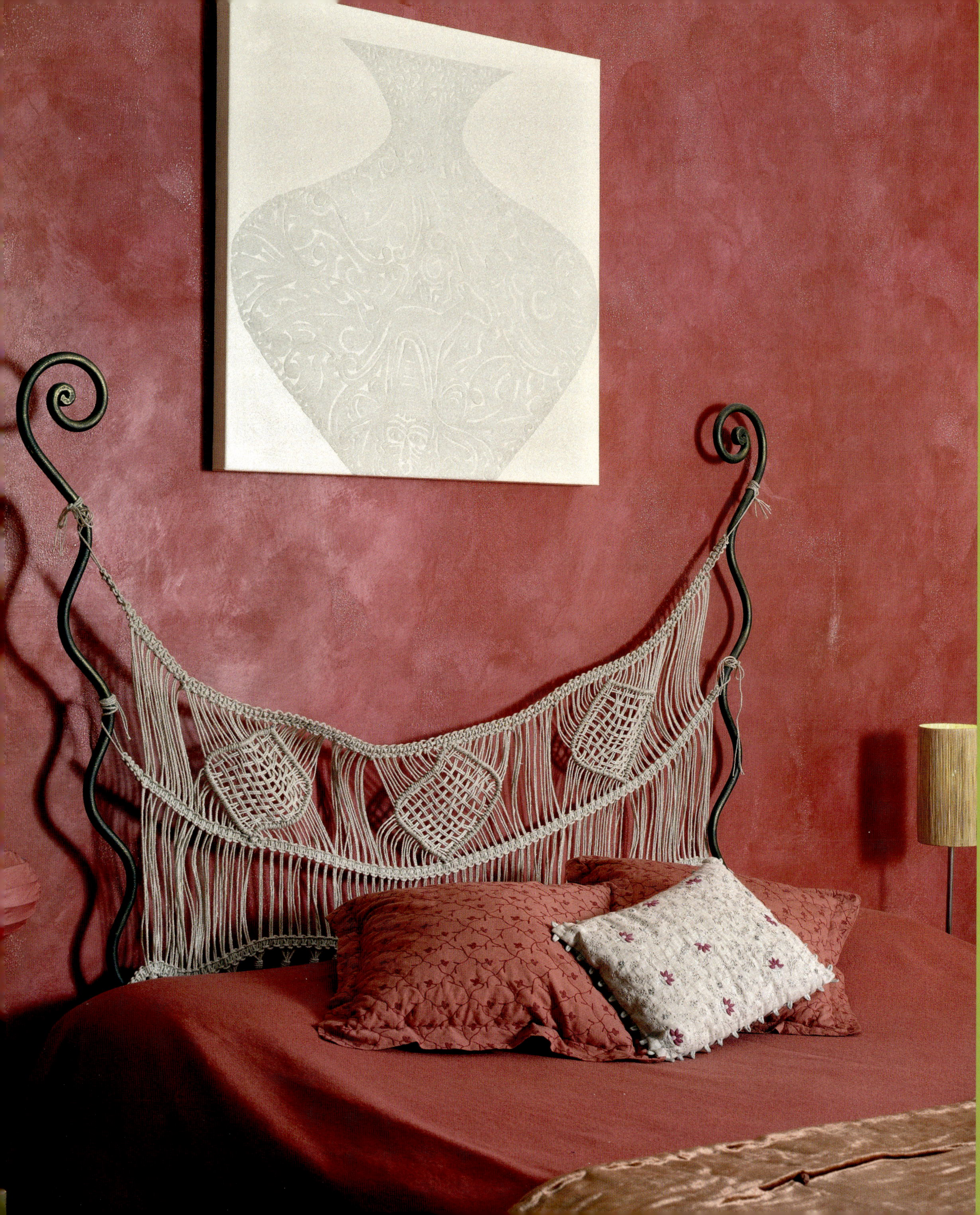

Oben: Das Spiegelchen stammt aus Marokko, die fuchsiarote Konsole von Ikea.

Gegenüberliegende Seite: Das große Schlafzimmer. Die Tagesdecke und die Kissen sind von Romo, die Lampe auf dem Nachtkästchen von Ikea. Über dem Betthaupt aus Eisen und einem Seilgeflecht hängt ein Bild von Fathi Hassan.

St. Moritz > Schweiz

Architektur: Laura Sartori Rimini

LAURA SARTORI RIMINI

Das Appartement Laura Sartori Riminis liegt in der Mansarde eines Gebäudes aus dem siebzehnten Jahrhundert in Celerina, einem Dorf in der Nähe von St. Moritz, das sich die Atmosphäre eines alten Orts im Engadin bewahren konnte. Das alte Bauernhaus wurde früher zum Teil bewohnt, zum Teil war es Stall und Heuschober. Das Dachgeschoß, das Laura Sartori Rimini zur Wohnung umgebaut hat, war ursprünglich der Getreidespeicher und als solcher viel zu niedrig, um daraus ein Appartement zu machen. Dennoch wurde das Kunststück vollbracht, den Innenraum zu erhöhen, ohne die Außenmauern verletzen zu müssen. Das gesamte originale Holz des Hauses konnte wieder verwendet werden, um Wände und Decken zu verkleiden, und auch die Böden bestehen aus diesem originalen Holz. Heute erscheinen Architektur und Interieur wie ein Spiel aus Symmetrie und Kontrasten, die die Architektin aus einem weiten Raumgefühl und zahlreichen Objekten, die sie im Laufe der Jahre auf Märkten oder bei Antiquitätenhändlern auf der ganzen Welt zusammengetragen hat, zu inszenieren versteht.

Rechts: Neben dem lombardischen Kamin (17. Jh.) hängt das Bildnis eines Edelmanns (18. Jh.). Im Zentrum steht eine Bank (17. Jh.), die als Ablage von Büchern und Zeitschriften dient. An ihren beiden Seiten liegen türkische Sitzpolster, daneben steht ein Chesterfield-Sofa und alles steht auf einem Ushak-Teppich (19. Jh.).

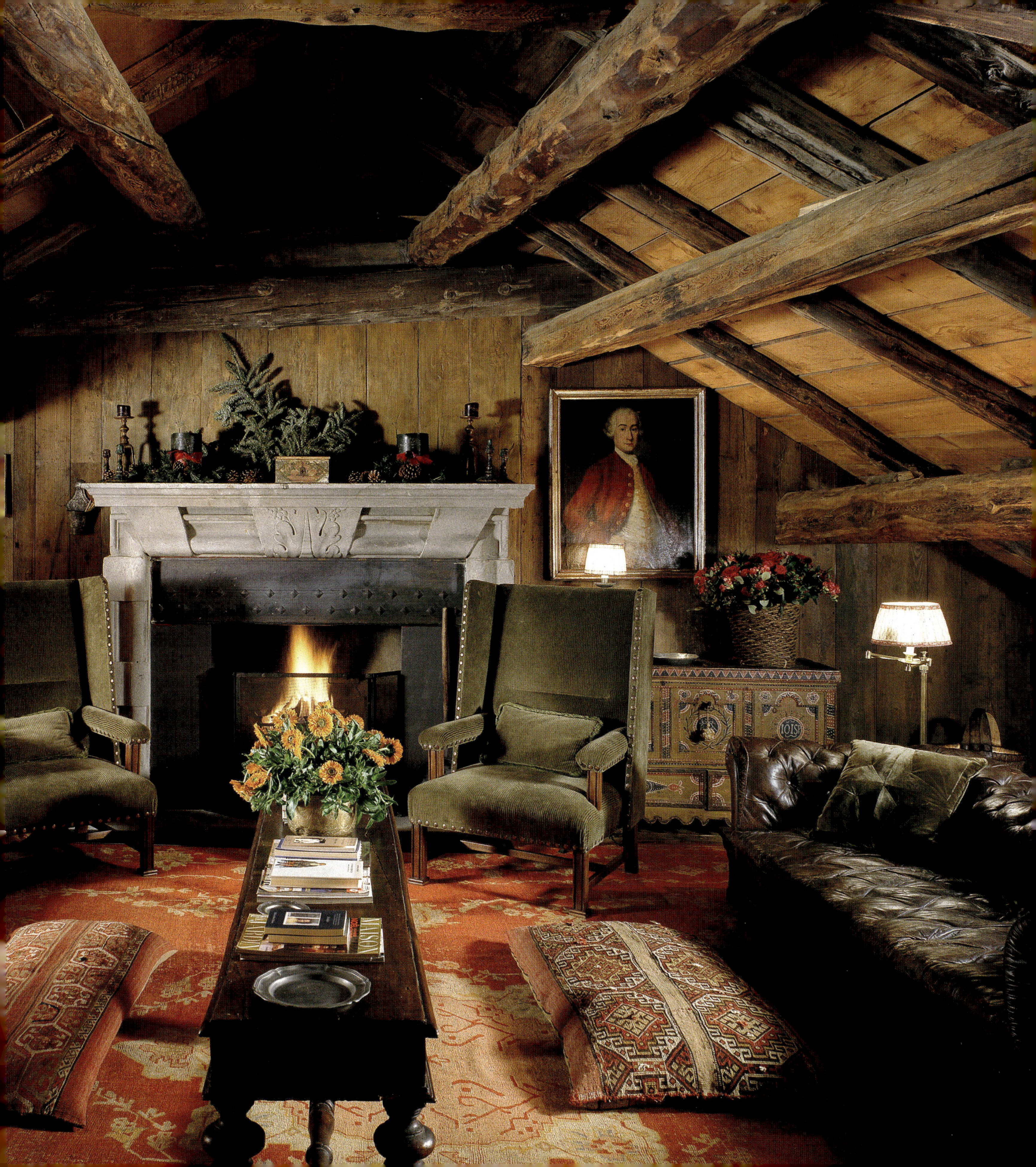

Links: Die Eingangsgalerie mit dem holzverkleideten Tonnengewölbe. Der Bogen wird von zwei kannelierten Nussholzsäulen aus dem achtzehnten Jahrhundert getragen, an der Querstange hängt ein als Vorhang verwendeter Kelim.

Unten: Ein Detail aus dem Wohnraum.

Gegenüberliegende Seite: Das Esszimmer. Auf dem Boden neben dem Tisch steht die Kopie eines Stilllebens aus dem siebzehnten Jahrhundert. Der Lüster ist eine Arbeit aus Holz und Eisen und stammt aus dem neunzehnten Jahrhundert.

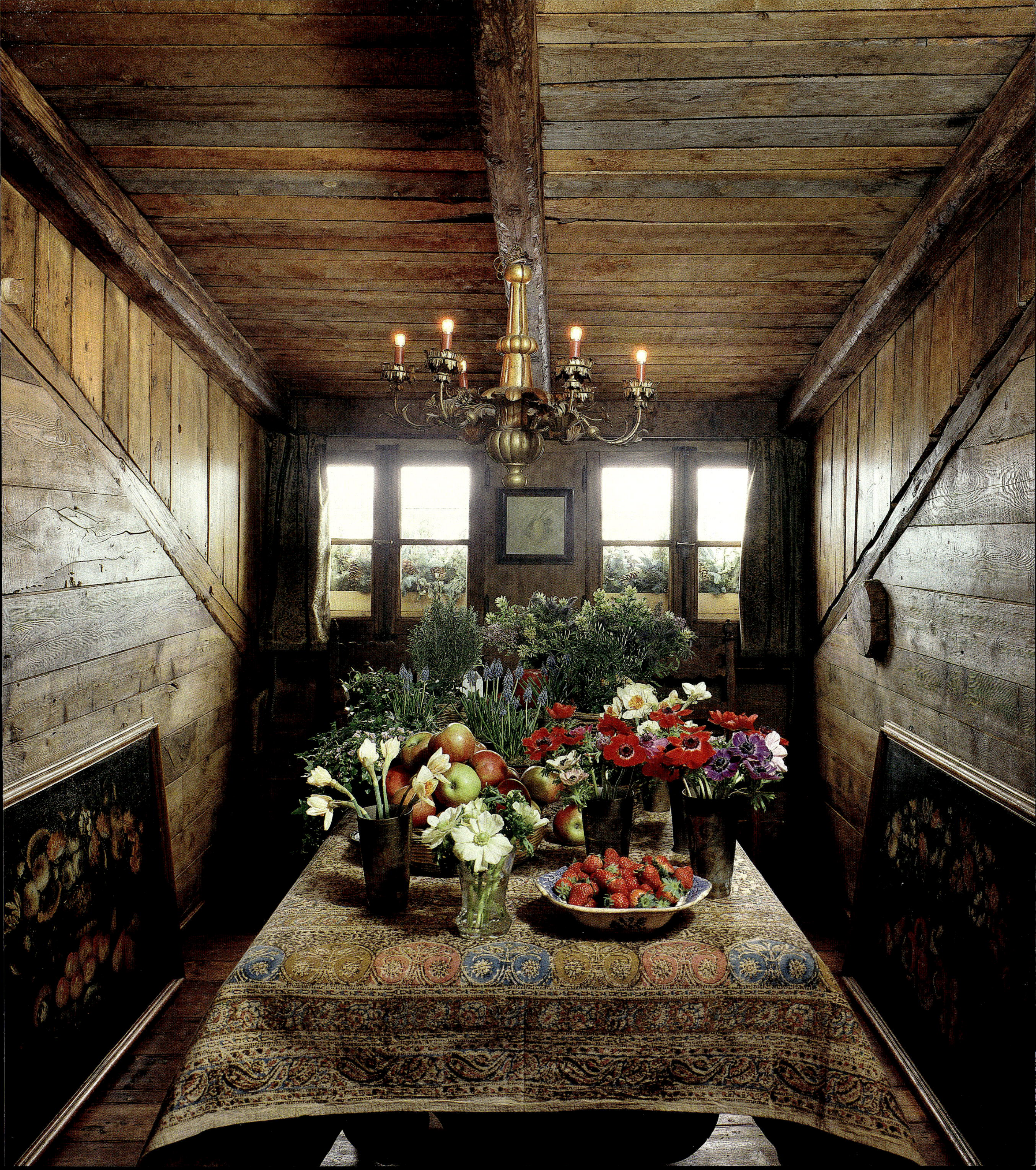

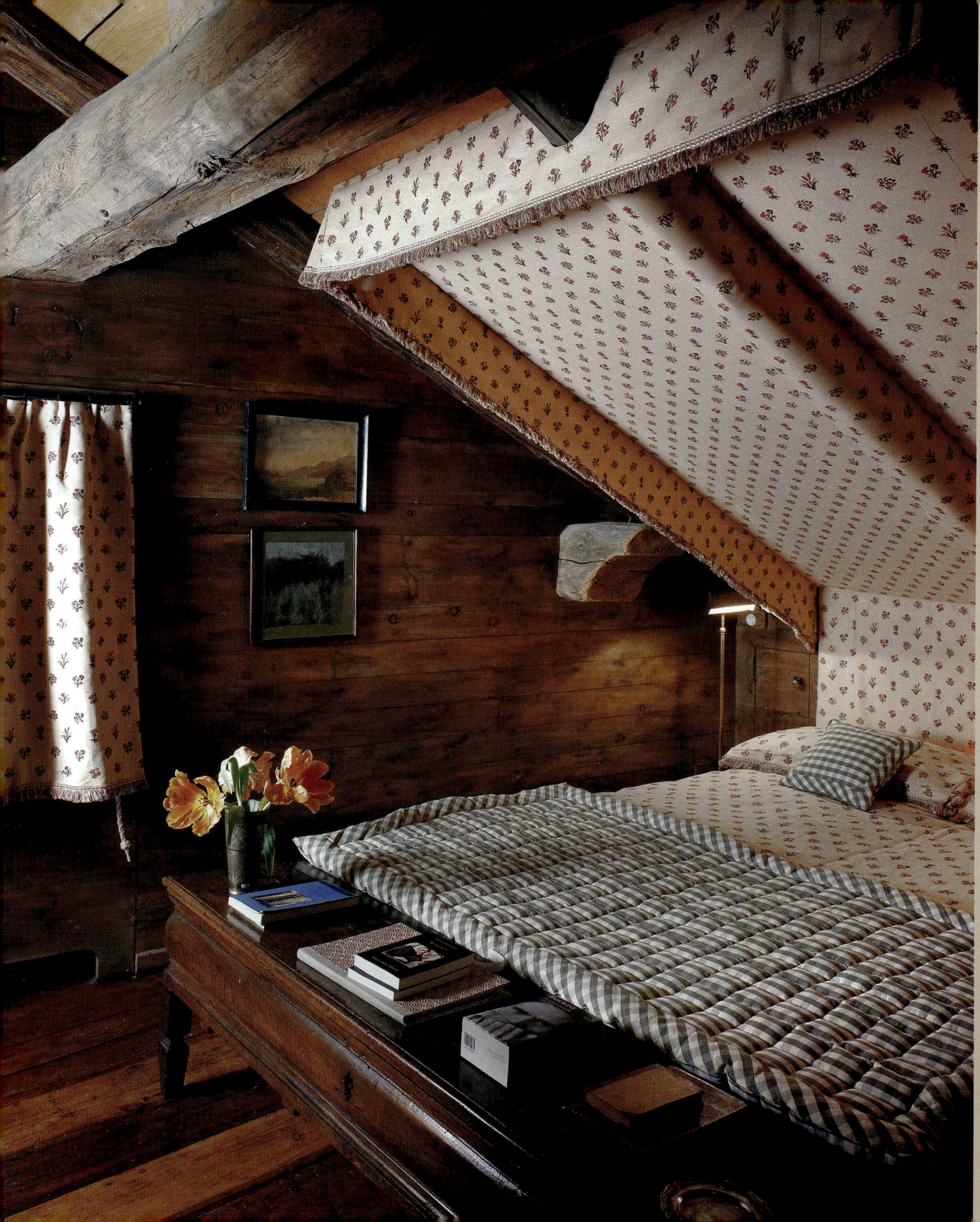

Gegenüberliegende Seite: Im Gästezimmer wurde die Deckenschräge mit Leinen überzogen, um eine Art Baldachin über dem Bett zu schaffen. Die Bank am Fußende des Bettes stammt aus einer Sakristei, in ihr wurden ursprünglich Kerzen aufbewahrt.

Oben links: Dieser mitteleuropäische Bauernschrank aus dem neunzehnten Jahrhundert befindet sich ebenfalls im Gästezimmer.

Oben rechts: Der Waschtisch aus Eisen und Marmor aus dem frühen zwanzigsten Jahrhundert und der Spiegel aus dem neunzehnten Jahrhundert schmücken das Badezimmer.

Paris > Frankreich

ALDA FENDI

Interieur: Raffaele Curi

Auf dem Boulevard Saint-Germain in Paris, wo noch heute das Echo der Schritte von Maurice Utrillo, Georges Braque, Pablo Picasso, Henry Miller, Man Ray und Jean Cocteau nachklingt, hat Alda Fendi den Versuch unternommen, dieses Flair des frühen zwanzigsten Jahrhunderts wieder heraufzubeschwören, indem sie sich ein Zuhause im Stil eines Künstlerateliers schuf. Ihr Innenarchitekt Raffaele Curi ließ den Geist dieser Epoche durch eine minimalistische Ausdünnung wiedererstehen. Die wesentliche Inspirationsquelle war Man Ray: Eine Sequenz in Schwarz und Weiß, die ihn abbildet, Schnappschüsse von Dino Pedriali – sie waren es, die zum ästhetischen Dreh- und Angelpunkt des riesigen Wohnsalons wurden, der im Herzen des Appartements liegt. Eine große schwarze Metallleiter erhebt sich zwischen den Sofas von Vico Magistretti, als wäre sie Teil eines Bühnenbildes in einem Theater, das Raffaele Curi hier hinterlassen hat.

Oben: Entlang der Treppe hängen die Lampen *Mayday* von Flos.

Rechts: Im Wohnraum, der sich über zwei Etagen erstreckt, befindet sich zwischen den Sofas *Raffles* von Vico Magistretti (für De Padova) eine hohe Leiter aus schwarzem Metall. Sie ist ein Entwurf Raffaele Curis und wurde von Alimonti realisiert.

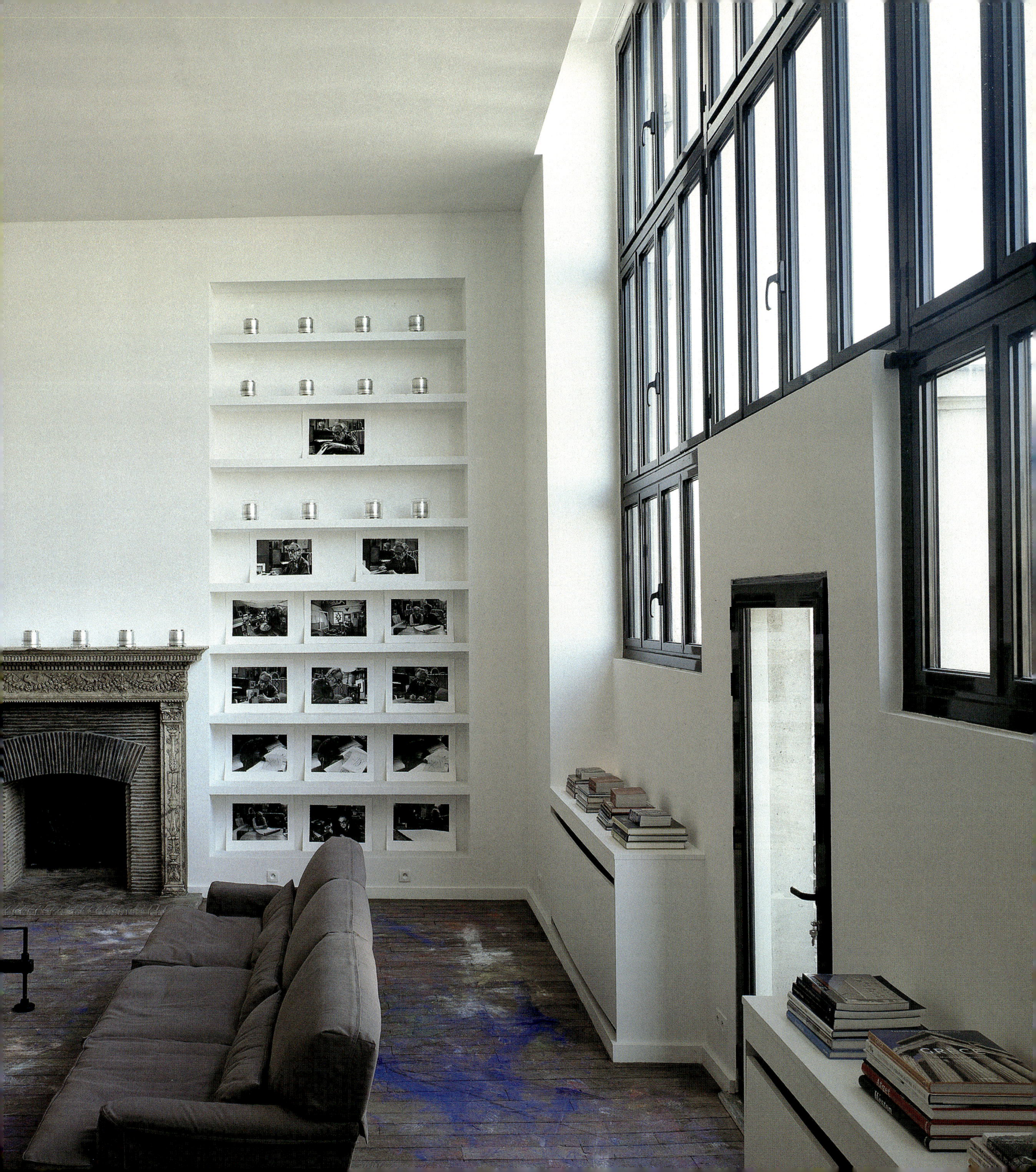

Der aus langen Holzbrettern verlegte Boden des Wohnsalons ist mit buchstäblich »malerischen« Farbflecken versehen.

Neben dem Kamin im Wohnzimmer befindet sich diese Schwarzweiß-Fotoserie von Dino Pedriali. Gewidmet ist die Serie Man Ray, der hier während seiner Arbeit porträtiert wurde.

LANDGUT VON BJURAKER IN HÄLSINGLAND

Hälsingland › Schweden

Die schwedischen Maler Jonas Hertman, Anders Adel und Gustav Reuter hätten wohl niemals – nicht einmal postum – Berühmtheit erlangt, hätte nicht eine Bäuerin aus Hälsingland erzählt, dass sich an den Wänden ihres Heuschobers und ihres Hauses Spuren religiöser Malereien erkennen lassen. Bald darauf machte man sich daran, die Fresken aus dem achtzehnten Jahrhundert freizulegen und zu restaurieren. Sie stammen aus der Ära König Gustavs III., in der diese Region dank der Leinenproduktion aufblühte. Die wohlhabenden Bauern der Region ließen sich ihre Häuser von vazierenden Künstlern mit Fresken ausstatten. Reich bebildert ist das Landgut von Bjuraker, das versteckt im Wald von Delsbo liegt. Es waren Gustav Reuter (1699–1783) und sein Schüler Erik Ersson (1730–1800), die das Landgut mit ihren Malereien schmückten, die in den 1950er Jahren restauriert wurden.

Oben: Das Hauptgebäude des Landguts von Bjuraker.

Rechts: Im Speisezimmer erzählt dieser Freskenzyklus aus dem Leben von Martin Luther. Die Decke ist mit Girlanden und Ornamenten verziert, die der Tradition zur Zeit Gustavs III. entsprechen. Für die Fresken und für Leinenproduktion wurden dieselben Farben verwendet: natürliche Pigmente, die man aus Blättern und Wurzeln gewann.

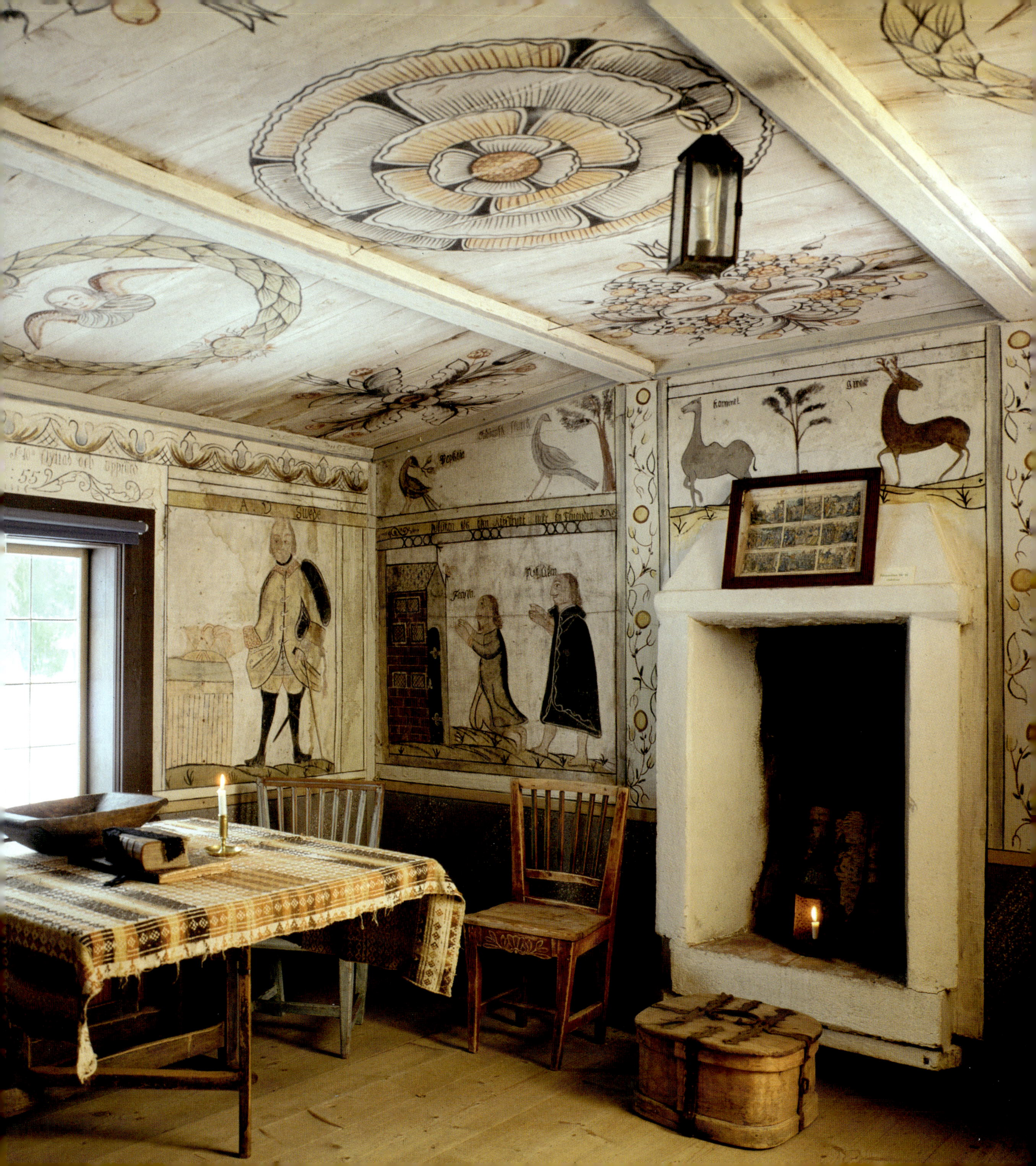

In einer Ecke des Speisezimmers steht neben einem Bildnis Martin Luthers dieser bäuerliche Schrank im Stil der Ära Gustavs III.

In der Küche brannte früher immer ein Feuer, sie war also der wärmste Raum des Hauses und damit auch der Schlafplatz der Kinder: im Alkoven schlief das größte, in der Wiege das kleinste. An den Wänden befinden sich hier Reitersujets, wobei die Reiter in militärische Uniformen gekleidet sind – eine Anspielung auf das frühe Metier Gustav Reuters, der Infanterie-Soldat war, bevor er Maler wurde.

Architektur: Thierry Despont

THIERRY DESPONT

Geboren in Frankreich, doch Kosmopolit aus Neigung: Thierry Despont, der sein Kunststudium in Paris abschloss und später seinen Master in Harvard machte, ist in jeder Hinsicht vielseitig. Der Architekt und Maler, dessen Illustrationen von Rimbauds Gedichten als Buch veröffentlicht wurden, arbeitete für Bill Gates, hat die Freiheitsstatue in New York renoviert und war am Bau der Galerien im Getty Center in Los Angeles beteiligt. Sein Domizil in Manhattan spiegelt all seine Passionen wider – für einen klugen Eklektizismus, für die Architektur und die Kunst, sogar für die Wissenschaft. Das Interieur seines Hauses trägt natürlich in jeder Hinsicht Desponts Handschrift und zeichnet sich durch eine gewisse Nüchternheit in der Möblierung und starke Kontraste aus, die durch die Verwendung manchmal neutraler, manchmal geradezu aggressiver Wandfarben entsteht.

Rechts: Der große Wohnsalon erinnert ein wenig an ein großbürgerliches Interieur im Paris der 1930er und 1940er Jahre. Die Polstermöbel sind Entwürfe Desponts, der sie mit gelbem und rotem Mohair beziehen ließ. Die Bilder an der Wand sind Werke des Besitzers, die schwarze Granitskulptur auf dem Podest stammt von Benoît Luickx, das gläserne Kunstwerk ganz hinten von Dale Chihuly.

New York > New York City, USA

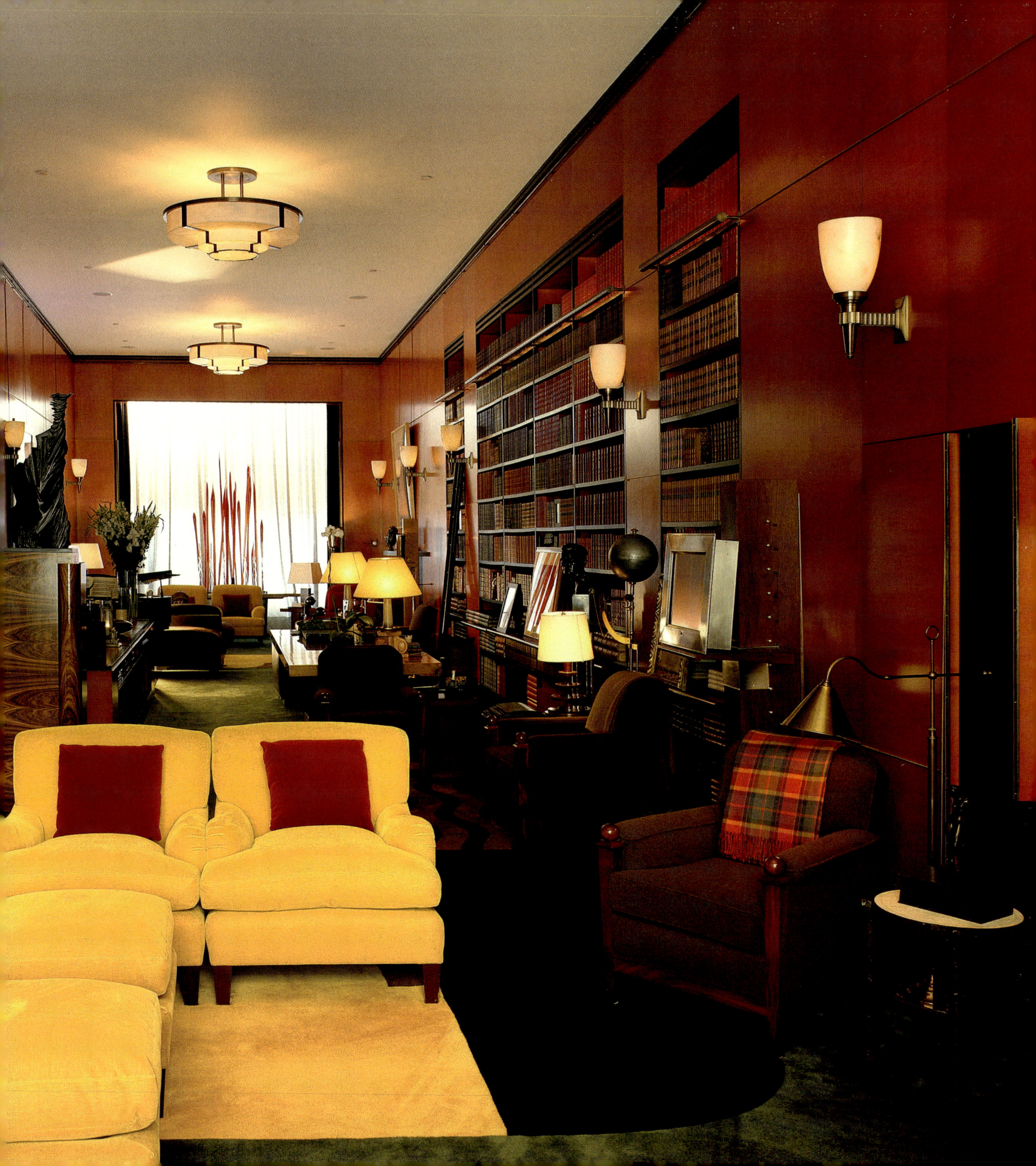

Links oben: Die ungewöhnliche Wandverkleidung – einem schottischen Tartan nachempfunden – im Billardzimmer entstand in The Office of Thierry W. Despont.

Links unten: Diese Lithografie im Billardzimmer ist ein Werk John Registers.

Mitten im Billardzimmer steht dieser aus italienischer Produktion stammende Billardtisch. Dahinter, auf dem antiken dreibeinigen Stativ, ein Himmelsglobus aus graviertem Glas – ein Werk des Besitzers. Die Deckenleuchte ist eine französische Arbeit.

Die Wände des Badezimmers sind mit Carrara-Marmor und Nero Belga verkleidet. Die Kohlezeichnung an der Wand ist ein Werk Desponts.

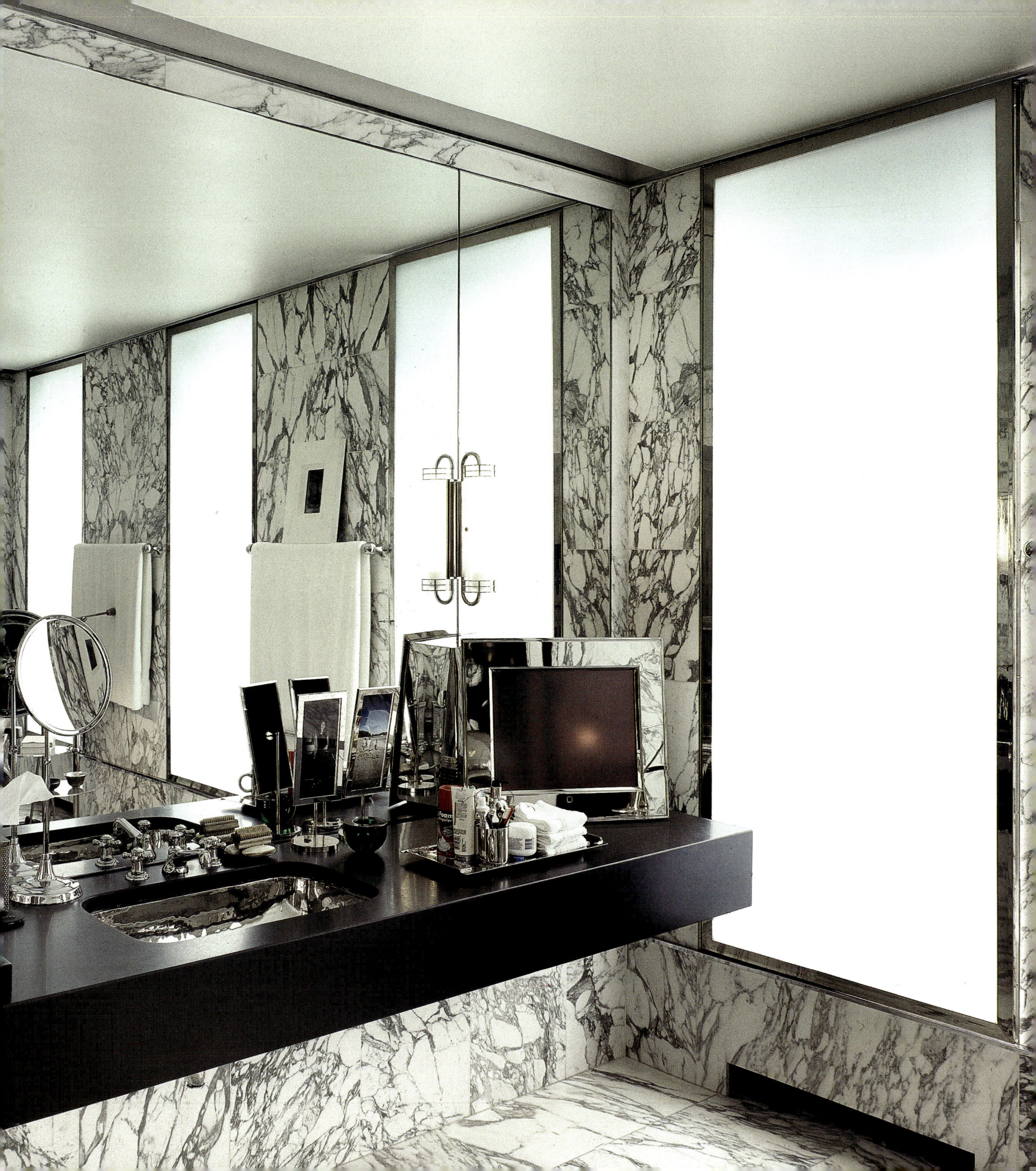

Oben: Ein Proszenium der Kuriositäten ist dieser Tisch in der Bibliothek: Die hier versammelte naturwissenschaftliche Kollektion wurde durchaus mit Witz platziert, was die Hand zwischen den mächtigen Zähnen des Rhinozeros-Schädels rechts beweist. Die Fotografie stammt aus dem neunzehnten Jahrhundert, das Astrolabium auf dem Tisch brachte Despont von einer Russlandreise mit.

Gegenüberliegende Seite: Der kleine Tisch im Zeichenstudio Desponts ist mit kleinen Modellen, Entwürfen und Zeichnungen überfüllt. Der gläserne Himmelsglobus hängt, eingefasst in einen oxydierten bronzenen Rahmen, von der Decke: Dieses Werk Thierry Desponts ist über und über mit fantasievollen »Himmelserscheinungen« graviert.

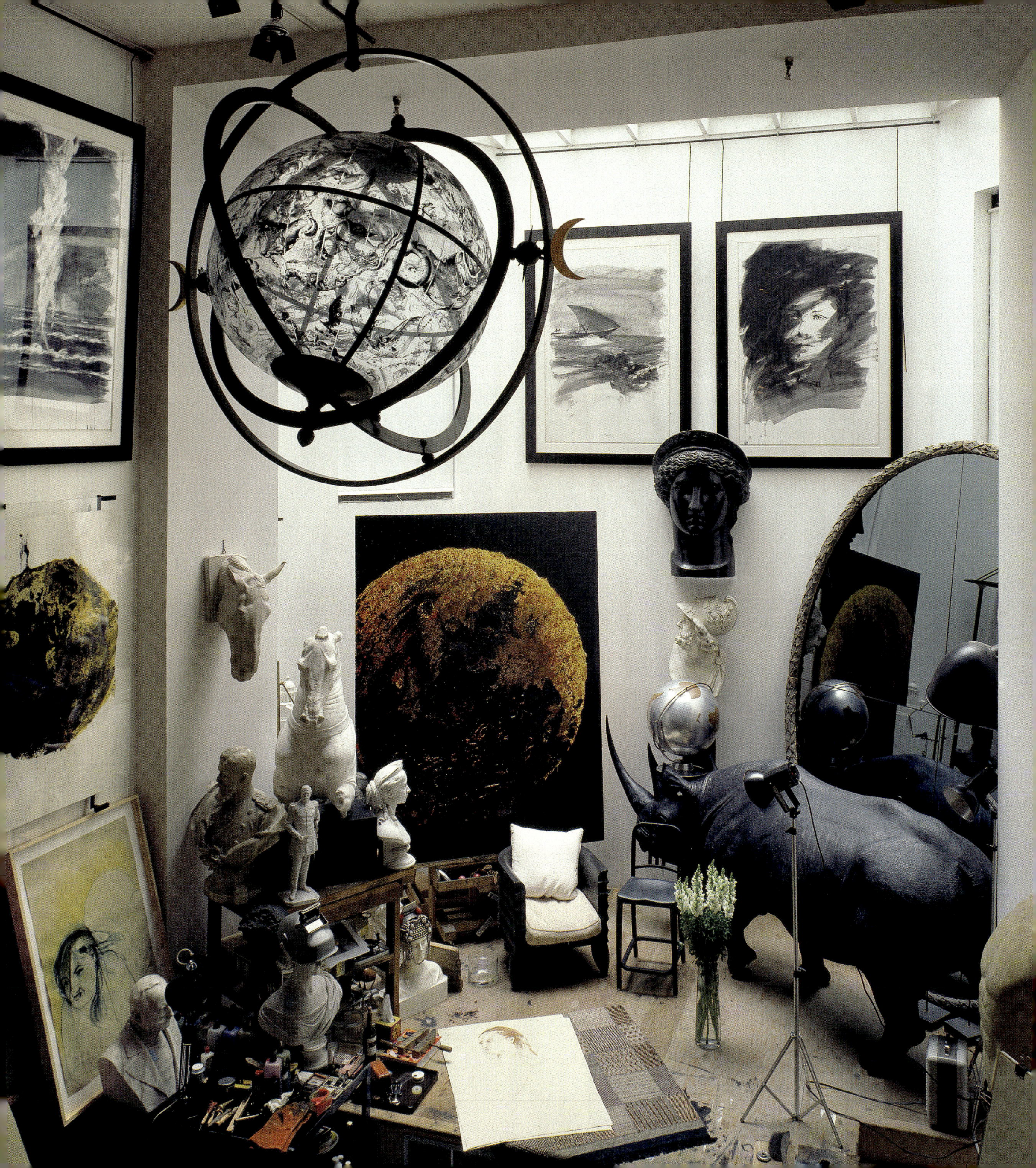

LARS SJÖBERG

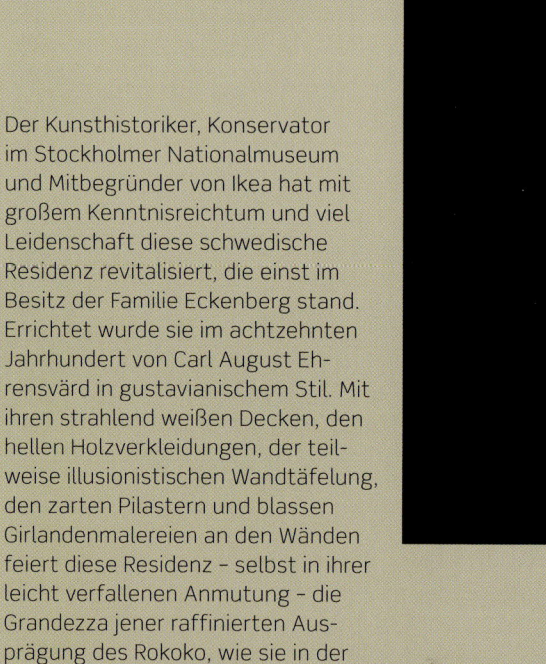

Der Kunsthistoriker, Konservator im Stockholmer Nationalmuseum und Mitbegründer von Ikea hat mit großem Kenntnisreichtum und viel Leidenschaft diese schwedische Residenz revitalisiert, die einst im Besitz der Familie Eckenberg stand. Errichtet wurde sie im achtzehnten Jahrhundert von Carl August Ehrensvärd in gustavianischem Stil. Mit ihren strahlend weißen Decken, den hellen Holzverkleidungen, der teilweise illusionistischen Wandtäfelung, den zarten Pilastern und blassen Girlandenmalereien an den Wänden feiert diese Residenz – selbst in ihrer leicht verfallenen Anmutung – die Grandezza jener raffinierten Ausprägung des Rokoko, wie sie in der Ära Gustavs III. typisch war.

Oben: Der Haupteingang.

Gegenüberliegende Seite: Gleichermaßen Korridor und Galerie, was durch die Stelen mit den Büsten in neoklassizistischem Stil noch betont wird.

Stockholm > Schweden

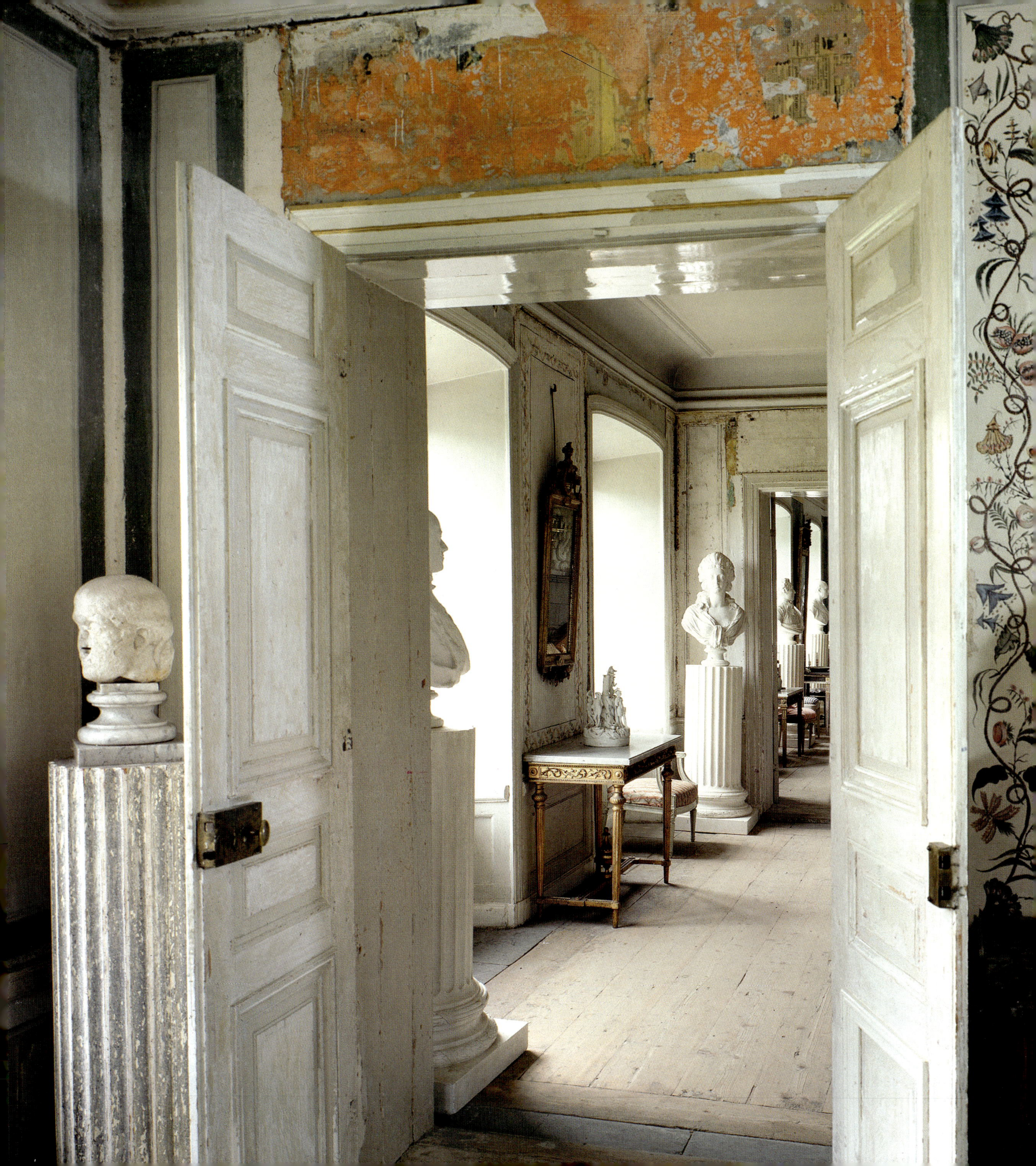

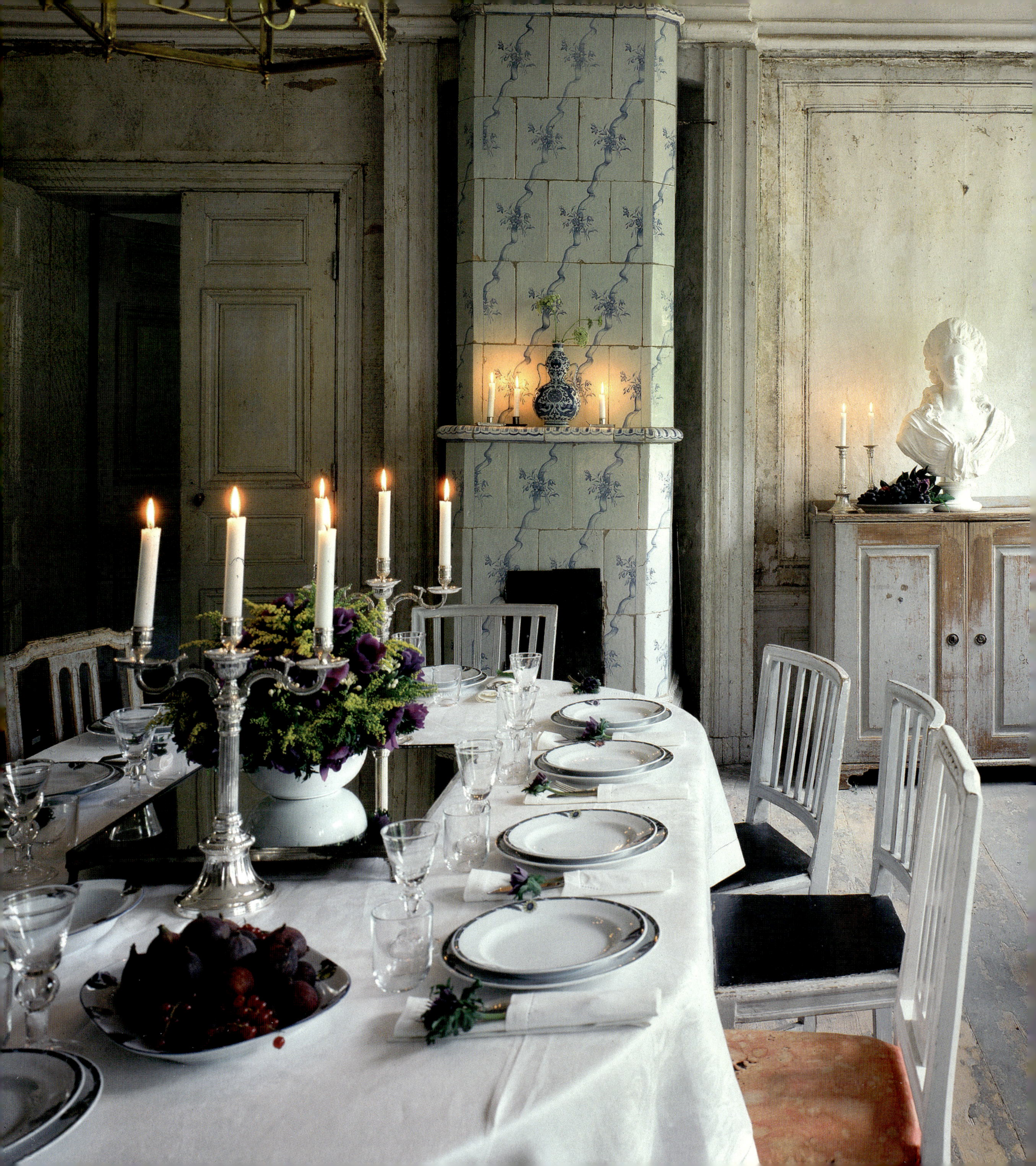

Oben: Dieser Korridor führt zur Küche, das Medaillon über der Tür ist eine Arbeit von Johan Tobias Sergel. Die Pendeluhr verbirgt unter ihrem schwedischen Rokoko-Korpus eine englische Mechanik.

Links: Dieser blasse Holzfußboden im Speisezimmer ist charakteristisch für die Bauzeit dieser Residenz. Die Stühle stammen stilecht aus der Zeit Gustavs III., die Keramikbüste im Hintergrund ist ein Porträt Lady Hamiltons.

Hier, im großen Schlafzimmer, trifft Rokoko auf Neoklassizismus, was beispielsweise am vergoldeten Spiegelrahmen und am Himmelbett zu erkennen ist. Aus der Epoche des gustavianischen Rokokos stammen der Sessel und der florale Wandschmuck.

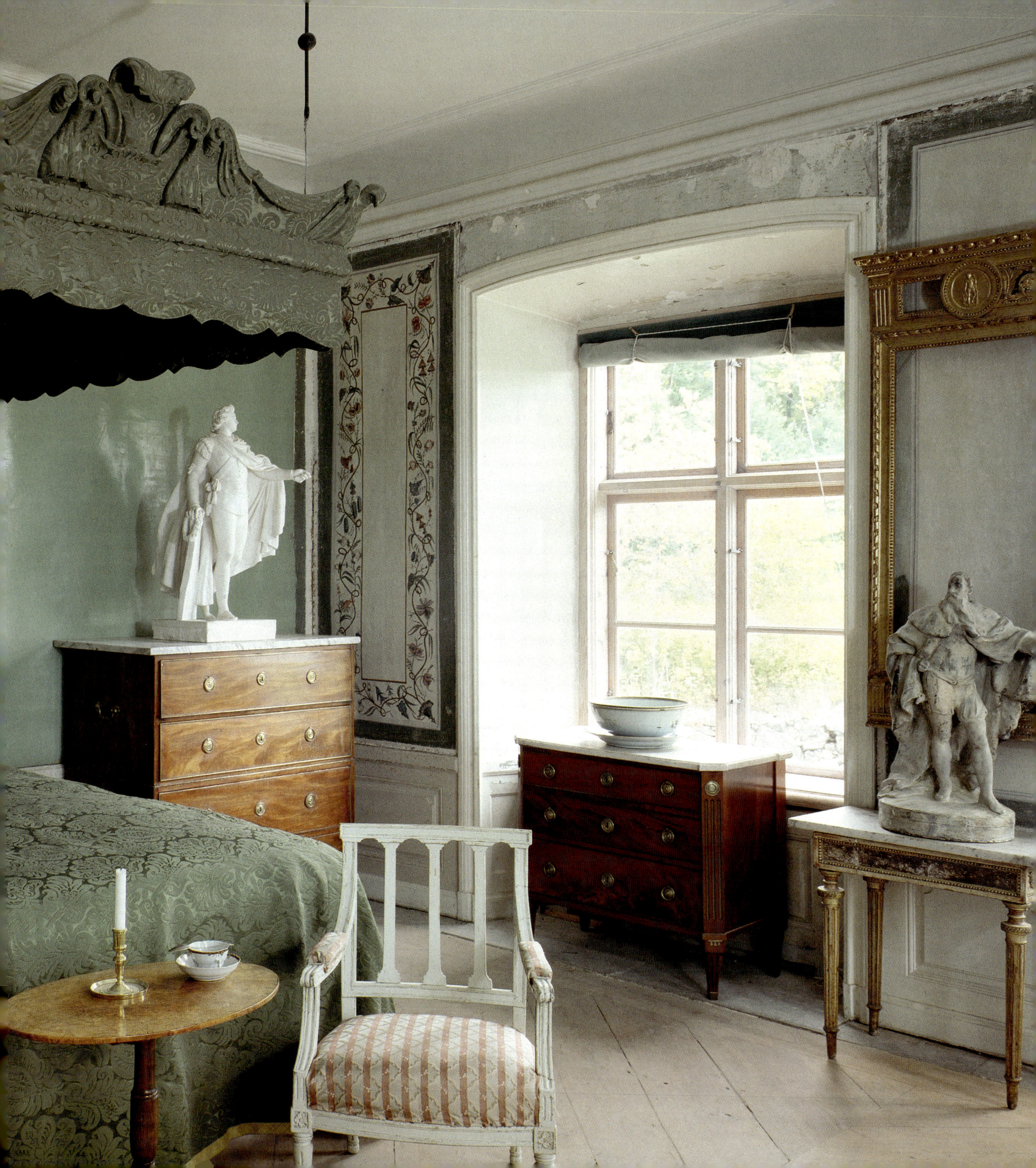

VILLA BREUIL

Interieur: Guy Thodorof

Normandie > Frankreich

Nicht weit von Paris entfernt befindet sich Burg Breuil, die weniger Burg als vielmehr ein »wehrhaftes Haus« ist. De facto handelt es sich hier um ein einst von einer bewaffneten Einheit geschütztes Landgut, wo man zu Beginn des sechzehnten Jahrhunderts Gemüse anbaute und Nutztiere züchtete, um damit die Klöster der Hauptstadt zu versorgen. Ein nobles und solides Gebäude, dessen Interieur aufgrund seiner kommerziellen Nutzung jedoch schlicht, geradezu banal war. Um die Szenerie einer nachhaltigen Restaurierung zu unterziehen, berief man vor gut einem Jahrzehnt Guy Thodorof, der aus der bestehenden Substanz ein fast königliches Domizil schuf, das weniger französisch als vielmehr flämisch anmutet – aristokratisch und eklektisch, gleichermaßen Wärme und Strenge vermittelnd, was nicht zuletzt an den dekorativen Gemälden Jan van Kessels und Dirck Hals' liegt. Gemälde, Porträts, Skulpturen und Möbel aus dieser Epoche, Delfter Porzellan, antikes Holz, wertvoller Marmor, luxuriöse Teppiche und Stoffe, dekorative Tapeten und historische Raritäten, um die lebendige Geschichte und ruhmreiche Vergangenheit einer alten Familie zu erzählen.

Oben: Das von einem Turm bewachte Haus in der Nähe von Paris.

Rechts: Der Salon mit den restaurierten originalen Deckenbalken. Über dem provenzalischen Nussholz-Sekretär hängt das Porträt einer Dame aus preußischem Adel. Rechts Delfter Gefäße, darüber das aus der französischen Schule (um 1760) stammende Bild eines Jungen in Hoftracht. Rechts in der Nische eine Spätrenaissance-Statue Cäsars.

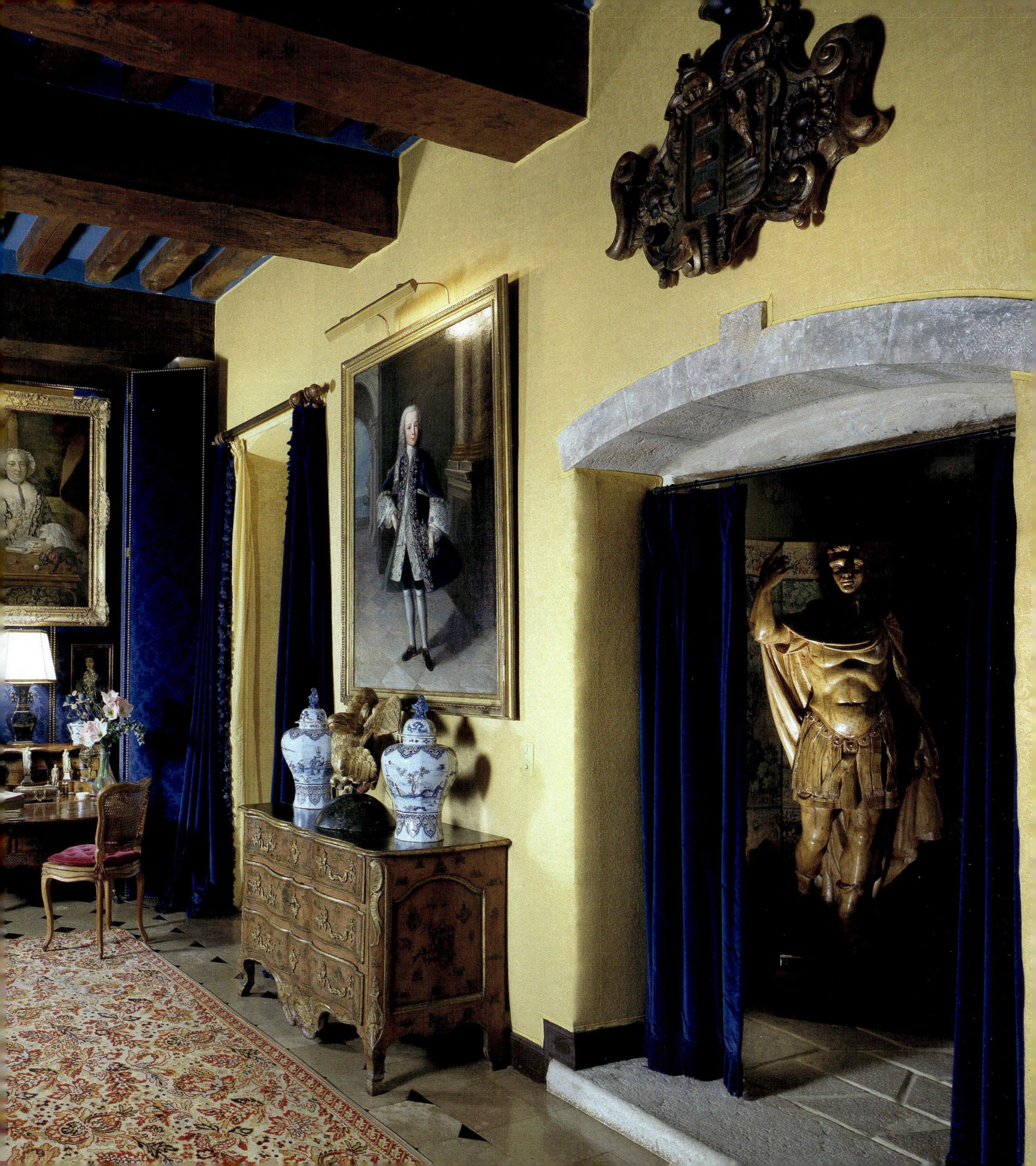

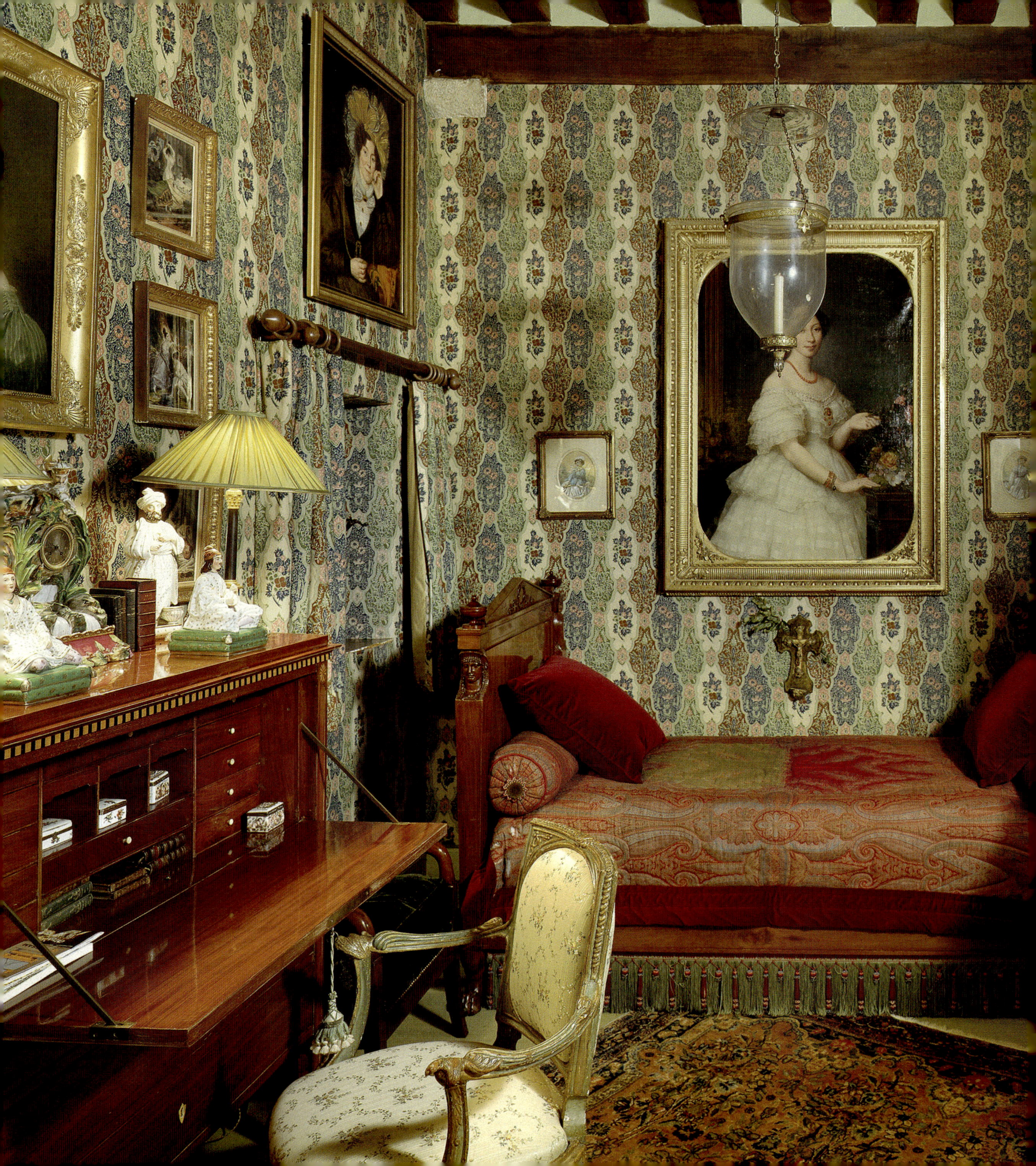

Oben: Diese Miniatur eines flämischen Hauses symbolisiert jenen Geist, der der dekorativen »Partitur« des Interieurs zugrundeliegt.

Links: Das Gästezimmer wird durch eine Ausstattung charakterisiert, die vielfach auf die Liebe anspielt: Porträts junger Damen, eine Serie von Stichen amouröser Thematik und üppige Blumenmuster an den Wänden. Der Mahagoni-Sekretär mit Elfenbeinintarsien ist eine neoklassizistische Arbeit, das Bett stammt aus dem frühen neunzehnten Jahrhundert.

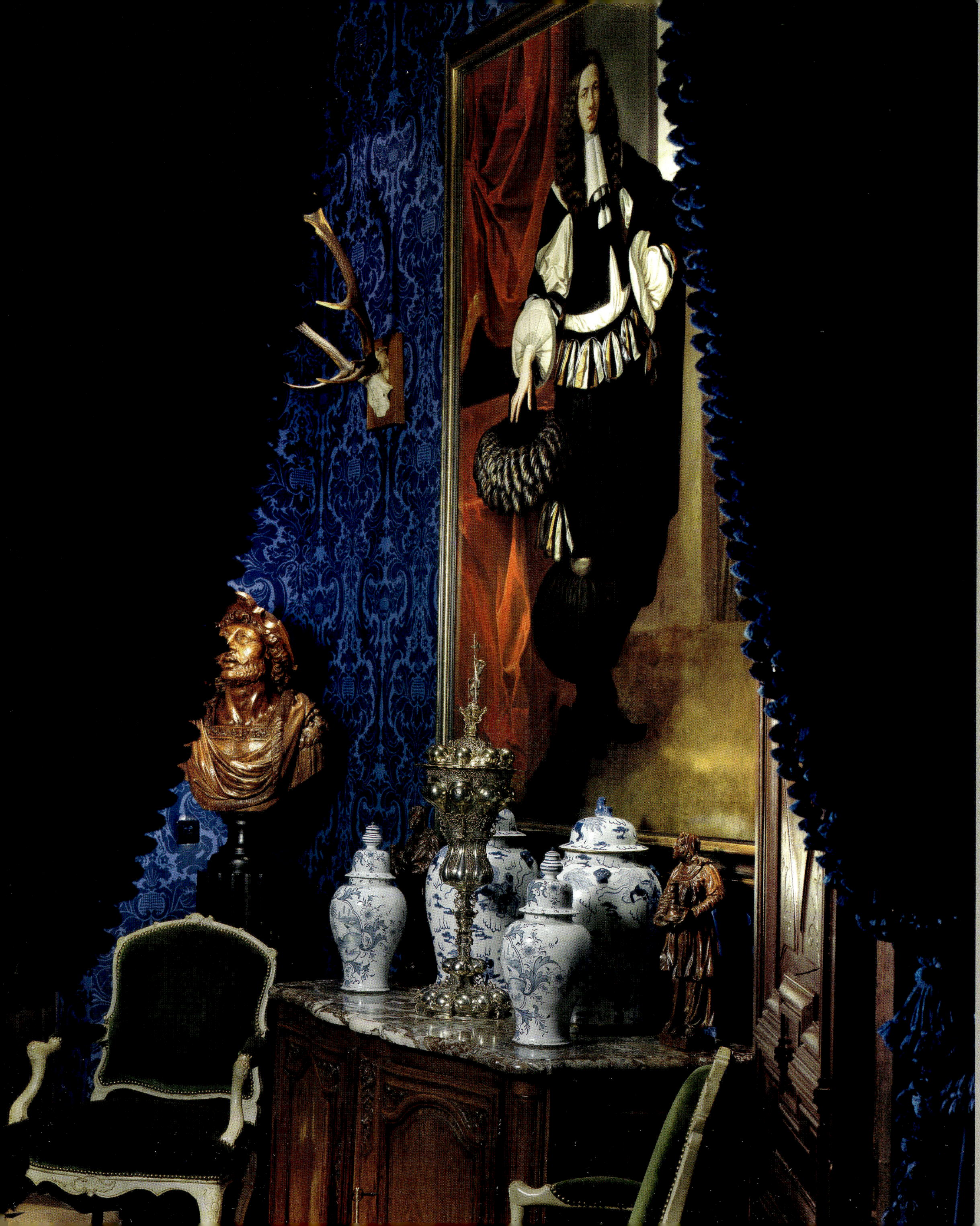

Gegenüberliegende Seite: Inspiriert von der Kunst Joshua Reynolds ist dieses Porträt eines jungen Mannes aus dem achtzehnten Jahrhundert, das den Eingangsbereich schmückt. Die Kommode stammt aus einer Pariser Kunsttischlerei (18. Jh.), die Porzellangefäße sind Delfter Arbeiten, die Stühle provenzalisch, und die Holzskulpturen werden in das sechzehnte Jahrhundert datiert.

Oben: Ein weiterer Blick in den Salon, über dessen prächtigem Kamin ein Porträt der Familie des holländischen Malers Jan Victoors' (17. Jh.) hängt. Die Enge aufgrund der Vielzahl an Möbelstücken, die Delfter Kacheln im Inneren des Kamins, der kupferne Lüster und die violetten Draperien kreieren eine insgesamt nördlich anmutende Atmosphäre.

KOH SAMUI RESIDENCE

Architektur: Bill Bensley

Eine traumhafte Enklave in einer grandiosen Landschaft – das ist der Eindruck, den diese Residenz auf der thailändischen Insel Samui hinterlässt. Die Anlage ist ein Werk des großen (auch in körperlichem Sinn: er misst fast zwei Meter) amerikanischen Architekten Bill Bensley, der bis vor einigen Jahren in Bangkok lebte. Entlang eines weitläufigen Hangs, der sanft zu einem goldenen Strand und dem kristallklaren Ozean hin abfällt, schuf er achtundfünfzig Villen und zwei große Pfahlbauten. Jedes der Häuser zeichnet sich durch seinen eigenen Stil aus, der spielerisch einen Spagat zwischen Lokalkolorit und den Anforderungen an modernen Komfort vollführt. Von jeder Villa aus kann man das Blau des Meeres im Golf von Siam genießen, jede hat ihren eigenen Infinity-Pool, und verbunden sind sie alle durch ein System von Stufen und Durchgängen, die ein wenig das Gefühl einer abenteuerlichen Reise vermitteln. Selbst die Community-Bereiche mit den weitläufigen und symmetrischen Räumen sind von einer starken Beziehung zur Natur gekennzeichnet, wodurch ein tiefes Gefühl der Harmonie entsteht.

Oben: Zwei der sechzig Gebäude der Koh Samui Residence auf einem sanft abfallenden Hügel über dem tiefblauen Meer.
Rechts: Nachts gleichen die von unten beleuchteten spitzgiebeligen Dächer der »Hütte« einer dreieckigen Skulptur.

Koh Samui > Thailand

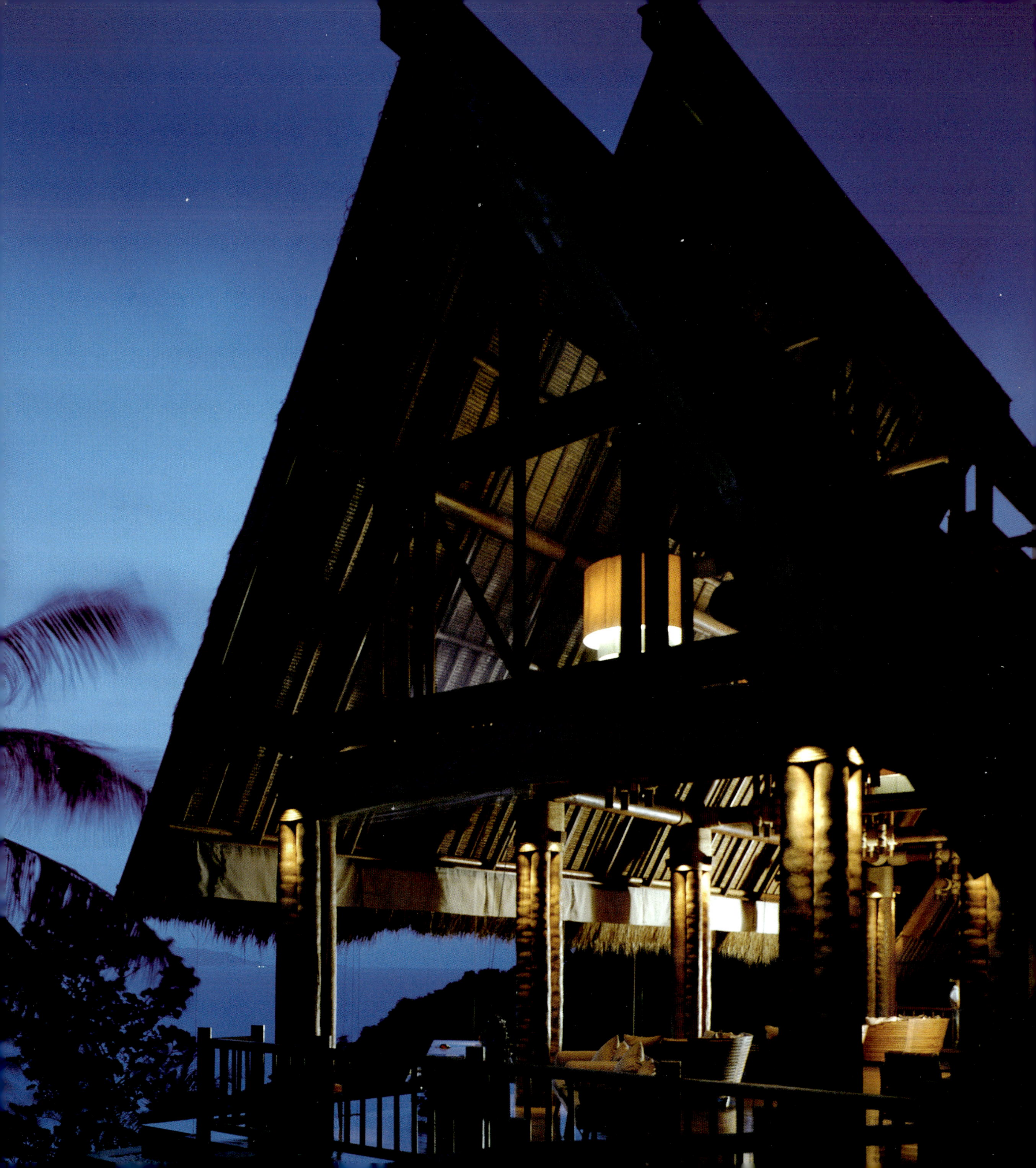

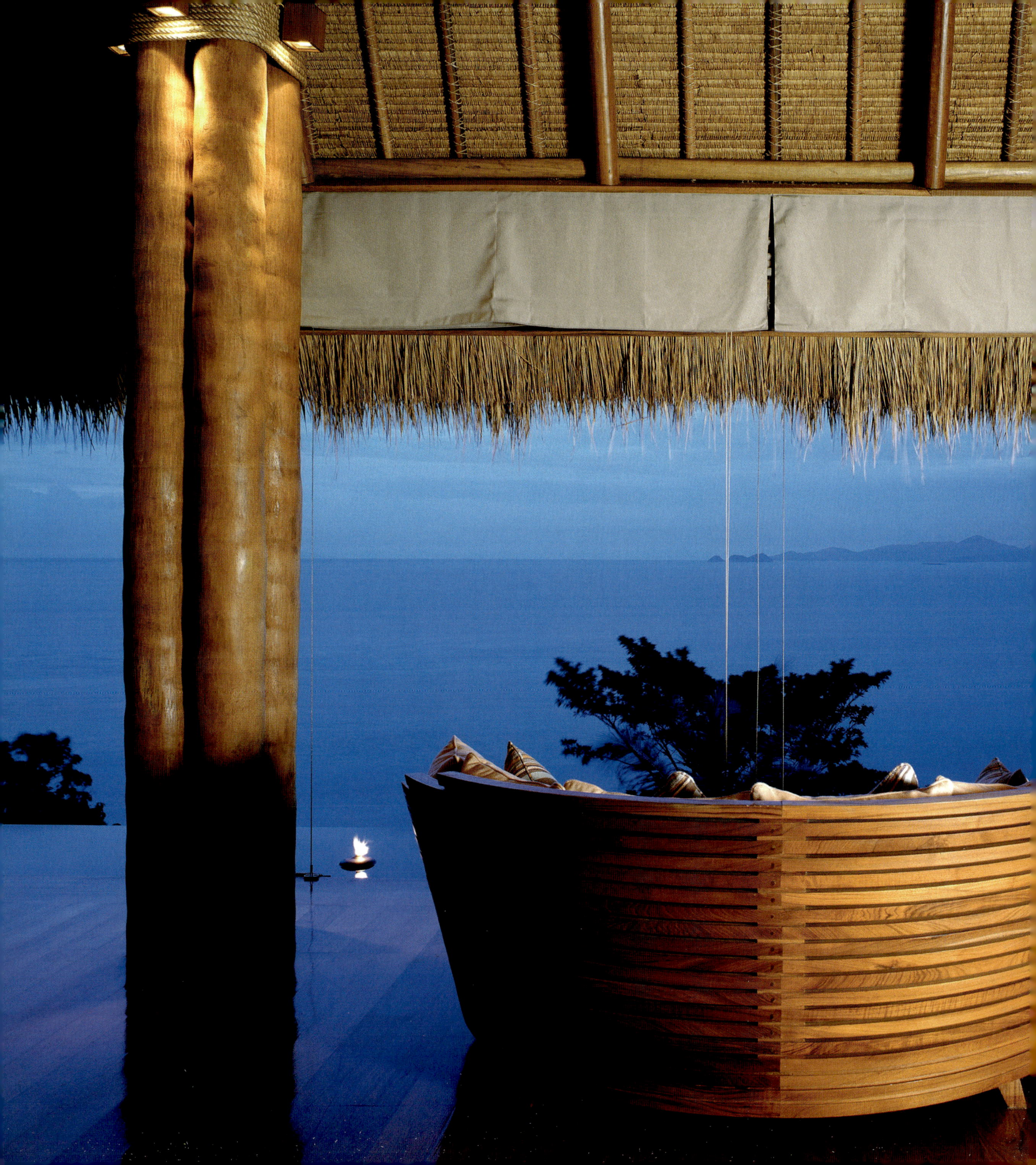

Oben: Symbolisches Dekor am Entree einer der Villen.

Links: Die »Hütte« – oder besser: jenes Element der Anlage, die der Kommunikation zwischen den Bewohnern dient – ist wie ein Theater angelegt, auf dessen Bühne das immer bewegte Meer und die Düfte der tropischen Vegetation als Protagonisten auftreten. Die Sitzbänke aus gebogenem Holz sind Entwürfe von Bill Bensley.

Folgende Doppelseite: Die »Hütte« von draußen gesehen. Dominierend ist der Eindruck, den die aus jeweils vier Baumstämmen zusammengebundenen Säulen, die das Strohdach tragen, machen, aber auch das langgestreckte Wasserbecken als physische und farbliche Grenzlinie zur Vegetation.

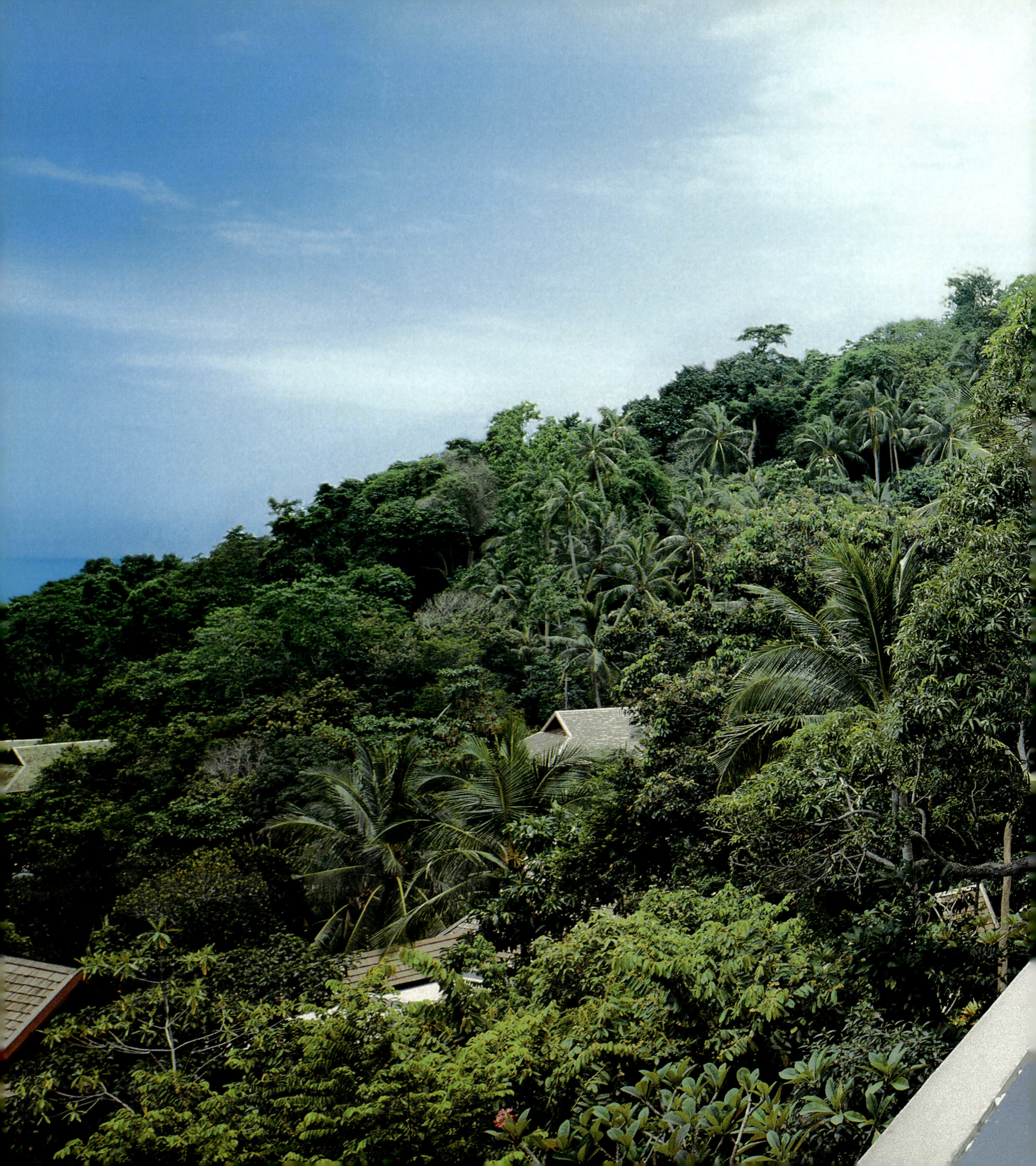

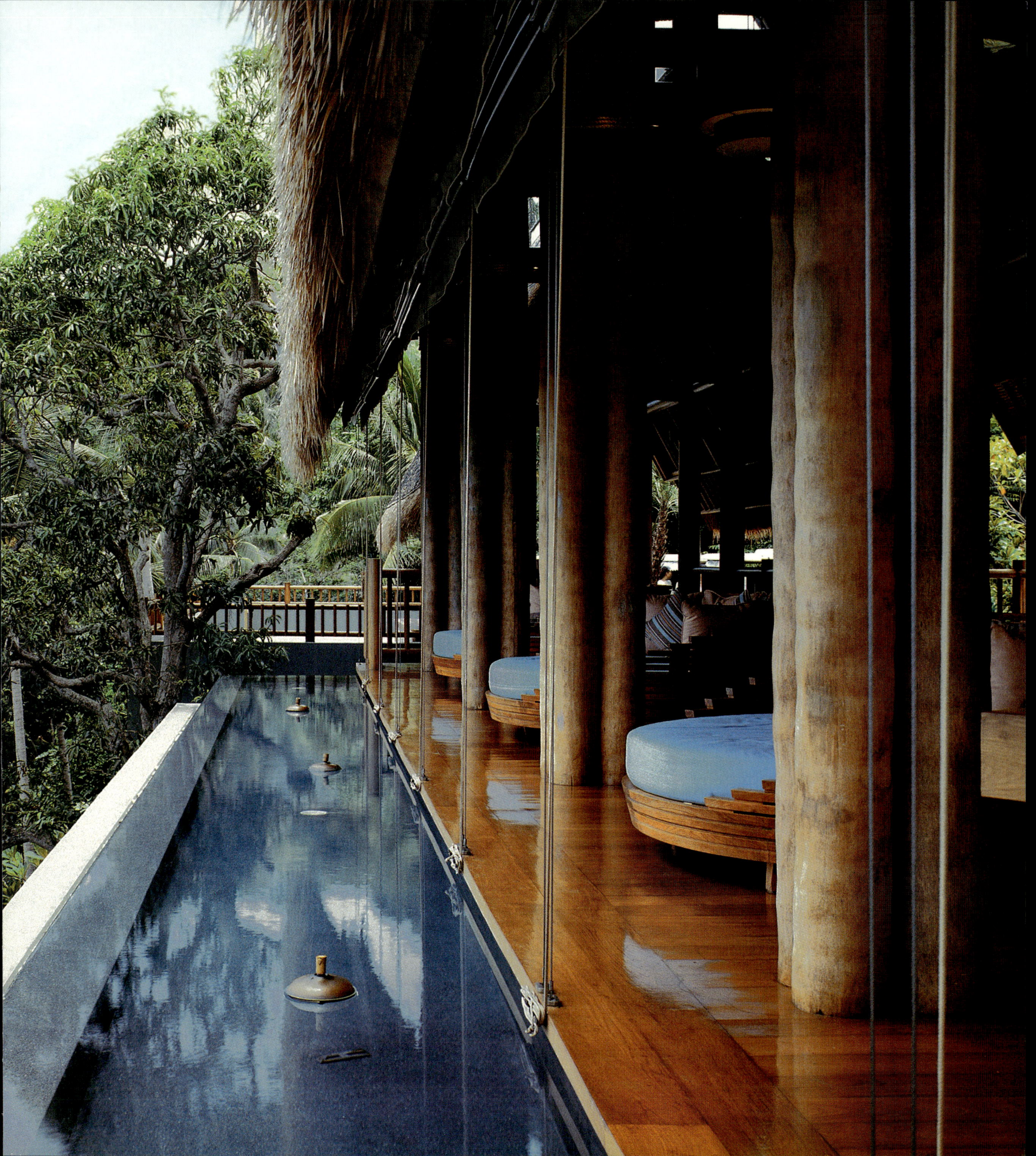

Links: Decke (oben) und ein Teil des Interieurs (unten) einer der Villen. Für die Innenausstattung aller Gebäude der Residenz hat Bensley vor allem lokale Materialien – vorzüglich Hölzer – verwendet, die bei örtlichen Handwerkern und Kooperativen verarbeitet wurden. Insgesamt schuf er damit einen ganz speziellen Stil, bei dem Elemente zeitgenössischer abendländischer Eleganz mit orientalischen Traditionen kunstvoll verwoben werden.

Ein weiterer Blick in die »Hütte«, der zeigt, dass die Statik der Architektur hier ausschließlich durch organische Verbindungselemente funktioniert.

Links oben: Der Infinity-Pool einer der Villen, der aus einem interessant geformten Wasserhahn gespeist wird.

Links unten: Diese Holztreppe führt durch einen Wald aus Palmen, Mango- und Jackfruchtbäumen zum Spa der Residenz.

Gegenüberliegende Seite: Ein weiterer Pool einer der achtundfünfzig Villen. Auch hier dominiert, wie in der gesamten Anlage, die typische Farbe der westlich von Thailand gelegenen Andamanischen See: ein strahlendes Türkis.

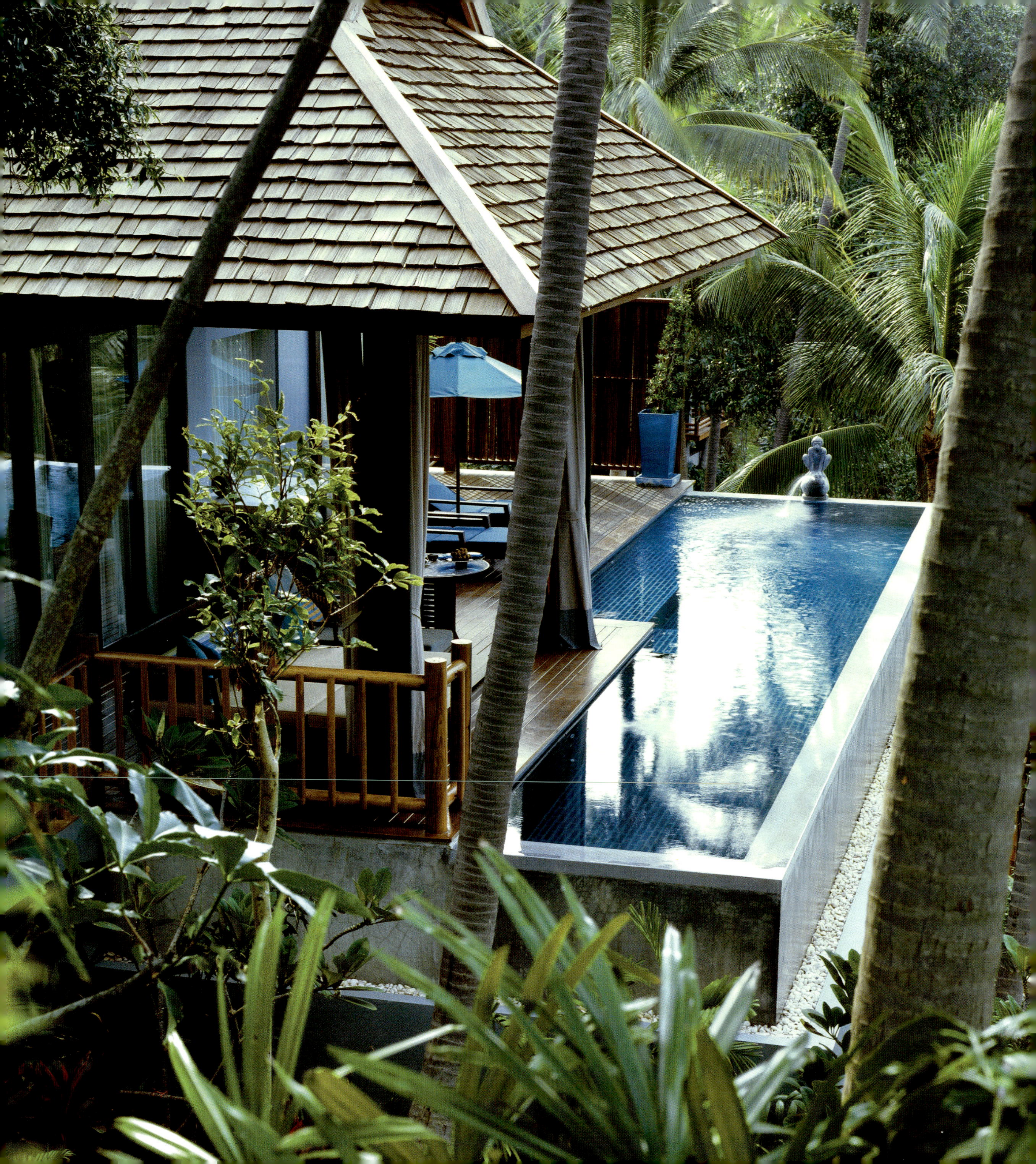

Brüssel > Belgien

Interieur: Carlo Rampazzi

VILLA VAN DE VELDE

Wollte man den Beweis dafür führen, dass Minimalismus und Üppigkeit in splendider Harmonie zu existieren imstande sind, sollte man die Villa am Stadtrand von Brüssel ins Treffen führen. Die Architektur ist einer soliden, ruhigen Moderne verpflichtet. Streng und ohne überfrachtete Poesie. Drinnen ist alles anders: ein Überfluss an Farben und Formen, geschwungenen Linien, barock anmutenden Extravaganzen, die der kerzengerade geplanten Bausubstanz zuwiderzuhandeln scheinen. All dies trägt die Handschrift eines Meisters des Bizarren und Fantasievollen: Carlo Rampazzi, der geniale Innenarchitekt aus dem Schweizer Kanton Tessin.

Rechts: Still liegt die Villa im sanften Licht der Abenddämmerung. Die architektonische Konstruktion zeichnet sich durch eine klare Linearität aus, die von den großen Fenstern über zwei Etagen, über die sich die Räume des Hauses erstrecken, noch unterstrichen wird.

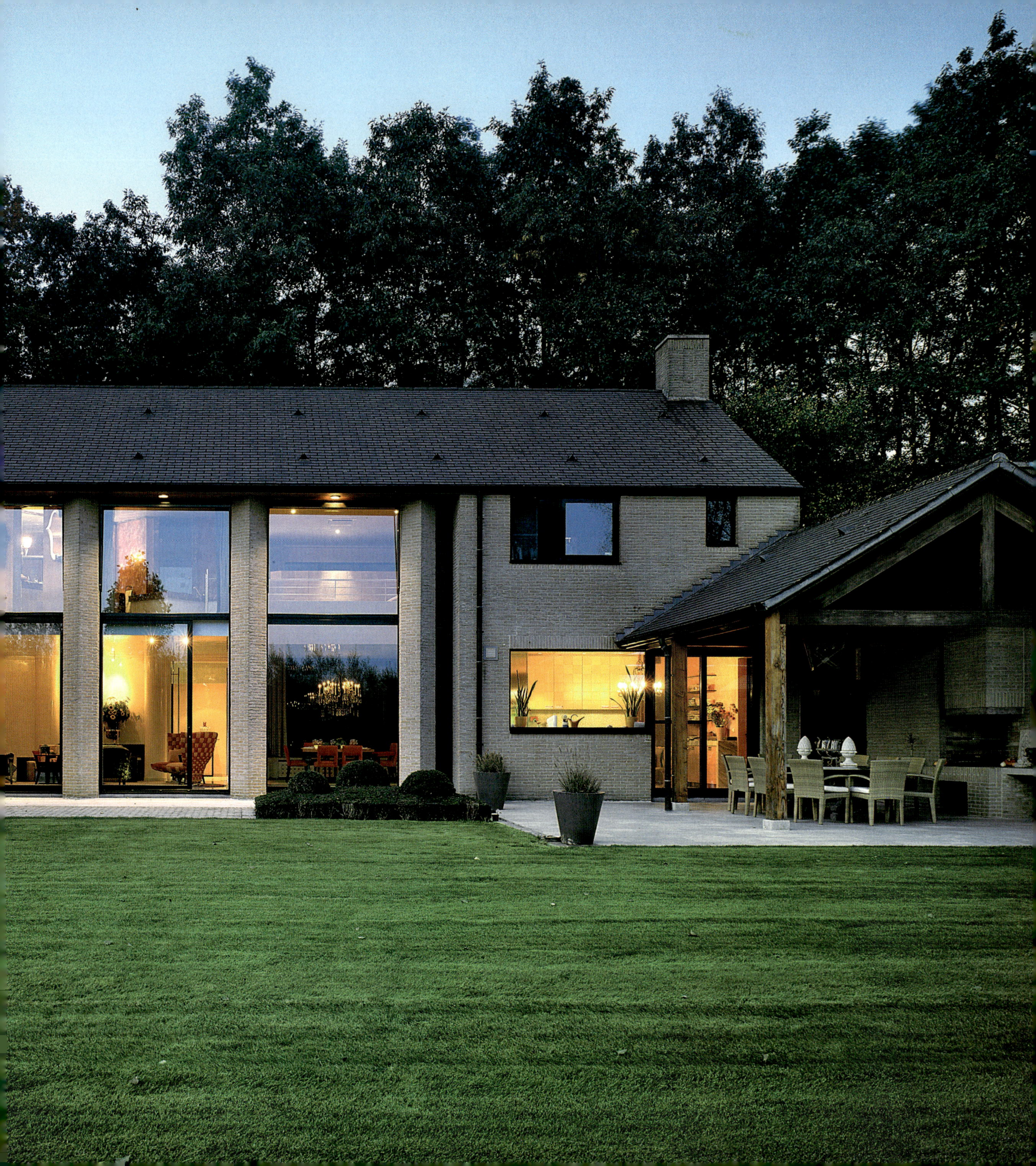

Oben links: Ein Teil des Speisezimmers mit dem gewichtigen Möbel aus rotem Ebenholz, ein Entwurf von Carlo Rampazzi und Sergio Villa, und dem Sessel aus geflochtener Seide und einer Basis aus poliertem Chrom von Most.

Oben rechts: Die raumhohen Fenster des Speisezimmers gehen auf den großen Garten. Der Tisch aus der Kollektion *Costantino* von Carlo Rampazzi und Sergio Villa hat Beine aus modellierter Bronze und eine rote Platte, deren Oberflächendesign Krokodilleder ähnelt. Die lederbezogenen Stühle stammen von Hurel.

Gegenüberliegende Seite: Sonnige Farben definieren den Wohnbereich, der rund um einen modernen Kamin angelegt ist. Zwischen den Sofas und den Sesseln, darunter auch Teile aus Rampazzis Kollektion *Die neue Tradition* (für Colombostile), sind zwei niedrige Tische zu sehen, die die rechtwinkeligen Achsen des Kamins widerspiegeln. Auf dem Tisch aus Silber und Ebenholz sind ein Tablett und verschiedene Kerzen zu sehen, die aus der Selvaggio S.A. stammen, jenem »Labor«, in dem die Möbelentwürfe Rampazzis und Villas entstehen.

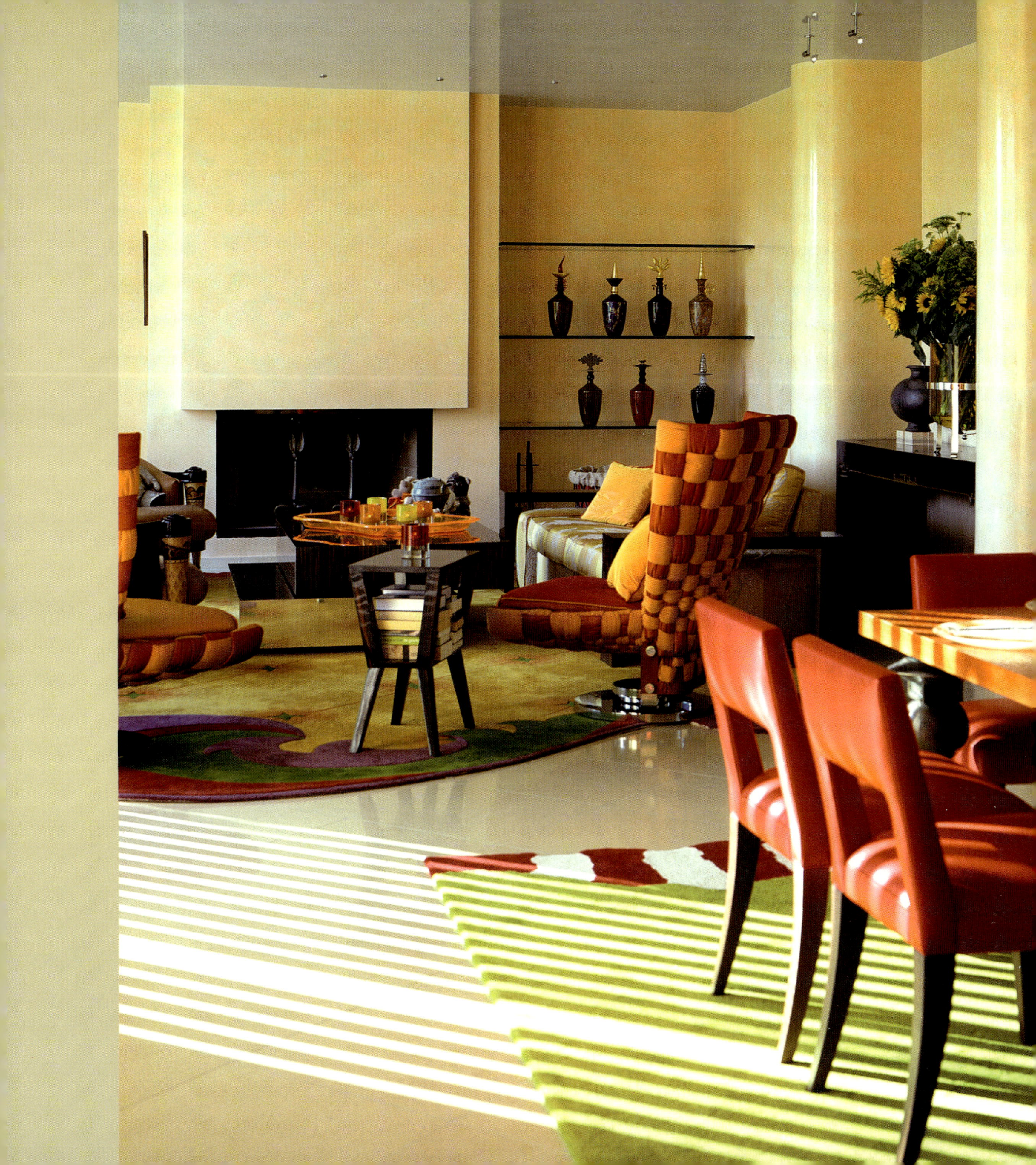

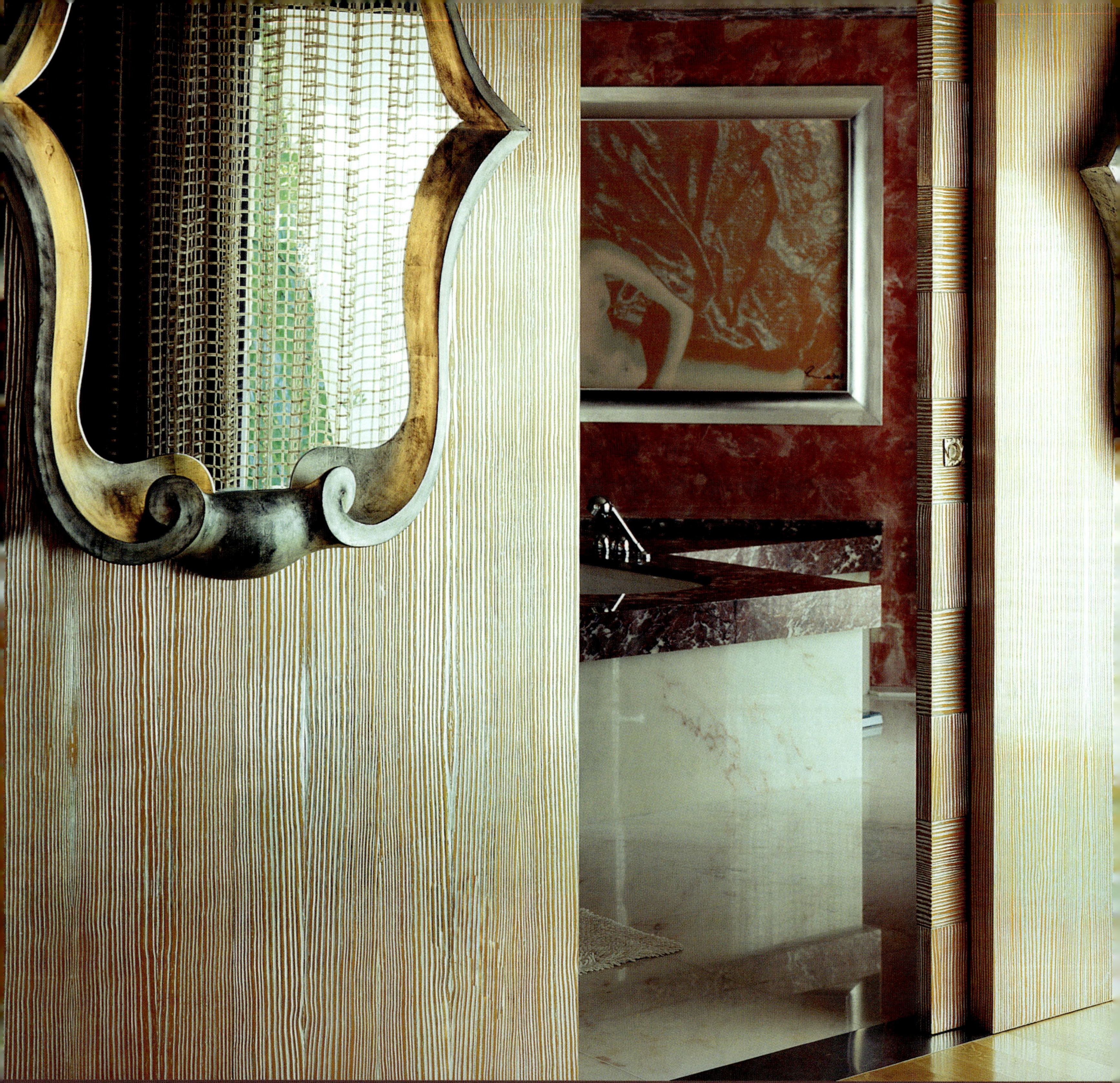

Zwei Blicke in den Badebereich mit seiner barocken Überfülle: prächtige Räume und Formen, viel kostbarer Marmor in lebhaften Farben und an den Wänden Kunstwerke, die Freude und Sinnlichkeit verströmen.

Oben und rechts: Kühl und modern wirkt der Pool der Villa. Auffallend ist die Positionierung der Säulen außerhalb der Baustruktur, womit der Innenraum völlig frei bleibt. Gemildert wird die Strenge des Raums durch ein riesiges Fresko auf den beiden Dachflächen: flatternde Zeltplanen unter einem klaren Frühlingshimmel – ein herrlicher Kontrast zu den oft grauen Tagen im nördlichen Mitteleuropa.

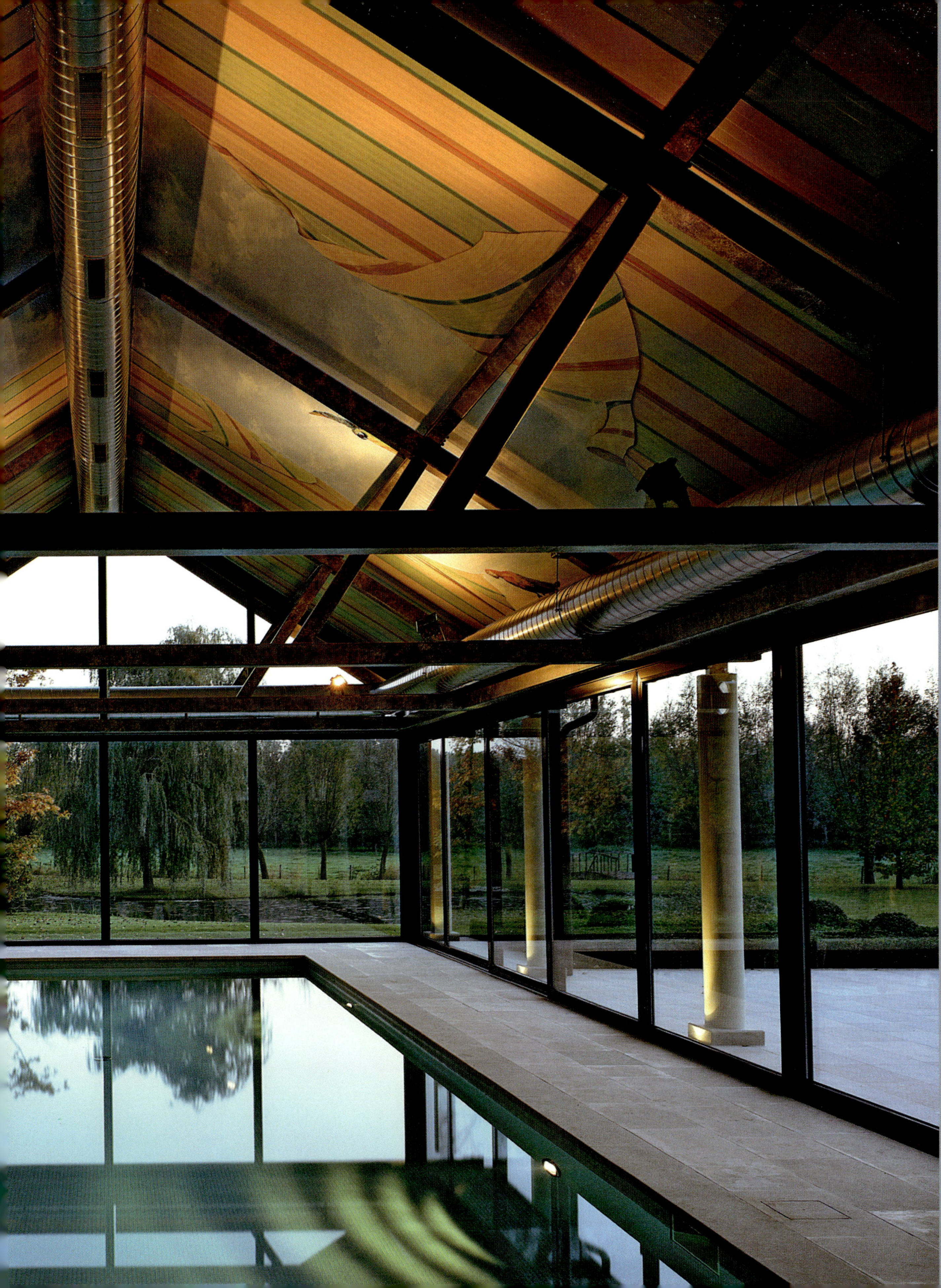

Malindi > Kenia

VILLA LION IN THE SUN

Architektur: Celeste dell'Anna e Stefano d'Alessandro

Jedermann kennt Flavio Briatore, der sich permanent zwischen den Medien und schönen Frauen bewegt. Zum Erfolg brachten ihn ein abenteuerliches Leben und ein ambitioniertes Rezept: Er denkt ausschließlich in großen Dimensionen. Der *Löwe in der Sonne*, seine Villa in der Region Malindi in Kenia, entspricht dieser existenziellen Großzügigkeit, dies jedoch in einer gewissen Schlichtheit ohne Berührungsängste: Vorurteile gibt es hier weder gegen die autochthone Architektur indigener Völker noch gegen jene der Kolonialzeit, noch gegen arabische Zitate. Der Kern des Baus stammt aus den 1990er Jahren und wurde von Celeste dell'Anna ausgeführt. Später entschloss man sich, der ursprünglichen Substanz weitere Teile hinzuzufügen und das Ganze in eine Art »Bauwerk für Ferien und Freundschaften« zu transformieren: Einem Epizentrum gleich wurde ein riesiger offener Salon angelegt, der von einer gewagten Dachkonstruktion überragt wird, die in *makuti* (verschiedene Blätter und Zweige) ausgeführt wurde. Designer dieses bemerkenswerten Raums war Stefano d'Alessandro, Architekt und Kenner sämtlicher Finessen afrikanischer Bauweisen.

Rechts: Der Salon mit der zweiflügeligen Treppe, die zu verschiedenen Gemeinschaftsbereichen und zum Frühstücksraum führt. Das Dekor der Wände ist arabisch inspiriert, der Boden aus Galena, einem dunklen Stein aus der Region, angefertigt.

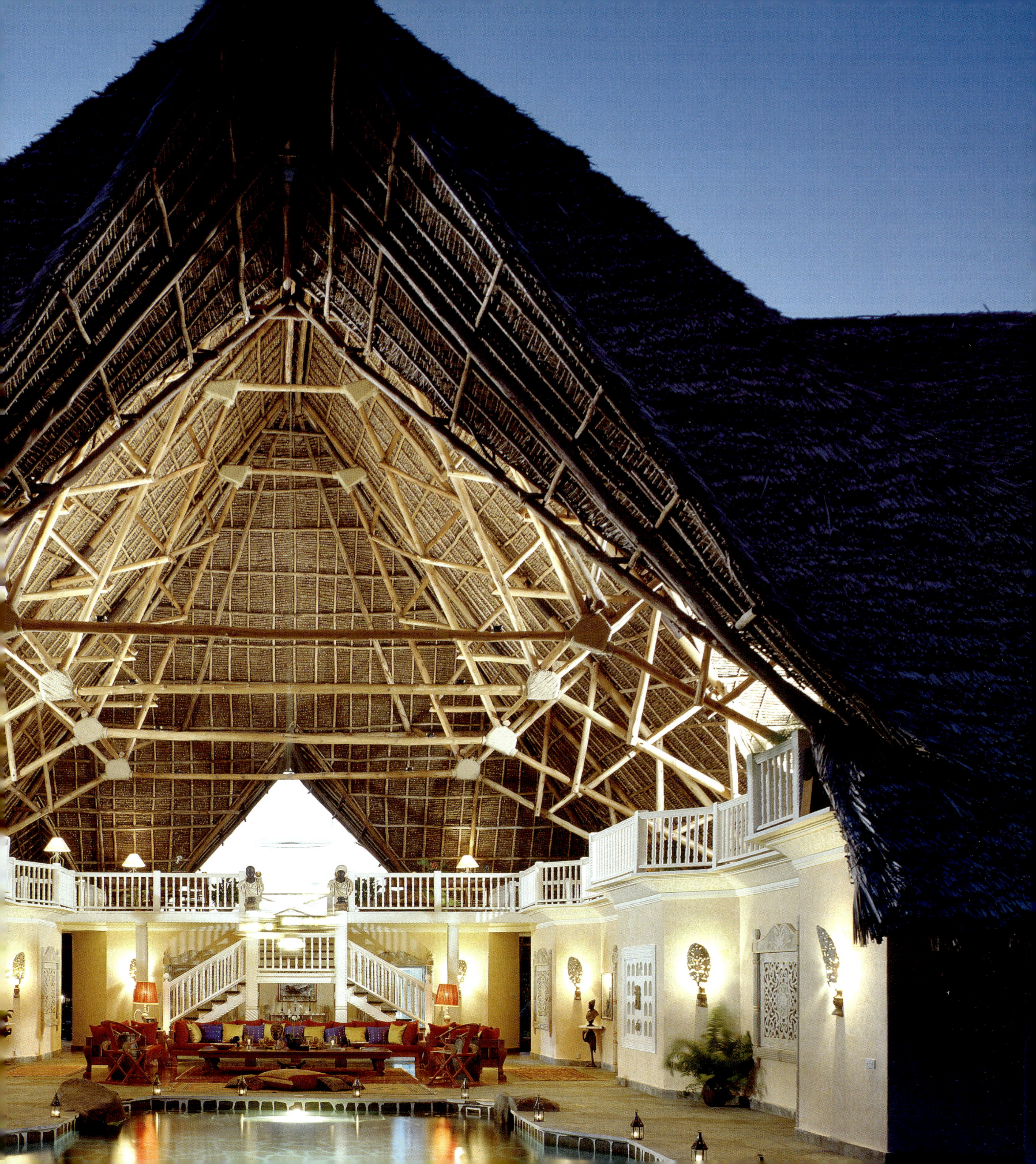

Links: In diesem Zimmer verschmelzen Asien und Afrika: das Bildnis eines Massai-Kriegers schuf ein kenianischer Künstler, die Kommode ist indisch, die Schalen darauf stammen aus Birma und der Kelim, der den Boden ziert, ist iranischer Provenienz.

Gegenüberliegende Seite: Die Höhe des Raums unterstreicht die delikate Struktur der Holztreppe mit den gedrechselten Balustraden, die an die maghrebinisch-islamische Handwerkskunst denken lassen.

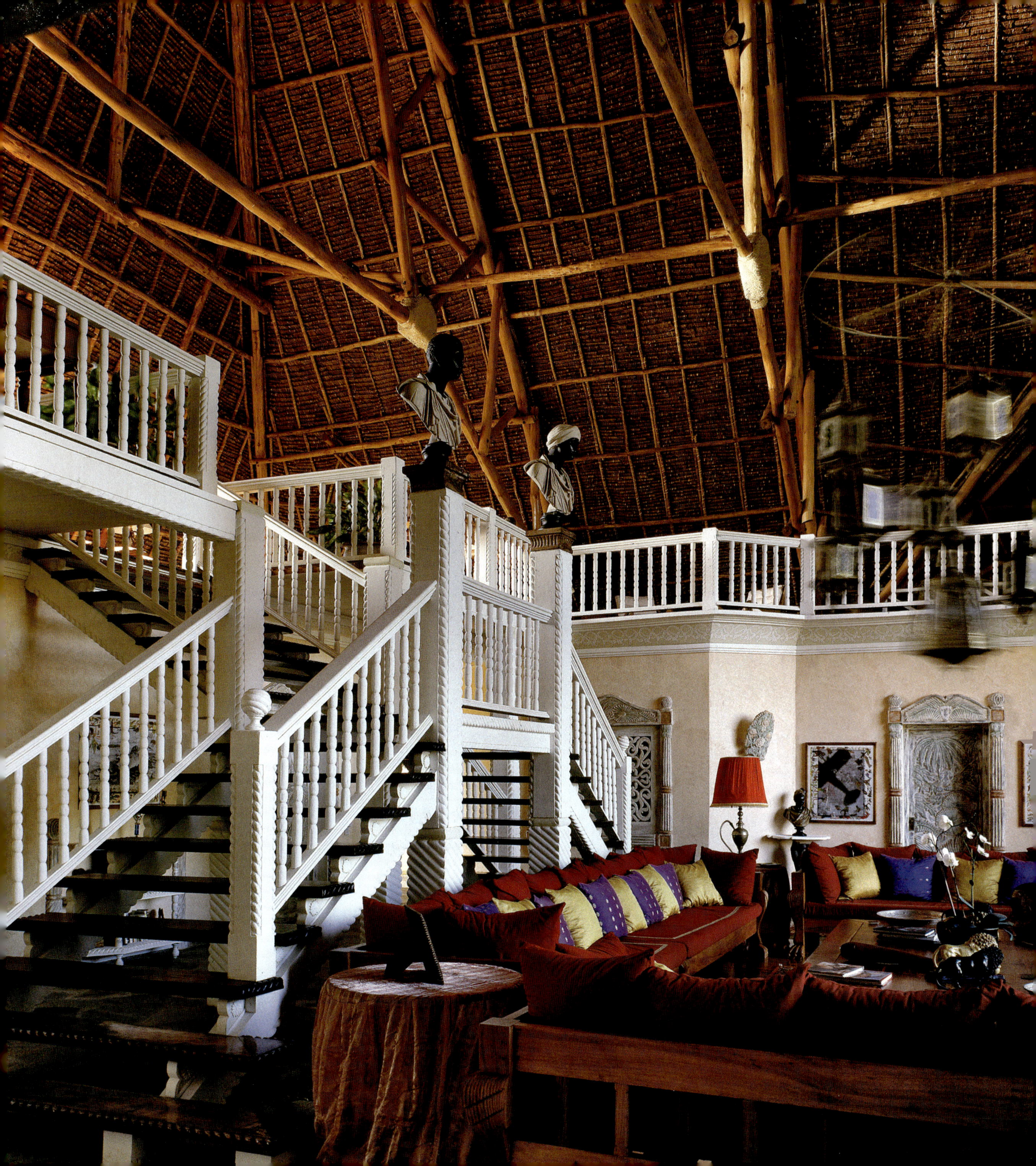

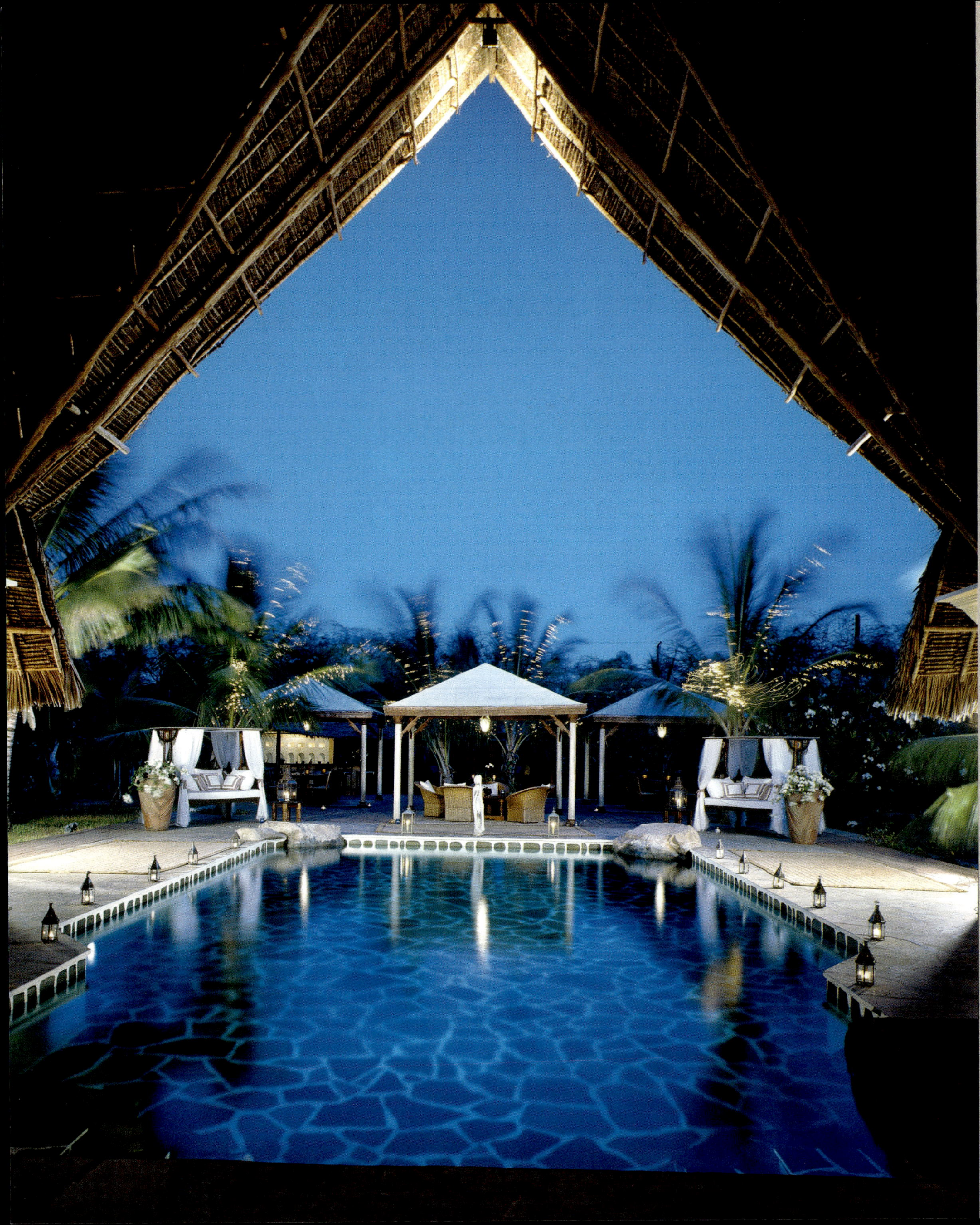

Gegenüberliegende Seite: Der Salon öffnet sich zum Pool hin, der von Gazebos und Liegebetten umgeben ist, über die bunte Stoffe und Moskitonetze drapiert sind.

Oben: Ganz und gar abendländisch wirkt dieser erhöht liegende Bereich des Salons, wo alles für ein romantisches Diner – im Angesicht einer tiefblauen afrikanischen Nacht und umspielt von den geheimnisvollen Geräuschen der Wildnis – vorbereitet ist. Das Kampferholz des Fußbodens vervollständigt die Szenerie mit seinem betörenden Duft.

Architektur: René Gonzales

CASA MURANO

Für ein Kunst sammelndes Ehepaar, das sich ein Domizil wünschte, das gleichermaßen warm und funktionell sein, aber auch den Hintergrund für eine bemerkenswerte Sammlung zeitgenössischer Kunst bieten sollte, hat der Architekt René Gonzales – er zeichnet unter anderem für Ella Cisneros Fontanals Art Foundation verantwortlich – ein sechshundert Quadratmeter großes Dachgeschoß samt Panoramaterrasse in einem der schönsten Wohnhäuser von Miami Beach realisiert. Um die Bedürfnisse seiner Auftraggeber in jeder Hinsicht zu erfüllen, hat er sich für ein kultiviertes und minimalistisches Stilistikvokabular entschieden, das alle Register eines sowohl intellektuellen als auch diskret luxuriösen Ambientes zieht. Er schuf keine einzelnen Zimmer, sondern eine lose Folge von ineinander übergehenden Räumen, deren Materialien durch klug eingesetzte Wiederholung korrespondieren. Teile des Interieurs – Bücherregale, Kommoden, eine mobile Bar – sind schlicht praktisch, andere sind wesentliche Designikonen, wieder andere sind faszinierender ethnischer Provenienz.

Rechts: Das Wohnzimmer ist mit wenigen, doch essenziellen Designstücken ausgestattet, darunter die Sofas *Andy* von Paolo Piva (2002 für B & B) und die niedrigen Tische von Monica Armani. Der Sessel *Kangaroo* von George Nelson (für Herman Miller) ist ein Entwurf aus dem Jahr 1956. Die drei Fotografien sind von Guido Albi Marini.

Miami > Florida, USA

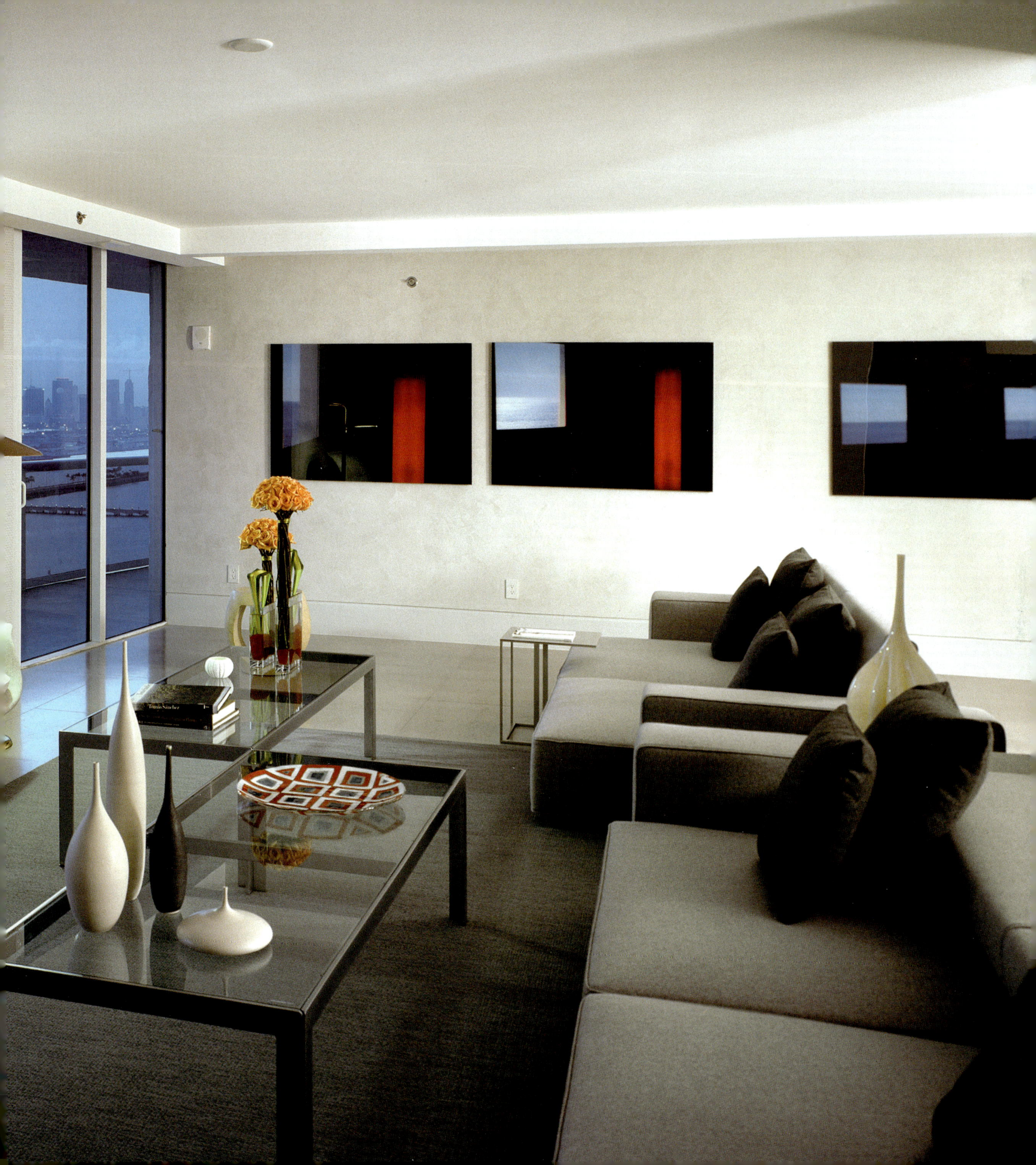

Oben und rechts: Das Badezimmer, dessen Fenster sich zum Hafen von Miami öffnen, und seine Ruhezone wurden mit lackiertem Teak ausgestattet.

Folgende Doppelseite: Die Hängeleuchten über dem Tisch (*Doge* von Carlo Sarpaper für Simon International, 1969) im Speisezimmer sind Entwürfe von Nasir Kassamali. An der hinteren Wand *Giugno (Juni)*, ein weiteres fotografisches Werk von Guido Albi Marini.

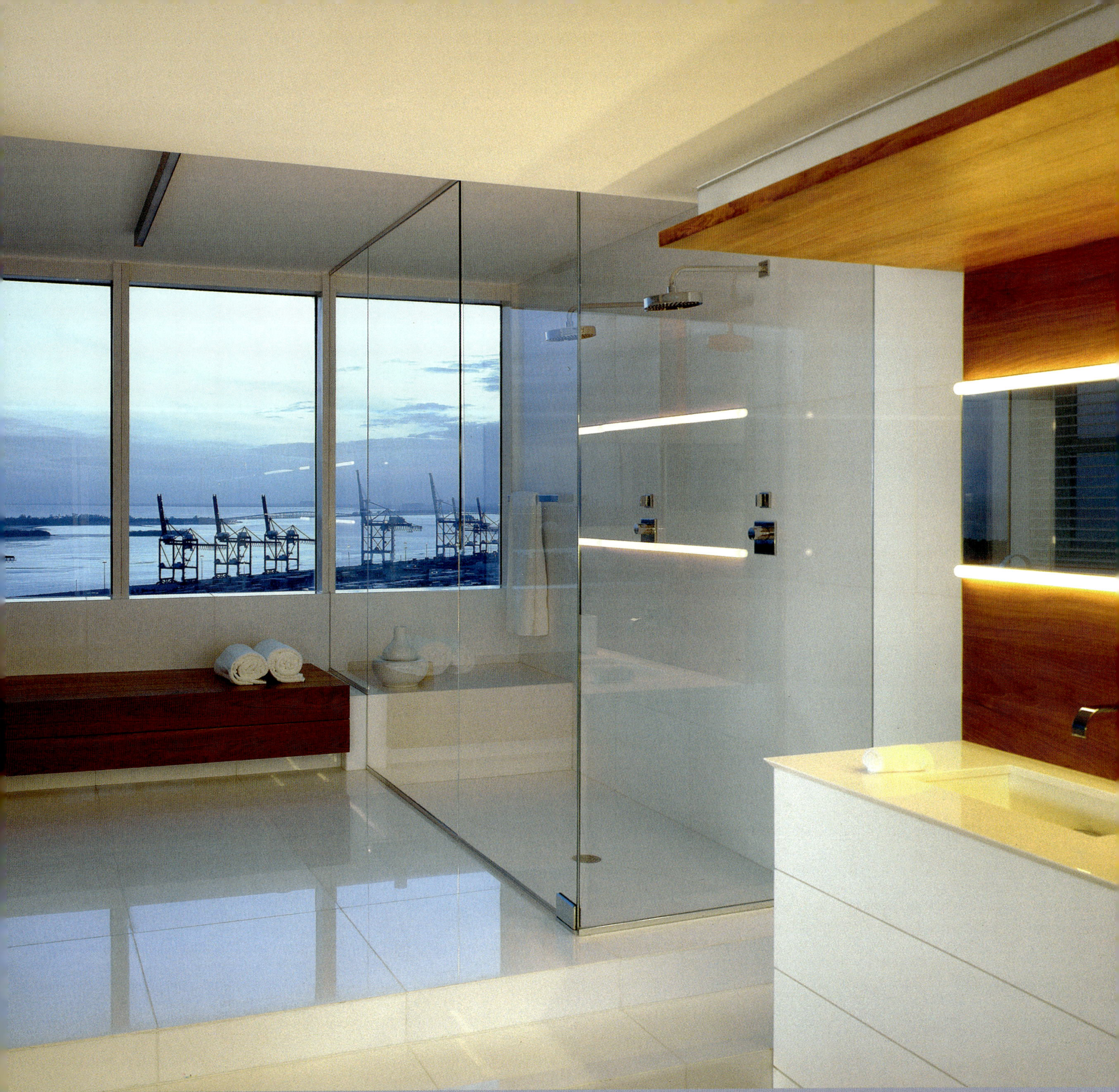

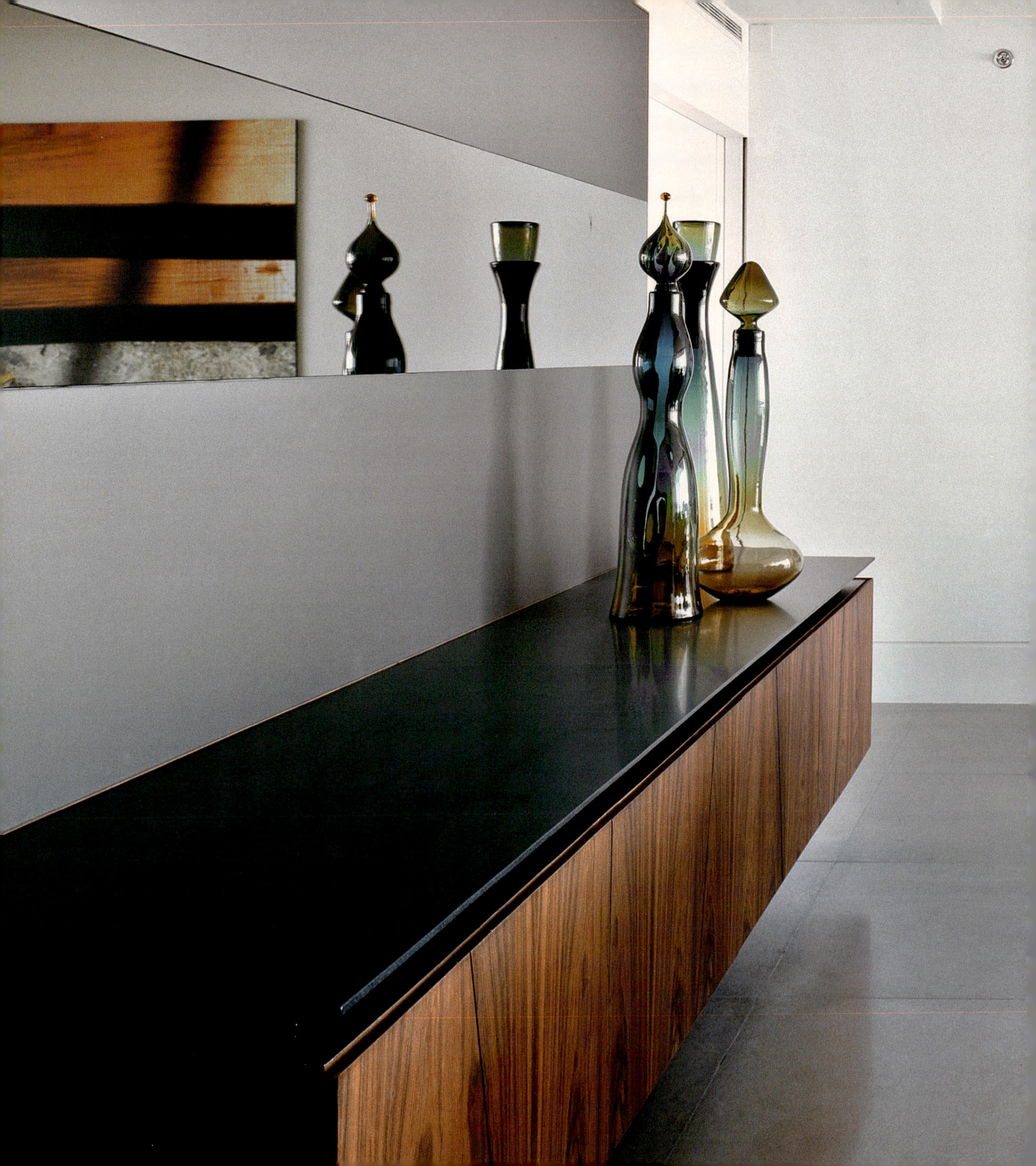

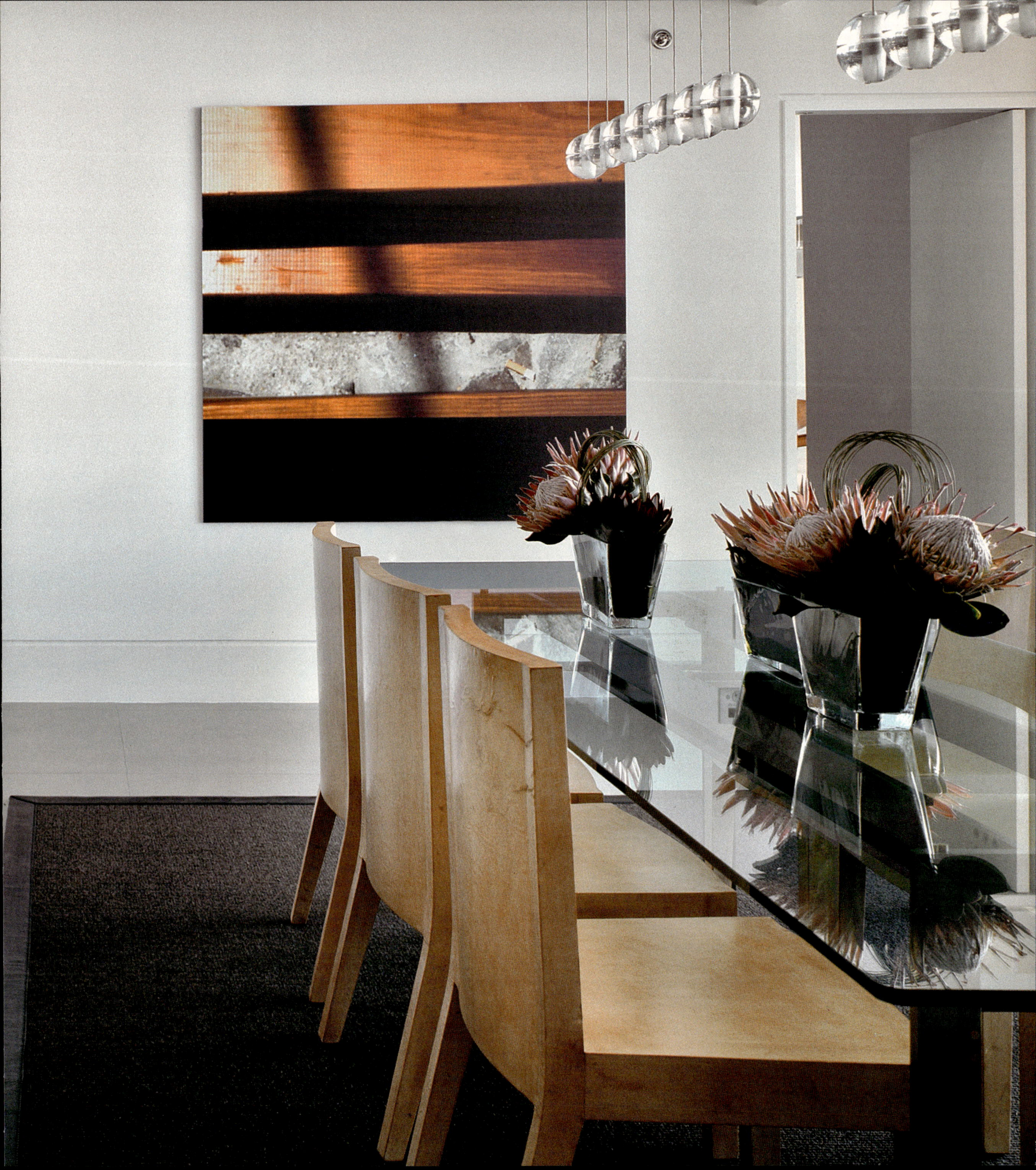

Wie aus weichem Teak modelliert wirkt der Vorraum, der zur Gänze von Gonzales entworfen wurde.

Am augenfälligsten im großen Schlafzimmer ist die Fotografie *Looking for the Self* von Guido Albi Marini (2005).

Interieur: Emilio Migliavacca

EMILIO »MILO« MIGLIAVACCA

Dezidiert einmalig ist das Haus, das sich der Designer Emilio – genannt Milo – Migliavacca auf Bali nur mit Hilfe einheimischer Handwerker errichtet hat. Fundament und Erdgeschoß, wo sich auch die Räume für das gemeinsame Leben befinden, sind aus Stahlbeton, die oberen Geschoße – hier befinden sich die Schlafzimmer, ein großer Raum, um Filme zu schauen, sowie das Atelier des Besitzers – mit den Säulen, die das Strohdach tragen, dagegen sind aus Merbau, eine lokale Holzart, Palisander nicht unähnlich, doch weitaus resistenter. Die Böden bestehen aus einer speziellen Mischung aus Zement, Glas, Spiegelfragmenten und Perlmutt, die Migliavacca entwickelt hat, um den Boden in ein fantastisches Bild zu verwandeln. Das Mobiliar ist teilweise kolonial, teilweise von lokalen Handwerkern im balinesischen Stil angefertigt.

Oben: Wer eintritt, wird von einer antiken Shiva-Statue empfangen.

Gegenüberliegende Seite: Jenseits des Pools erhebt sich die dreigeschoßige, oktogonale Residenz Emilio Migliavaccas.

Bali > Indonesien

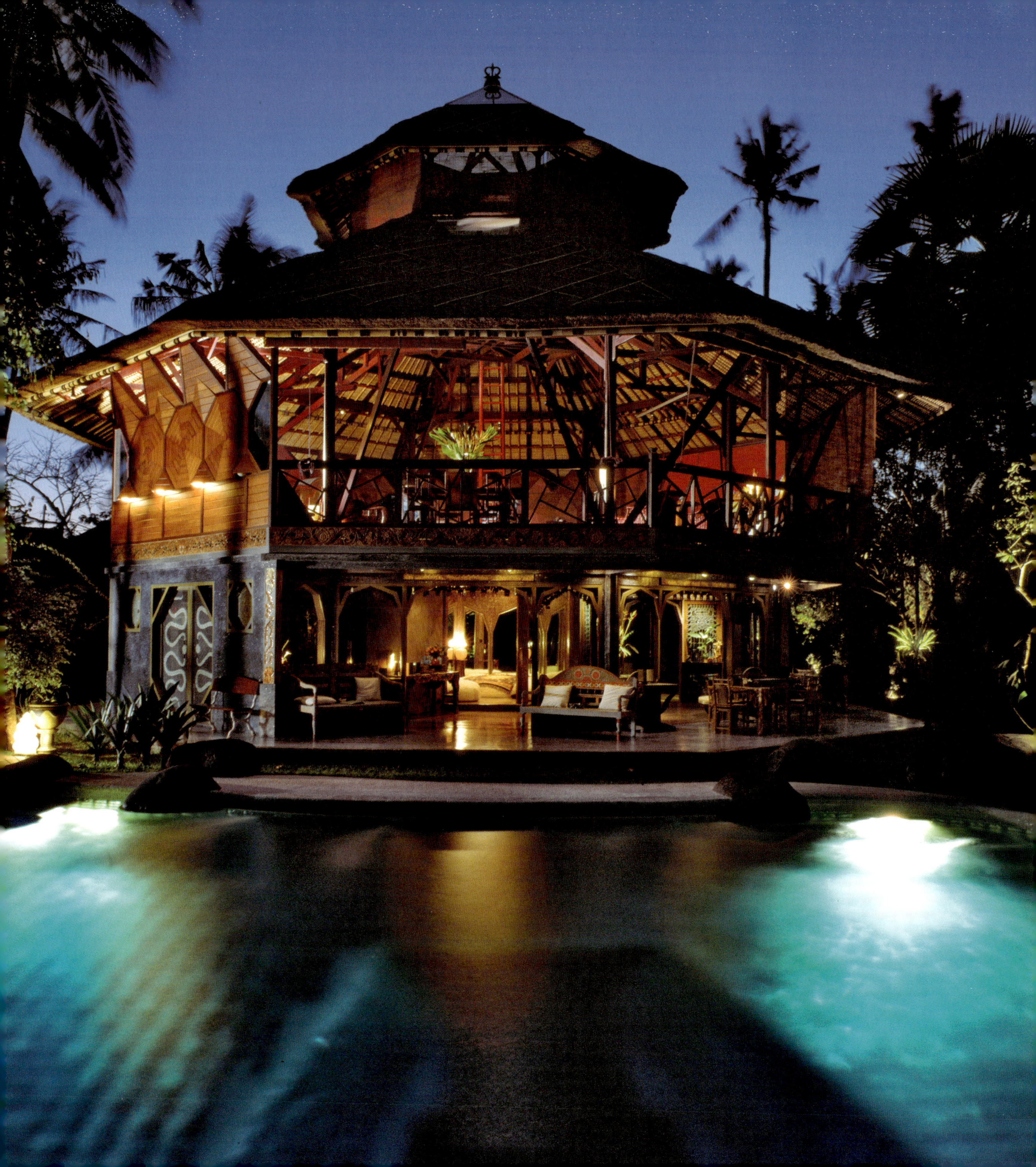

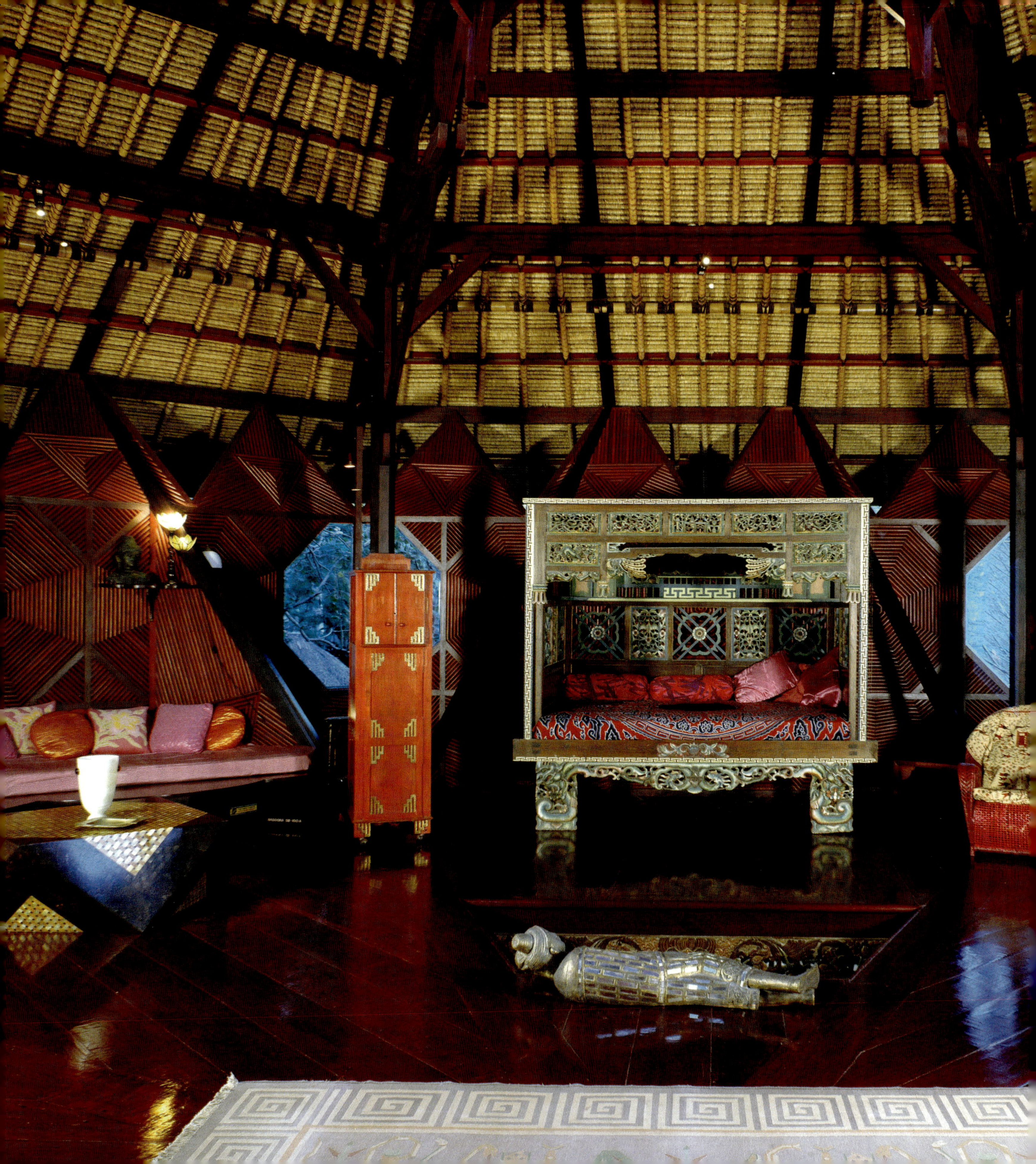

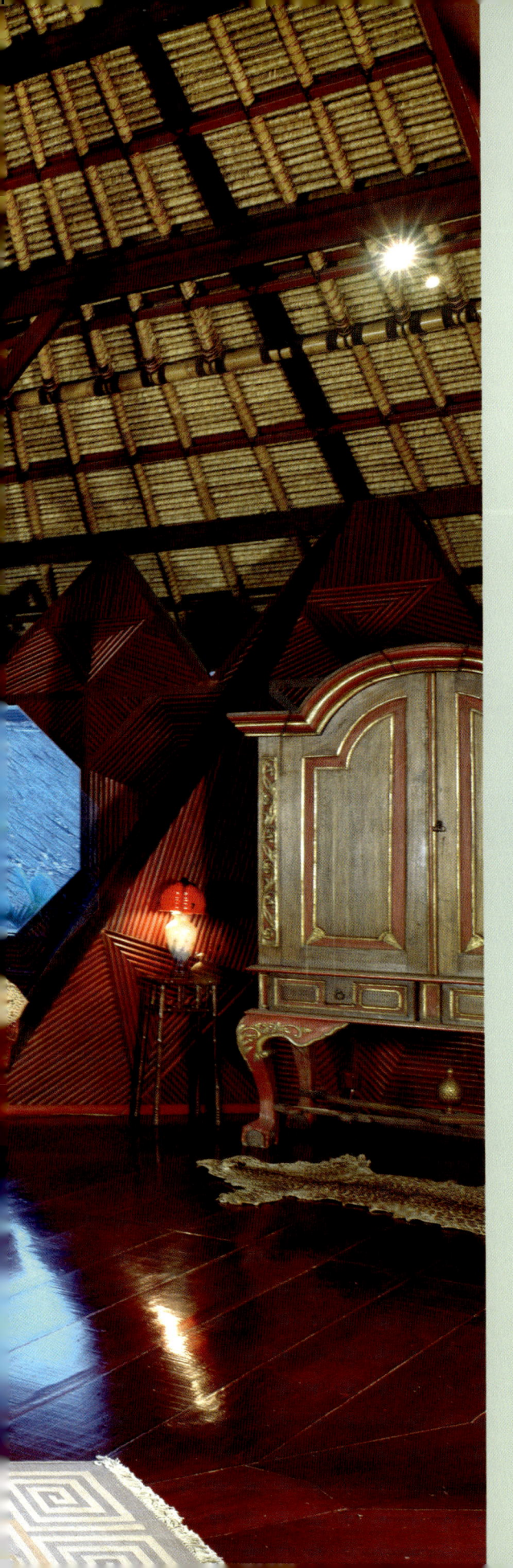

Oben: Auf der Alabasterlampe auf dem Teakholztischchen hängt eine Kopfbedeckung, wie sie balinesische Tänzerinnen tragen.

Links: Im Wohnraum steht dieses chinesische Bett aus einer Opiumhöhle des frühen zwanzigsten Jahrhunderts.

Links: Ein Detail aus einem der Zimmer (oben) und ein Blick in das Badezimmer (unten).

Gegenüberliegende Seite: Auf diesem hinduistischen Altar für Votivgaben stehen eine bemalte Holzstatue Brahmas sowie Porzellan aus China und Bali.

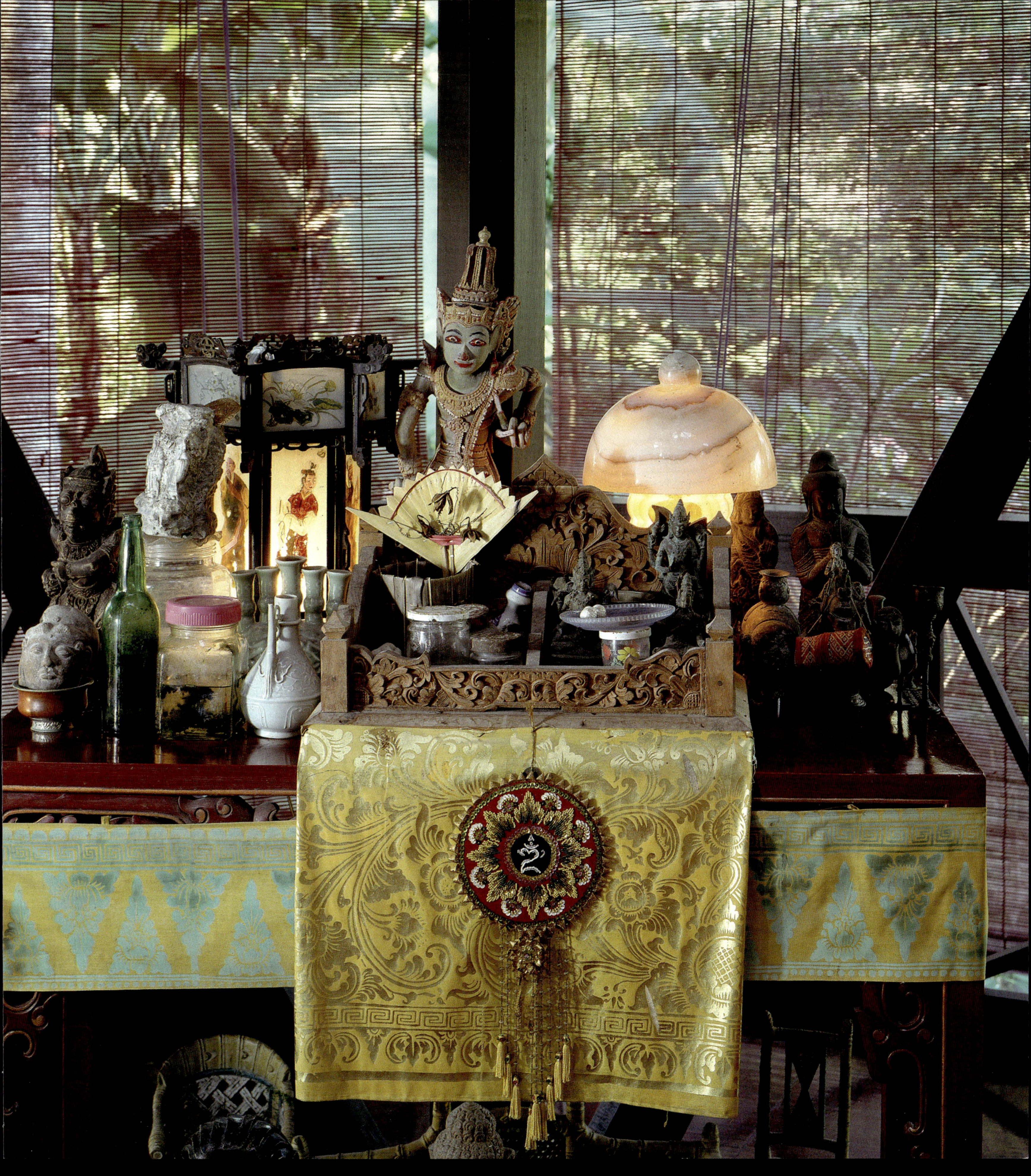

Cartagena > Kolumbien

LINA BOTERO

Interieur: Lina Botero

Lina Botero, Innenarchitektin, Kuratorin im Museum moderner Kunst in Bogotà und Tochter von Gloria Zea und dem Künstler Fernando Botero wünschte sich ein zweites Haus und fand dieses in Cartagena, Kolumbien, in einem malerischen spanischen Viertel der Altstadt. Als sie den zweigeschoßigen Bau mit den hohen Räumen übernahm, war er bereits von Alvaro Barrera restauriert, der sich bemüht hatte, die originalen Farben wieder ans Licht zu bringen: Das Hortensienblau, Lachsrosa und Ocker lagen lange Zeit unter einer Schicht von weißem Verputz verborgen. Das inspirierte Lina Botero im Erdgeschoß zu einer Einrichtung aus schlichten Möbeln, um der beeindruckenden Kolonialarchitektur nichts von ihrer Aura zu nehmen.

Rechts: Der »Wasserpatio«, um den die Innenräume gruppiert sind.

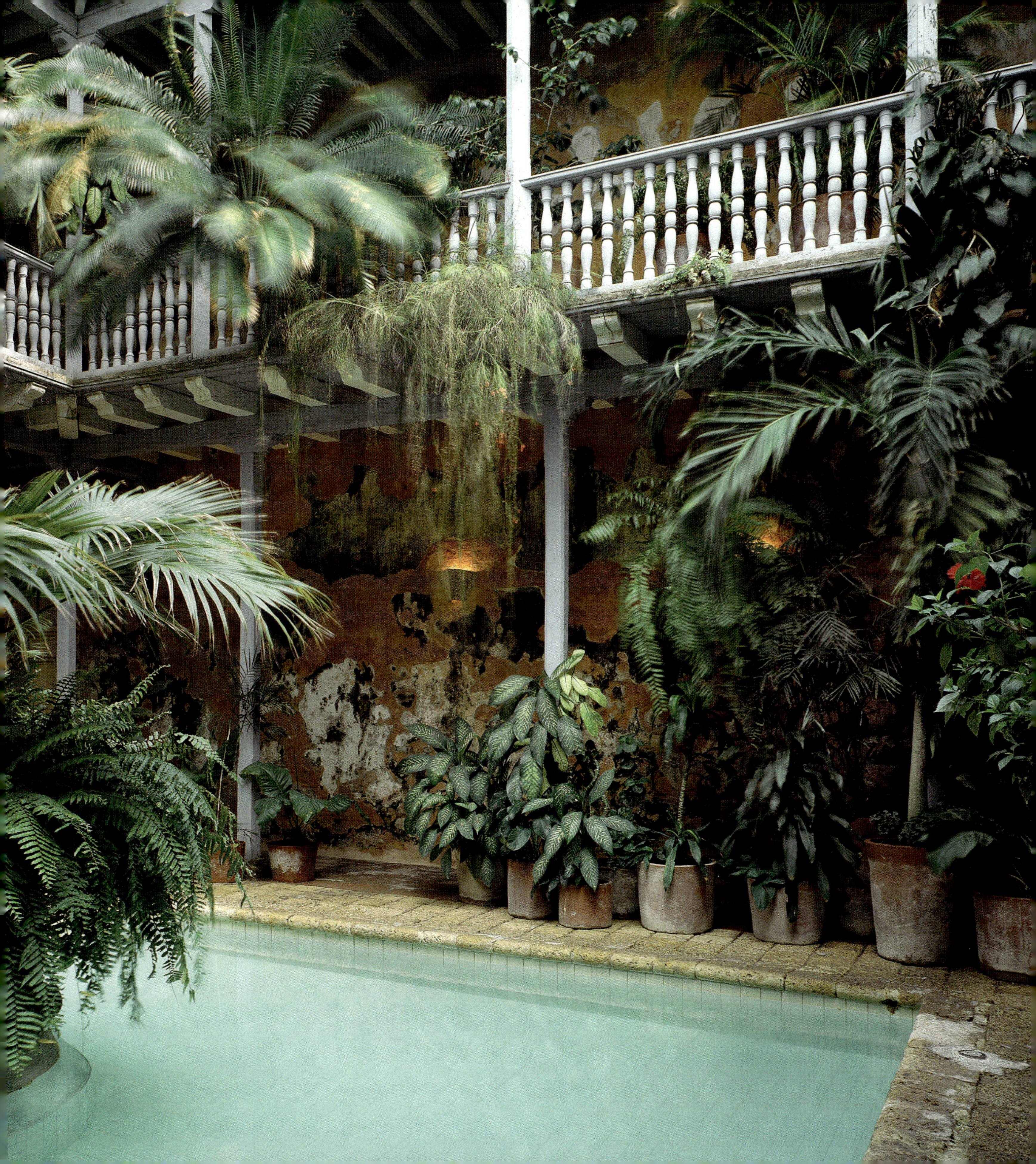

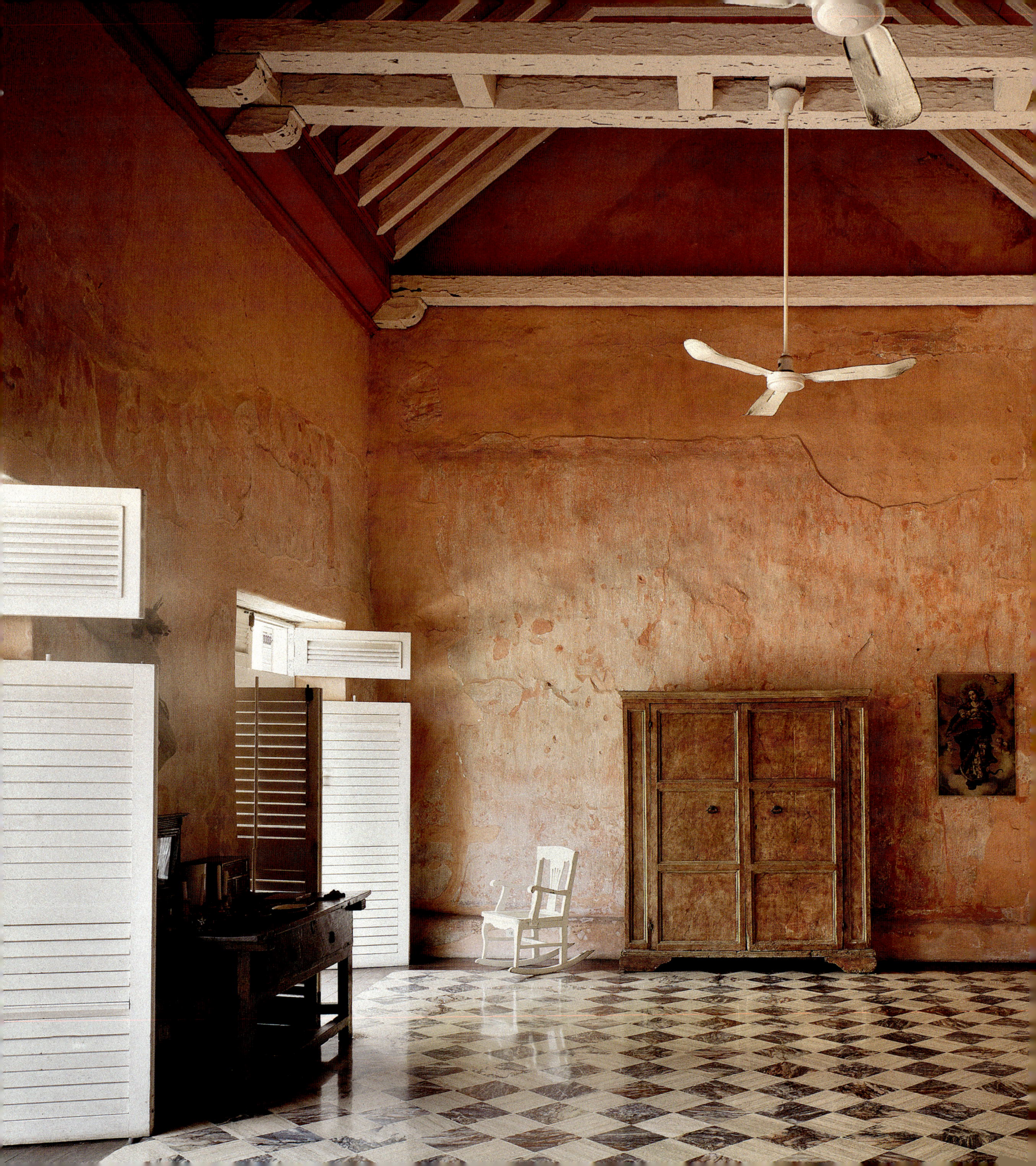

Oben: Im Wohnraum befinden sich dieses bemalte, hölzerne Eckregal aus der Kolonialära und das antike Terracottagefäß.

Links: Ein Blick in den Salon mit den lachsrosa gestrichenen Wänden.

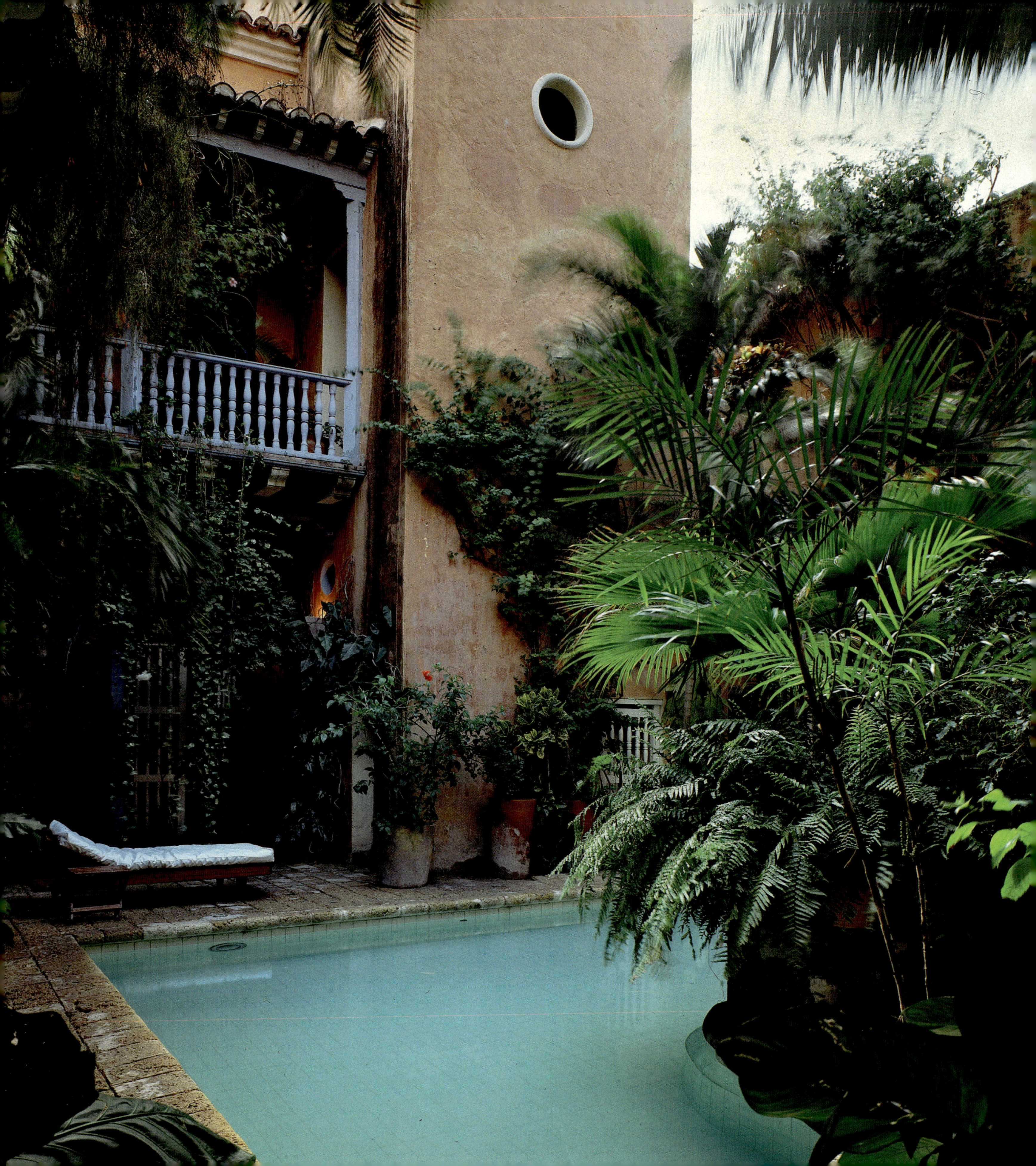

Gegenüberliegende Seite: Der Patio mit dem Wasserbecken.

Rechts oben: Ein anderer Blick auf den Innenhof mit dem Esstisch unter freiem Himmel.

Rechts unten: Durch den Eingang in das große Schlafzimmer sieht man ein Gemälde des kolumbianischen Künstlers Antonio Barrera.

GÉRARD TREMOLET

Interieur: Gérard Tremolet

Das Pariser Appartement Gérard Tremolets befindet sich in der fünften Etage eines Hauses im neunten Arrondissement. Es ist ein Tribut an die Kraft der Farben, die hier an einen Souk in Algerien erinnern, dem Herkunftsland des Besitzers: Fuchsie, Gelb, Türkis für das Wohnzimmer, Altrosa für das Schlafzimmer, Wassergrün für das Badezimmer ... Inspiration ist diese changierende Palette auch für die femininen Accessoires, die der Hausherr für die Maison Lesage kreiert: Perlen und Goldfäden verarbeitet Tremolet für seine bestickten Stoffe, die dann Schmetterlingen gleich über die Laufstege der Pariser Couturiers schweben. In seiner Wohnung feiert er ebenfalls den ihm eigenen kreativen Eklektizismus, indem er Leder, kostbare Stoffe, Kelims, exotische Möbel, Antiquitäten und ungewöhnliche Sammelobjekte vereint: Elefanten, Toiletteaccessoires, Haarnadeln, Porzellan, Kristall, modernen und alten Schmuck. Erinnerungen an ferne Länder im Überfluss, die manchmal die Qualität des Mobiliars übertrumpfen.

Rechts: Auf dem kleinen Tisch steht ein Kandelaber – er stammt aus einer Kirche – mit Satinschirmchen; daneben ein Sessel mit einem Stoff in Leopardenoptik.

Gegenüberliegende Seite: Der Sessel aus der Zeit Ludwigs XIV. mit dem malvenfarbenen Stoffbezug befindet sich ebenso im Korridor wie der Neorenaissance-Stuhl.

Paris > Frankreich

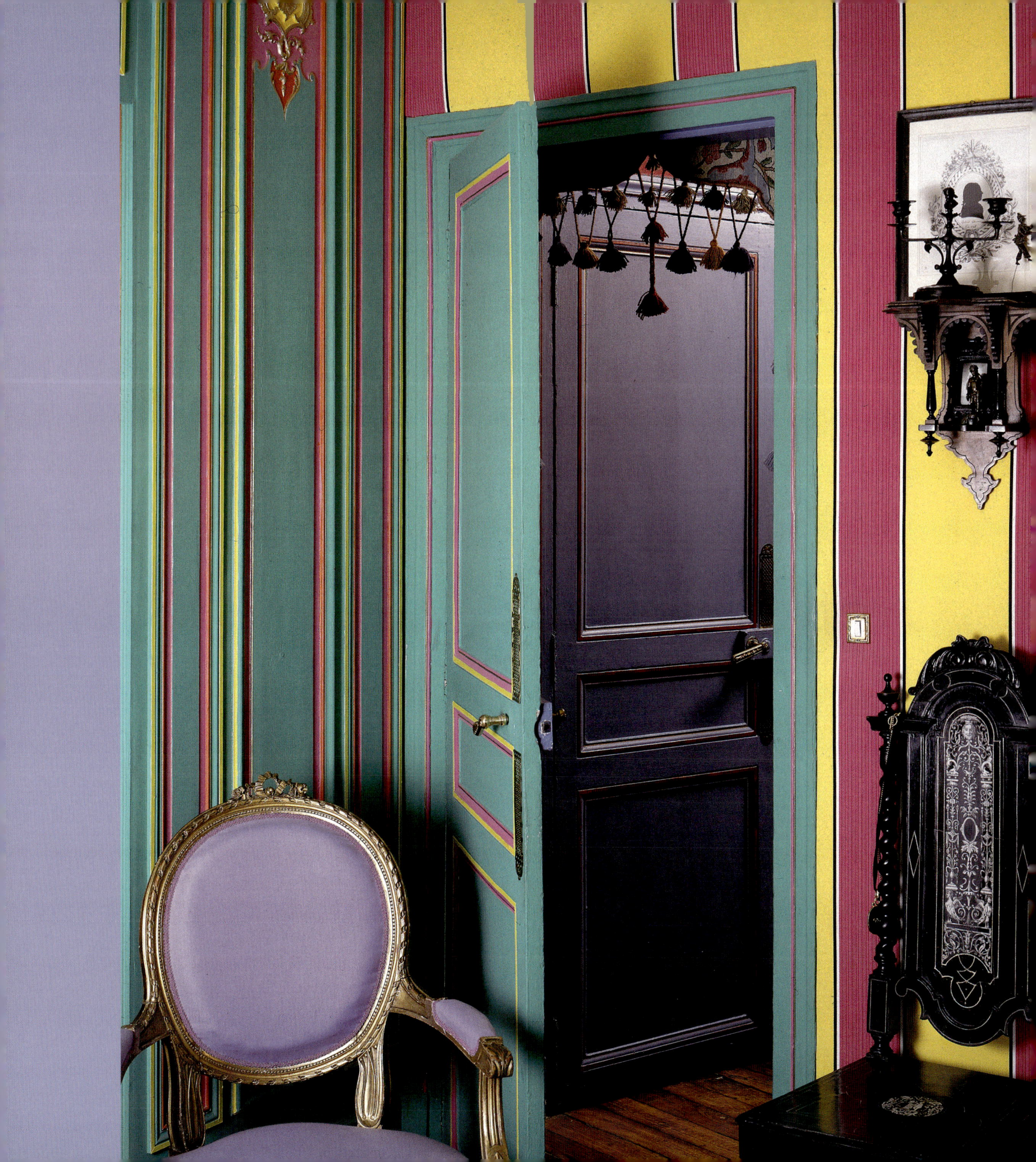

Im Wohnzimmer befinden sich die Kerzenständer aus einer Kirche, ein Gemälde von Marie Kazan von 1930 sowie, auf dem Kamin, chinesische Vasen aus den 1920er Jahren und ein Paar österreichischer Keramikstatuetten.

Auf der gegenüberliegenden Seite des Wohnzimmers mit den Möbeln im Stil Ludwigs XV.: Das Frauenporträt, signiert von Stanislas Floch, stammt aus dem Jahr 1937; daneben eine Email-Applik in Form einer Schlange; zwei lampionförmige Stehleuchten sind auf dem Boden vor dem chinesischen Diwan aus dem frühen zwanzigsten Jahrhundert platziert.

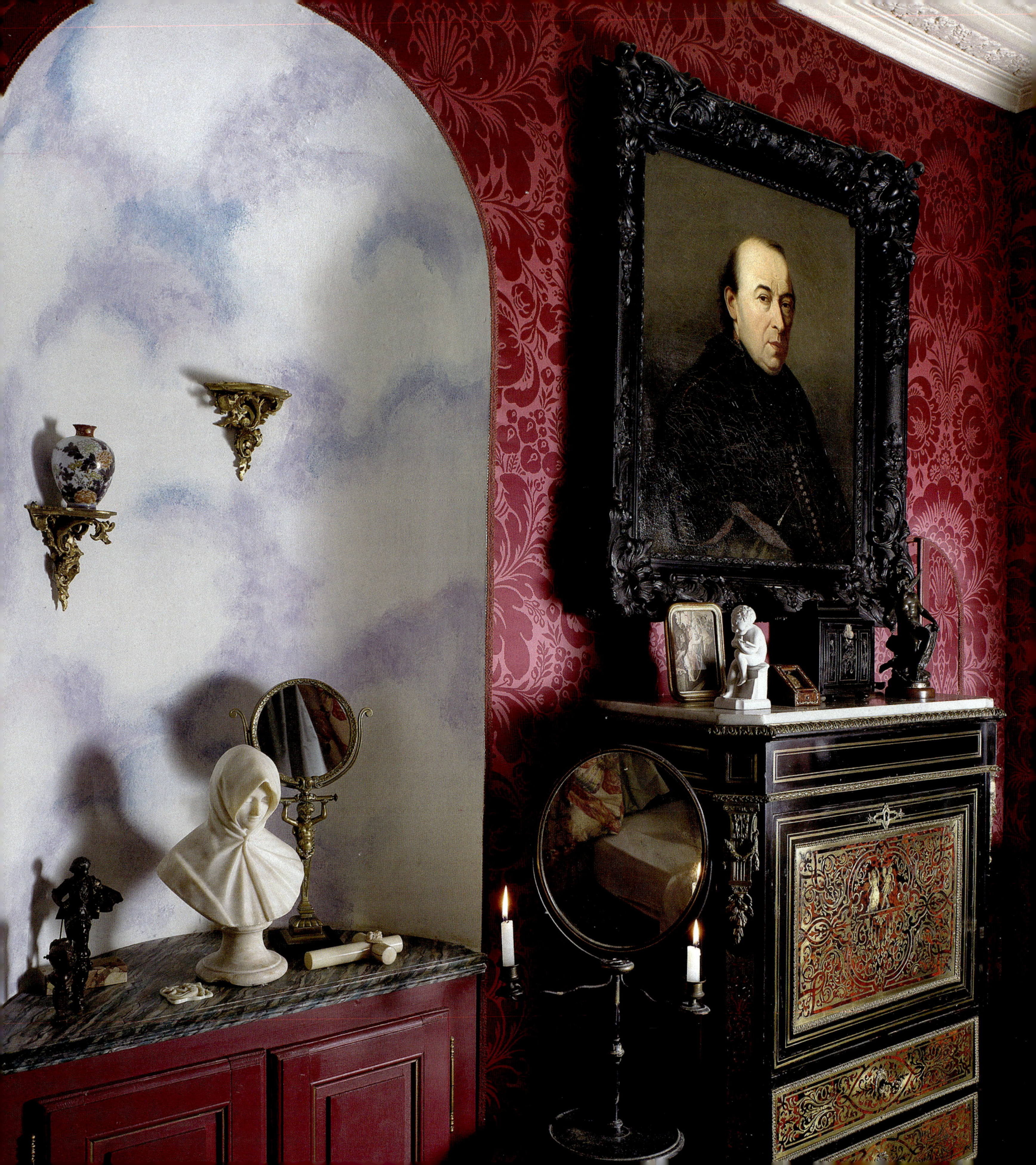

Oben: Hinter den gerafften Vorhängen befindet sich das Badezimmer.

Links: Ein Blick in das große Schlafzimmer mit dem Sekretär im Stil Napoleons III. und dem vergoldeten und geschnitzten Stuhl; aus dem achtzehnten Jahrhundert stammt das Porträt eines Landverwesers.

BENJAMIN LIEBMANN

Architektur: Louis Louw, Achilles Apostolellis und Johan Bergenthuin

Johannesburg > Südafrika

Das Domizil des vielseitigen südafrikanischen Juristen und Künstlers Benjamin Liebmann befindet sich in Houghton, einer luxuriösen »Gartenstadt« in Johannesburg. Bestimmende Themen des Baus sind die großen, runden Säulen sowie die Farbe Weiß, die die Nischen und das Raumvolumen des Gebäudes ebenso betont wie die afrikanischen Holzskulpturen, die Liebmann mit Leidenschaft sammelt. Die Außenbereiche des Hauses werden wie Innenräume behandelt.

Oben: Schiebetüren isolieren oder verbinden den Terrassenbereich, der sich zum Pool hin öffnet, mit dem Inneren des Hauses.

Gegenüberliegende Seite: Im Eingangsbereich stehen *Die drei Grazien*, eine Bronzeskulptur von Paul Wunderlich.

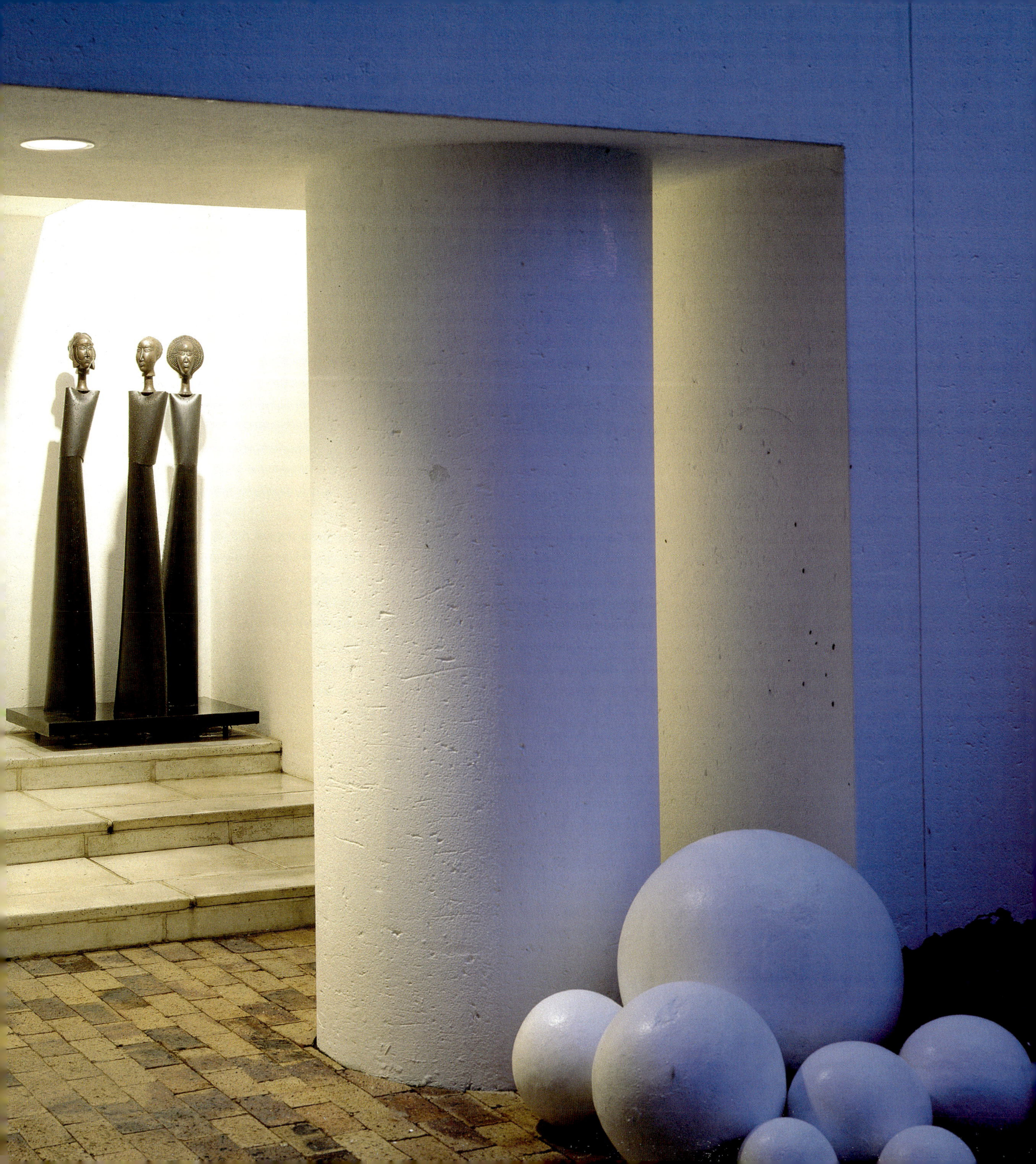

Oben: Die Skulptur im Korridor symbolisiert einen Fruchtbarkeitsvogel und stammt von der Elfenbeinküste.

Rechts: Der Fokus des Wohnzimmers liegt unübersehbar auf dem Gemälde *Die Harmonie der Gegensätze* des englischen Künstlers Victor Passmore. Im Hintergrund der Korridor mit der Skulptur *Faccia stralunata* von Elisabeth Frink.

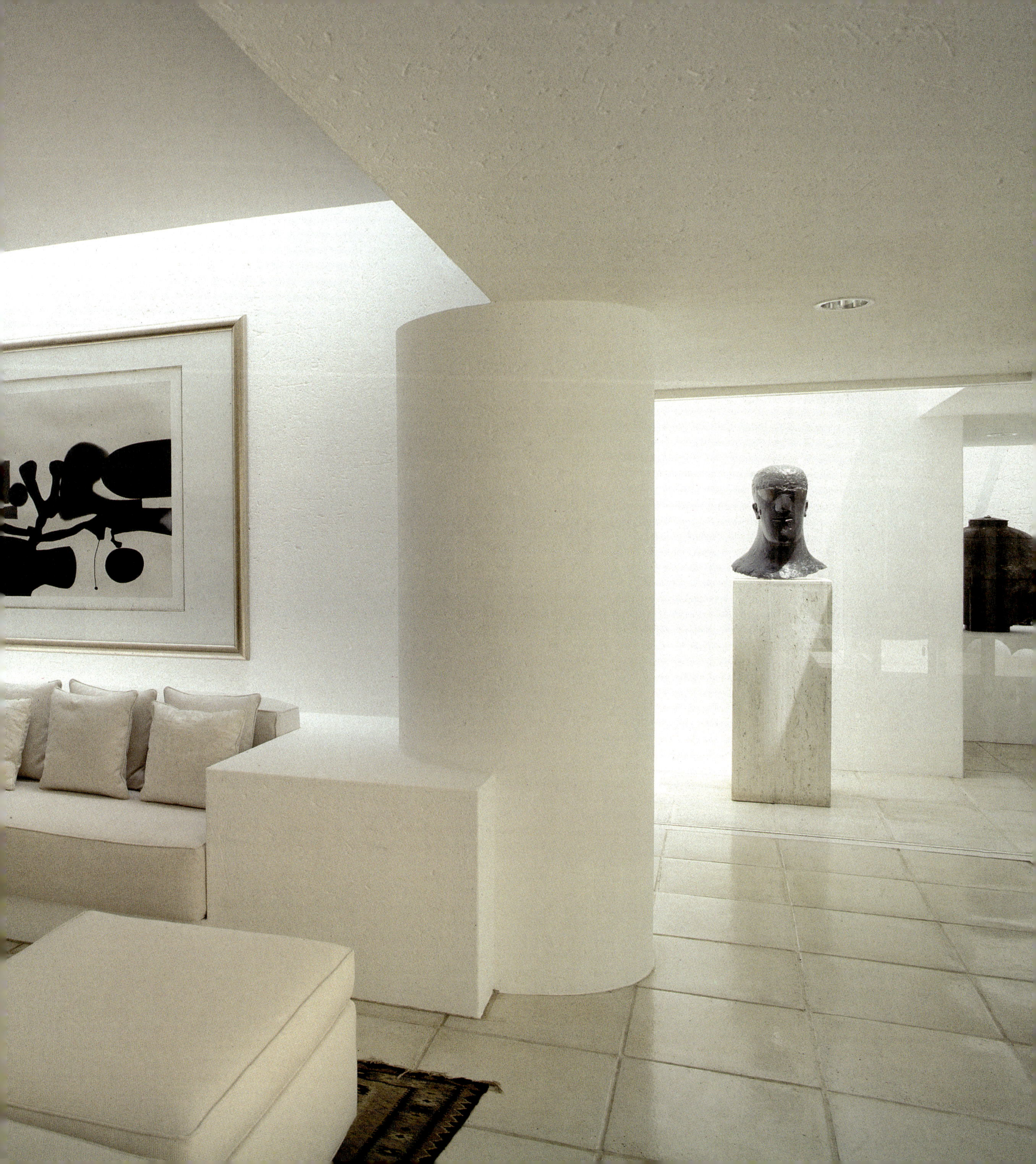

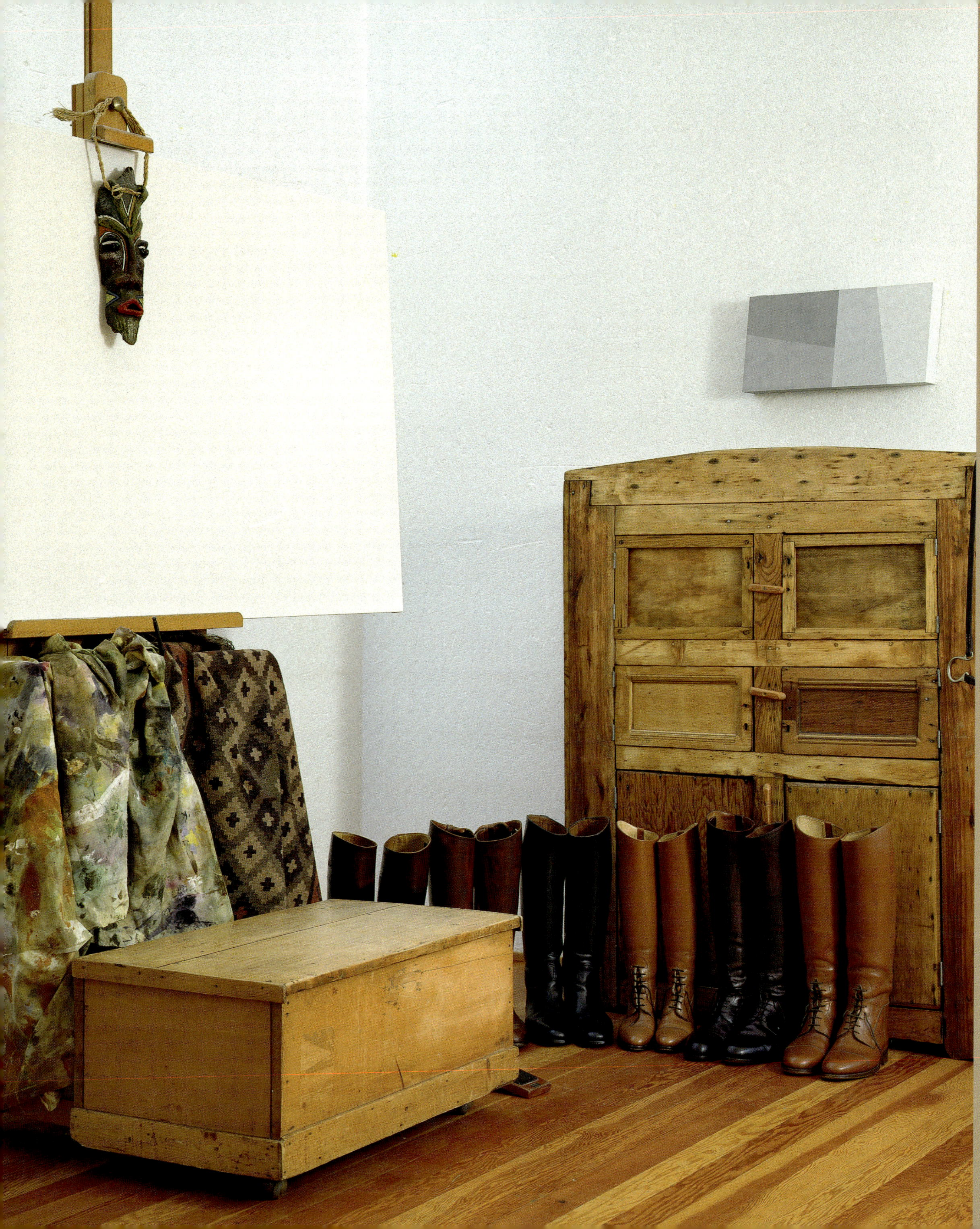

Oben: Das Himmelbett und das Terracottagefäß befinden sich im Kinderzimmer.

Gegenüberliegende Seite: Eine ganze Armada von Stiefeln steht vor dieser Kommode (1850) im Atelier.

KLAUSE DES MÖNCHS THONDARA

Ganz allein lebt der junge Mönch Thondara in einem Kloster aus dem achtzehnten Jahrhundert in der alten birmesischen Stadt Bagan mit ihren nahezu unzählbaren Sakralbauten. In Birma, oder Myanmar, wie es seit 1989 offiziell heißt, will es die Tradition, dass jede Person männlichen Geschlechts zweimal in ihrem Leben am klösterlichen Leben teilnimmt. Die Geschichte Thondaras ist berührend: Das Waisenkind wurde von einem alten Mönch adoptiert, der es in der Theravada, der ältesten buddhistischen Schultradition, und in der Heilkunst unterwies. Heute unterrichtet Thondara selbst ein paar Kinder. Das Teakholzhaus, es wird über eine verwitterte und zerklüftete Steintreppe betreten, ist auf Pfählen errichtet, um es vor den Hochwassern des Irrawaddy, des Goldenen Flusses, zu schützen. Im Inneren ein paar Spuren eines Lebens, das vor allem der Meditation und dem Gebet gewidmet ist: ein rotes Mönchsgewand an der Wand, eine Tasse für das Wasser, ein Rasiermesser, ein Bambusschirm, Wachstuch und die symbolischen Schalen für Almosen, in denen sich Thondara seine tägliche Ration Reis abholt.

Oben: Ein birmesischer Liegestuhl.

Gegenüberliegende Seite: Die Teakholzfassade des Klosters.

Bagan > Myanmar

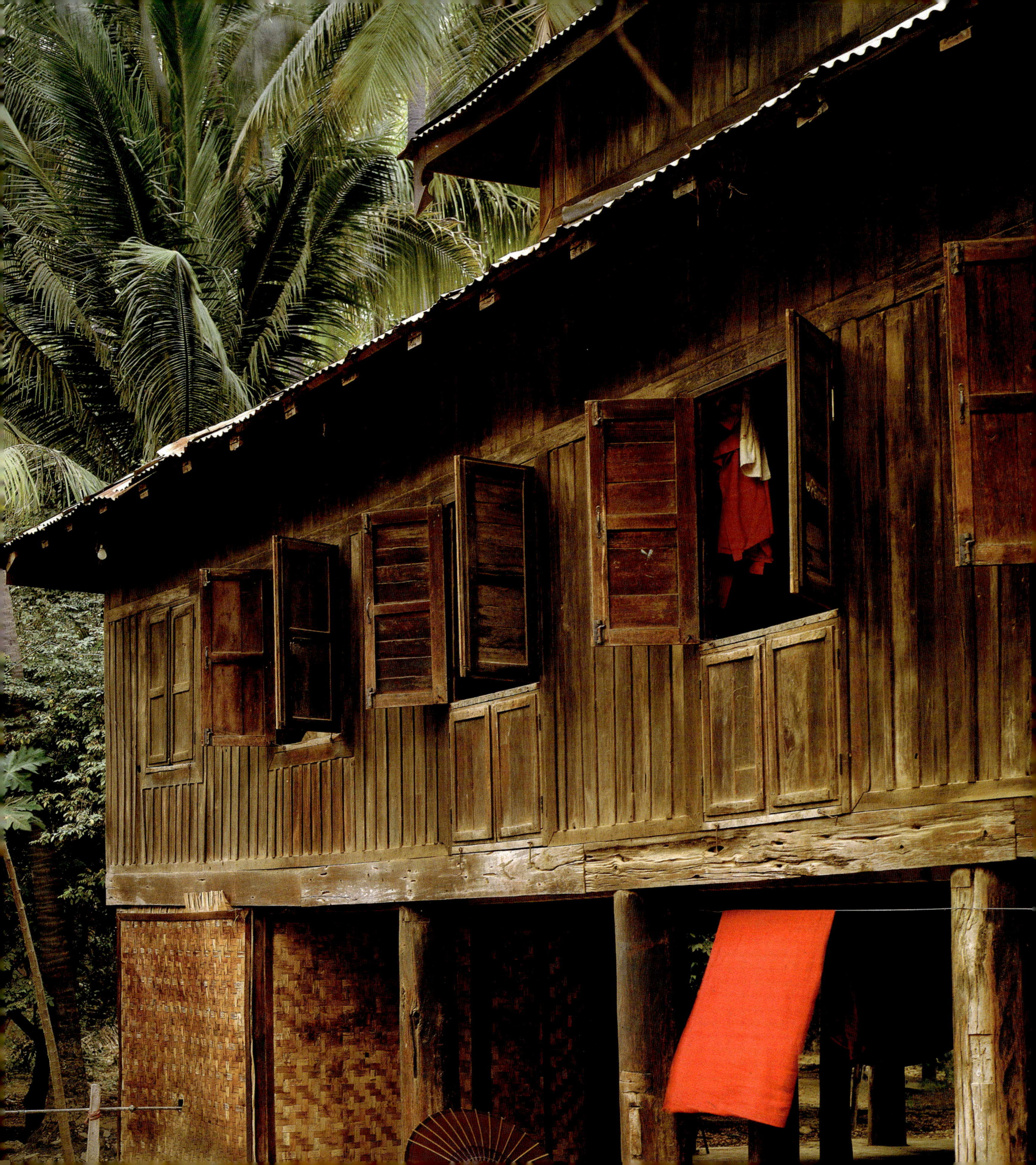

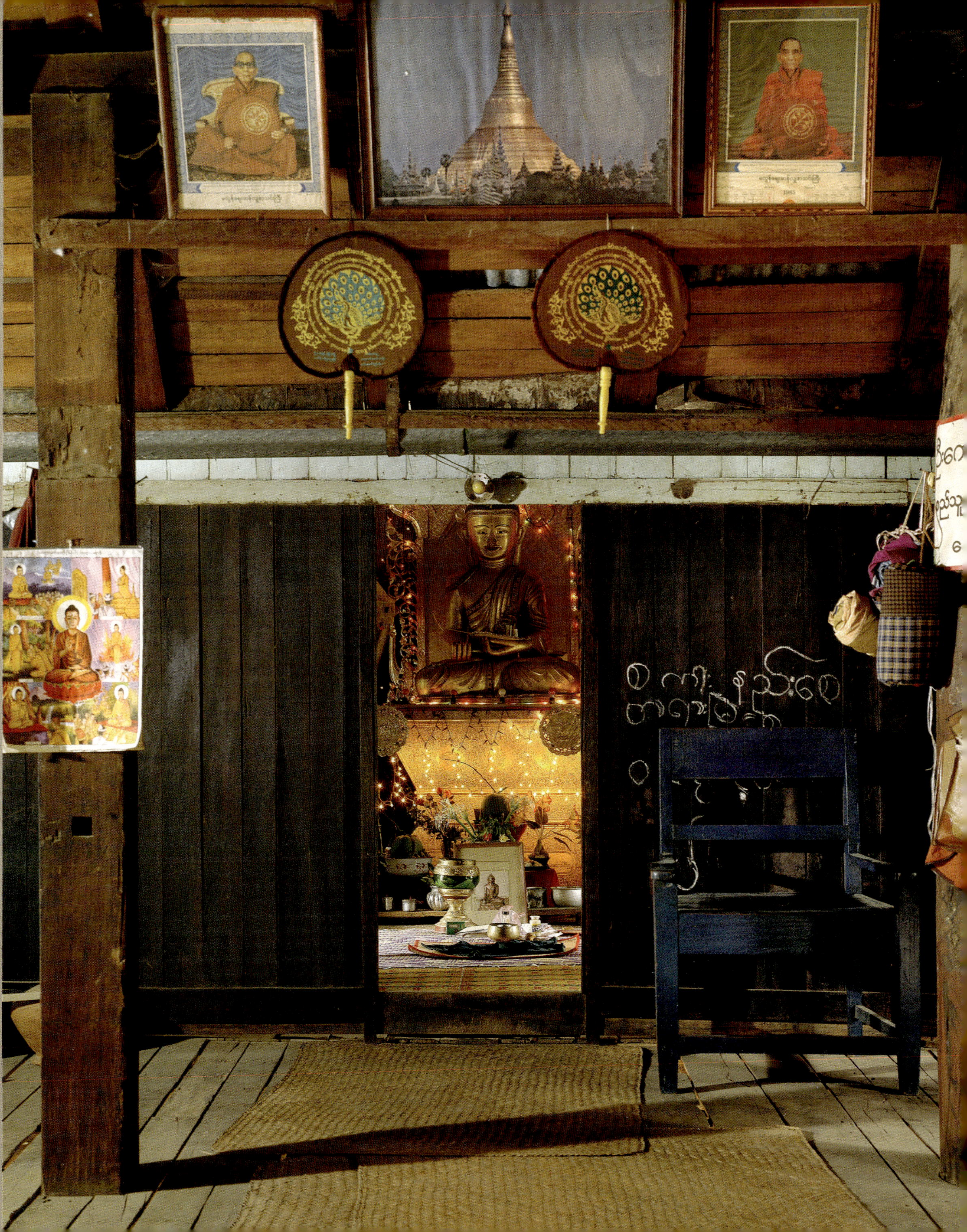

Gegenüberliegende Seite: Der Altar, zu dessen Füßen die Gaben liegen. Die Statue zeigt Buddha in der klassischen Dhyana-Position, jener Yoga-Stellung, in der das menschliche Ego seine vollkommene Auflösung erfährt und die eine vollkommene Versenkung ermöglicht.

Rechts oben: Auf dem Boden aus schlichten geölten Holzlatten stehen zwei Schalen mit der täglichen Reisration des Mönchs.

Rechts unten: Alte birmesische Gefäße.

Oben links: Wenige Habseligkeiten für ein Leben, das dem Gebet gewidmet ist.

Oben rechts: Auf einer Strohmatte steht der für die birmesische Tradition typische rote Lacktisch.

Gegenüberliegende Seite: Gehüllt in ein Moskitonetz steht das niedrige, einfache Bett – ganz wie es die Lehre des Buddhismus vorschreibt – des Mönchs Thondara.

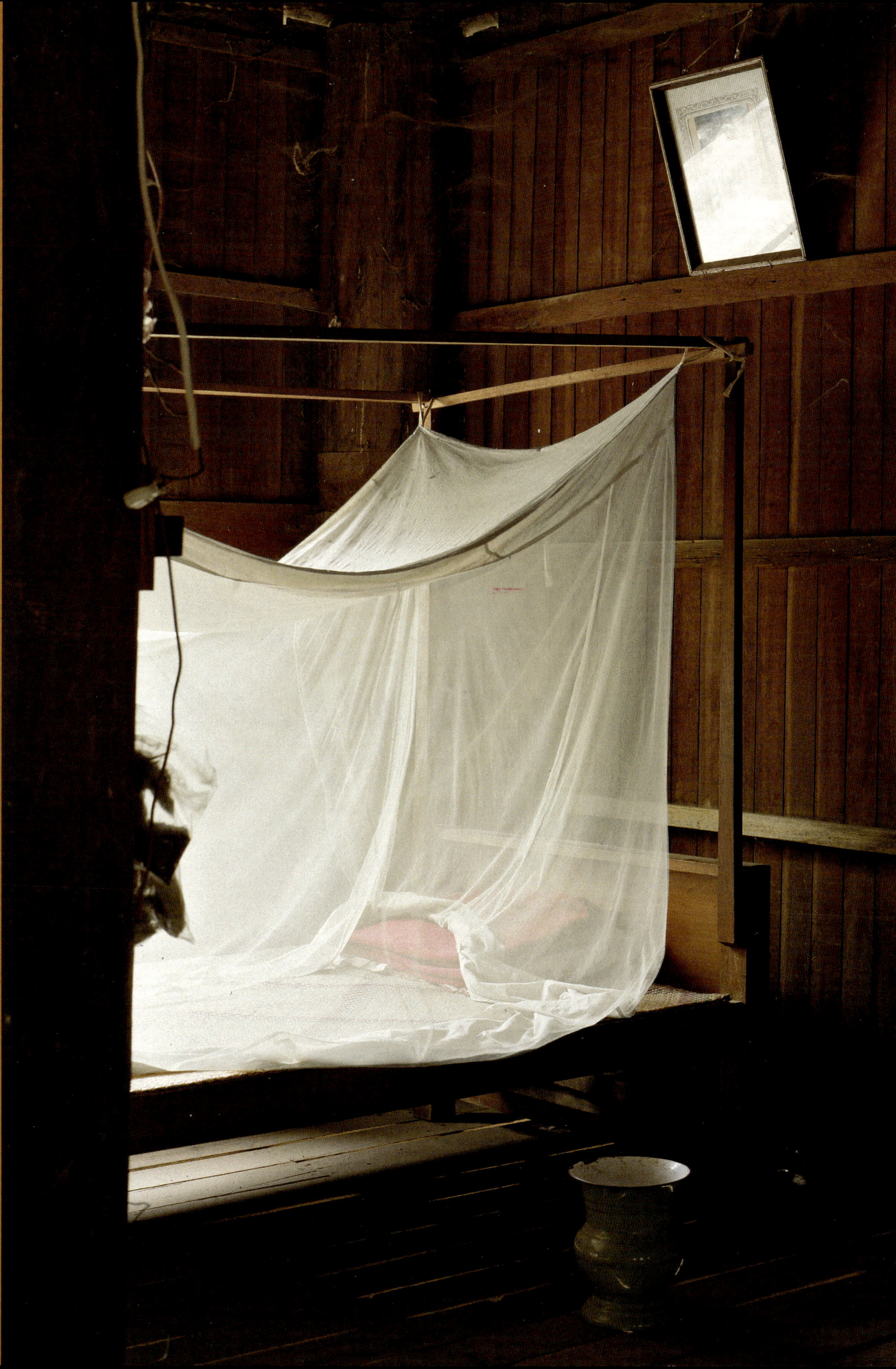

Interieur: Hutton Wilkinson

DAWNRIDGE, RESIDENZ TONY DUQUETTE

Los Angeles > Kalifornien, USA

Mitten im Grün von Beverly Hills liegt Dawnridge, die legendäre Residenz des Künstlers und Designers Tony Duquette, und lebt nach wie vor vom alten Glanz des Innenarchitekten Hutton Wilkinson. Doch um die Wahrheit zu sagen: Das originale Dawnridge existiert nicht mehr, denn längst wurden alle Objekte aus der Sammlung Duquettes bei Christie's versteigert. Doch Wilkinson, Geschäftspartner und Verkünder seiner eigenen Theorie über die schöne Ungewöhnlichkeit Duquettes, ist es gelungen, den einzigartigen Stil des Ortes zu erhalten, und zwar ausschließlich, indem er Kreationen Duquettes und die Gemälde von dessen Ehefrau Elizabeth verwendete. Die Struktur der Villa wurde unverändert erhalten. Das Esszimmer, das nach wie vor auf den üppigen exotischen Garten führt, ist heute auch eine Bühne für die prächtigen Schmuckstücke, die Wilkinson für eine ausgesuchte Klientel kreiert, und für Abendessen, die der Designer gibt, um den Zauber nicht zu brechen und die Liebe des Publikums zu bewahren.

Rechts: Die Speisezimmerfenster öffnen sich zum exotischen Garten. Mit seinen Grüntönen und den floralen Ornamenten erinnert der Raum, der anstelle einer ehemaligen Garage angelegt wurde, selbst an einen Garten. Auf dem Tisch stehen antike chinesische Deckelschalen in Form von Lotosblüten, venezianische Gläser, falsche Korallen und Bergkristalle. In der chinesischen Vitrine sind von Duquette und Wilkinson entworfene Schmuckstücke zu sehen.

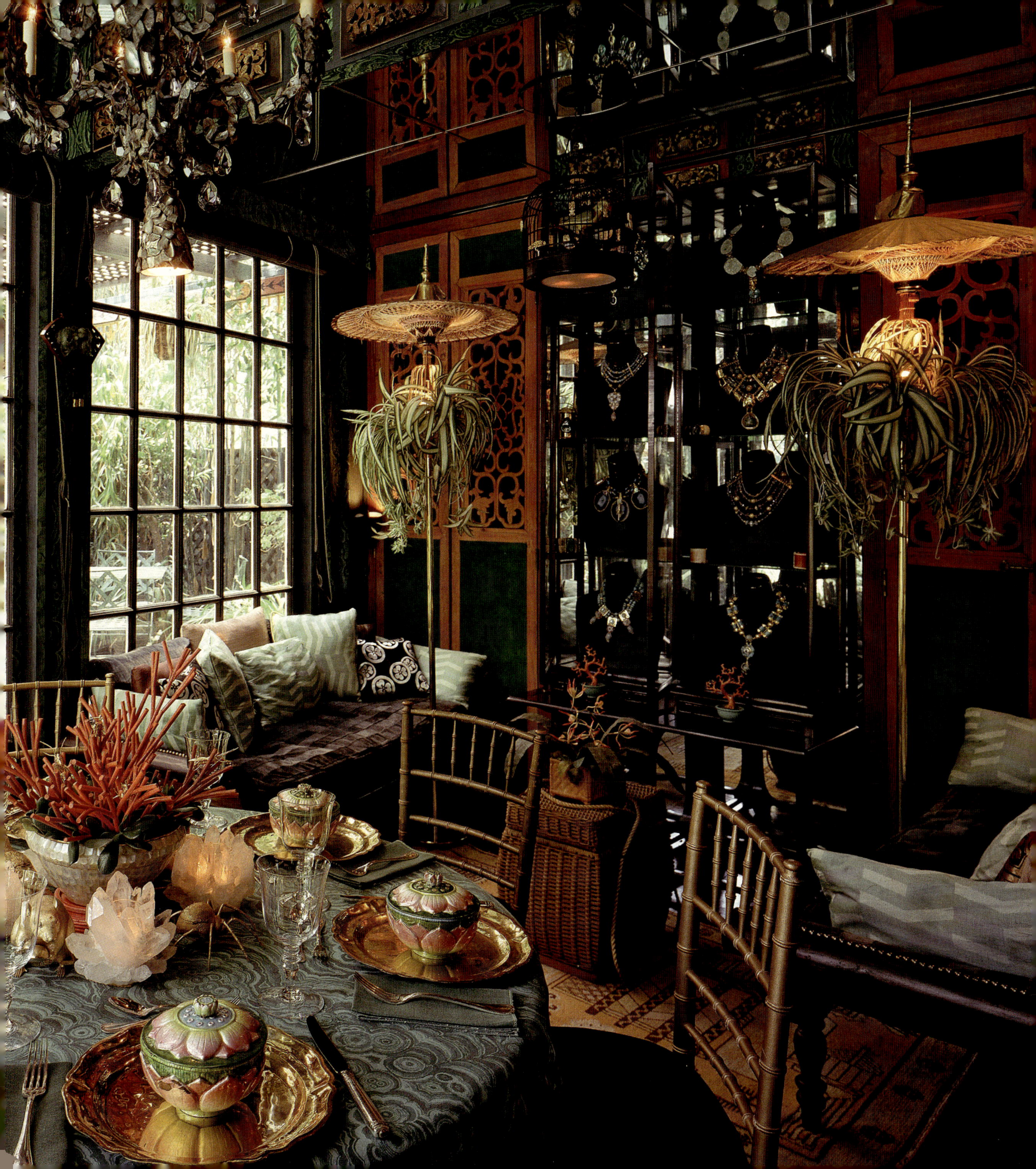

388 . USA

Gegenüberliegende Seite: Das Camelot-Zimmer trägt seinen Namen nach den Statuetten und Skizzen, die Duquette in den 1960er Jahren für das gleichnamige Broadway-Musical anfertigte, das ihm unter anderem einen begehrten Tony Award einbrachte. Auf der Konsole mit dem »Jäger-Spiegel« stehen wiederum Bergkristalle; im Hintergrund ist ein dreidimensionales Bühnenbildmodell für *Camelot* zu sehen.

Rechts oben: Die beiden Paravents sind Entwürfe Wilkinsons und Duquettes: Die Kreise in der Mitte sind aus Radkappen angefertigt, die Strahlen aus Eisen. Über dem Bild von Duquette in Mischtechnik – *Der Saum des Kleides einer Priesterin* – hängt das Porträt Tony Duquettes von Martin Piks (1965). Das grüne Emailregal mit den Figurinen (links) wurde 1941 für Elsie de Wolfe realisiert.

Rechts unten: Eine Stehleuchte, deren Fuß mit verschiedenen Muscheln bestückt ist.

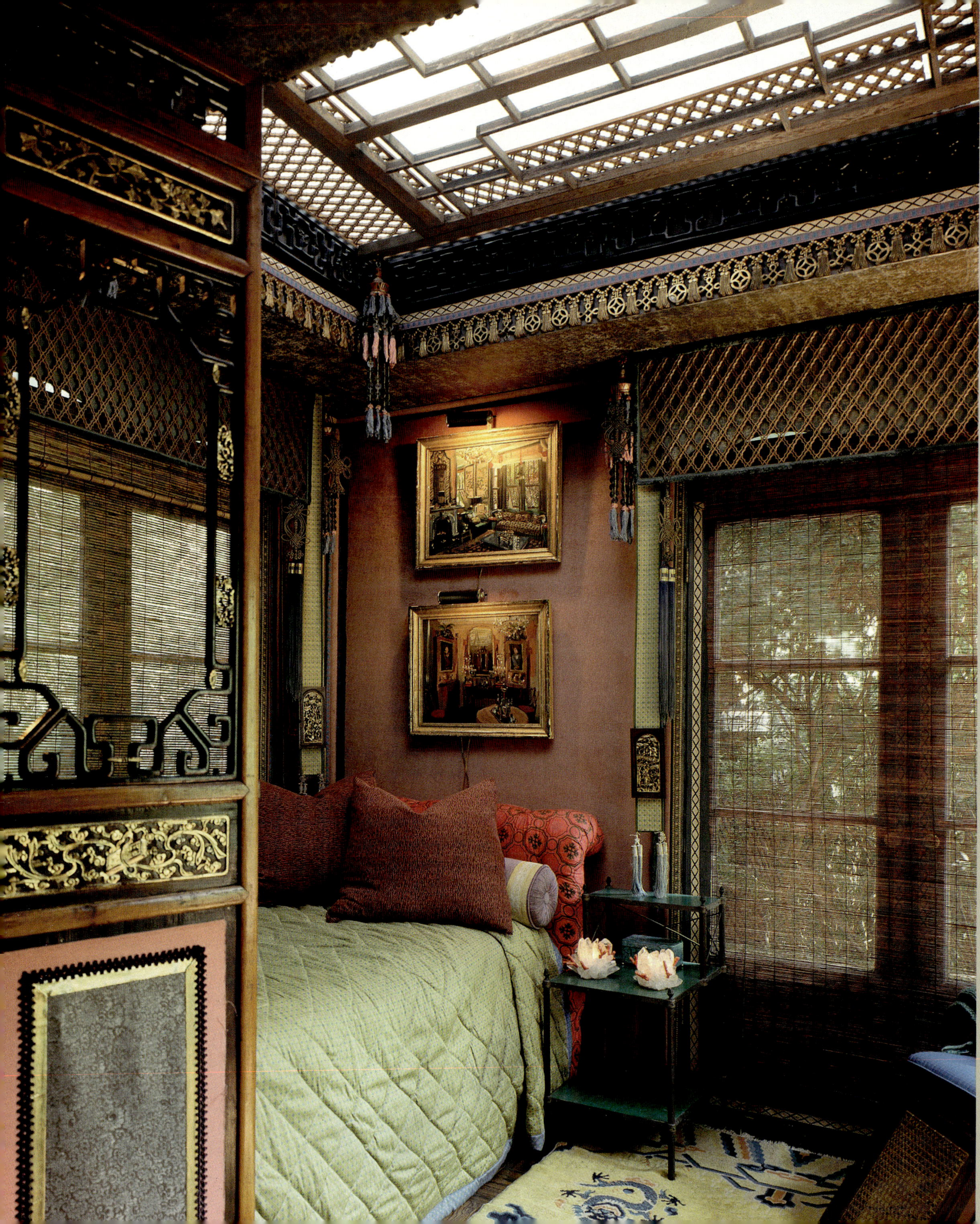

Gegenüberliegende Seite: In diesem Schlafzimmer wurden antike architektonische Elemente aus China an der Wand angebracht. Das Bett ist ein Entwurf Syrie Maughams für die Schauspielerin Ina Claire und die Bilder an der Wand zeigen Birdcage, Duquettes Haus in San Francisco. Der Teppich ist antik und stammt aus China.

Oben links: Im Badezimmer wurde ein kleiner Vogelkäfig zur Hängeleuchte umfunktioniert, und im extravaganten Spiegel wird ein Fenster reflektiert. Interessant ist hier aber vor allem die an Schuppen erinnernde Wandverkleidung.

Oben rechts: Der Baldachin über dem Bett im großen Schlafzimmer wurde aus thailändischer Seide und antikem Chintz angefertigt. Die Neigung des Besitzers spiegeln die zahlreichen Kunstbände wider.

Links: Ein Detail aus dem Wohnzimmer, wo über einer vergoldeten Konsole ein Spiegel hängt. Die biomorphen Formen des Konsolenfußes und des Spiegelrahmens hat Duquette im Jahr 1965 entworfen. Links auf der Glasplatte ein Porträt Elizabeth Duquettes von Man Ray (1947). Die Gemälde sind Arbeiten Elizabeth Duquettes.

Gegenüberliegende Seite: Die Tür des Salons ist mit einem ironischen, von der Alchemie inspirierten Werk versehen.

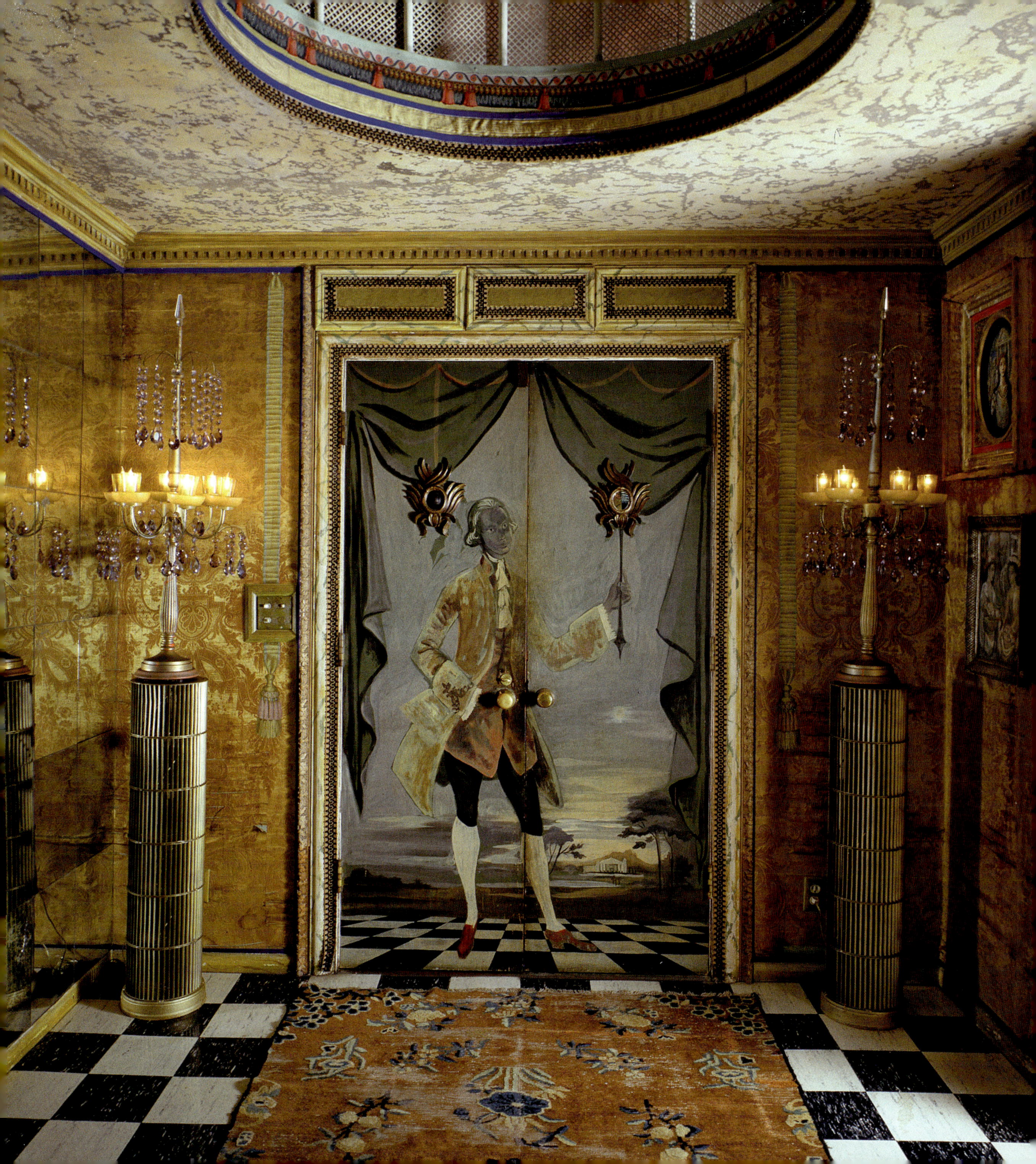

Am Nordrand des Mittelmeers, in der Nähe Izmirs und nicht weit vom legendären Pergamon, liegt in einer Bucht das Haus des Bühnenbildners Ezio Frigerio. Der Erfinder spektakulärer Szenerien für die wesentlichen Opernhäuser der Welt – darunter die Met und Covent Garden – liebt den Orient und ist ein profunder Kenner der Kunst und der Gedankenwelt des Islam. Hier, weit entfernt vom Tourismus, hat sich Frigerio sein persönliches Bühnenbild geschaffen: Ein Haus, in dem jedes Fenster, jeder Bogen und jeder Durchgang dazu dient, der Landschaft, dem Meer, dem duftenden Garten den richtigen Rahmen zu verleihen. Bei dem Domizil handelt es sich um ein zwar von lokalen Bautraditionen inspiriertes Steinhaus, dessen Stil jedoch durch die Einbeziehung kollektiver Vorstellungen und die Sensibilität Frigerios gegenüber seiner Umgebung in eine Art *türkisch sui generis* mündete, wobei Frigerio von dem russischen Architekten Alexander Beliaev unterstützt wurde. Stein aus Kappadokien wurde verwendet, um Säulen, Fenster- und Türrahmen, Bögen und Lünetten zu modellieren. Zwei Kuppeln aus Tonfliesen wurden ohne stützende Verstrebungen aufgezogen. Im farbenfrohen, wohl geordneten, einladenden Interieur des Hauses finden sich handbemalte, glasierte Keramik, Deckenleuchten aus Teakholz (die Gitterelemente wurden in Indonesien angefertigt), türkische und ägyptische Stoffe sowie Perserteppiche. An der Schnittstelle zwischen Orient und Okzident verbringt Frigerio mit ausgewählten Freunden gerne seine Sommer, ruht sich aus und arbeitet an neuen Projekten.

Rechts: Die orientalischen Türen des Gästezimmers unter einer Gewölbedecke sind antik, das Bett ist hispano-maurischer Provenienz.

Gegenüberliegende Seite: Ein geschwungener Bogen und Gitterwerk zieren diesen Eingang.

VILLA FRIGERIO
Architektur: Alexander Beliaev

Izmir >Türkei

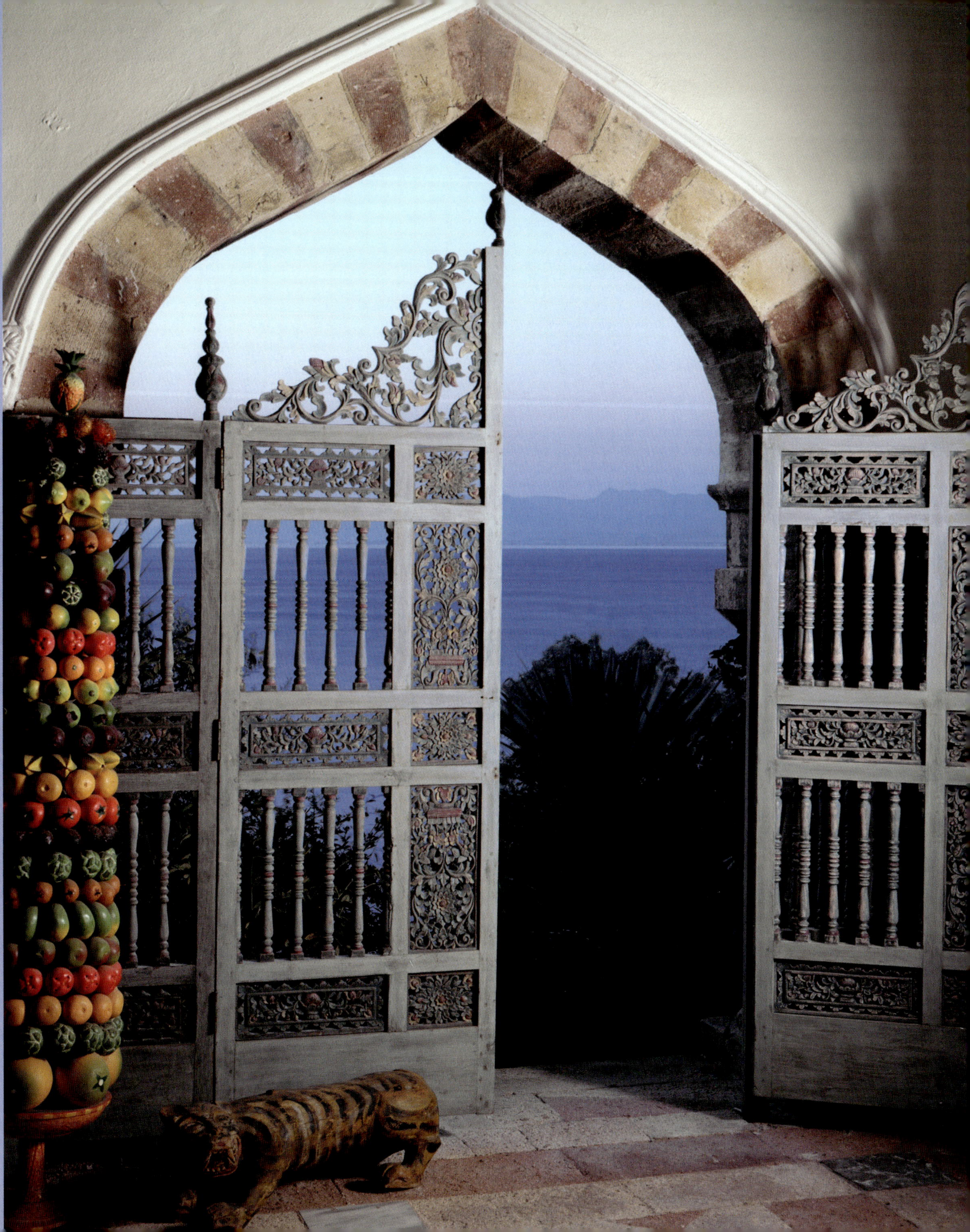

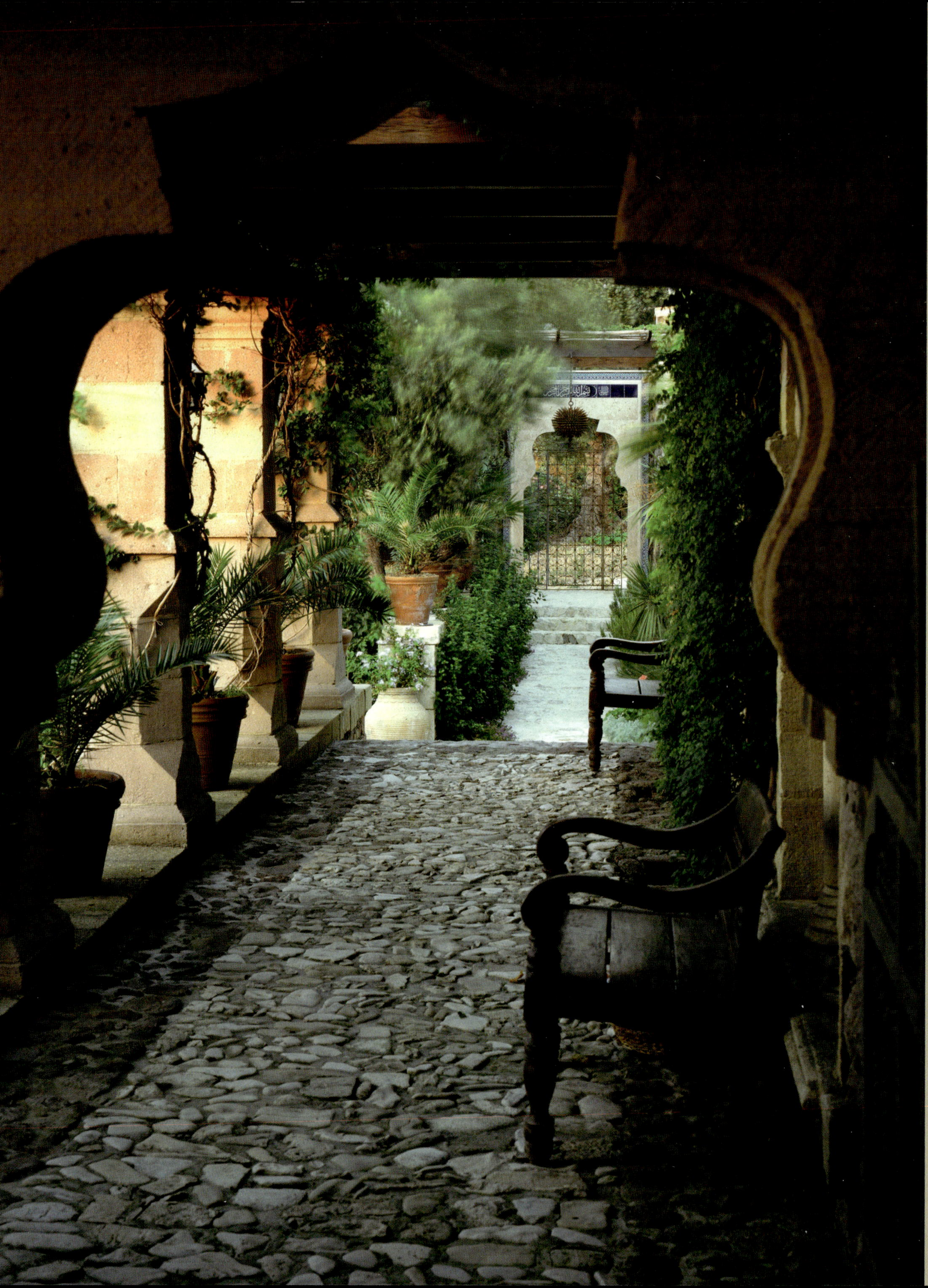

Oben links: Der Perserteppich liegt im Zimmer des Hausherrn.

Oben rechts: Eine Pergola mit spektakulärem Meerblick.

Gegenüberliegende Seite: Der Bogengang mit Steinboden.

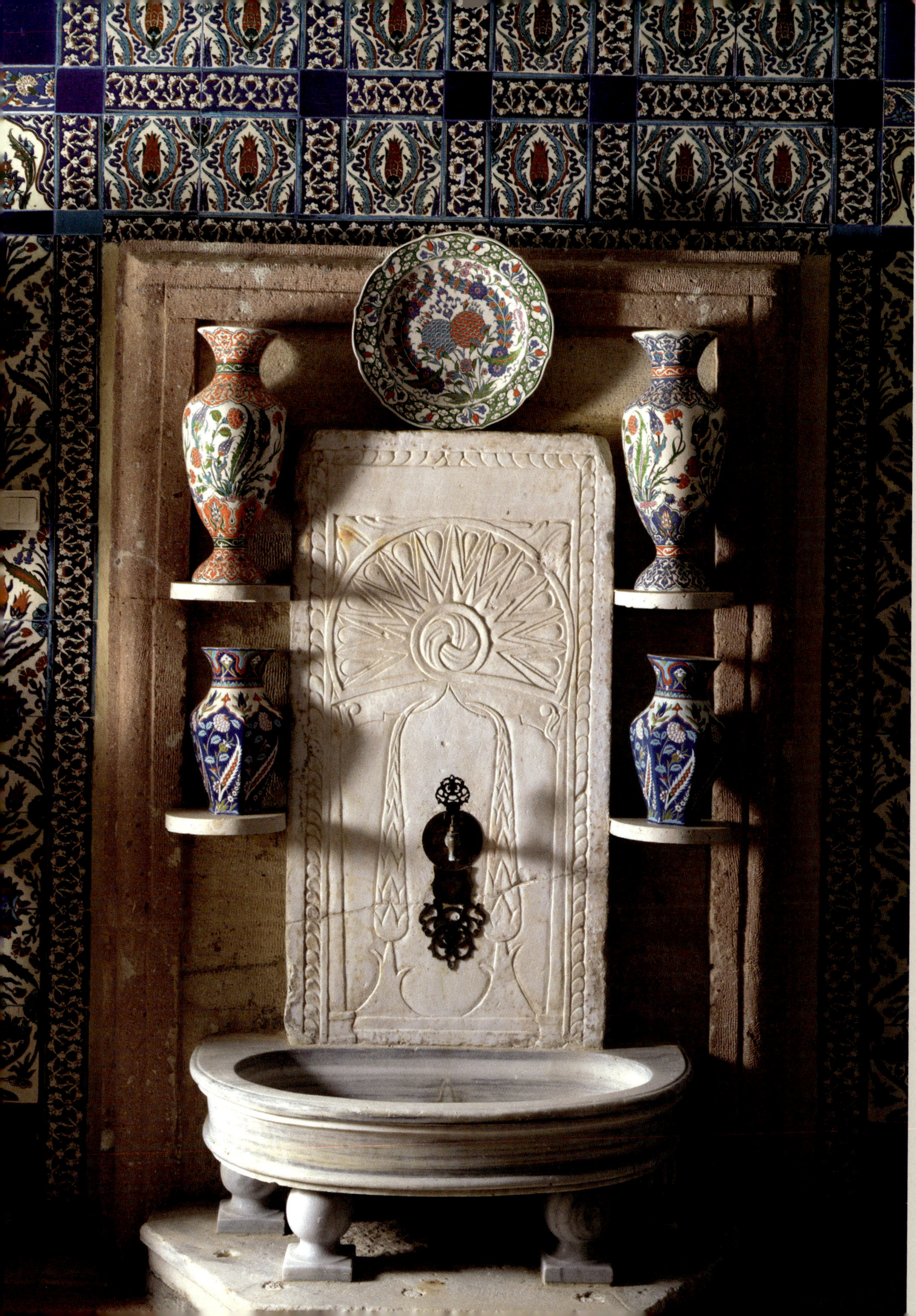

Gegenüberliegende Seite: Im Wohnzimmer wurde dieser ottomanische Steinbrunnen aus dem siebzehnten Jahrhundert platziert. Die Fliesen und Keramikobjekte stammen aus Kütahya.

Links: Dieser Kamin aus lokalem Gestein und vervollständigt durch Keramik aus Kütahya erinnert an den Baustil Kappadokiens.

Folgende Doppelseite: Dieses Himmelbett steht in einem weiteren Gästezimmer.

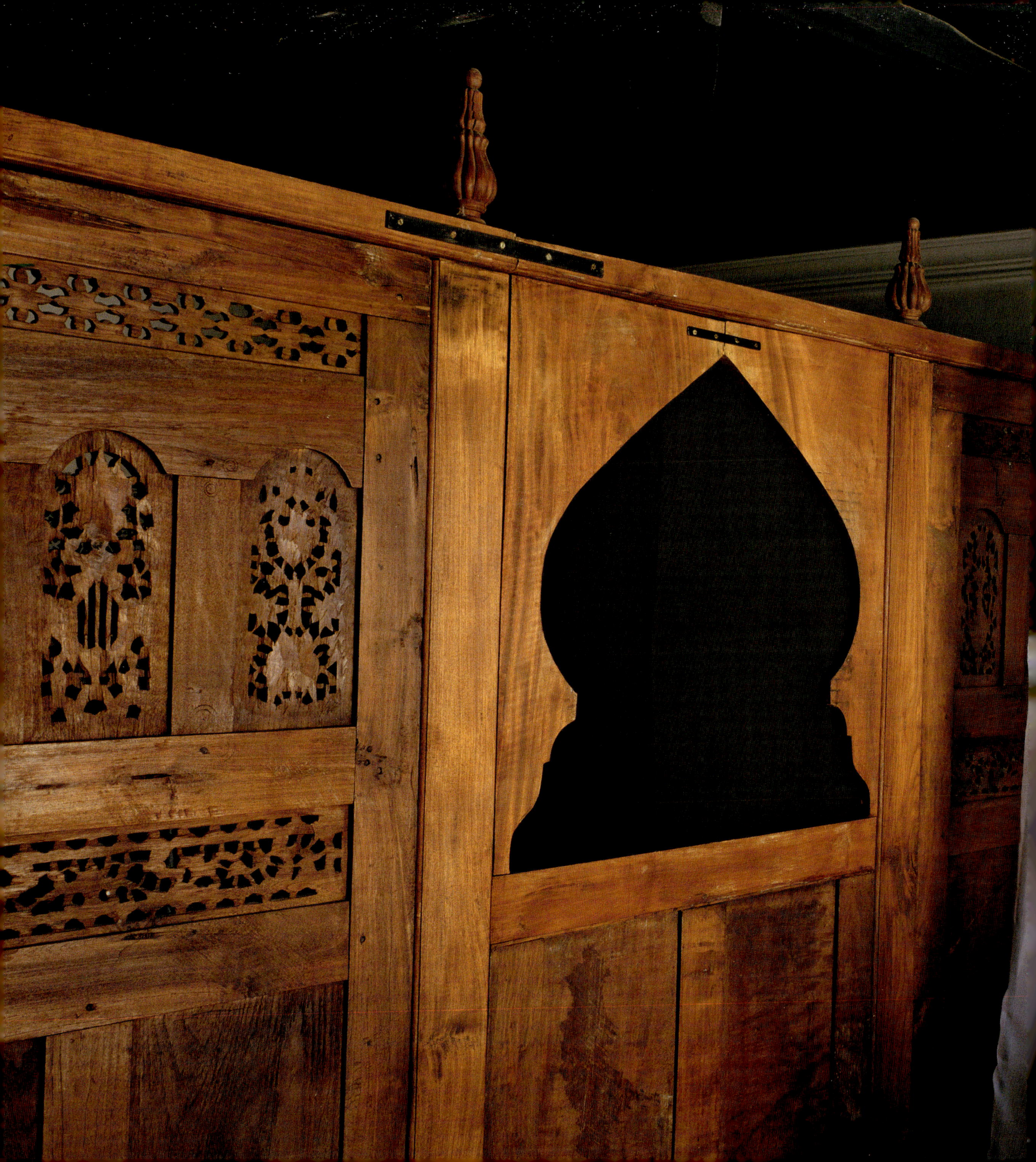

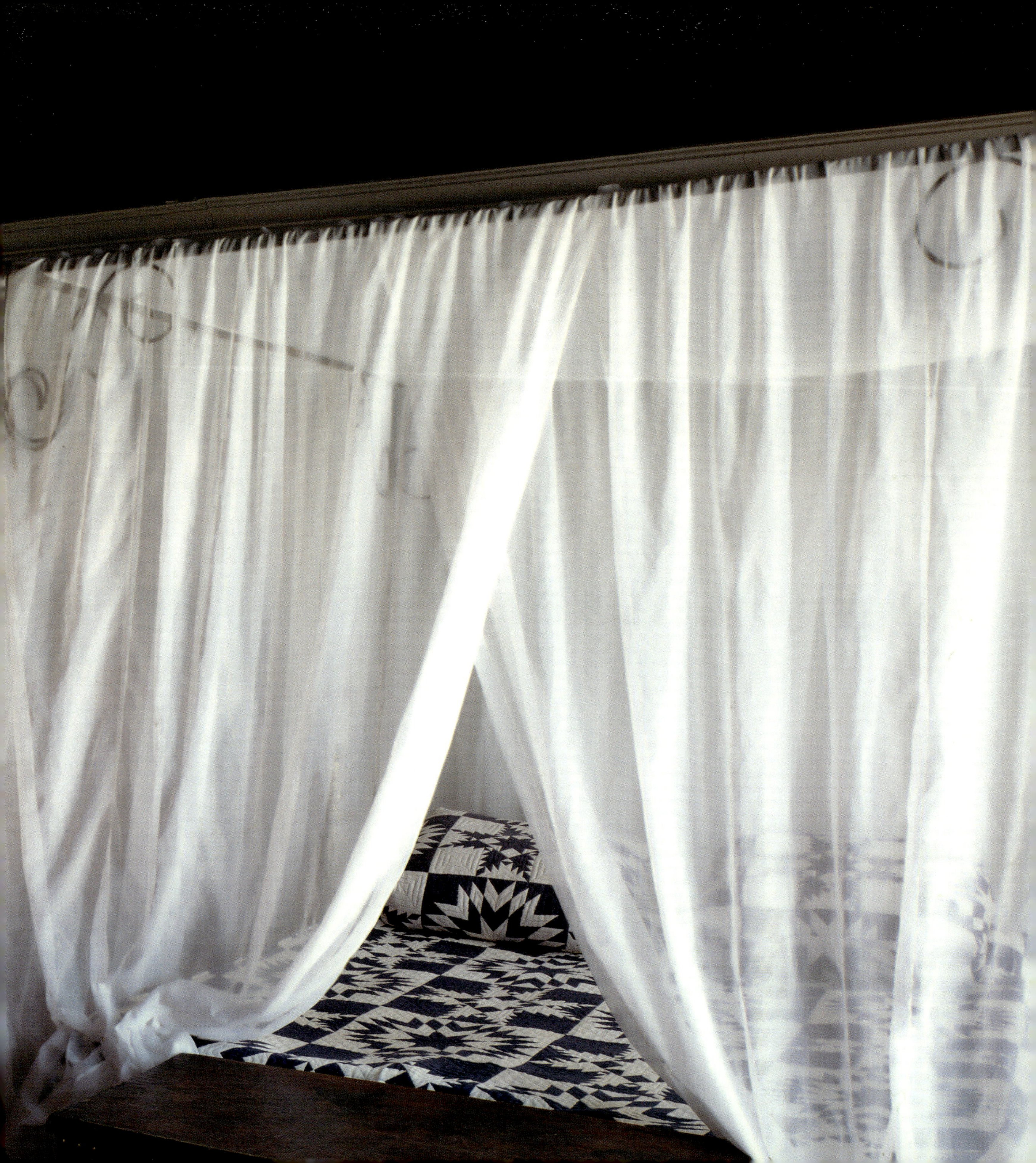

Paris > Frankreich

Interieur: Louis-Charles de Rémusal

APPARTEMENT KUGEL

Das im Herzen von Paris liegende Appartement eines bekannten Antiquitätenhändlers besteht aus mehreren ineinander übergehenden Räumen und hat einen Grundriss, der typisch ist für die aristokratische Architektur des Faubourg Saint-Germain: Salon und Speisezimmer haben Fenster zur Straße hin, die beiden Schlafzimmer liegen in Richtung Innenhof. Der Hausherr, der gemeinsam mit dem Innenarchitekten Louis-Charles de Rémusal das Interieur schuf, behielt diese Raumorganisation zwar bei, ließ jedoch die Türen zwischen Salon und Speisezimmer entfernen, wodurch ein großer und luftiger Raum entstand. Für die Wände verwendete man die starken Farben des neunzehnten Jahrhunderts – Gelb, Blau und Grün –, die schlichten Boiserien jedoch wurden unbehandelt belassen: Das erinnert an das alte Russland, woher die Familie des Hausherrn ursprünglich stammt, so wie man es auch von den Aquarellen der Paläste St. Petersburgs und den imperialen Porträts in Fabergés Rahmen kennt.

Rechts: Der Wohnsalon mit dem Porträt zweier Brüder (19. Jh.), ein Werk des chilenischen Malers Raymond Monvoisin. Die Stehlampen waren ursprünglich Kerzenleuchter aus einem aristokratischen Haus.

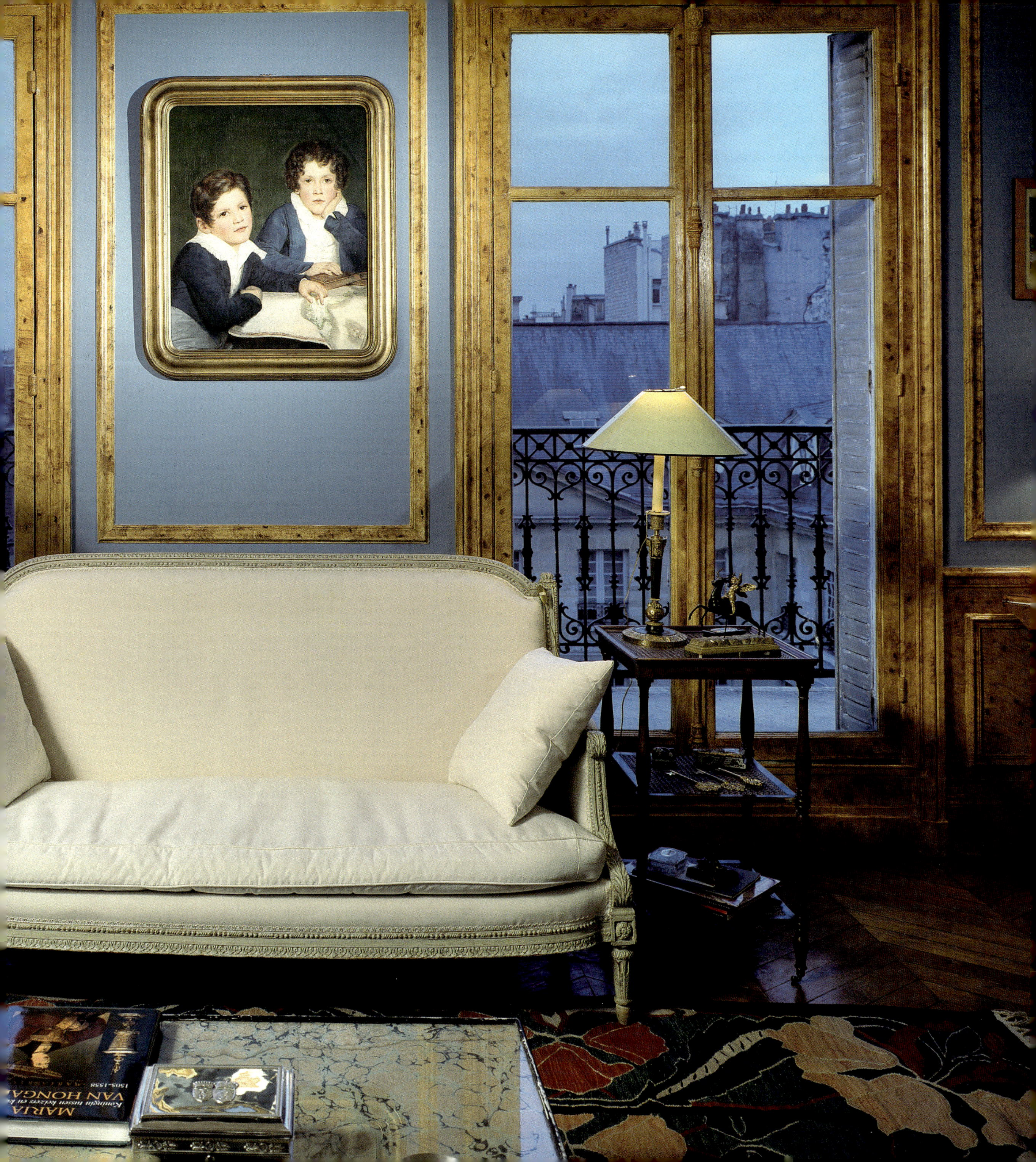
MARIA
1505–1558

Das Löwenhaupt hängt an der Wand des Wohnsalons und zierte ursprünglich einen Brunnen des achtzehnten Jahrhunderts, das Porträt des »Leoparden-Kindes« ist das Werk eines brasilianischen Künstlers aus derselben Epoche.

Rechts: Zwei weitere Details aus dem Wohnsalon.

Folgende Doppelseite: Der Wohnsalon und dahinter das Speisezimmer, die früher durch zwei Doppeltüren getrennt waren.

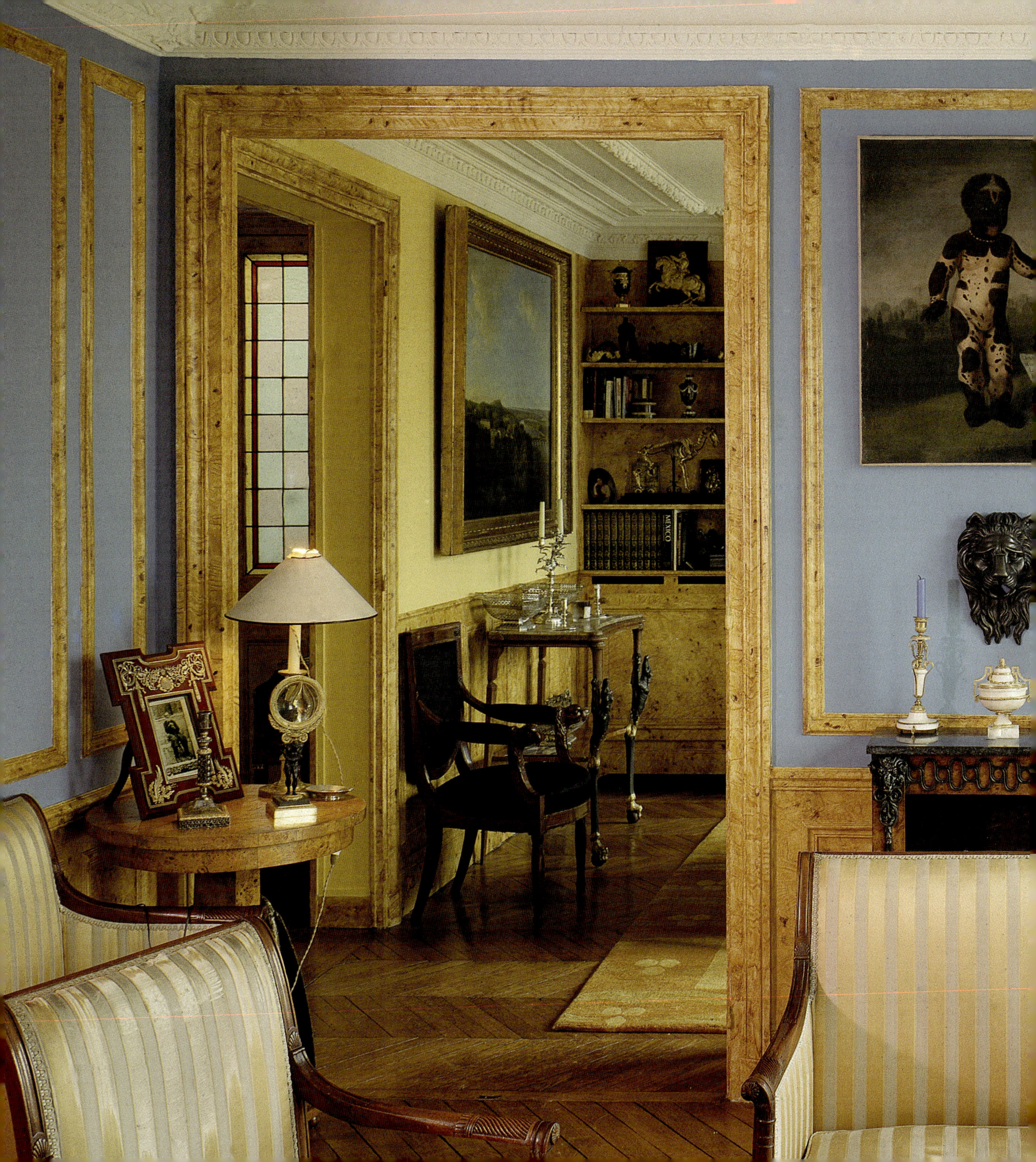
MEXICO

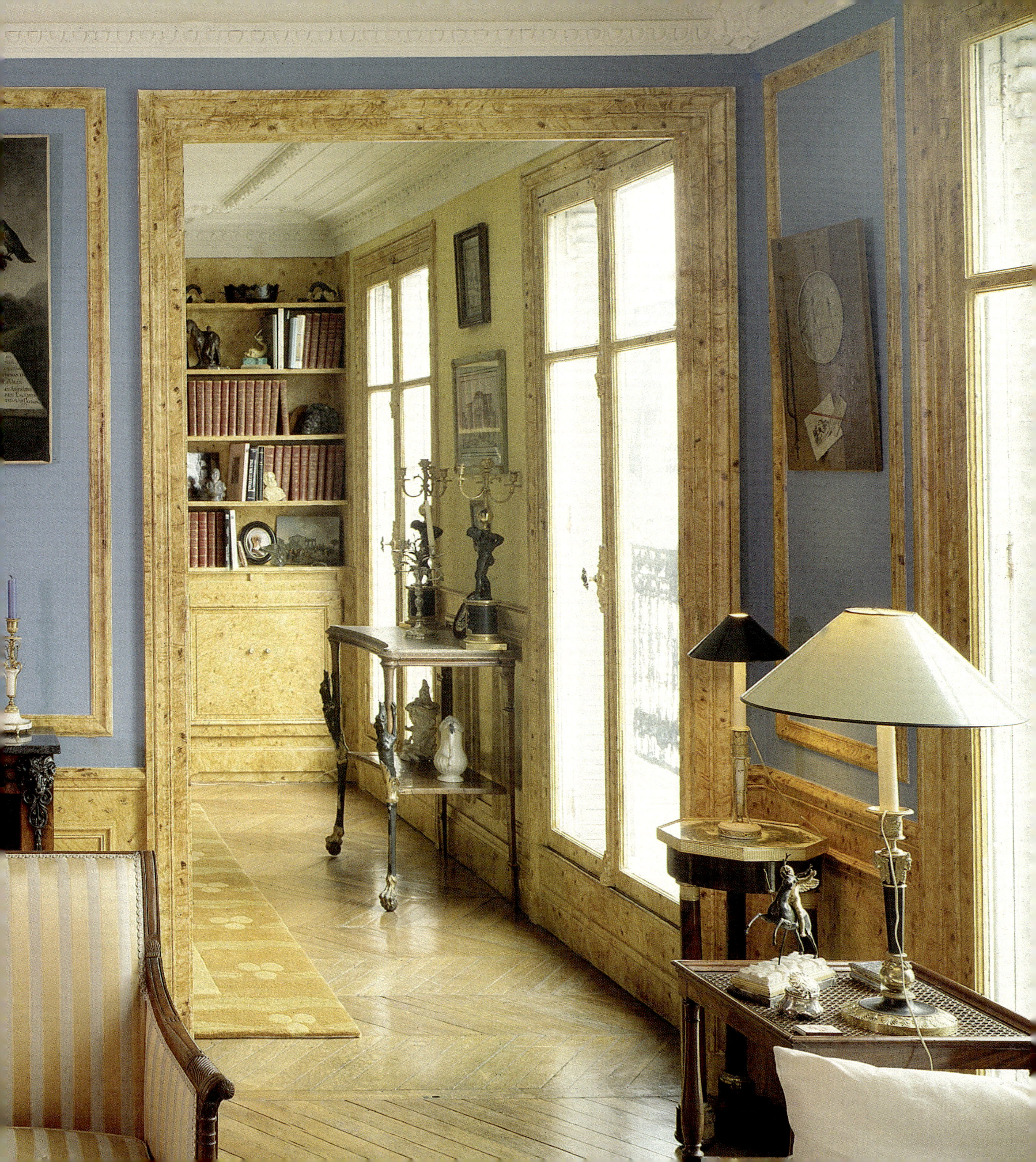

Mustique > Karibik

Architektur: Arne Hasselqvist

VILLA FELIX DENNIS

Mustique wird gerne auch als »Insel der Berühmten« bezeichnet, schließlich wurde hier schon alles gesichtet, was im Jetset, im Sport und im Film von Rang und Namen ist. Hier hat sich der britische Verleger, Philanthrop und Poet Felix Dennis das ehemalige Haus von David Bowie als schönes Refugium erwählt, in dem er zumindest fünf Monate im Jahr leben und in Ruhe arbeiten kann. Dennis, eine so extrovertierte wie kontroverse Persönlichkeit, hat keinen Stein auf dem anderen gelassen, nur das Spielzimmer im Stil von Las Vegas überlebte die Umgestaltung. In der Anmutung sino-indonesisch mit skandinavischen Akzenten – Dennis hat sich für einen alles einschließenden Eklektizismus entschieden, der indische Souvenirs ebenso gestattet wie japanische Details und koloniale Reminiszenzen.

Oben: Diese Fossilien wurden verwendet, um die schmalen Pfade im Garten und beim Pool zu schmücken.

Rechts: Ein Belvedere mit Fernrohr, durch das sich das atemberaubende Panorama mit der Küste Mustiques und der Karibischen See im Detail betrachten lässt.

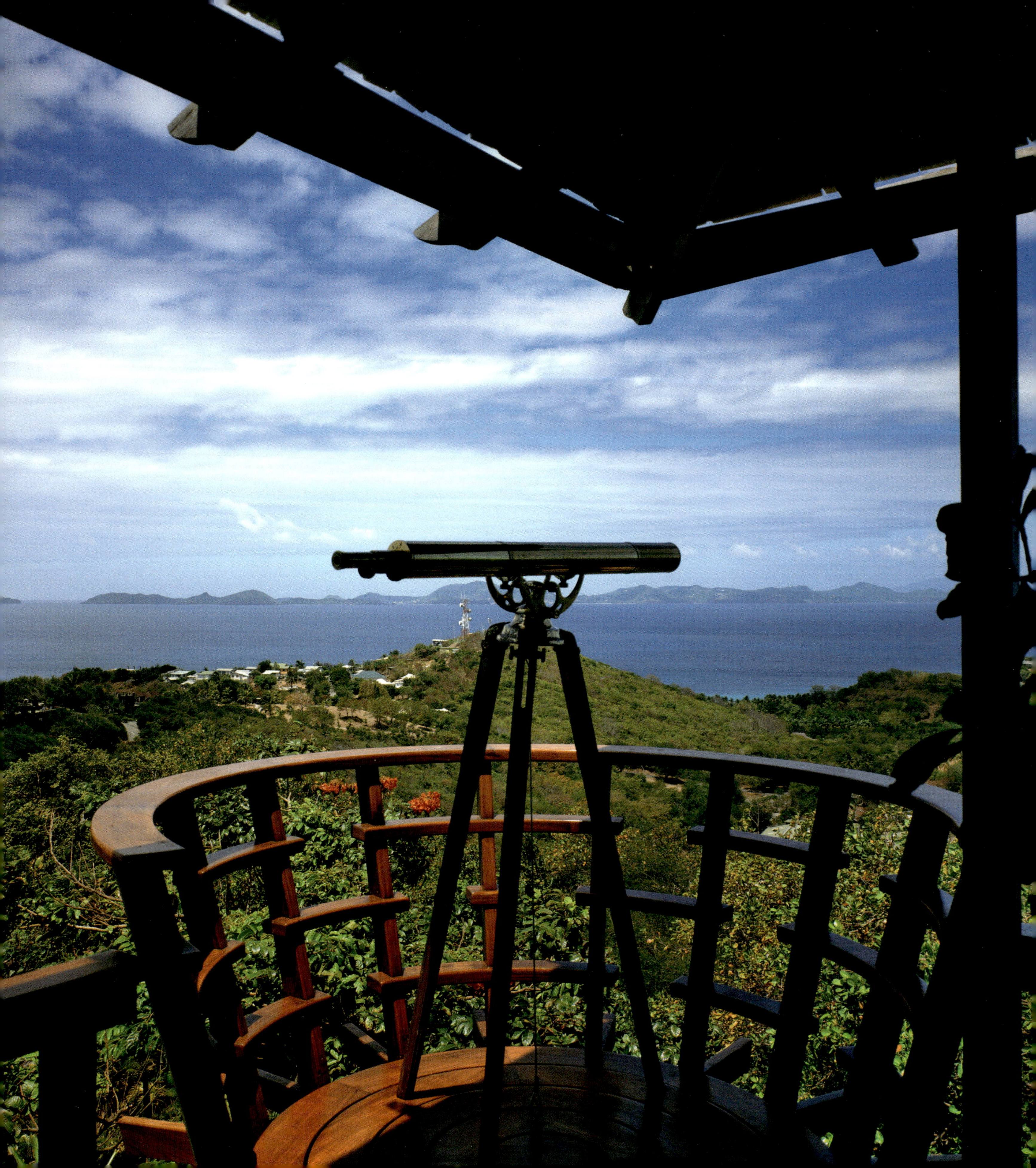

Oben und gegenüberliegende Seite: Die Villa erhebt sich inmitten einer Reihe von Pavillons, die der Architekt Arne Hasselqvist angelehnt an die Formensprache Skandinaviens errichtet hat. Sie sind von stillen, spiegelglatten Bassins umgeben, die mit Kois (Zierkarpfen) bevölkert wurden.

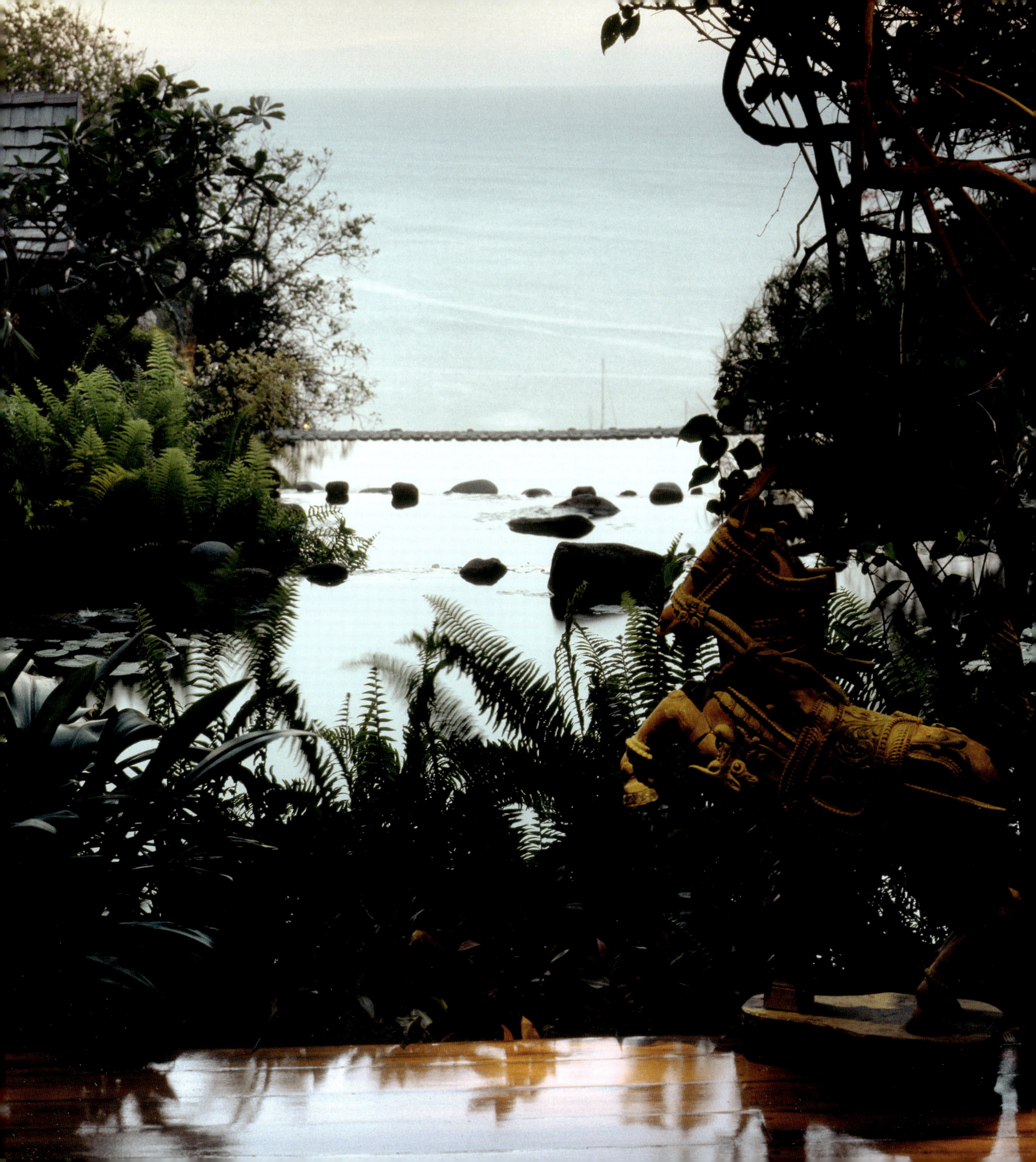

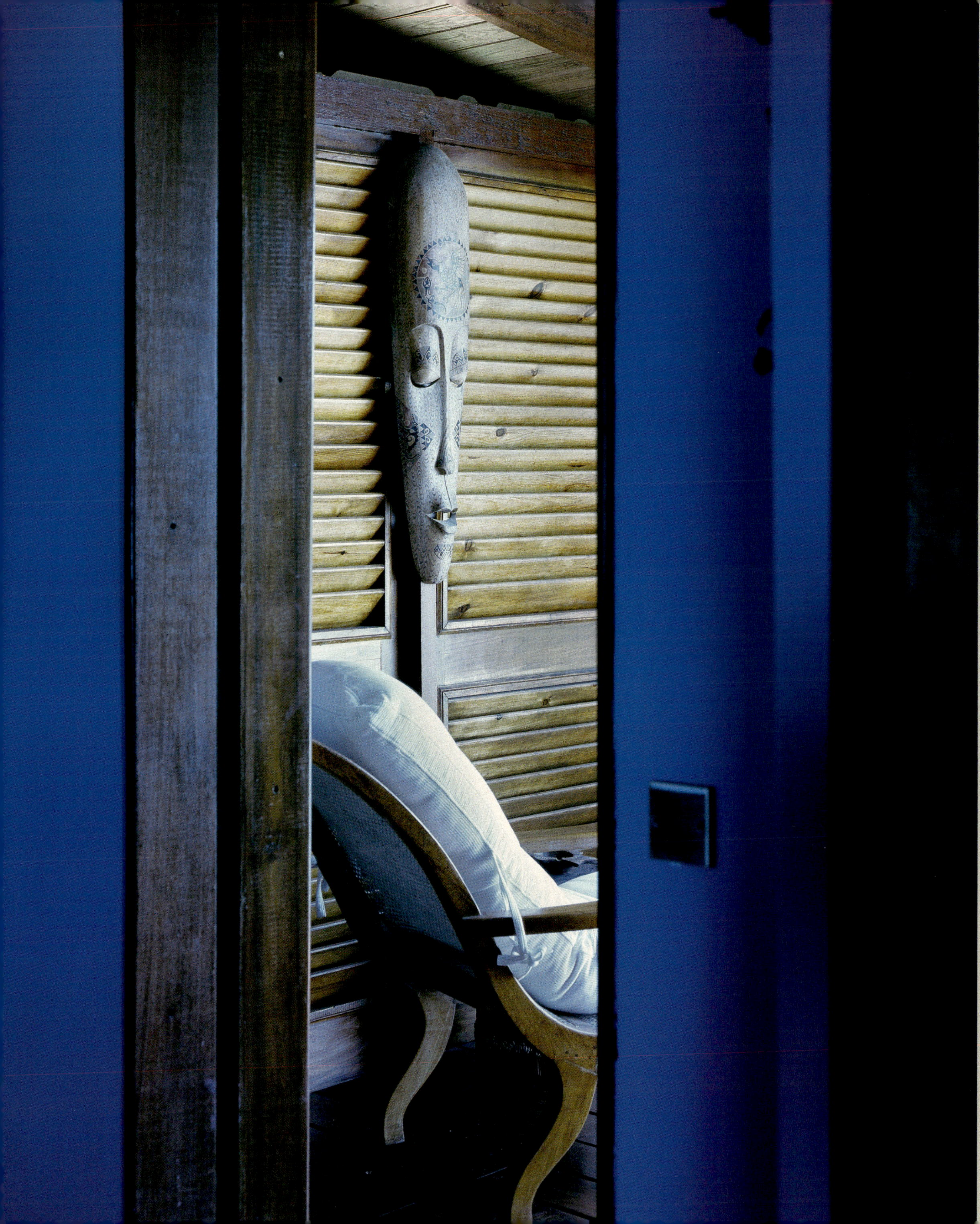

Oben: Auf der mit indonesischen Möbeln eingerichteten Veranda steht eine Trennwand mit kultischen Motiven und Masken.

Gegenüberliegende Seite: Ein Detail des Eingangsbereichs: der Sessel stammt aus der Kolonialzeit, die Maske ist zentralafrikanischer Provenienz.

Rechts: Das Schlafzimmer des Hausherrn vermittelt japanisches Flair: der Boden ist mit Tatami-Matten ausgelegt.

Folgende Doppelseite: Nur dieses fantastische Spielzimmer entspricht noch der ursprünglichen Einrichtung der Villa, die einst David Bowie besaß.

415

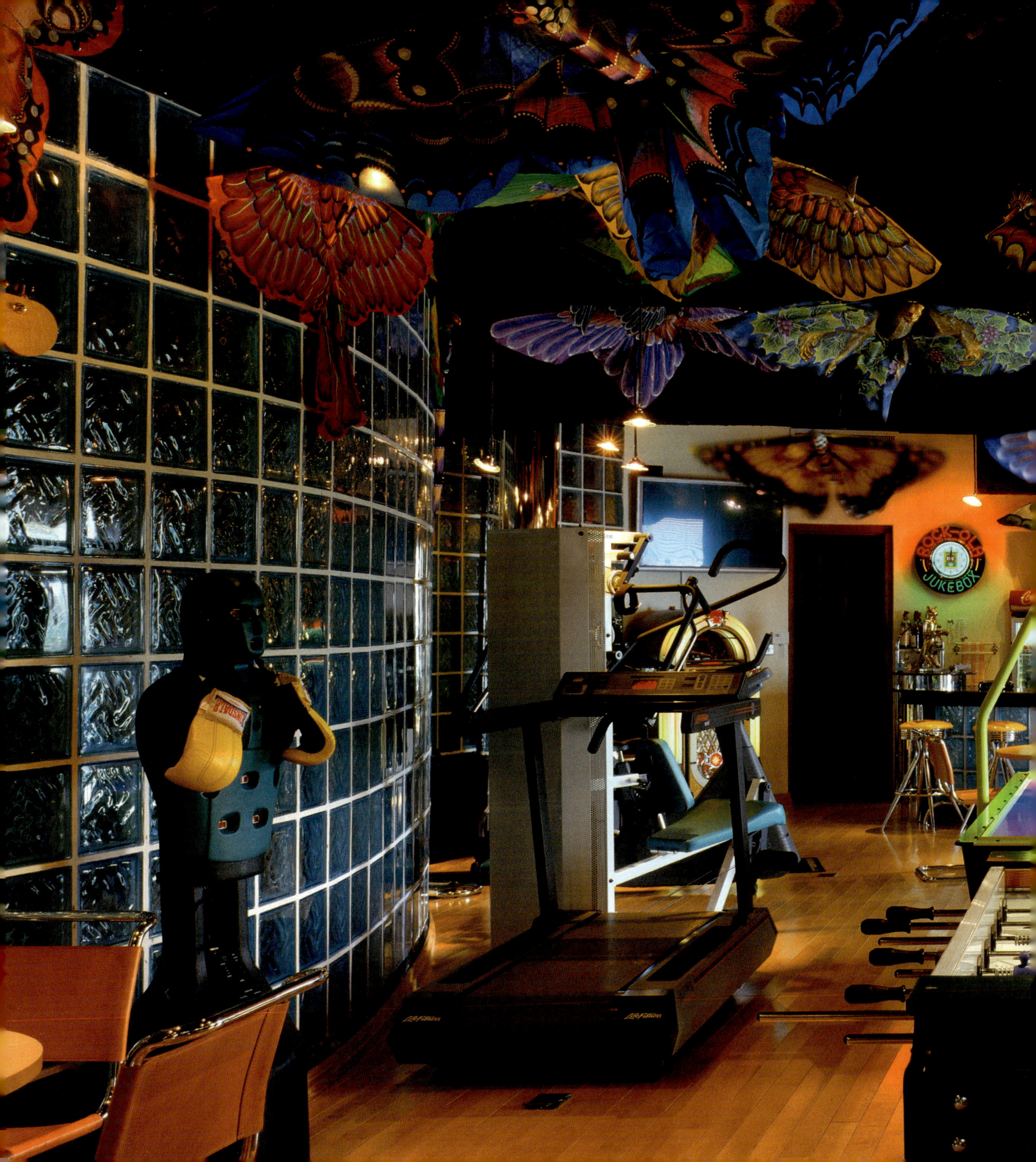
ROCK-OLA
JUKEBOX

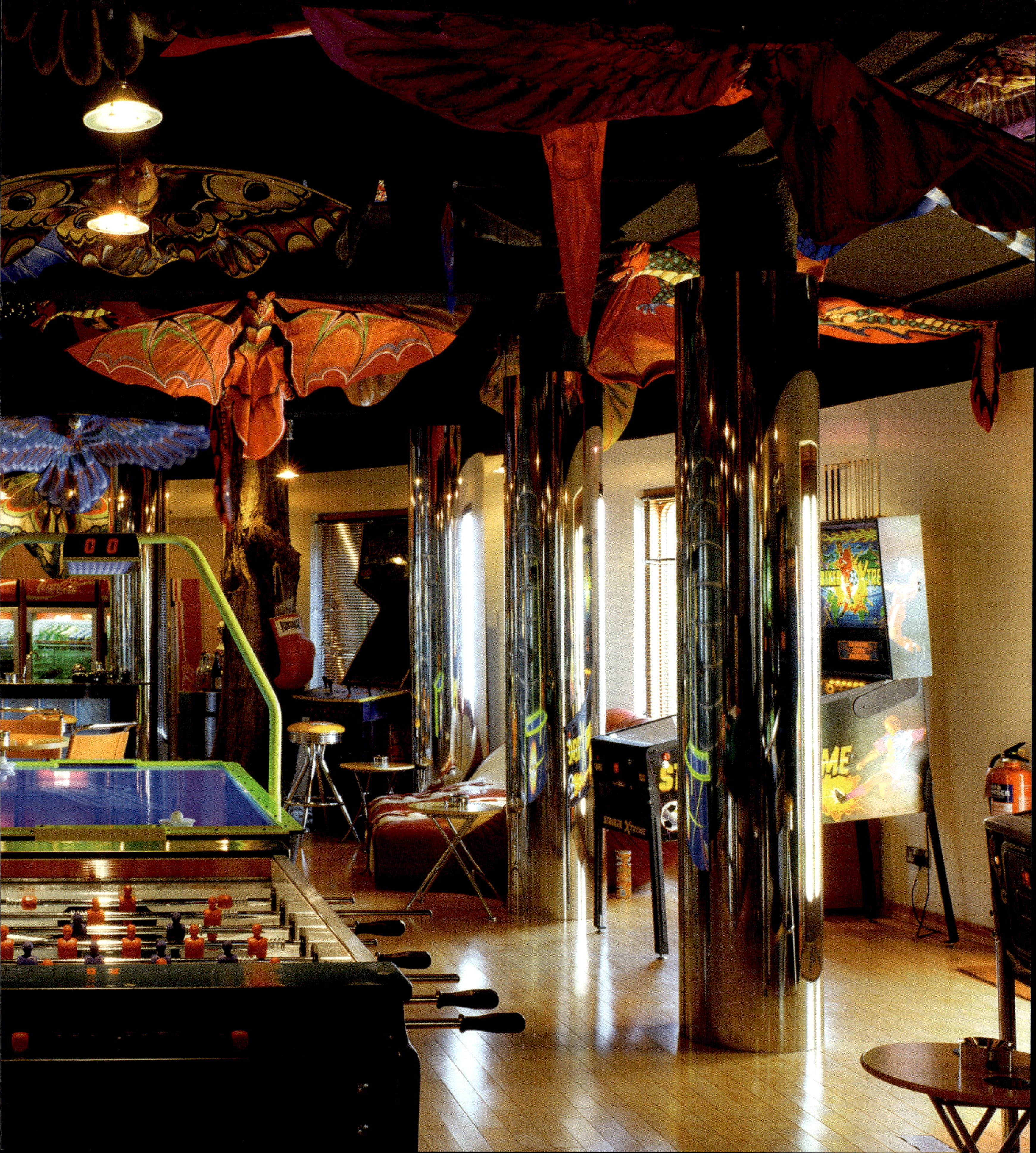
Coca-Cola
STRIKER XTREME

VILLA GETRIDE Architektur: Pascal Mayer

Paris > Frankreich

Die Pariser Residenz eines Sammlerehepaares befindet sich in einem eleganten, grünen Viertel. Das mit einer kraftvollen Designchiffre konzipierte Domizil zeichnet sich durch luftige Räume und eine entschieden maskuline Prägung aus. Diskret ist das Spiel mit dem Luxus, der sich in schicken, doch strengen Materialien – Pergament und exotische Hölzer, diverse Steinarten, schwarzer Lack – und gedeckten Farben wie Beige, Braun und Mahagoni zeigt. Im Zentrum des Hauses belebt ein Indoor-Pool direkt neben dem Esstisch die Szenerie, während sich aus dem Eingangsbereich eine schlanke Treppe à la Le Corbusier in die Höhe schwingt. Und überall sind jene zeitgenössischen Kunstwerke zu sehen, die das Ehepaar mit Leidenschaft sammelt.

Oben: Der Eingangsbereich mit der Treppe, die Pascal Mayer entworfen hat. Die Bronzestatue *Die Wache* ist ein Werk Igor Ustinovs, die Zeichnung an der Wand entlang der Treppe ist von Henri Matisse (1947).

Rechts: Die Höhe des Wohnsalons und seines Fensters nimmt zwei Etagen ein. Die Wände sind mit Pergamentleder verkleidet, die weißen Sessel kreierte Jacques-Émile Ruhlmann, die Stehleuchten Igor Ustinov.

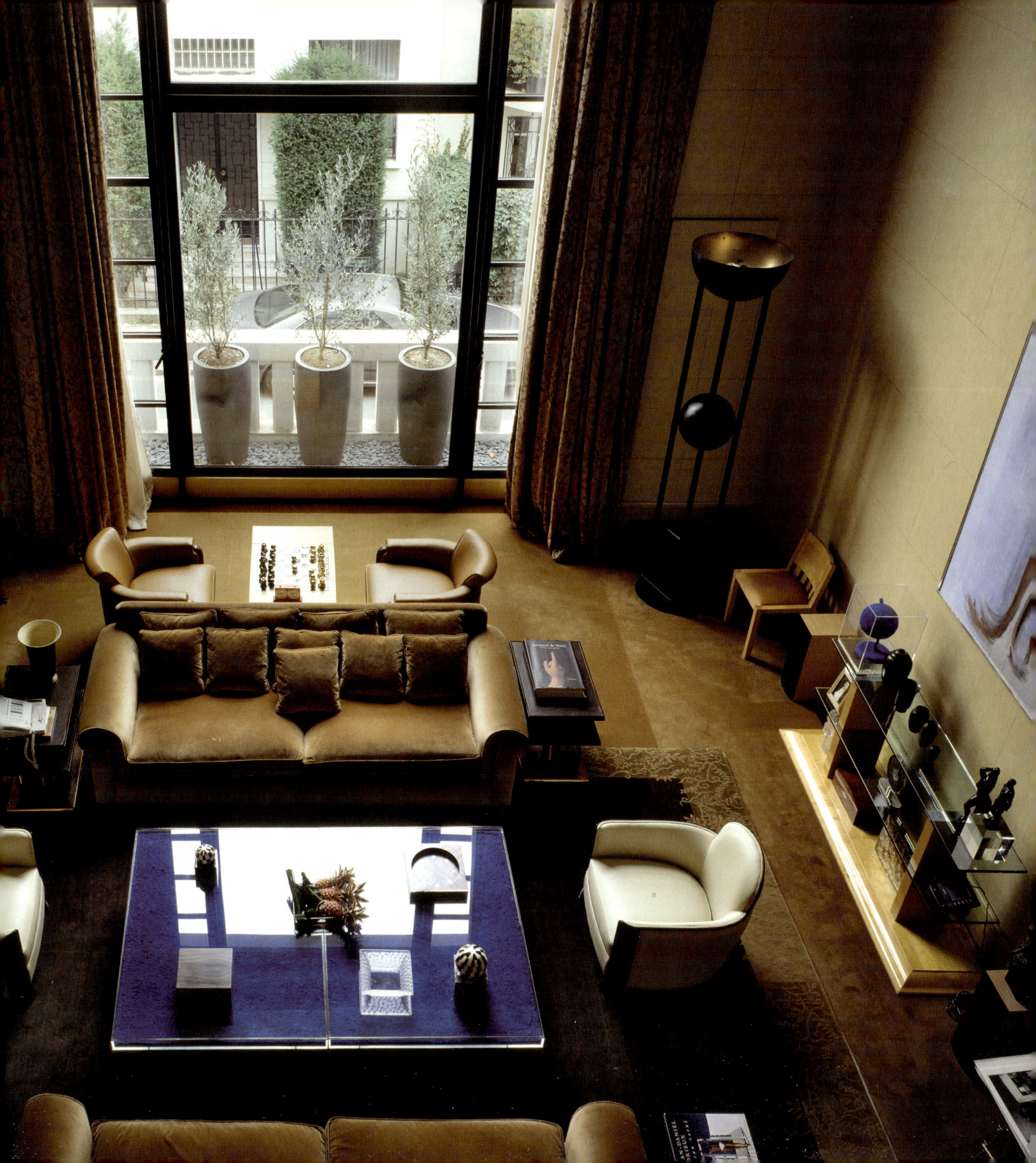
Léonard de Vinci

Das Speisezimmer mit dem Indoor-Pool. Dank einer ausgeklügelten hydraulischen Technik lässt sich der Grund des Pools auf Bodenniveau anheben, womit die Bodenfläche eben und der Raum zum Saal wird.

Ein weiterer Blick in das Speisezimmer mit dem Pool, der hier auf Bodenniveau angehoben zu sehen ist. An der Wand hinter dem Esstisch zieht *Jarre Doré d'Autonome*, ein Werk Olivier Debres aus dem Jahr 1966, die Aufmerksamkeit auf sich.

Architektur: Ida Bagus Oka

LUCIO BRISSOLESE

Bali, das ist für den Unternehmer und Bildhauer Lucio Brissolese die Insel, die eigentlich zu schön ist, um wahr zu sein. Als er das erste Mal 1982 hier ankerte, verliebte er sich auf den ersten Blick in das Land und verließ es nicht mehr. Zuerst lebte er auf seinem Segelboot, danach baute er sich auf dem Festland ein balinesisches Haus, zog dann in ein indonesisches um, bis er schließlich in diesem exotischen Refugium landete, das nicht groß ist, die lokale architektonische Stilistik aber gekonnt anwendet. Das Anwesen, das mit der Hilfe Ida Bagur Okas entstand, ist eine Sinfonie aus, durch malerische Treppen und Treppchen verbundenen, runden Baukörpern mit Strohdächern, die sich perfekt in die Gartenszenerie aus Vegetation und Steinen fügt.

Rechts: Anbetungswürdig ist der Blick über den Ozean vom *balai*, oder Pavillon, aus. Die beiden *balang* genannten niedrigen Tische dienen üblicherweise den Frauen, um exotische Früchte in die Tempel zu bringen.

Bali > Indonesien

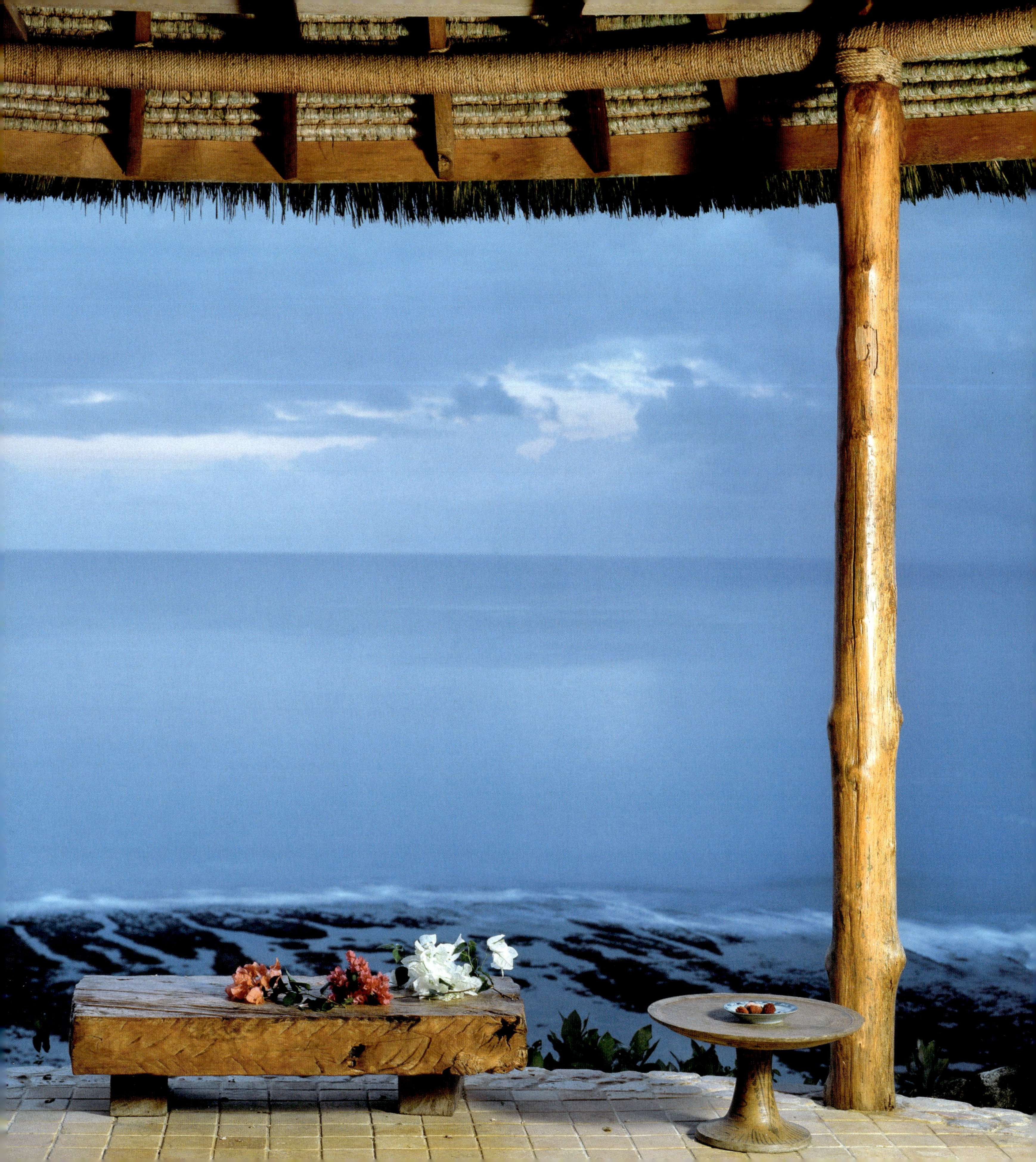

Der balai mit dem *alang alang* genannten Strohdach und der Traumterrasse über dem Ozean ist durch in sanften Schwüngen verlaufende Treppen mit dem Haus verbunden.

Der Sessel und die Bank stammen von Warisan, Brissoleses sino-indonesischer Möbelfirma.

Links: In diesem Doppelpavillon sind ein Zimmer sowie – in der oberen Ebene – ein Yoga-Raum untergebracht. Die Dächer sind strohgedeckt, der Liegestuhl aus Teakholz angefertigt.

Gegenüberliegende Seite: Im Schlafzimmer des Besitzers steht dieses Bett mit dem üppigen Baldachin. Die hohe Kommode links und der Schrank rechts sind mit antiken chinesischen Ornamenten verziert, und auf dem roten Lackkästchen aus Tibet ruht ein laotischer Buddha.

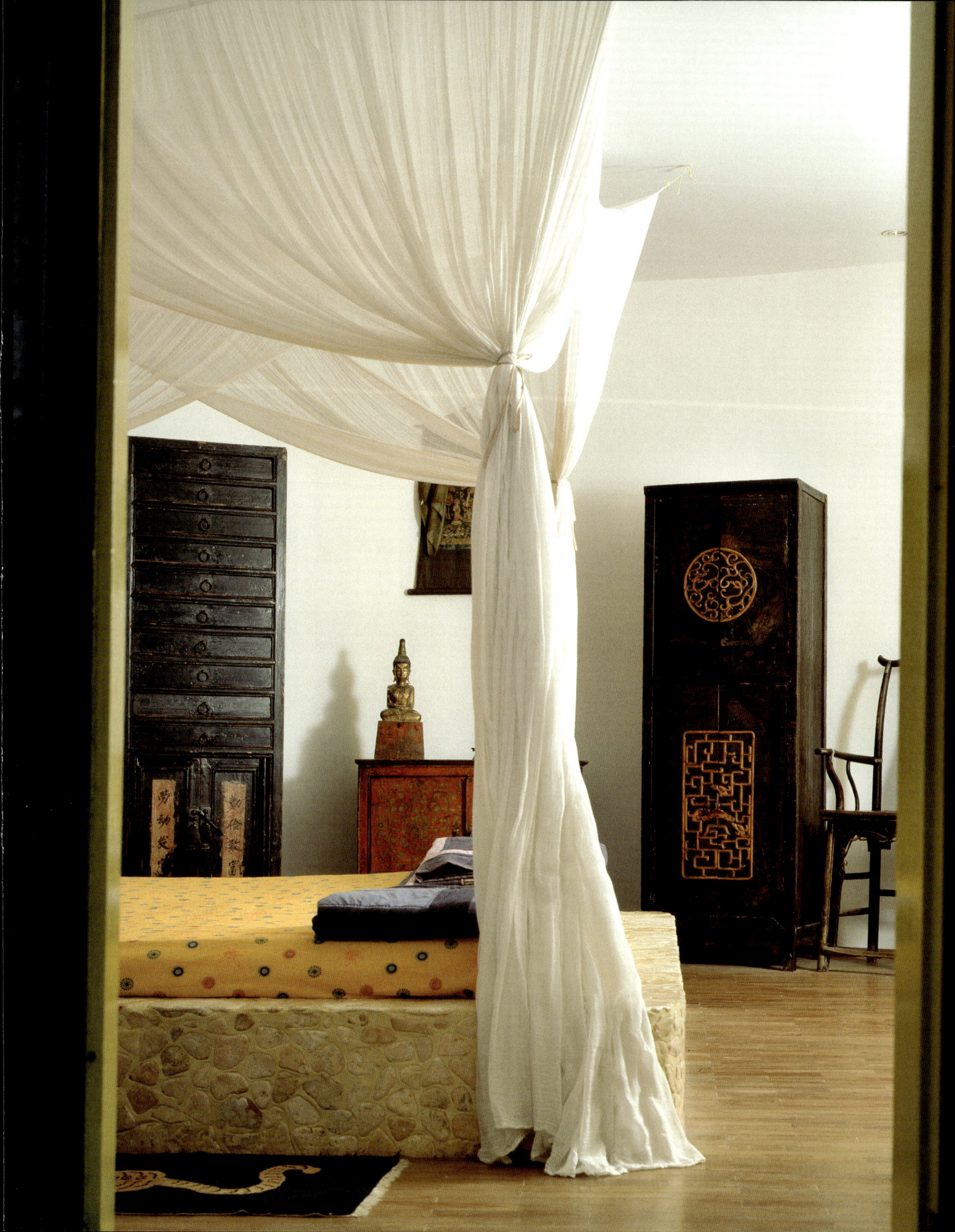

Paris › Frankreich

LOFT LASTIC

Interieur: Rita Bormioli
und Bernard Faguer

Alles in diesem Haus, das ursprünglich eine Fabrik war, wird optisch von der massiven Metallstruktur bestimmt, die die Decken trägt: Da die Eisengerüste für die Statik essenziell sind und man sie also nicht entfernen konnte, wurden sie von den Innenarchitekten Rita Bormioli und Bernard Faguer schlicht als gestalterisches Element in das Interieur integriert, wo sie nun gleichermaßen dekorativ und funktionell die neutralen Farben der übrigen Ausstattung kontrastieren. Ein weiterer wesentlicher Faktor ist das stark strukturierte Fensterband, das den Innenraum mit einem kleinen begrünten Hof verbindet. Die Atmosphäre, die daraus entstand, ist informell und erinnert an New York. Doch wir befinden uns in Mitteleuropa, und bei aller Liebe zu Amerika konnten die Designer nicht umhin, eine Reihe dekorativer Interventionen einzufügen, die ganz eindeutig beweisen: Das hier ist der alte Kontinent.

Rechts: Die braun gestrichenen Metallstrukturen tragen den Wohnraum nicht nur, sie wurden auch für andere Funktionen verwendet und dienen sowohl als Stativ für den Fernsehapparat als auch für verschiedene Leuchtkörper. Der niedrige Tisch ist ein Entwurf von Philippe Hurel, die Halogenlampen stammen von Ecart.

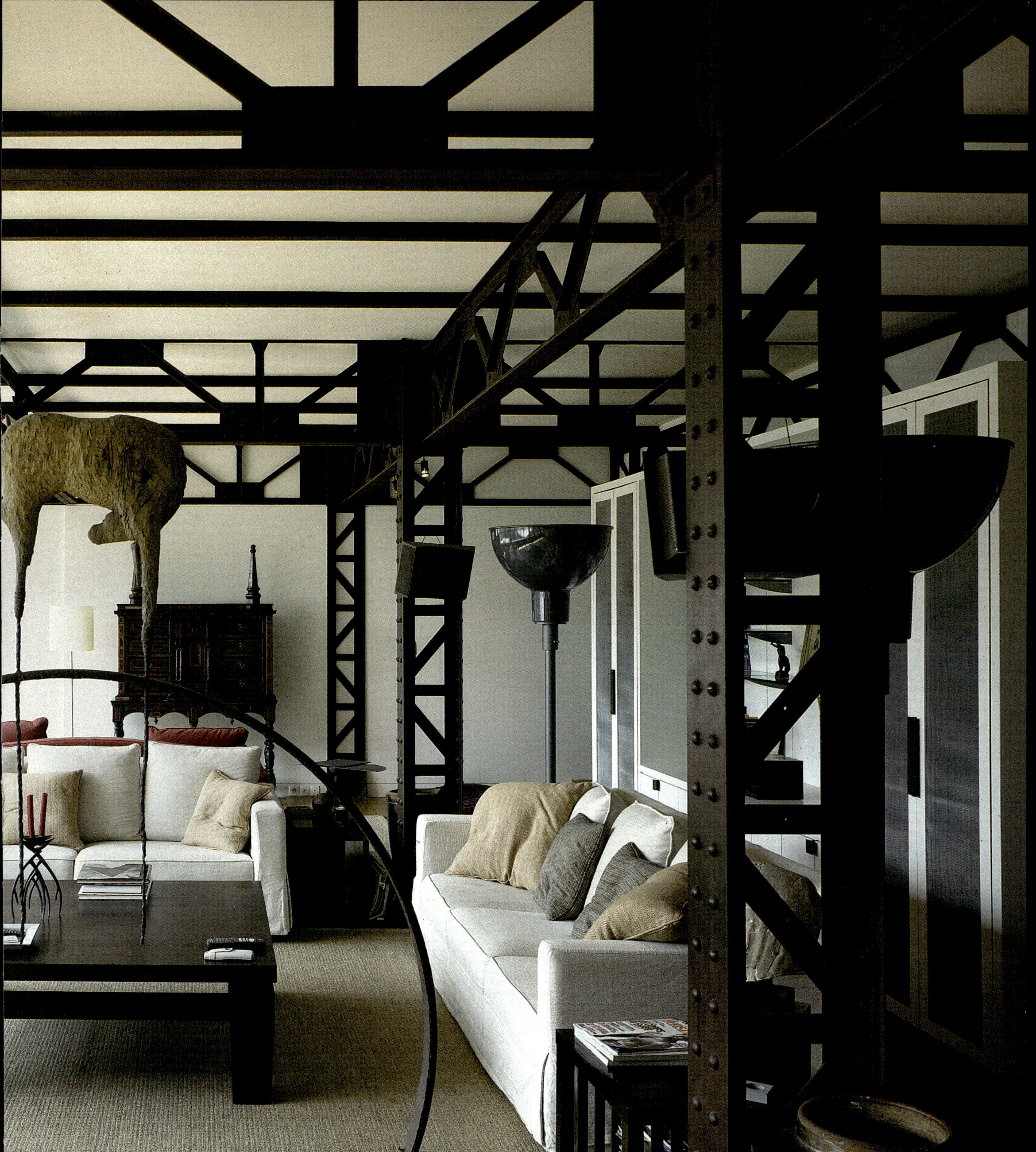

Oben links: Ein Bild, das die Genialität dieses Interieurs zeigt: Um den langgezogenen Raum bei Bedarf zu trennen, wurden Schiebetüren installiert, die geöffnet vollständig in den Mauern verschwinden.

Oben rechts: Harmonisch existieren Industriearchäologie – die Eisenstruktur – und Antike – der römische Kopf – und zeitgenössische Designerstücke nebeneinander.

Gegenüberliegende Seite: Ein weiterer Beweis dafür, wie gut Altes und Neues zueinander passen: Perfekt wird hier die florentinische Renaissance-Kommode mit den Metallträgern und dem strengen Grundriss kombiniert.

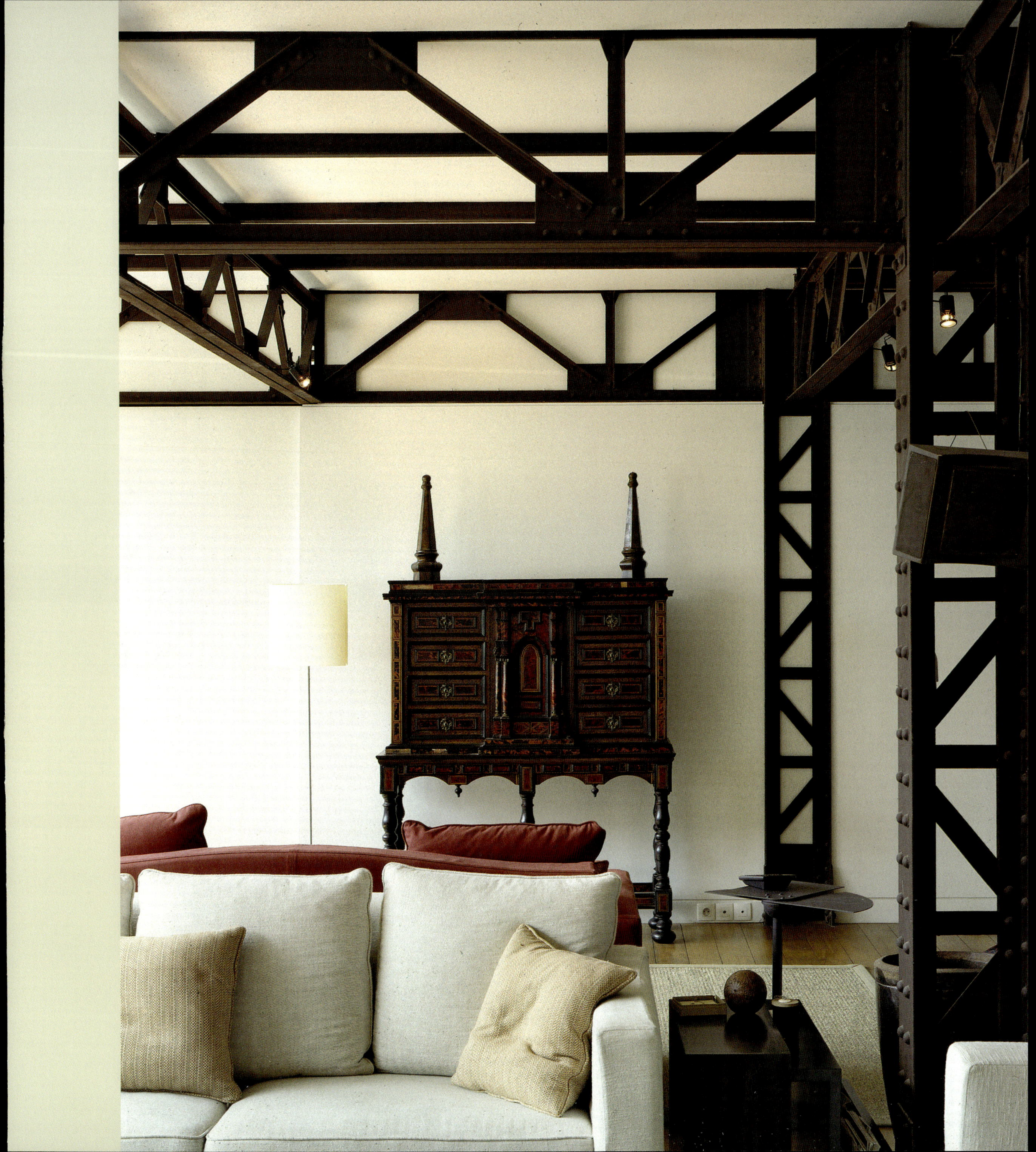

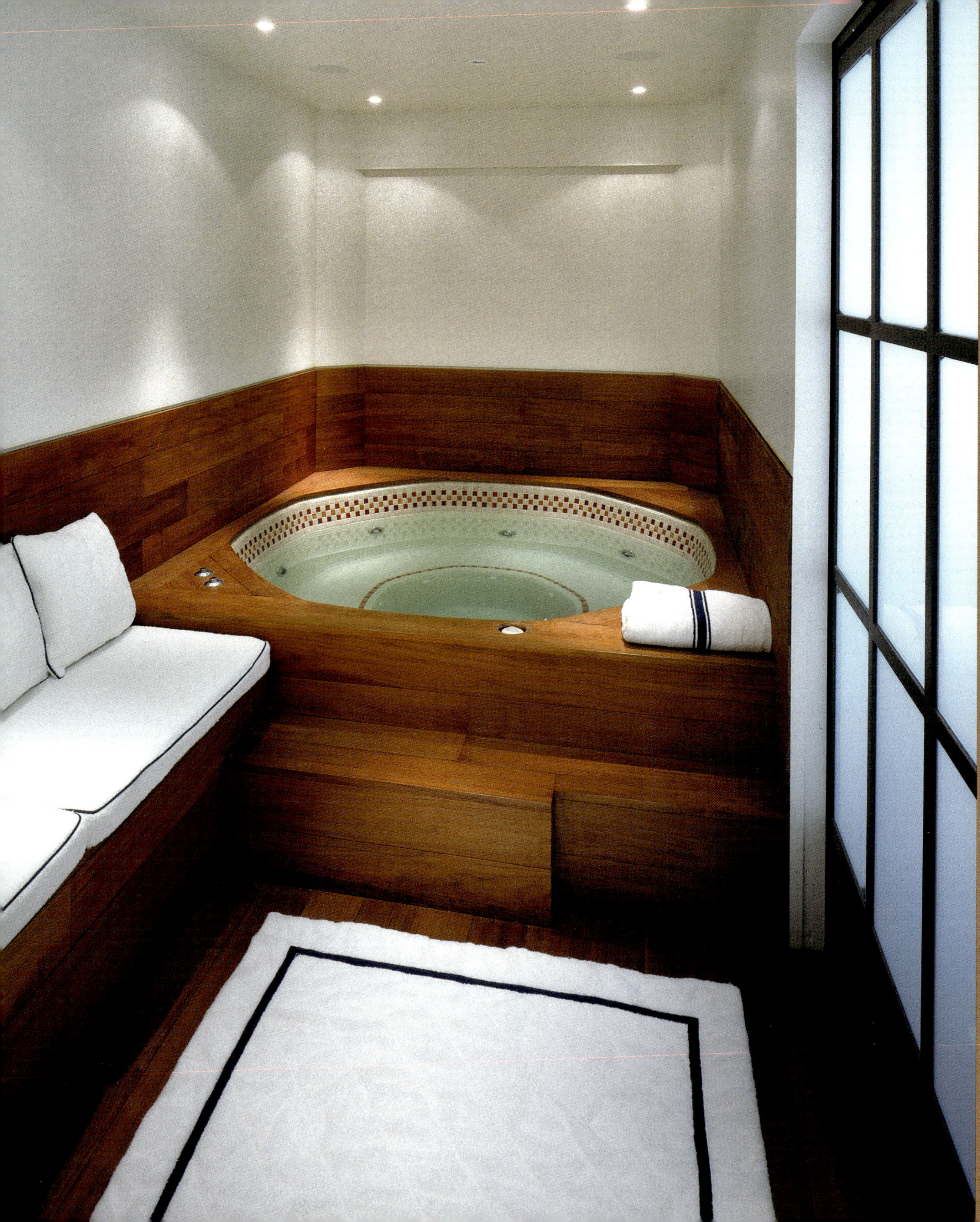

Gegenüberliegende Seite: Im Badezimmer wurde das große runde Jacuzzi in eine Hülle aus Eichenholz gebettet.

Rechts: Auch dieser Blick in den großen Wohnraum zeigt, wie lichtdurchflutet er ist – eine Tatsache, die dem über die gesamte Front verlaufenden Fensterband zu verdanken ist.

Der kultivierte Sammler mit der unverkennbaren Leidenschaft für das Grand Siècle und die Post-Art-déco-Ära hat für sein Pariser Domizil eine neogotische Matrix gewählt: Befreit vom überbordenden Beiwerk, das diese Epoche charakterisiert, entstand ein Interieur von klarer Stilistik. Le Fur, der dem neomediävistischen Revival à la Augustus W. Pugin Mitte des neunzehnten Jahrhunderts wenig abgewinnen kann, hat alles, was ihm gut und harmonisch schien – die hellen Zierleisten beispielsweise oder auch die Logen, die Balkonen gleich in die Zimmer ragen, die Fenster mit den doppelten Spitzbögen, die sichtbaren Deckenbalken, die er weiß streichen ließ und die durch reich ornamentierte »Stalaktiten« betont werden – restaurieren lassen und wandte sich dann ganz seinen Lieblingsdesignern Jacques-Émile Ruhlmann, Jean-Michel Franck und Jacques Adnet, den Bildern Christian Bérards und Suzanne Rogers' zu. Was entstand, ist eine veritable Wunderkammer.

Oben: Ein Detail der Decke des Salons.

Gegenüberliegende Seite: Über zwei Geschoße erstreckt sich der Wohnsalon, dessen Empore wirkt, als würde sie auf Publikum warten. Der dreistufige Deckenlüster und der schwarzweiß tapezierte Sessel definieren das neogotische Flair dieses Raums. Betont wird dies auch durch das symbolistische Gemälde *Le Saltimbanque et l'ours* von Georges Roussel, die Gefäße von Dunant (1890) sowie die Rüstung im Fenster, deren Aufgabe es ist, den üppigen Vorhang schön gerafft zu halten.

RÉMY LE FUR

Paris > Frankreich

434 . FRANKREICH

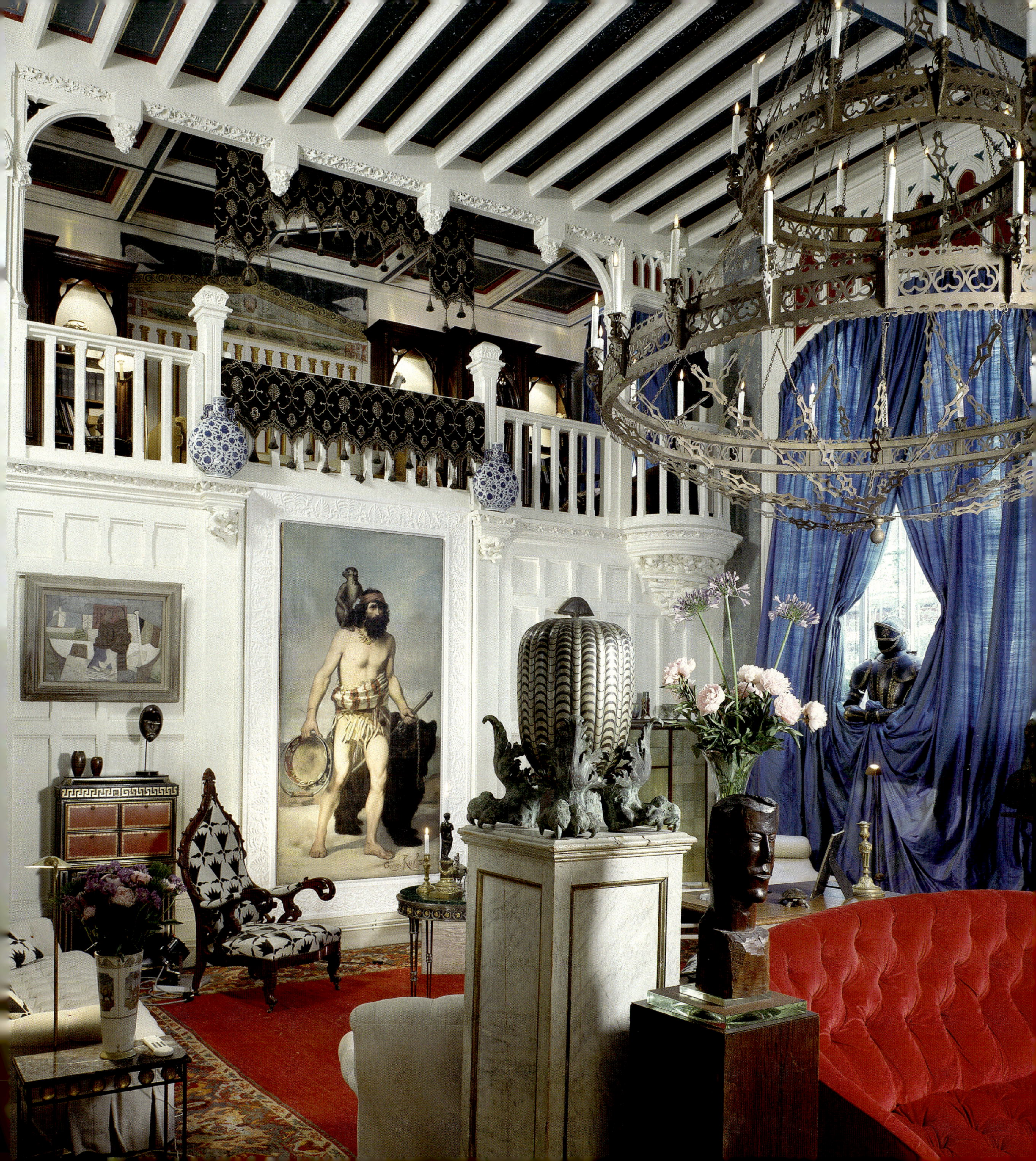

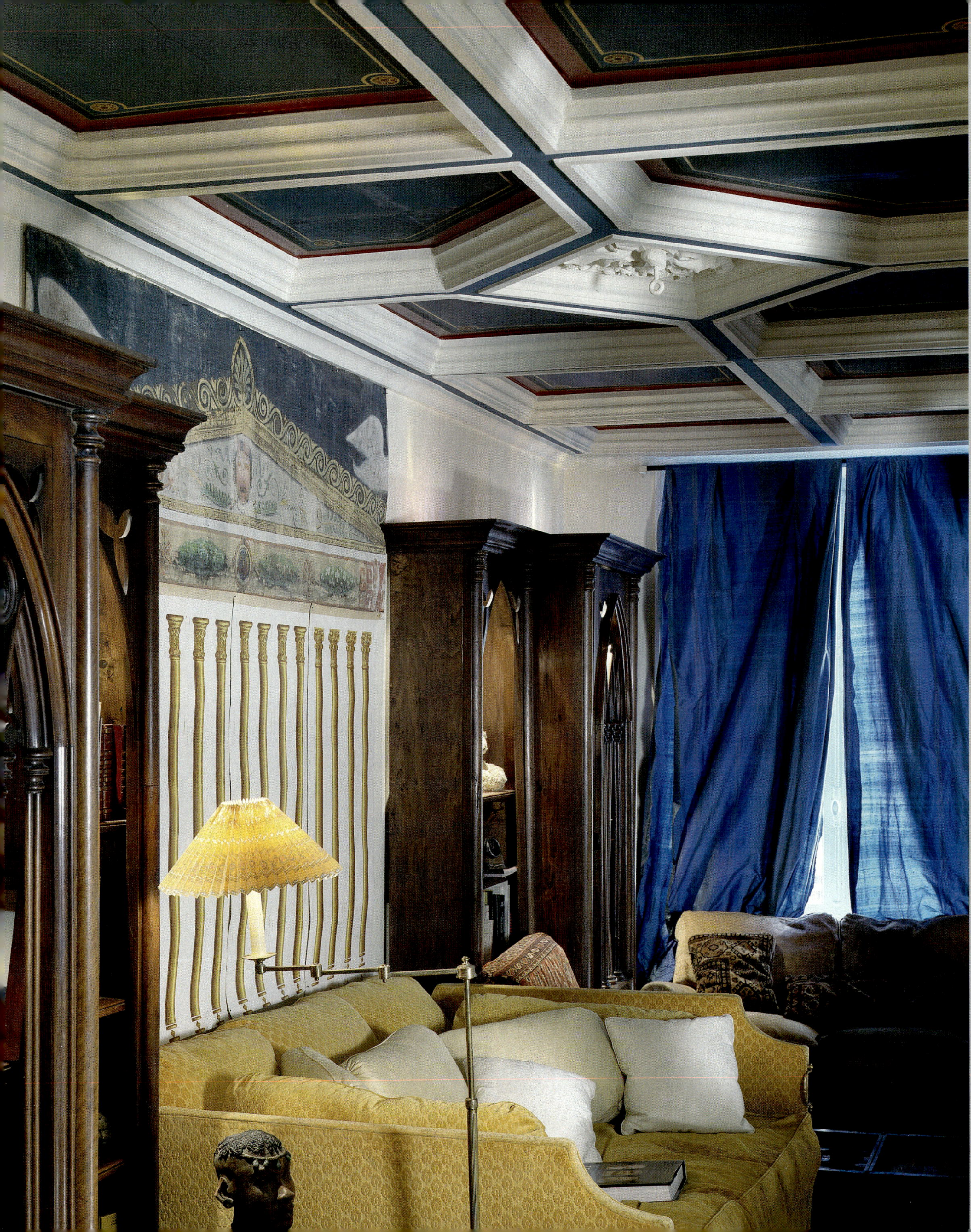

Rechts: Das intime Speisezimmer öffnet sich zu einem kleinen Wintergarten hin: Er ist ein Ausdruck von Rémy Le Furs Liebe zur Natur. Die Steinfliesen des Fußbodens stammen aus einer alten Kapelle, wo sie im Zuge einer Restaurierung entdeckt wurden.

Gegenüberliegende Seite: In der Loge über dem Wohnsalon wurde ein Empfangsbereich eingerichtet, über den zwei zu Bücherregalen umfunktionierte neogotische Beichtstühle wachen.

Oben: Details zweier Schlafzimmer: Hier dominiert in einer Synthese aus Möbeln von Jensen aus den 1940er Jahren, Trompe-l'œil-Malerei, einem Trommeltischchen und nicht zuletzt durch das florale Muster des Vorhangs, das sich an mehreren Stellen des Domizils wiederholt, eine moderne Ästhetik.

Gegenüberliegende Seite: Das von einer Loge überragte Entree zum Salon. An den Wänden blaue Tapeten mit zartem Blumenmuster und zwei Gemälde aus der Mitte des neunzehnten Jahrhunderts, eines mit einer märchenhaften Szene, das andere ein Porträt eines indischen Rajahs.

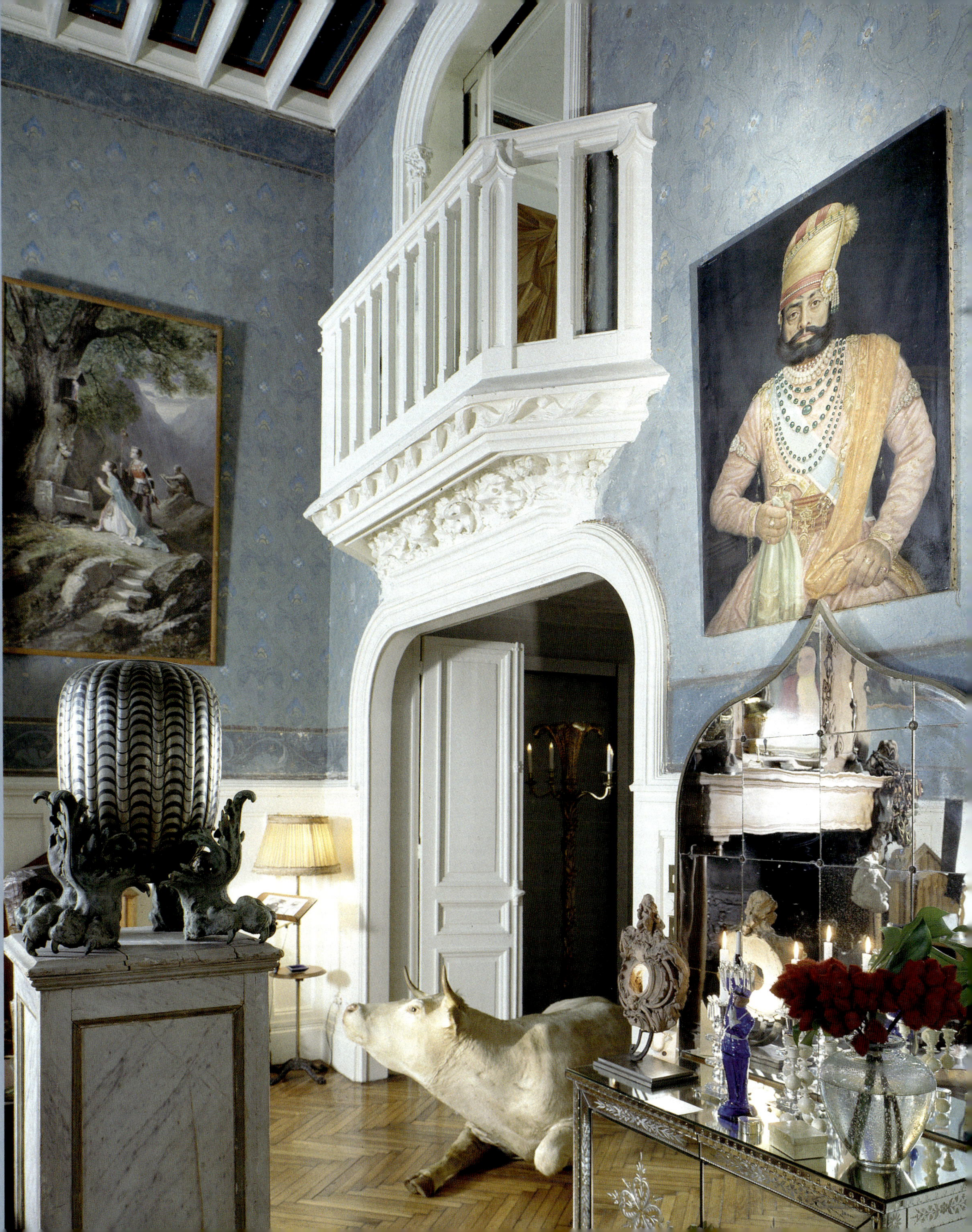

RUSTICO
JULIA SCARTOZZONI

Interieur: Julia Scartozzoni

Toskana › Italien

In den Hügeln des Chianti, dort, wo Bernardo Bertolucci die eindrücklichsten Szenen für *Gefühl und Verführung* gedreht hat, gegenüber dem Castello di Brolio, hat sich die Innenarchitektin Julia Scartozzoni ein Jahrhunderte altes Landhaus restauriert. Es entstand ein geniales Werk aus Schichtungen, Hinzufügungen und Veränderungen: ein suggestives Mosaik aus chaotischen Räumen und bizarren Abfolgen unterschiedlicher Ebenen, die sich unter einem Dach aus dem fünfzehnten Jahrhundert vereinen. Als sie das Haus fand, war es vollkommen devastiert, auch das Dach und die Veranda mit dem Eingang ins Haus im oberen Geschoß wurden originalgetreu Stück für Stück rekonstruiert. Heute reflektiert die gesamte Ausstattung des *Rusticos* Julia Scartozzonis Persönlichkeit, die ihr Debüt in sehr jungen Jahren als Modedesignerin gab und es heute liebt, Objekte und Stoffe eigenhändig zu bemalen. Jedes Element ist ein Unikat, kreiert ausschließlich für dieses Haus.

Oben: Detail des Kamins mit dem handbemalten Holzpaneel: Motive des Lebendigen tauchen in diesem Haus immer wieder auf.

Rechts: Die Fassade des Landhauses mit der Loggia und der Steintreppe.

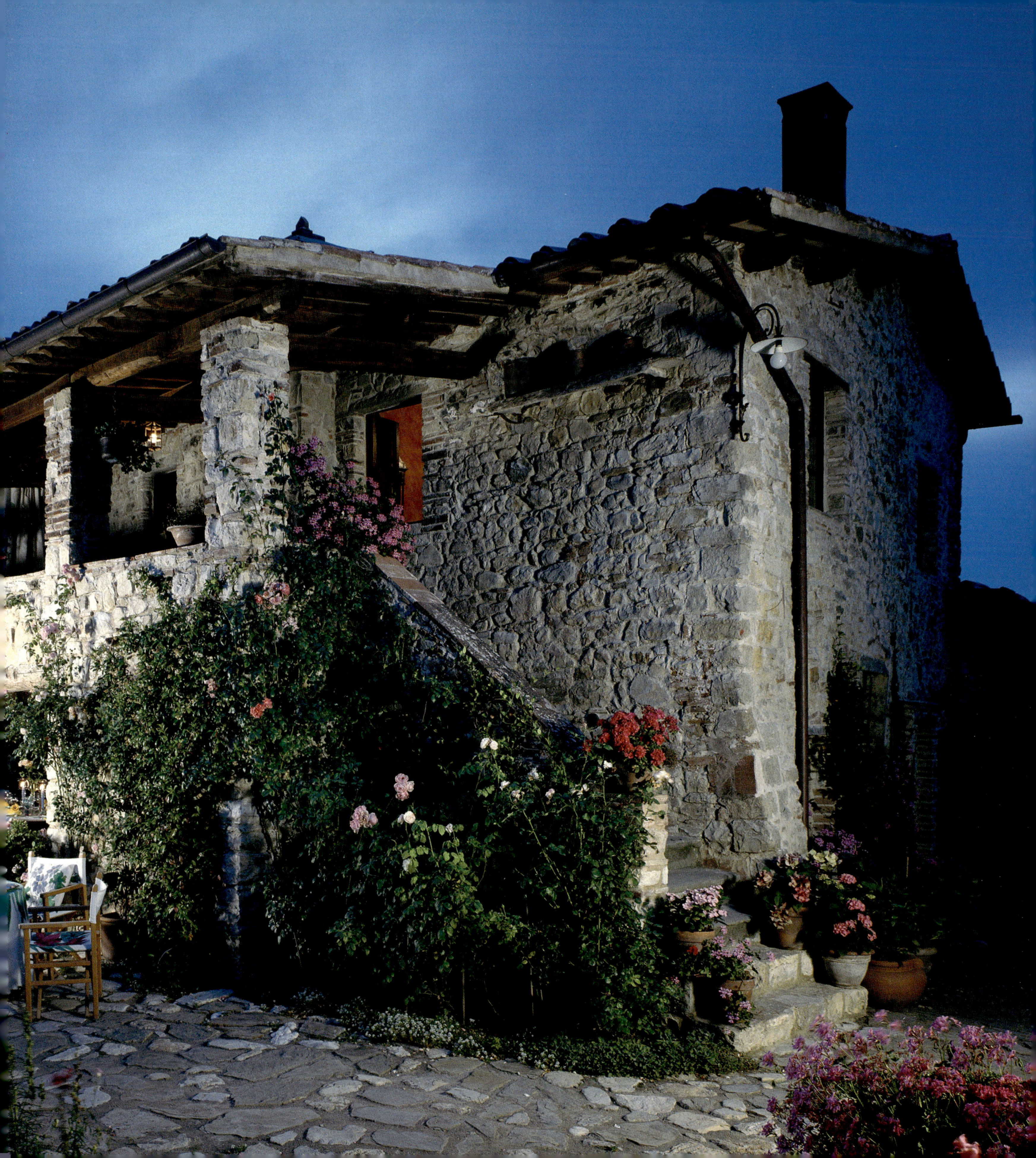

Links: An der Küchenwand hängt diese kleine Sammlung von Schneidebrettern und Gerätschaften.

Gegenüberliegende Seite: Der Sessel im Wohnzimmer (im Vordergrund links) stammt aus dem neunzehnten, der große Ledersessel im Hintergrund dagegen aus dem frühen zwanzigsten Jahrhundert.

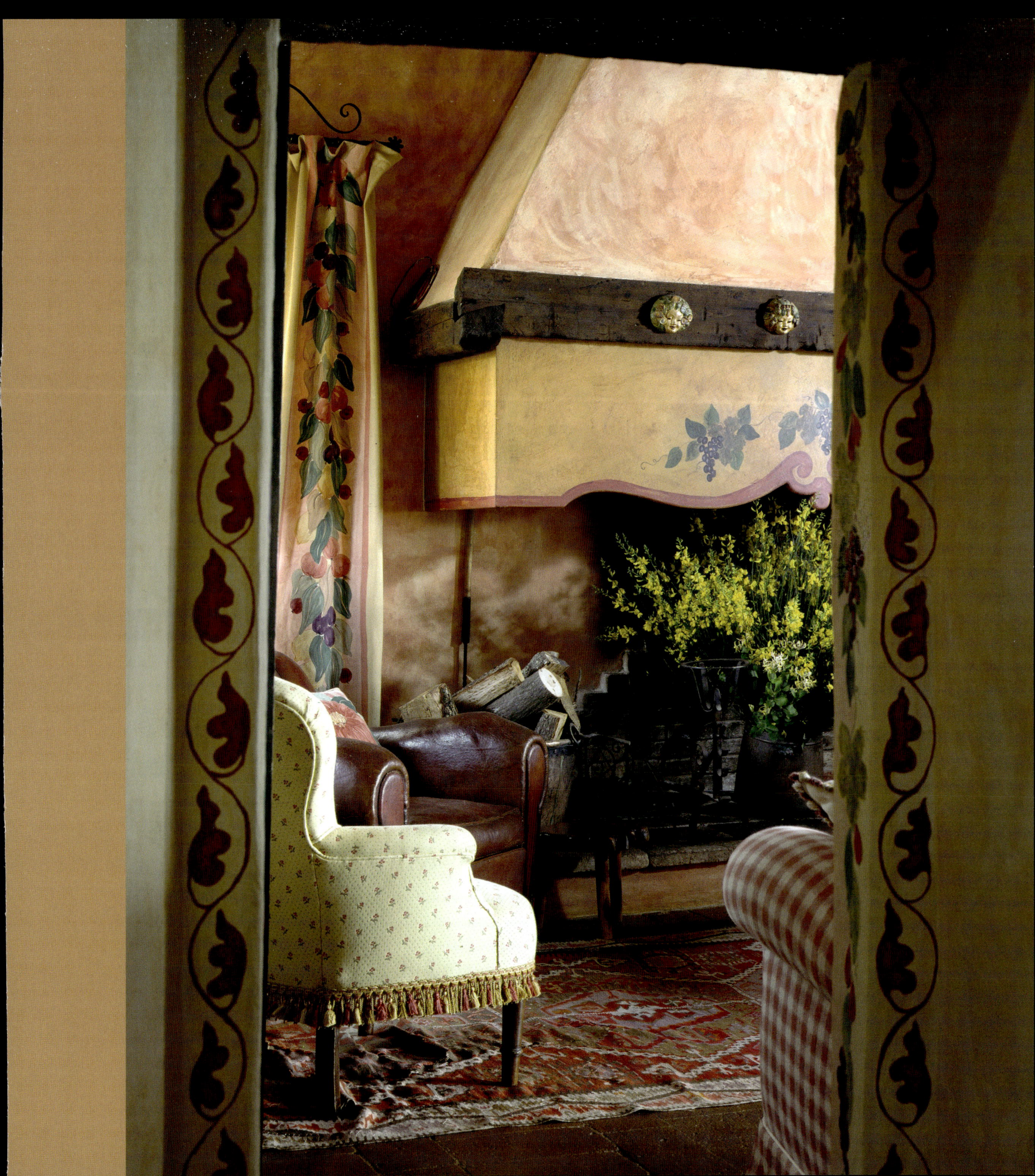

Für den Weinkeller wurde eine
hübsche Sammlung bäuerlicher
Objekte zusammengetragen.

Am Küchentisch aus dem neunzehnten Jahrhundert stehen eine alte Kirchenbank sowie Stühle unterschiedlicher Provenienz, und an der Decke mit den sichtbaren Balken hängen dekorativ, bunt und vielfältig Körbe.

PHILIP HEWAT-JABOOR

London › Großbritannien

Der britische Kunstkonsulent zahlreicher Museen Philip Hewat-Jaboor residiert in einem Londoner Haus, das ihm, dem Kunstkenner und -liebhaber, in jeder Hinsicht entspricht: die fast theatralische Atmosphäre, der viel verwendete wertvolle Marmor (er liebt ihn geradezu leidenschaftlich), ägyptischer Porphyr, Alabaster, vergoldetes Holz, antike Objekte mit hohem Symbolgehalt. Die Elemente der Einrichtung sind kostbar, doch sparsam eingesetzt: originale Antiquitäten vor allem, aber auch ein paar Zeugnisse hoher zeitgenössischer Handwerkskunst. Philip Hewat-Jaboors Haus gleicht einem wissenschaftlichen Spaziergang, einer Wanderung durch die wesentlichen Seiten der Kunstgeschichte.

Oben: Schreibutensilien aus der kostbaren Sammlung Philip Hewat-Jaboors.

Gegenüberliegende Seite: Der Porphyrtisch mit den Serpentin- und Nero-Belga-Intarsien ist ein Werk nach Vitruv, der Deckenlüster stammt aus dem frühen neunzehnten Jahrhundert und der konvexe Spiegel über dem Kamin (19. Jh.) ist eine englische Arbeit von 1835.

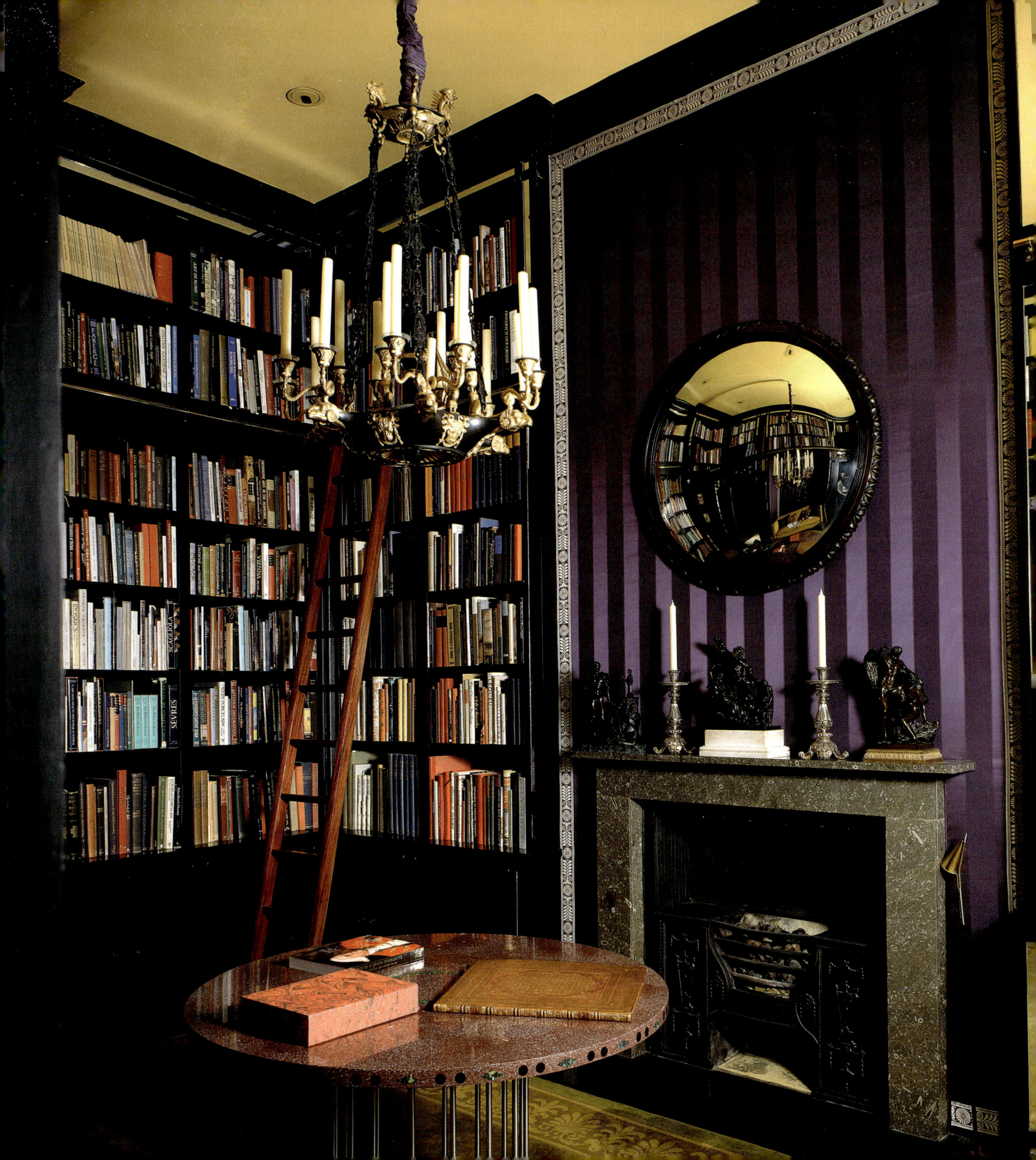
VIENNA
SEVRES

Links oben: Diese Applike aus dem neunzehnten Jahrhundert hat der große britische Sammler Thomas Hope für den ägyptischen Salon seines Domizils entworfen.

Links unten: Detail des ebenfalls von Thomas Hope entworfenen vergoldeten Holzrahmens eines Sofas.

Die Wand im Salon bekam einen imperial-ägyptischen Porphyr imitierenden Anstrich, das Sofa und die Podeste sind Entwürfe Thomas Hopes, und auf den Podesten stehen Gefäße aus ägyptischem Porphyr.

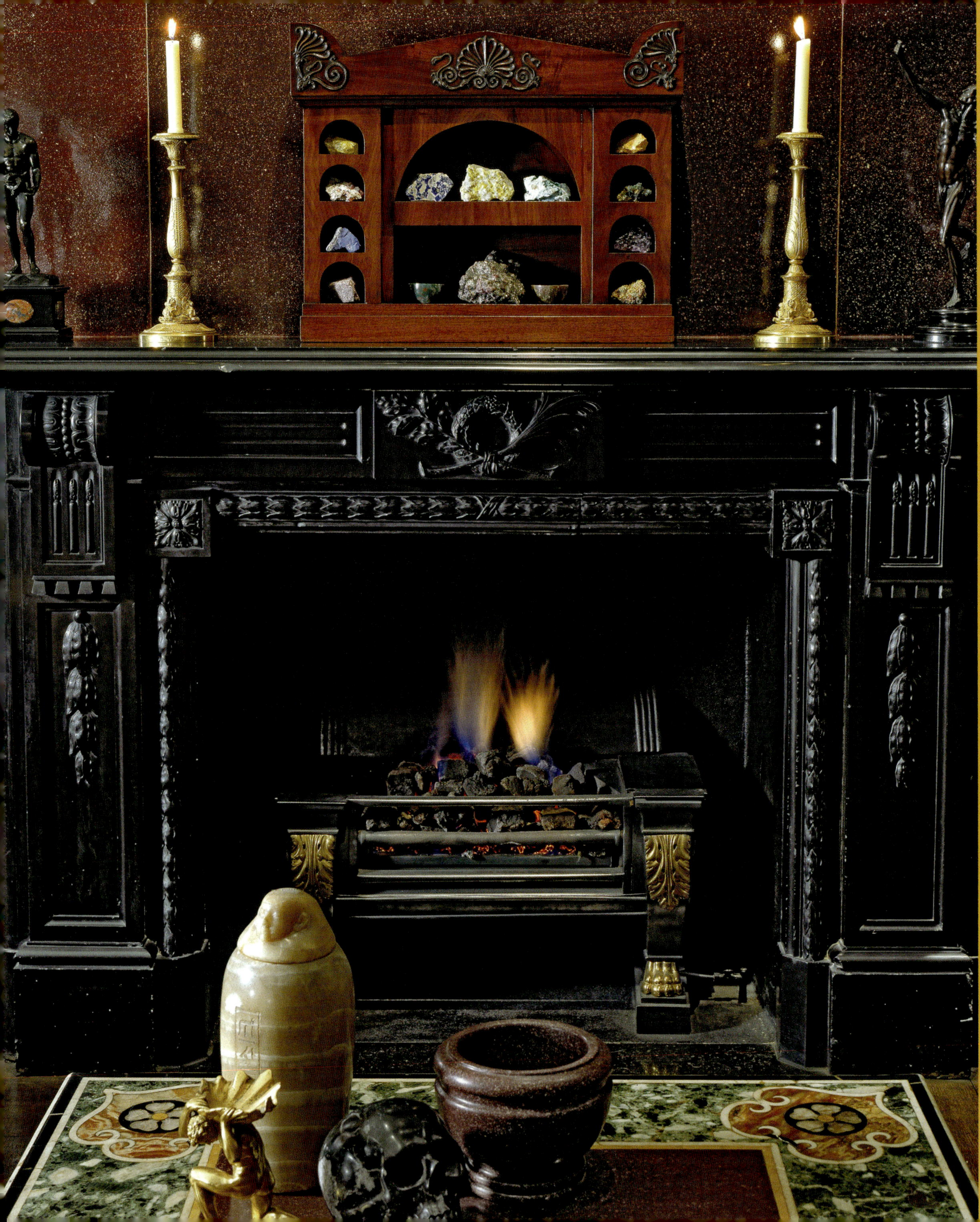

Gegenüberliegende Seite: Das Mahagoni-Kästchen auf dem Kamin stammt aus dem neunzehnten Jahrhundert; auf dem aus römischer Produktion stammenden Renaissance-Tisch aus Marmor und Pietra dura steht ein ägyptischer Kanopenkrug aus Alabaster, der im sechsten Jahrhundert vor unserer Zeitrechnung angefertigt wurde.

Oben links: Auf dem Kaminsims (19. Jh.) ist Meleagros vor dem Altar der Diana, eine Figurengruppe aus Bronze von Giuseppe Piamontini (1720), zu sehen.

Oben rechts: Über dem Sofa befindet sich ein römischer Altar von 1640, eine Pietra-dura- und Ebenholzarbeit.

VILLA CHOW

Architektur: Humberto Artigas

Der in großzügigen Proportionen angelegte Palast, den sich Michael und Eva Chow in Los Angeles errichten ließen, ist eine Art Autobiografie in Zement und Stein. Sieben Jahre wurde an dem Haus gebaut, doch dieses Domizil – ein wenig chinesisch, ein wenig maurisch – bringt es mit unbeschreiblicher Grazie fertig, völlig unterschiedliche Eindrücke höchst harmonisch zu vereinen. Das Herz des Ganzen ist ein zentraler, überdachter Innenhof von klar chinesischer Anmutung, durch den man in die anderen Bereiche des Hauses kommt: ein gut zehn Meter hohes Atrium, aus dem unterschiedlich verlaufende Treppen und Gänge in die Zimmer der zweiten Etage führen. Auf einer Seite des Atriums öffnen sich Schiebetüren zu einem Portikus, auf der anderen Seite zu den Gärten und zum Pool. Eine luxuriöse Strenge liegt über diesem großen Raum mit seiner hohen Decke und dem Fußboden aus Kalkstein. Im Gegensatz dazu der Wohnsalon, wo die Chows gerne Gäste empfangen und der trotz seiner beachtlichen Dimensionen ausgesprochen intim wirkt. Antike chinesische Möbel sind Entwürfen von Pierre Charreau, Jacques-Émile Ruhlmann, Jean-Michel Franck und Dunand gegenübergestellt. Dazu kommen Bilder von Peter Blake – Chow hat sie, als er sein erstes Restaurant in London führte, sozusagen als Naturalbezahlung vom Künstler bekommen –, Ed Ruscha und Jean-Michel Basquiat. Michael und Eva Chow, die am Werden ihres Domizils in jeder Phase beteiligt waren, vertrauten das Gesamtprojekt dem mexikanischen Architekten Humberto Artigas an. Dieser schuf ein unglaubliches unterirdisches Kino und darüber in einem eleganten Akkord enorme Portale, hohe florentinische Decken und Pilaster aus mexikanischem Stein – insgesamt ein Haus, das sich auf den Spuren des Prado über das Museum Reina Sofia in Madrid bis zum Atelier Lanvin in Paris befindet.

Rechts: Der Pool und das Poolhaus, in dem sich ein Gästezimmer sowie ein Fitnessraum befinden.

Folgende Doppelseite: Das fulminante Atrium mit den einander gegenüberliegenden Kaminen. Über jenem, der auf der Fotografie zu sehen ist, hängt ein Porträt Eva Chows von Julian Schnabel. Mit einem Blick auf die obere Etage bekommt man eine Idee von den Gängen, die zu den verschiedenen Zimmern führen. Die Pilaster sind aus mexikanischem Stein.

Los Angeles > Kalifornien, USA

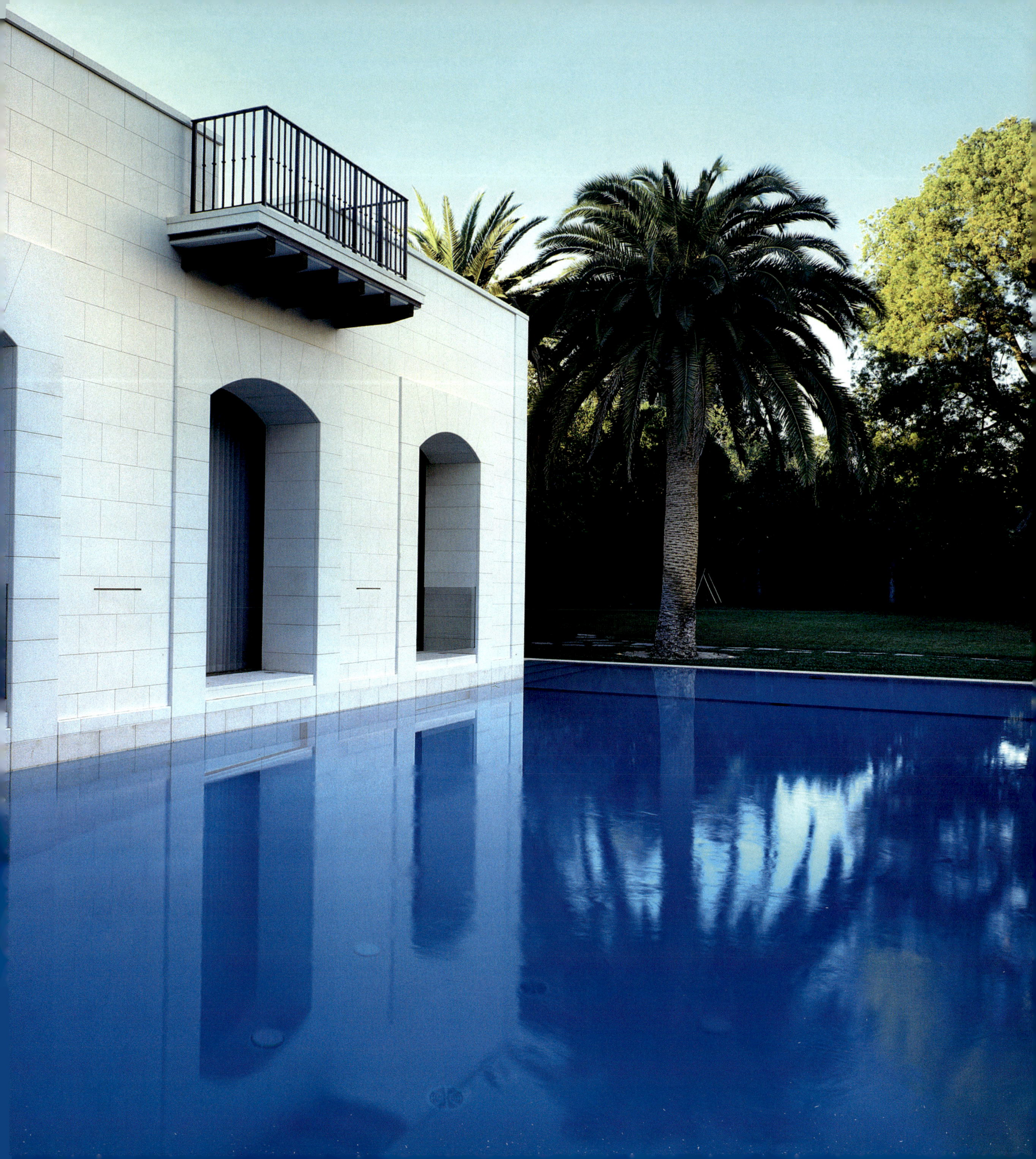

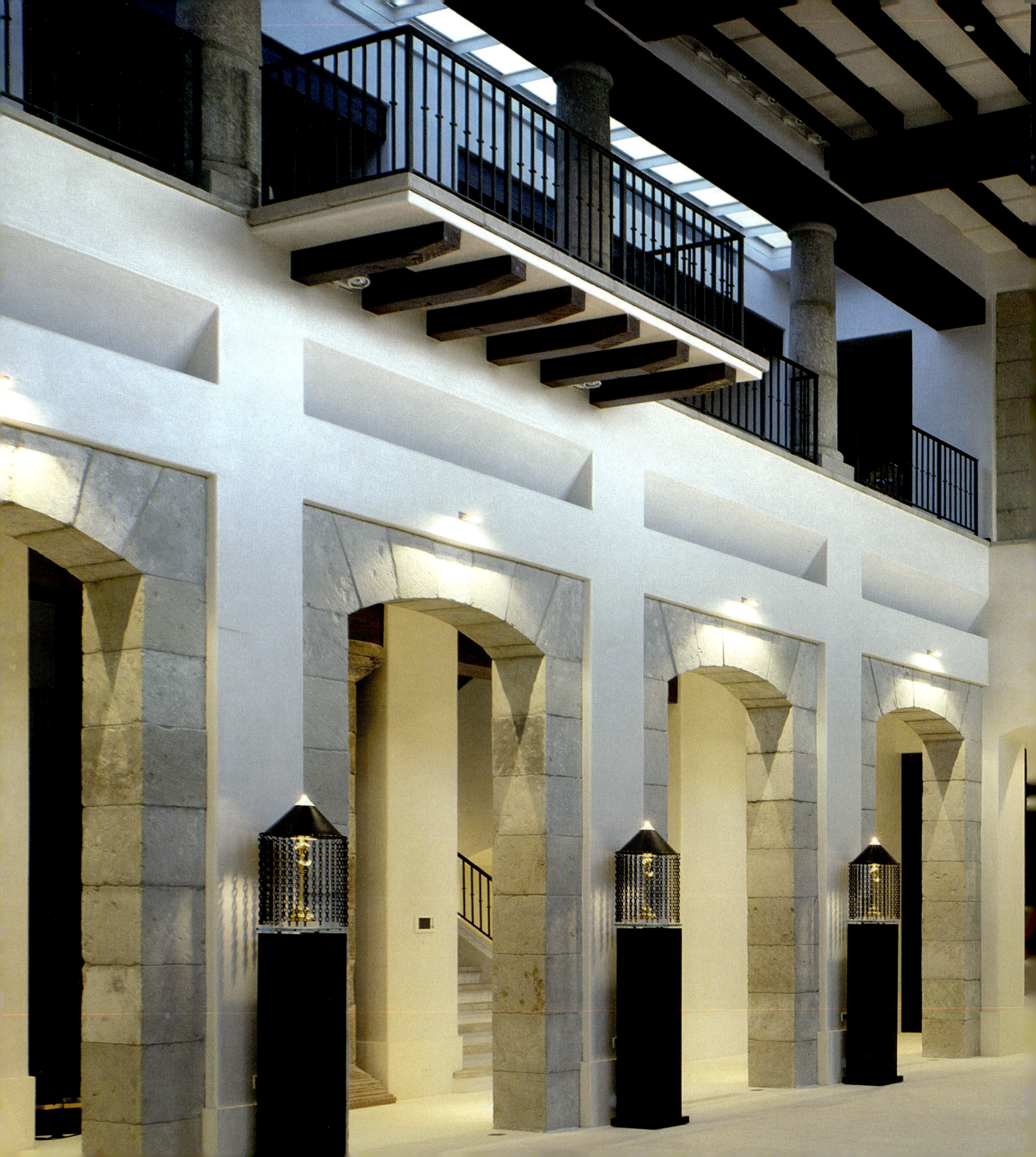

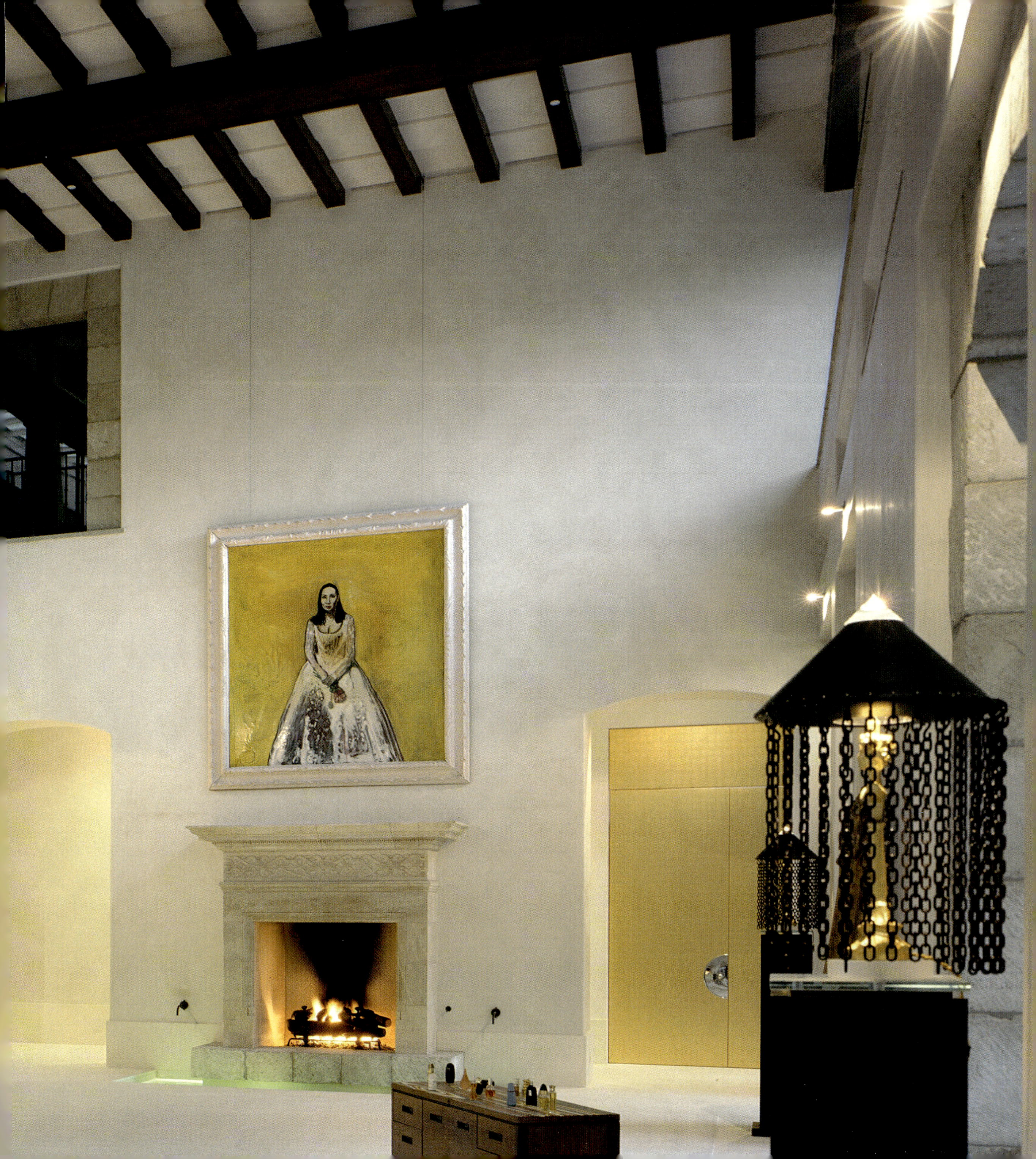

Links oben: In der Bibliothek dominiert ein belgischer Gobelin aus dem sechzehnten Jahrhundert. Die Schreibtische sind Entwürfe Ruhlmanns und Francks, der Diwan stammt ebenfalls von Ruhlmann.

Links unten: Über dem anderen Kamin im Atrium hängt ein Porträt Michael Chows von Jean-Michel Basquiat.

Gegenüberliegende Seite: Über dem Kamin aus einem schottischen Schloss ist *Mr. Chow L. A.* zu sehen, ein Werk von Ed Ruscha als Kompensation für kostenlose Pasta im Restaurant Michael Chows.

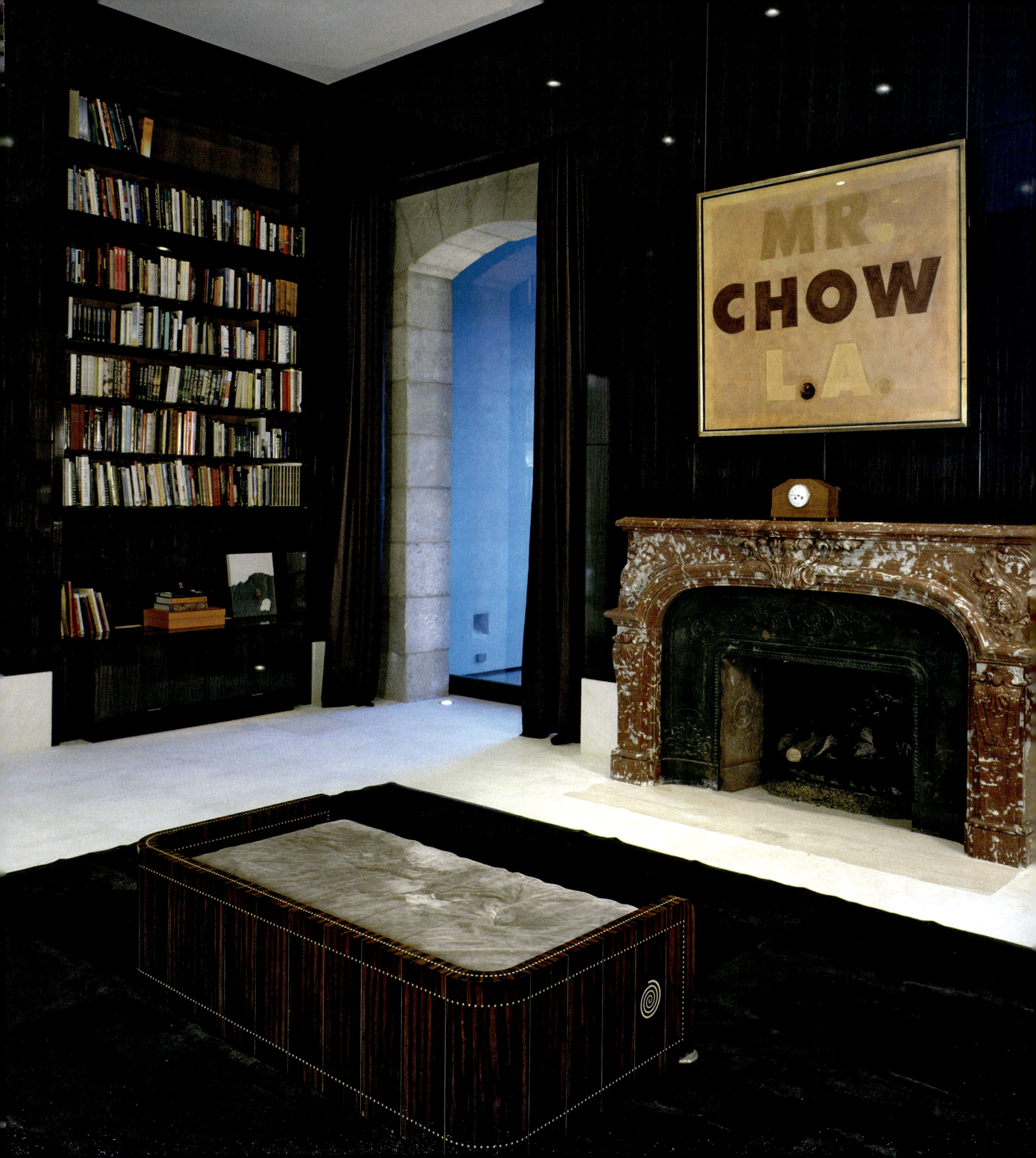
MR.
CHOW
L.A.

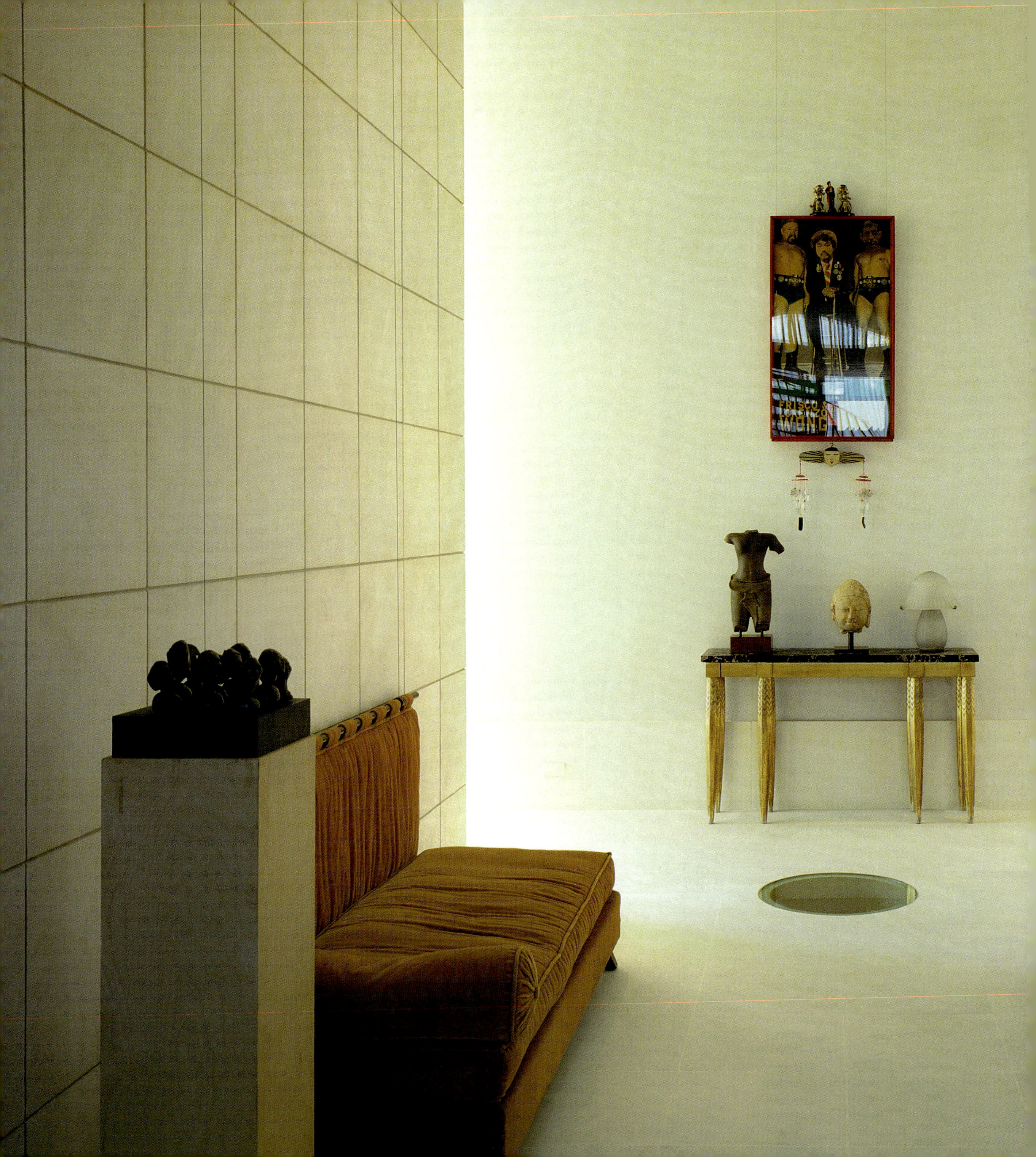
FRISCO
WONG

Oben: Eine Galerie.

Links: Die beiden Sessel von Le Corbusier und der Glastisch von Eileen Gray koexistieren problemlos mit verschiedenen modernen und antiken Kunstobjekten.

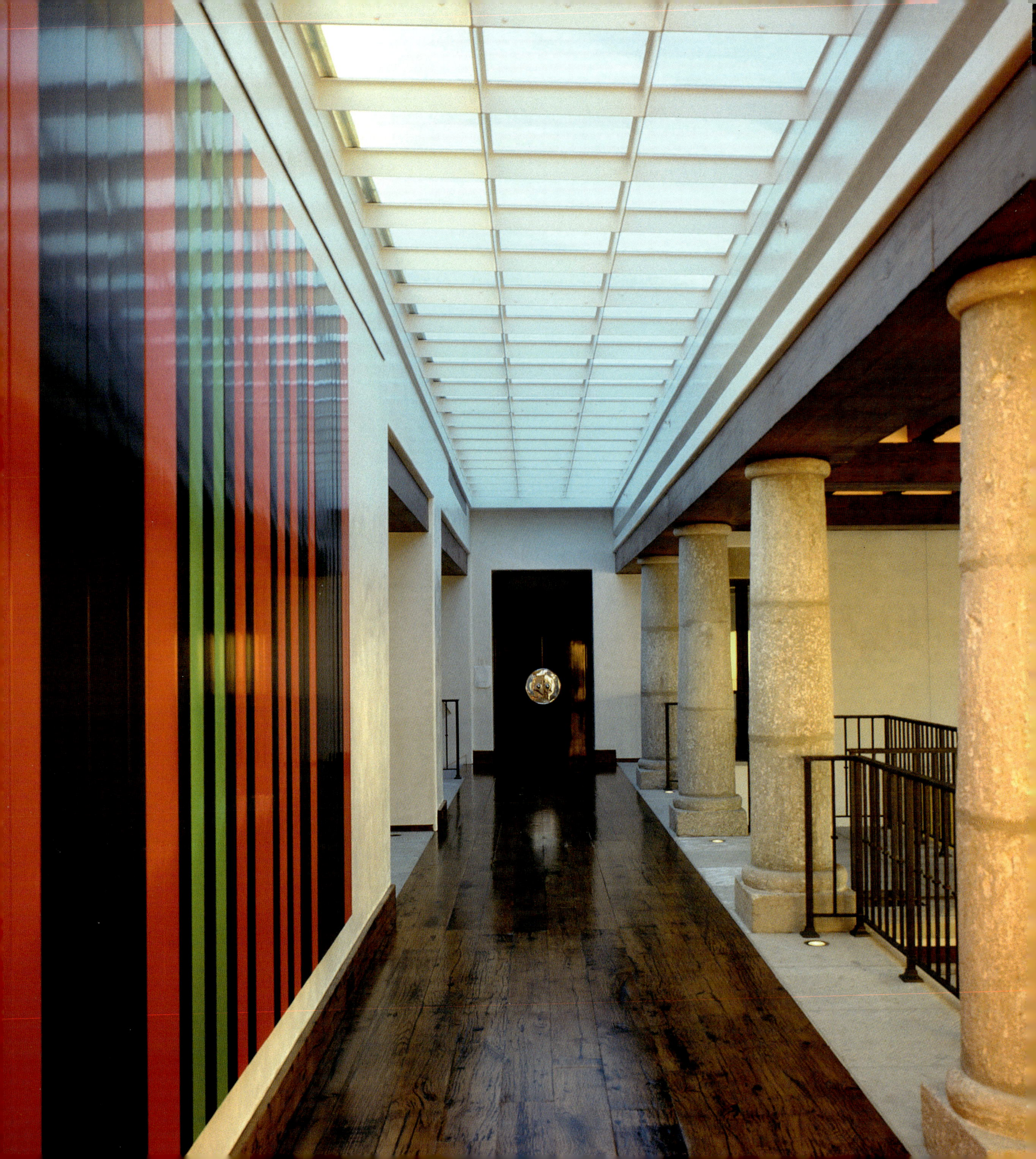

Oben: Der Fitnessraum ist durch einen Pingpong-Tisch organisiert, um den die verschiedenen Trainingsbereiche liegen.

Gegenüberliegende Seite: Ein Korridor in der oberen Etage, der vom *History Painting* Keith Tysons dominiert wird. Der Boden ist aus antiker französischer Eiche.

VILLA GOLDSTEIN   Architektur: John Lautner

Los Angeles > Kalifornien, USA

Wir befinden uns in den steilen Hügeln von Beverly Hills, umgeben von einer mehr als üppigen Vegetation, unter uns, in einer weiten Ebene, leuchten die Lichter der Megacity Los Angeles wie Sterne an einem dunklen Nachthimmel. Hier oben steht die Villa von James Goldstein, die John Lautner, ein besonders talentierter Schüler Frank Lloyd Wrights, errichtete und der James Turrell erst vor kurzem einen Flügel hinzusetzte. Das Haus wuchs und veränderte sich mit den Bedürfnissen des Besitzers. Heute präsentiert es sich wie ein spitz zulaufender, glänzender Kristall im wuchernden Grün der Hügel über Los Angeles. Formen, Materialien, Farben, Raumaufteilung erinnern an Wright, auch wenn seine Vorstellungen gewissermaßen eine Dekonstruktion erfahren, indem die Räume aufgrund ihrer dramatischen, ausdrucksstarken Größe sozusagen entstellt werden, womit sie mit der Stadt in der Ebene korrespondieren. Unter dem Himmel Kaliforniens, der sowohl horizontal als auch vertikal durch die riesigen automatisch zu bedienenden Glasflächen in die Räume dringt, breiten sich unzählige Abschnitte, Nischen, Diagonalen und überraschende Durchgänge aus, die das Innere dieses Hauses mit den zwei Bauteilen wie eine Art Zitadelle erscheinen lassen und nicht wie ein schlichtes, schönes Wohnhaus.

Oben und rechts: Hoch über Los Angeles erhebt sich, westseitig geöffnet, das dramatische trapezförmige Schrägdach, das, bevor es am Boden anstößt, einen Teil des Pools überdeckt: ein gewagtes Großsegel aus Beton; mit Ketten im Boden verankert sieht es aus wie eine expressive Skulptur.

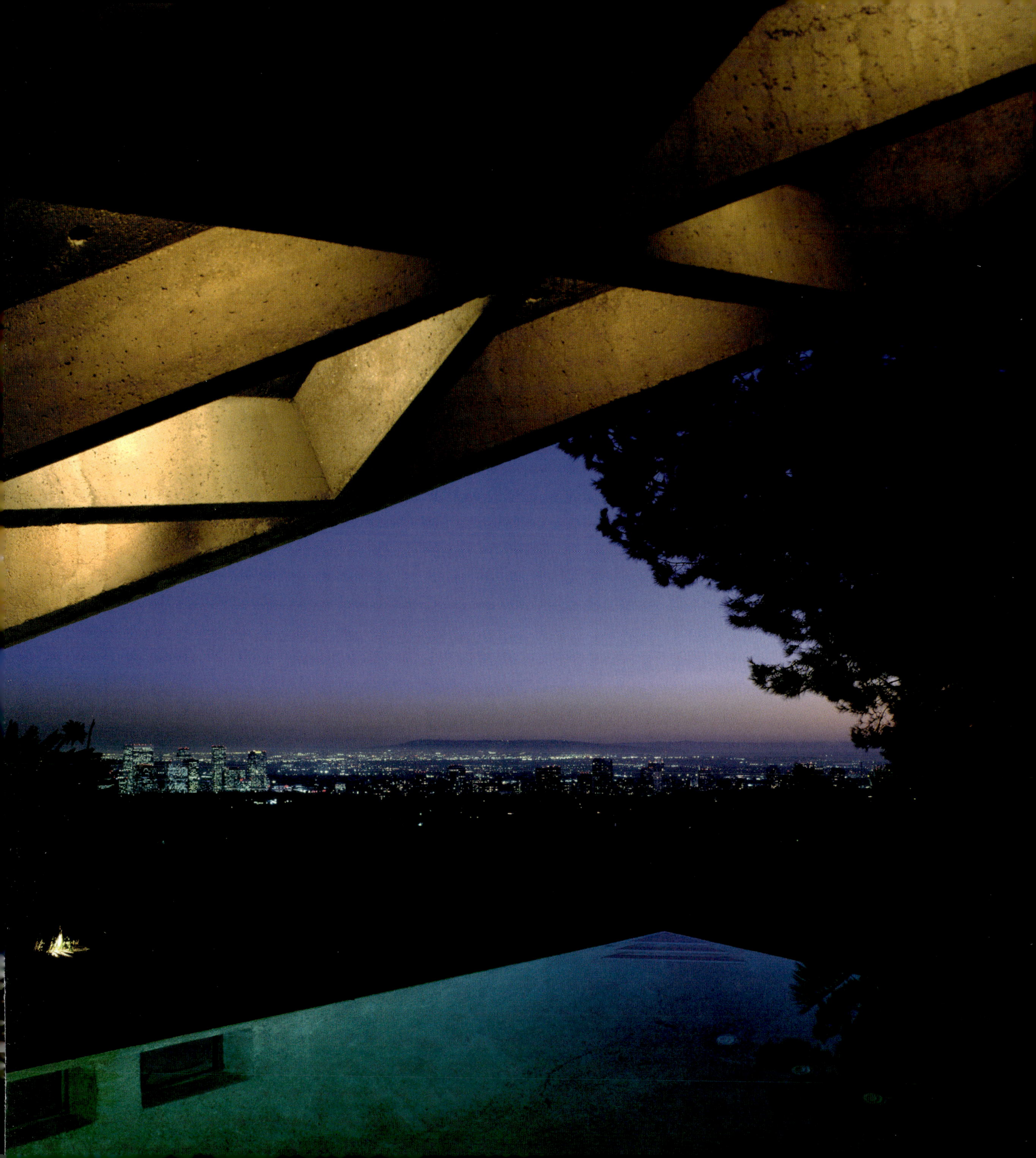

Oben: Ein Blick in den großen Wohnsalon, der auch als Filmlocation für *The Big Lebowski* von Joel und Ethan Coen berühmt wurde: Zwischen Natur und Künstlichkeit vereinen sich harmonisch Holz und Beton, stehen Drinnen und Draußen in einem lebendigen Dialog. In den »Löchern« an der Decke sind die Lampen angebracht, die Möbel auf einer Basis aus Beton sind ein Entwurf John Lautners.

Gegenüberliegende Seite: Dort, wo sich der Bau am Abhang der Hügel ins Leere zu erstrecken scheint, gibt es die schönsten Panoramablicke auf die Stadt.

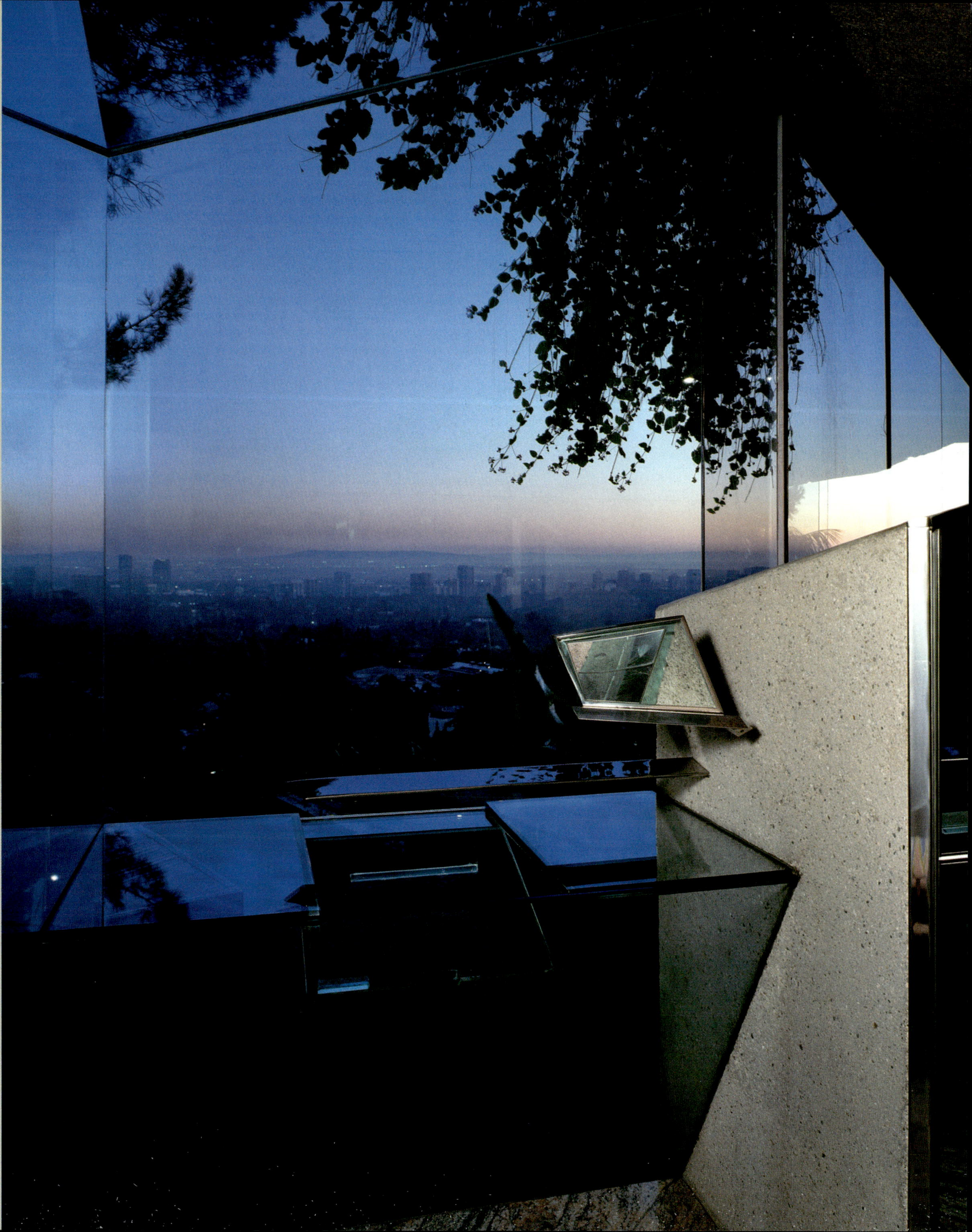

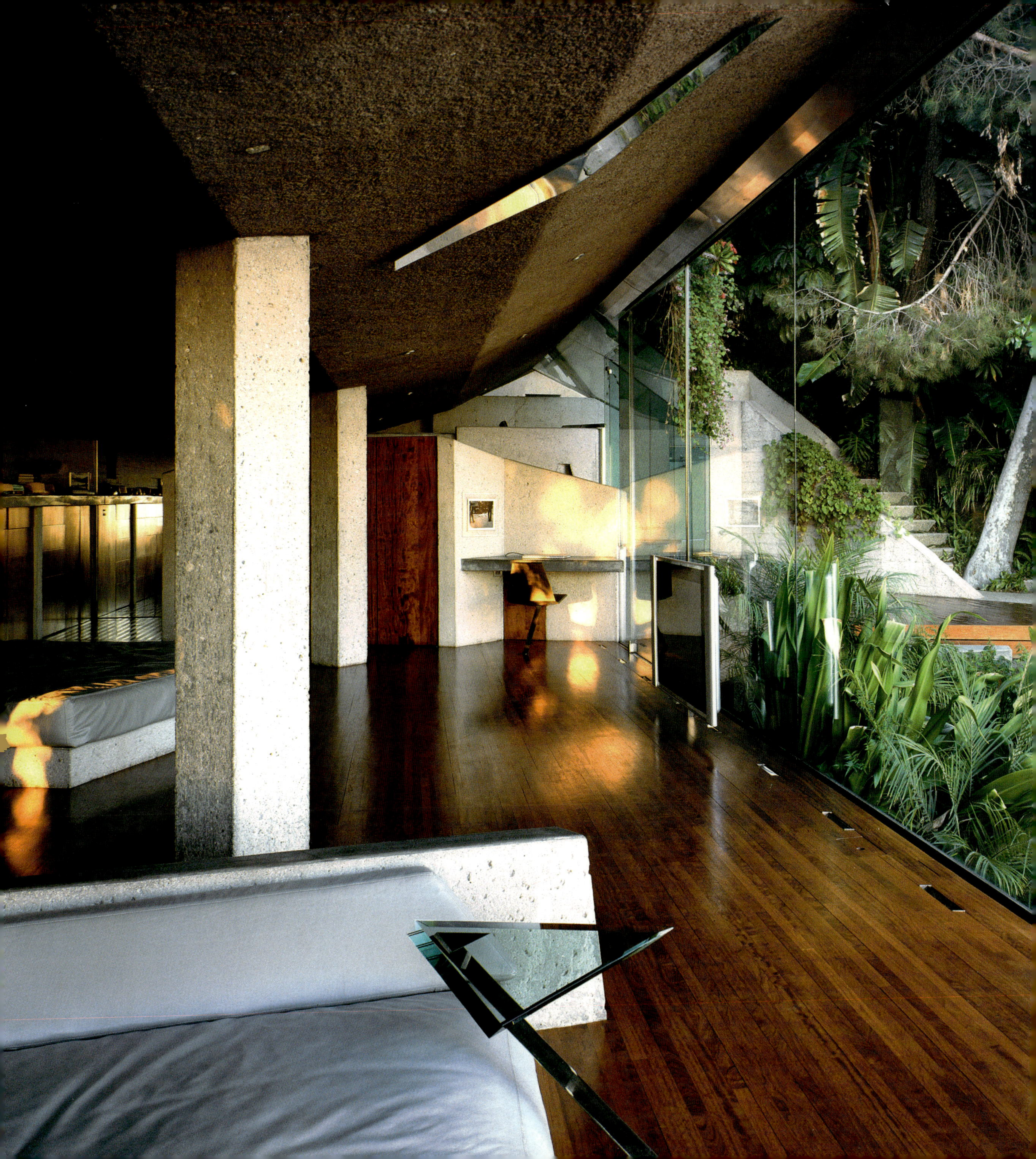

Oben: Eine Sammlung von Hüten – es ist eine von vielen Sammlungen des Besitzers James Goldstein.

Links: Jedes Element, jeder Meter des Hauses erscheint als Skulptur. Hier, im Wohnsalon, krümmt sich die Decke dort, wo die Säulen auf sie treffen, nach oben – ein rauer Anblick, der an ein Werk Donald Judds erinnert.

Einer der Kamine des Hauses. Die Wände bestehen aus Gussbeton, der hier so gestaltet ist, dass er an eine Holztäfelung denken lässt. An den Wänden zahlreiche Kunstwerke, deren dekorative Wirkung ungeplant und zufällig scheint.

Oben: Hinter dem Tisch aus Glas und Beton – ein Entwurf John Lautners – befinden sich eine Theke und dahinter die Küche. Von überall blickt man über die grünen Hügel von Beverly Hills. Die Decke dieses Raums besteht aus Holzpaneelen, die sich automatisch öffnen lassen, um den Himmel und die Sonne Kaliforniens hereinzulassen.

Folgende Doppelseite: Anlage, Thema und Symbol dieses Baus: eine Struktur, als würde man in den Himmel abheben – mit unbezahlbaren Blicken auf die Lichter von Los Angeles. Bemerkenswert sind außerdem die raumhohen Glaswände, die sich elektrisch manövrieren lassen, und die Vertiefungen im Boden: Es sind Lichtschlitze exakt gegenüber den Leuchten an der Decke. Wenn sie alle ihr Licht verströmen, gleicht das Gebäude von außen einer Lichtskulptur.

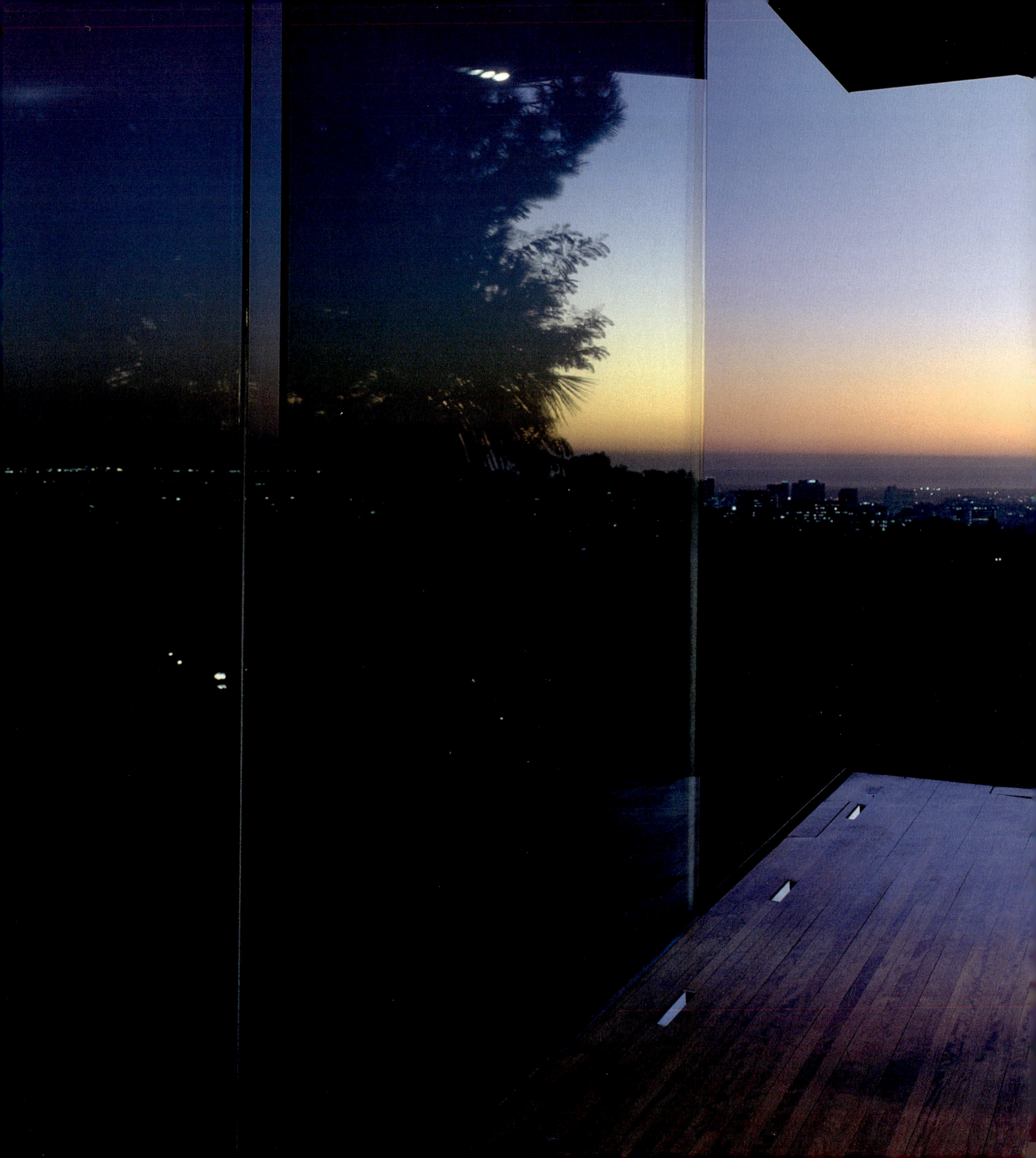

Bibliografische Information der Deutschen Nationalbibliothek
Die Deutsche Nationalbibliothek verzeichnet diese Publikation
in der Deutschen Nationalbibliografie;
detaillierte bibliografische Daten sind im Internet über
http://dnb.d-nb.de abrufbar.

1. Auflage

Graphisches Konzept: Gianfranco Casula
Schutzumschlag der deutschsprachigen Ausgabe: Christine Paxmann, Barbara Sternthal
Lektorat der deutschsprachigen Ausgabe: Elisabeth Hölzl, Barbara Schodl
Print: ARTI GRAFICHE AMILCARE PIZZI SPA., Italien

Die italienische Originalausgabe erschien 2008 unter dem Titel
Casa Mundi bei Magnus Edizioni Srl, Fagagna (UD)
Copyright © 2008 by Magnus Edizioni Srl

Fotografien © 2007 by Massimo Listri

Copyright der deutschsprachigen Ausgabe
© 2008 by Christian Brandstätter Verlag, Wien

Alle Rechte, auch die des auszugsweisen Abdrucks
oder der Reproduktion einer Abbildung, sind vorbehalten.
Das Werk einschließlich aller seiner Teile ist urheberrechtlich geschützt.
Jede Verwertung ist ohne Zustimmung des Verlages unzulässig.
Dies gilt insbesondere für Vervielfältigungen, Übersetzungen,
Mikroverfilmungen und die Einspeicherung
und Verarbeitung in elektronischen Systemen.

ISBN 978-3-85033-243-9

Christian Brandstätter Verlag
GmbH & Co KG
A-1080 Wien, Wickenburggasse 26
Telefon (+43-1) 512 15 43-0
Fax (+43-1) 512 15 43-231
E-Mail: info@cbv.at
www.cbv.at